大学国际化理论与实践(第二辑)编委会

主　　任：李岩松
副 主 任：夏红卫
委　　员：(以姓氏笔画为序)
　　　　　王　静　　王　嵩　　冯　俊　　过祖贤　　朱畴文
　　　　　刘贵文　　刘德斌　　李岩松　　严　军　　严良瑜
　　　　　邹　难　　张明方　　张梦萍　　张　毅　　范洪波
　　　　　宗　瓦　　郝芳华　　聂瑞麟　　晏世经　　唐　忠
　　　　　高海燕　　徐　瑶　　夏红卫　　梁　莉　　董　琦
　　　　　程雪猛　　谭绍斌　　濮励杰
主　　编：李岩松
执行主编：过祖贤　严　军

北大高等教育文库·高教论丛

大学国际化理论与实践

（第二辑）

Daxue Guojihua Lilun Yu Shijian

中国高等教育学会引进国外智力工作分会　编

北京大学出版社
PEKING UNIVERSITY PRESS

图书在版编目(CIP)数据

大学国际化理论与实践.第二辑/中国高等教育学会引进国外智力工作者分会编.—北京：北京大学出版社，2013.11
(北大高等教育文库·高教论丛)
ISBN 978-7-301-23413-6

Ⅰ.①大… Ⅱ.①中… Ⅲ.①高等教育－国际化－研究－中国 Ⅳ.①G649.21

中国版本图书馆 CIP 数据核字(2013)第 260199 号

书　　　名：大学国际化理论与实践(第二辑)
著作责任者：中国高等教育学会引进国外智力工作者分会　编
责 任 编 辑：泮颖雯
标 准 书 号：ISBN 978-7-301-23413-6/G·3736
出 版 发 行：北京大学出版社
地　　　址：北京市海淀区成府路 205 号　100871
网　　　址：http://www.pup.cn　新浪官方微博：@北京大学出版社
电 子 信 箱：zyl@pup.pku.edu.cn
电　　　话：邮购部 62752015　发行部 62750672　编辑部 62767857
　　　　　　出版部 62754962
印 　刷 　者：北京大学印刷厂
经 　销 　者：新华书店
　　　　　　650 毫米×980 毫米　16 开本　23.5 印张　371 千字
　　　　　　2013 年 11 月第 1 版　2013 年 11 月第 1 次印刷
定　　　价：48.00 元

未经许可，不得以任何方式复制或抄袭本书之部分或全部内容。
版权所有，侵权必究
举报电话：010-62752024　电子信箱：fd@pup.pku.edu.cn

序

郝平[*]

　　伴随着全球化、知识经济和信息技术的深入发展,大学国际化成为推动高等教育内涵式发展的重要主题。党的十八大报告深刻指出,"改革开放是坚持和发展中国特色社会主义的必由之路",要坚持对外开放的基本国策。十八大提出的不少新思想、新观念,极大丰富了教育对外开放的理论与实践,为新时期教育国际合作交流指明了方向,提出了新的更高要求。《国家中长期教育改革和发展规划纲要(2010—2020)》也明确提出:"加强国际交流与合作。坚持以开放促改革、促发展。开展多层次、宽领域的教育交流与合作,提高我国教育国际化水平。"把对外开放作为教育改革和发展的重要战略举措。

　　在推进国际化的过程中,大学既面临着前所未有的机遇,也必须克服重重困难和挑战。这就迫切需要从理论上把握发展脉络、厘清建设思路,并不断吸收、借鉴已有的实践经验和成果,知行合一地推进教育国际化工作。今年适逢中国高等教育学会引进国外智力工作分会成立十周年,作为一个学术性的群众团体,自成立以来,分会始终将学术研究作为立会之本、发展之基,致力于为推进大学国际化建设提供优质的科研咨询和工作参考,形成了一批重要成果。在成立十周年之际,分会组编的《大学国际化理论与实践(第二辑)》由北京大学出版社出版发行。

　　本书收录了 2008 年至 2012 年间,各类研讨会和会刊《大学国际》及部分报刊上有关大学国际化的优秀研究成果。作者绝大部分是来自理事院校负责外事的一线干部,也包括一些行政部门领导和高等教育研究学者。该书题材广泛,文章观点新颖,涉及高校国际合作交流的诸多方面,对国际化过程中的问题和对策进行了理论层面的分析和实践基础上

---

[*] 教育部副部长,中国高等教育学会引进国外智力工作分会名誉会长。

的总结,有助于加深对大学国际化的理解,对于当前和今后的中国高校国际合作交流工作具有重要意义。它的出版,充分体现了分会坚持围绕党和国家的战略部署和推进高等教育内涵式发展的客观需要,推动群众性学术研究的建会宗旨所取得的丰硕成果。

作为分会从无到有、从小到大、逐步发展的亲历者,我衷心希望分会百尺竿头、更进一步,希望全国高校外事工作者勇担使命、再接再厉,在新的起点上对大学国际化这一时代课题继续深入开展前瞻性、战略性的研究,为构建教育对外开放新格局,推动全方位、多层次、宽领域的教育交流合作,提高高等教育内涵式发展水平,建设高等教育强国作出新贡献。

是为序。

2013 年 10 月 23 日

目 录

序 .... 郝 平 /(1)

理 论 篇

加快建设中国特色高等教育思想体系 .... 周远清 /(3)
面向世界的中国高等教育 .... 章新胜 /(11)
大学精神：如何迎接发展战略的"拐点" .... 杨 卫 /(16)
高等教育国际化的实践与研究 .... 陈化北 /(21)
高校国际化战略：框架和路径研究 .... 周 密 丁仕潮 /(27)
中国大学国际化发展的政策与战略趋势初探
　　　　　　　　杨福玲 刘金兰 董粤章 徐 锐 /(39)
全球化进程中我国高等教育发展的自主性 ...... 吴合文 毛亚庆 /(48)
超越留学——高等教育国际化的新思维 .... 张彦通 赵世奎 /(58)
高等教育国际化的价值和实践 .... 戴者华 /(65)
大学多元化国际合作环境刍议 .... 苑建华 /(72)
高等教育国际化的法律问题探析 .... 黄 进 李晓述 /(77)
高校国际交流与合作领域质量标准及保障体系研究
　　　　　　　　　　　　　　　　　　　　　洪成文 王硕旺 /(86)
中国研究型大学国际化调查及评估指标构建
　　　　陈昌贵 曾满超 文东茅 翁丽霞 于 展 /(97)
关于大学国际化评价的研究
　　——以广东省大学国际化评价为例 .... 李 毅 黄 非 /(122)
中外高等教育合作办学机构和项目的学生满意度分析
　　　　　　　　　　　　　　　　　　钟秉林 周海涛 夏欢欢 /(139)

| 对中外合作办学实践与政策的考察和期待 | 高立平 / (150) |
| 研究生教育中外合作办学的探索与发展 | 潘　奇 / (160) |

高等教育国际合作的新趋势
　　——大学国际联盟的产生及其影响　　　　　　　　李岩松 / (170)

研究型大学国际化的历史演进及战略启示	邱延峻 / (179)
大学战略联盟：一种区域性教育合作模式的探讨	李丹丹 / (191)
引智为了创新，交流为了发展	赵立宪 / (199)

高等院校引进外国智力的市场主导：要素、机制和取向
　　　　　　　　　　　　　　　　　　　　李　毅　徐　瑶 / (201)

引智工作应在科学的轨道上持续发展　杨　杰　张梦萍　王建国 / (208)

跨文化交际与高校外籍教师管理
　　　　　殷永建　它特图德·高德斯沃特　刘　丽 / (214)

中国大学对国际化活动资助情况的比较研究	胡亦武 / (224)
浅析国际交流合作对高校形象塑造的影响	徐　骏 / (232)
坚持特色发展，实现互惠共赢	梁　莉 / (247)

实　践　篇

推动国际化培养体系建设，促进高水平创新人才成长	袁　驷 / (255)
上海纽约大学：做高教改革的"鲇鱼"？	俞立中 / (263)
树立"三主意识"，开创外事工作新局面　范捷平	潘凤鸣 / (269)

传承，创新，主动
　　——打造具有"同济特色"的国际合作与交流模式
　　　　　　　　　　　　　　　　董　琦　李振宇　卜恒春 / (276)

清华大学国际合作与交流的实践及展望
　　　　　　　　　　　　　　　　张　毅　陈　垦　丛东明 / (283)

| 南开大学以四项举措切实推进国际化战略　高海燕 | 李　莉 / (291) |

关于加强中国高校国际合作能力建设的思考
　　——兼谈武汉大学的国际化办学实践　　　　　　　李晓述 / (295)

拓展全面国际合作，服务区域社会发展
　　——兰州大学国际交流与合作发展纪实
　　　　　　　　　　　　　　　　余亚佳　韩艳梅　郑晓梅 / (301)

战略开启国际合作与交流新篇章
　　——西北工业大学全面推进国际化进程纪实
　　　　　　　　　　　　　　　　　　孙　瑜　苟兴旺/(312)
开启区域合作大门,拓展学校发展空间
　　——论云南大学国际化发展的区域性定位与区域化战略
　　　　　　　　　　　　　　　　　　于欣力　郑　蔚/(319)
苏州大学积极实施教育国际化战略的实践与思考　　黄　兴/(327)
产学研一体支撑发展国际化办学的模式研究
　　——应用性高校构建多元化国际办学环境的一种思考与行动方式
　　　　　　　　　　　　　　　　　　赵　鹏　汤利华/(335)
北京大学科研国际合作的成效与发展对策　郑如青　张　琰/(347)
我国研究型大学国际合作论文的现状与趋势分析
　　——以上海交通大学为例　　余新丽　赵文华　杨　颉/(354)
编后记　　　　　　　　　　　　　　　　　　　　　　(365)

理 论 篇

加快建设中国特色高等教育思想体系*

周远清**

2007年12月,时任国务委员的陈至立同志在教育部第18次直属高校咨询会议上提出了"加快从高等教育大国到高等教育强国建设"的建议,在高教界引起了强烈的反响。中国高等教育学会专门设立了"遵循科学发展,建设高等教育强国"重大研究课题,国内一些知名的教育研究的专家学者——包括一些重点大学的校长——都参与了研究。该研究到目前为止,取得了很大成绩,《建设高等教育强国文集》第一集及《2009年高等教育国际论坛论文集》已经出版。许多学者认为这些论文是近几年来较高水平的研究成果。在这里我强调两个关键词:"加快建设"和"中国特色"。我仅就这两个关键词谈点想法。

一、要"加快建设"

第一个关键词是"加快建设"。为什么要"加快建设"?我讲三点背景。

第一,这是建设创新型国家和建设高等教育强国的需要。建设创新型国家是我们面向未来的战略选择,其关键是要提高我国的自主创新能力。自主创新可以极大地促进科技发展,改善技术贸易条件,提高我国对外开放效益。要提高我国自主创新能力,造就一支庞大的高素质创新人才队伍至关重要,高等教育要在其中发挥重要作用。

建设创新型国家也必然要求加快建设高等教育强国。目前,建设高等教育强国已经列入《国家中长期教育改革和发展规划纲要(2010—

---

* 本文系作者在"2010年高等教育国际论坛"上所做的主题报告的摘要。
** 作者简介:周远清,教育部原副部长,时任中国高等教育学会会长、教授。

2020年)》(以下简称《教育规划纲要》),这标志着建设高等教育强国从民间的讨论、学术界的研究变成了政府行为。在陈至立同志主持的第18次直属高校咨询会议上,一些校长提出建设高等教育强国,首先应建设在世界上有影响的、有中国特色的高等教育思想理念体系。这个观点,在近两年的高等教育强国的讨论中大家取得了共识,都希望加快建设步伐。我认为,建设这一思想体系也是我们高等教育研究专家学者们的重要责任。

第二,这是贯彻实施《教育规划纲要》的需要。《教育规划纲要》是今后很长一段时间内我国教育特别是高等教育发展的战略,对今后我国高等教育的发展将会起到巨大的促进作用。我曾经提出,中国的高等教育发展又到了一个关键时期。《教育规划纲要》中提出了很多新思想、新观念,也提出了很重要的目标。《高等教育专题规划纲要(征求意见稿)》明确提出,要"加快建设高等教育强国,加快建设世界先进水平、中国特色社会主义现代高等教育体系"。走中国特色现代高等教育之路,建设高等教育强国,已经成为时代赋予我国高等教育崇高庄严的历史使命。这些目标的实现,需要我们教育研究者很好地去研究教育理念、教育思想,以更好地贯彻实施《教育规划纲要》。同时,在贯彻和实践过程中也需要我们教育工作者不断地总结经验,提升到理论和思想的高度。所以,《教育规划纲要》的颁布实施要求我们加快建设中国特色高等教育思想体系,以实现《教育规划纲要》的目标。

第三,多年来我们一直在致力于探索中国特色高等教育思想理念,积累了一定的研究经验,形成了一定的研究基础。十多年来,我们一直倡导"思想、理念的改革是先导"。十多年前,我曾在一次一百多人的校长会上提出,一场教育思想观念的讨论悄然兴起。后来,在已提出的"体制改革是关键,教学改革是核心"这两句话后加了一句,即"教育思想、教育观念的改革是先导"。这不是随意加的一句话,而是在跨世纪的改革进程中,在高等教育改革与发展的实践中总结提炼出来的。

在1992年第四次全国高等教育工作会议上,我们感到高等教育的改革与发展迫切需要理论指导,也需要宏观研究。1993年,国家教委高教司组织成立了"建设有中国特色社会主义高等教育理论研究"课题组,汇聚了有关省市教委和有关高校领导、知名的教育理论研究专家,如潘懋元、顾明远、刘一凡、王冀生、陈祖福,还包括在座的许多专家等,以及教育行政管理人员三路研究力量,共三百多人,历时5年,开展了大量的研究和研讨工作,先后召开了3次全国性研讨会,出版了三部论文集以及一部专著。研究成果概括提炼出14大理论要点,对当时及其后的高等教育改革发展具有重要的指导作用,并产生了深刻的影响。这项研究成果于1999年被评为全国哲学社会科学研究成果二等奖。之后,又组织研究了大型课题"20世纪的中国高等教育",作为理论要点研究的继续和发展。

十多年来,我们一直在探索建设中国特色高等教育思想理念——从1993年开始的"建设有中国特色社会主义高等教育理论"的研究,到2001年开始的"20世纪的中国高等教育"的研究,再到2008年开展的"遵循科学发展,建设高等教育强国"的研究。与此同时,中国高等教育学会从2001年以来持续召开了高等教育国际论坛,推进教育理念研究的不断深化。十年来论坛的主题本身就是对"建设中国特色高等教育思想体系"的探索。历届的主题是:"经济全球化与中国高等教育","人文教育和科学教育的融合","加强教育科学研究,促进高等教育创新","特色·个性·人才强国战略","科学发展观与中国高等教育","建设创新型国家与中国高等教育","建设和谐文化与中国高等教育","改革开放与中国高等教育","遵循科学发展,建设高等教育强国"。应该说历届论坛的主题都紧扣高等教育改革发展与社会发展的时代主题,抓住了高等教育改革发展中带有宏观性、全局性、战略性的重大难点和热点问题。我们从论坛主题的变化就可以看出思想观念变革的轨迹和不断深入的探索历程。

今天我们提出加快建设中国特色高等教育思想体系,是有研究基础和现实需要的,现在要进一步加快研究、建设,我个人认为时机已经成熟!

二、必须坚持"中国特色"

第二个关键词是"中国特色"。为什么必须坚定不移地坚持"中国特色"?原因有以下几点。

第一,这是建设中国特色社会主义的需要。从党的十二大提出走"自己的道路,建设有中国特色的社会主义"以来,党的十三大、十四大、十五大、十六大都是一以贯之地紧紧抓住和体现这个主题和灵魂。党的十七大报告强调:"改革开放以来我们取得的一切成就和进步的根本原因,归结起来就是:开辟了中国特色社会主义道路,形成了中国特色社会主义理论体系。"并把这个论断写入了党章。不久前召开的十七届五中全会强调了改革开放以来我们取得的一切成就和进步的根本原因是坚持了中国特色社会主义道路,以中国特色社会主义理论体系为指导。

今天,中国特色、中国道路已经成为13亿中国人民的坚定共识。在抵御亚洲金融危机和国际金融危机时,越来越显示出"中国道路"的作用。国外不少专家学者、政界人士、新闻媒体对中国在这次世界金融危机中的作用予以高度的评价。评价说:中国经济率先复苏为世界经济增长作出了重要贡献;中国在这次世界金融危机中展现了一个负责任的大国形象,赢得了世界的敬意;由此,中国的发展模式也备受瞩目。

在2010年夏季达沃斯世界经济论坛上一些专家学者和政界人士希望通过分析和总结中国发展道路,归纳出对本国和世界有益的经验。美国经济学家布拉德·塞策说:"中国及其政策建议得到广泛关注,中国的作用正变得越来越重要。"世界银行副行长兼首席经济学家林毅夫说:"中国有很多的经验,不管是在发展方面,在转型方面,还是在解决危机方面,这些经验可以和其他国家共享,这对世界其他国家均会有帮助。"舆论认为,中国经验不仅对发展中国家有启发,同时对西方发达国家也有启示。

反映到高等教育领域,我们今天应该更加坚定地建设中国特色的高等教育。刘延东同志在2010年7月教育部直属高校工作咨询委员会第20次全体会议上强调,要加快建设中国特色现代高等教育。我们党的指导思想是中国特色社会主义理论体系,我们坚持的是中国特色的社会主义道路,所以我们的高等教育应该是中国特色的高等教育。

第二,这是扩大对外开放、提高我国高等教育国际化水平的需要。《教育规划纲要》明确提出要扩大教育开放,坚持以开放促改革、促发展,开展多层次、宽领域的教育交流与合作,提高我国教育国际化水平。提高教育国际化水平当然需要加大教育的国际交流与合作,但还有更深层次、更广泛的意义。提高教育国际化水平,首先要有国际视野,要站在世界的高度,面向世界来观察和考虑我们的教育;其次要经常关注和研究经济全球化的动向,融入世界经济社会发展的大循环中去;第三要研究世界各国的文明成果、文化传统。

我们现在派出的留学生很多是去国外学习科技、专业知识,而去学习高等教育教学的很少,去研究所在国文化的更少。其实,国际交流最根本的是学习和引进世界优秀文化,并使之与中国文化融合起来。

从教育国际化的内涵看,国际化的前提是我们必须有自己特色的教育体系,因为我们的教育首先必须是中国化的,然后才能是国际化的。其实世界各国高等教育培养人才的目标基本是一样的,就是希望通过大学的课程来增加学生的知识,培养批判性思维,提高学生分析问题的能力,学以致用,能将所学用以解决问题,成为具备良好道德品质、具有终身学习能力的公民。但如何才能达到这些目标,各国的培养方式各具特色,需要结合自己的国情和文化来形成自己的方式。中国需要研究建立的就是中国特色的高等教育体系,中国特色的高等教育思想理论体系。

世界主要高等教育发达国家都有自己独特的高等教育发展道路,有自己独特的高等教育思想理论体系。从世界高等教育发展史看,高等教育发达国家在借鉴别国先进理念后,坚持自主创新,都走出了自己独特的教育发展道路,英国、德国、美国、日本,莫不如此。美国先后学习英国、法国大学的教育理念和德国大学的学术精神,在学习法、英、德等欧洲国家的基础上,自主创新,最终形成自己独特的高等教育理念,走出自己的道路;德国也走上了有别于法国、英国的道路;日本的教育虽然吸收美国、欧洲教育的许多有益经验,但是仍有自己的道路。世界上的教育特别是高等教育没有共同的发展模式,无法共轨。

第三,这是传承和弘扬中国优秀文化传统的需要。中国是一个文化大国,我们的祖先以他们的聪明智慧、丰富的情感体验和生活阅历创造了优秀的精神文化。大量的历史文化典籍中蕴涵着高尚的爱国思想、崇高的人生理念、浓厚的人文精神,同样不乏因材施教等丰富的教育思想、有教无类等先进的教育理念。这是一笔用之不尽、取之不竭的宝贵财富,这些宝贵的思想资源是建设中国特色高等教育思想体系的基础。

2010年5月份在南京召开的第四届中外大学校长论坛上,耶鲁大学莱文校长指出,每一种教育模式都具有文化的适应性,这句话就是说各个国家的教育模式要与文化相适应。在谈论通识教育、回答中国校长的问题时,他指出,通识教育作为一种在美国具有悠久历史的教育模式,对中国而言,是在异域文化中发展起来的,因此不加变动而全部照搬到中国文化当中去是很难成功的。莱文的这句话应该说讲得比较到位,教育模式要与本国的文化相适应。我们要建设中国特色的教育模式,要与中国深厚悠久的优秀文化传统相适应,这一点,中外很多校长都有共识,都在发言中从不同角度谈到。比如说,京都大学校长松本纮说,现代社会,人们的渴望欲求无极限,由此造成很多的问题,这些问题的解决依靠科技的发展是不够,需要仰仗哲学和人文的支持。来自中国传统文化的价值观念,如节制、廉耻心、感激之心、知足之心等能够发挥很大的作用。而这些观念已经成为亚洲共享的价值观念,中国的汉字中代表"和平"、"知足"、"感谢"的这些词,在亚洲文化圈中都能够被理解和赞同。所以,我们中国的教育更应该体现国人优秀的文化传统,这也说明了为什么要建设具有中国特色的高等教育思想体系。

第四,这是总结中国高等教育正反两方面经验教训的需要。我国现代高等教育发展历史从第一所大学建立算起,才一百多年的时间,从新中国成立算起,只有六十多年的时间,但其中经历了曲折的发展过程,有过卓有成效的改革,也出现过较大的失误,积累了丰富的正反两方面的经验和教训。改革开放后,我国进入建设有中国特色社会主义的新时期,高等教育也步入了历史上空前发展的最好阶段。经过拨乱反正,调整、改革、整顿、提高,进行体制改革、教育教学改革等大改革后,迎来了教育的大发展。这期间也涌现了各种思潮,但当时我们有比较清醒的认识,仅学习别国成熟、成功的经验。由此可见,教育创新,必须认真总结历史进程中的经验教训,研究探索符合中国国情和历史发展规律、上升到理论高度,逐渐形成中国特色的高等教育思想理论体系,这应该是一件非常重要的事情。

第五,这是总结提炼中国高等教育实践经验的需要。经过一个多世纪的发展,特别是改革开放以来的大改革、大发展,我国高等教育已经积累了一定的实践经验,也形成了一些自己的特点和教育思想。如素质教育,现在有不少同志都认为这是符合中国优秀文化传统的具有中国特色的高等教育思想；当然还有其他，如我们非常重视产学研合作教育，高度重视本科教育；还有刚颁布的《教育规划纲要》中提到很多的教育思想等，都值得大家认真地学习研究。

现在，我们应该做的是如何总结提炼这些特色，树立信心，博采各国所长，吸收成熟经验。高校领导、教育专家也应把研究和探索中国特色教育理念和教育思想作为自己应尽的责任，加速中国特色高等教育发展道路的探索，加速中国特色高等教育理论体系的探索、研究和建设。

我们的大学不仅要出人才、出科研成果，也应当出教育思想、办学理念，出教育理论。过几十年以后，我想我们的后来人，特别是后来的教育工作者、研究专家、教育家就会更多地去回忆、去了解、去讨论你（也包括你所领导的大学）在这方面所作的成绩和贡献。

三、国际视野，中国道路

如何开展这项研究，我提出"国际视野，中国道路"与大家探讨。

1. 虚心学习外国成熟的经验。对于外国的经验，要下工夫认真地去了解、认真地去探索，也应该尽可能深入实际多做调查研究，不能只从杂志上找文章，人云亦云。一方面，不了解情况容易片面理解，把不全面的东西引进来；另一方面，对于别国真正好的东西，也要有选择地学习。这里提一个问题：别国成功的经验移植到另一国家是否就会成功？或者说别国成功的就一定要学？对这个问题，牛津大学校长汉密尔顿在第四届中外大学校长论坛上回答中国校长的提问时说得很有智慧。汉密尔顿曾任美国耶鲁大学的教务长，也在世界很多著名的大学担任过校长。有中国校长问，如果您到了北京大学，会不会按照北京大学的规则来做校长？他回答说：这个问题问得好。英国牛津大学和美国耶鲁大学都是好大学，有很多共同点，也有很多不同的地方。一对一或者一对二这样的导师制是英国牛津大学、剑桥大学特别有优势的一个传统，但导师制很昂贵，而且我们现在也遇到了财政方面的困难，可是，我们宁愿放弃投资楼盘、停止设备投资，但永远不会放弃导师制。因为这是教育的根本所在，是我们的真正优势。但我在美国耶鲁大学的时候，是不是把"导师制"引进耶鲁了呢，没有！哈佛大学也没有推广导师制。所以，我们必须考虑每个国家的传统、文化和教育系统长期积累起来的优势和劣势,没有一个模式是放之四海皆准的,必须因地制宜。

2. 要面向中国高等教育实际,尽可能深入实际广泛地去了解情况。要认真地分析我国教育的实践,总结经验,分析问题,并从实践和理论的结合上提升。教育研究工作者应从理论和思想上引导高等教育的改革,从实践上分析和总结改革发展的经验教训并上升为理论。

3. 中国特色高等教育思想体系研究内容和基本原则。中国高等教育学会正在酝酿把"中国特色高等教育思想体系"设为一个重大研究课题,以推动全国范围内更深入的研究。那么,从哪些方面开展研究?

当年开展"建设有中国特色社会主义高等教育理论"研究课题时,主要从教育方针、指导思想、高教体制、高教发展道路、办学道路和人才培养途径等几个方面加以总结提炼。现在从哪些方面对"中国特色高等教育思想体系"开展研究,希望各位见仁见智。

总的来说,研究必须以中国特色社会主义理论体系为指导思想和理论基础;研究要体现时代性,把握规律性,富于创造性。体现时代性,即要充分体现建设创新型国家和建设高等教育强国的历史使命,以及贯彻落实《教育规划纲要》的时代任务;把握规律性,即要把握高等教育的内在发展规律,树立科学发展的高等教育观;富于创造性,即要创造性地提炼总结出中国特色高等教育思想体系。这应该是"建设中国特色高等教育思想体系"研究的基本原则。

(原载《中国高教研究》2010 年第 11 期)

面向世界的中国高等教育

章新胜[*]

一、中国近代高校颇有国际眼光

我们可以从中国近代高等教育发展的历史来看我国高校国际化发展情况。

1840年鸦片战争以后,中国逐渐沦为半殖民地半封建社会。当时的有识之士认识到,要富强就要办学,要借鉴发达国家的先进经验,做到"师夷长技"。中国近代的高等教育就是在这样的理念下产生的。

19世纪末、20世纪初,北洋大学堂(天津大学的前身)、京师大学堂(北京大学的前身)、浙江大学、东吴大学等近代意义上的大学纷纷成立。除了由政府办大学,这一时期西方传教士纷至沓来,办了一些教会大学,如圣约翰大学、燕京大学、辅仁大学等;中国一些知名民族企业家、教育家也很有精神,兴办了不错的大学,如南开大学;还有一些大学,如沪江大学。不管其水平如何,都反映了中国近代志士仁人教育救国的理念。当时,很多学校的创办者都很有智识,不少学校都在倡导教育救国,办学也都相当国际化。

以八年抗战期间的西南联合大学(简称西南联大)为例。西南联大十分强调课程设置,即先明确受教育者应该学到什么,然后根据这一理念来设置自己的课程体系。我看了西南联大的本科生课程体系之后,对其中所蕴藏的教育理念十分感叹,难怪其毕业生中会出现像杨振宁、李政道这样的诺贝尔奖获得者,赵九章、邓稼先等"两弹一星"功勋奖获得者,黄昆、刘东生、叶笃正等国家最高科学技术奖获得者,宋平、彭佩云等

---

[*] 作者简介:章新胜,教育部原副部长、中国教育国际交流协会会长。

党和国家领导人；难怪它在当时被称为亚洲最好的大学。它的课程体系和我在哈佛大学读书时的课程体系有相似之处，都强调以人为本的全面发展。

　　哈佛大学的创办人是剑桥大学的毕业生。所以哈佛最开始效仿的是剑桥大学的体系（如强调以人为本的学院制），然后又学习洪堡大学的做法，最后开创出自己独特的体系。我们现在只重视这些大学的科研体系，而很少注意它们独特的人才培养模式。西方大学育人模式的核心是"Liberal Arts Education"。有人将之翻译成"通识教育"、"博雅教育"或"博识教育"，但这些译法都不尽如人意，只强调了"博"，没有强调英文原文所包含的"Tolerance"，也就是"兼容并包的"、"汇通百家的"意思。其实，"Liberal Arts Education"有"宽容的、自由的"、"思想解放的、以人为本的"、"注重多样化的、注重因材施教的"等含义，这种教育是学生在导师指导下，自己主动建构适合自己的课程体系的过程，是拓展人心智的教育，它特别注重学术自由，以学生兴趣为导向，培养学生好奇心和批判精神，使学生逐步做到触类旁通。例如，在学生本科阶段，洪堡大学并没有一开始就注重学生技术和职业能力的培养，而是首先提倡"Liberal Arts Education"，其核心是把一个人当成完整的人来培养和塑造，也就是"全人培养"、"全人发展"，英文称为"Holistic Development"或"As A Whole Person"。这种教育理念同样也体现在西南联大的课程体系中。

　　所以，我觉得，西南联大之所以能培养出这么多的大家和各个领域的杰出人才，与它的人才培养模式、国际视野以及结合中国深厚传统积淀引进先进课程体系的做法分不开。更重要的是，它结合了当时中国的国情，通过抗日、爱国这样的国情教育来激发人的心智，首先拓展学生的心志，使其做到文理兼修；然后开展"Liberal Arts Education"，也就是兼容并包、融会贯通的教育；最后才提倡创新，培养学生成为有道德、有知识、有能力、有抱负、有纪律的人，为国家作贡献。所以，西南联大的教育是真正的德、智、体相结合的全人教育的典范，也只有这种教育才能真正培养爱国家、有激情、有热血、有创造力的人才。可以说，西南联大是中国人有能力办成与欧美一流大学相媲美大学的成功实践。

二、中国高校需要面向世界办学

新中国成立后,我国高等院校经历了比较大的变革。第一次是20世纪50年代进行的院系大调整。虽然我们当时打破了不少大学原有的综合性体系,但那是为了配合当时的计划经济体制,也部分受到了前苏联战时经济等特殊情况以及前苏联援助的156个大项目建设等的影响,离不开当时的国际背景,是当时我们这个"一穷二白"的国家一个很重要的发展战略。虽然这种做法使大学本科知识有所分离,但在一定的历史时期内,这种做法对我国建立相对完整的工业及经济体系、完成相对独立的教科文卫体体系的初步布局是有积极作用的。当时由于西方的封锁,我们与西方交流的大门被迫关闭,新中国的教育与前苏联、东欧的教育交流与合作比较多,学生大部分被派往前苏联和东欧。1950—1965年,我们共向前苏联、东欧、朝鲜等二十几个国家派出了10698人,其中派往前苏联8320人,约占派遣留学生总数的78%;同时,出于培养翻译人才的需要,我国还向极个别西方国家派出了少量人员学习语言。当然,这一时期还有一部分从西方回来的留学生,为教育的国际化作出了重要贡献。

第二次大变革自20世纪90年代开始到世纪之交。这次全国性院系调整热潮按照"共建、调整、合并、合作"的八字方针进行,改变了我国在特定历史条件下形成的与计划经济体制相适应的部门和地方条块分割、重复办学的局面,基本形成中央和省级人民政府两级管理、以省级政府管理为主、提倡公办民办高校共同发展的新体制,建立了一批多学科、综合性、研究型的大学,为我国的科研和高技术领域的发展奠定了基础,同时也为我们培养一大批国际化、复合型人才,为建设创新型国家提供智力支撑等奠定了基础。

我们可以发现,20世纪50年代院系调整时期,我国高校发展呈现区域国际化特征,还不能称为全球化教育;而我国高校现在正在实施的国际化战略,其实已经离真正意义上的全球化教育不远了。

1983年,邓小平同志应北京景山学校之请作了"教育要面向现代化,面向世界,面向未来"的题词。这句话虽然只有短短的16个字,但所蕴涵的思想却极其丰富。邓小平同志提出的是"三个面向",而不是"两个面向",教育不只要面向现代化,面向未来,还要面向世界。这在当时非常有远见。那么,他所说的面向世界指的是什么呢?我认为,绝对不是新中国成立初期那样只面向前苏联和东欧,也不是20世纪80年代、90年代初那样主要派遣留学生到北美、欧洲、日本,而是面向整个世界。当然,除了派遣留学生出国,我们在教育交流与合作,包括联合科研、师资培养以及来华留学生教育等方面,都需要面向世界。

在全球化的今天,知识、人才、科学技术、学术研究的流动都是全球化的,这是世界潮流。高校无论是从事科学研究,还是进行人才培养,如果不在全球化的大格局中加以考虑,怎么能够创建出一批世界一流的大学和一大批国际化大学呢?怎么能培养出一批世界一流的人才和一大批国际化人才呢?怎么能产生世界一流的成果呢?所以,我认为高等教育国际化非常重要。它不仅仅是大学的一个方面,而是渗透和服务于教学、科研、校园文化、人才培养、校园规划与建设等各个领域。在21世纪的今天,不谈教育的国际化而闭门造车,恐怕没有哪个国家愿意这样做,关起门来是不行的!

我们现在的大学,包括高职院校在内,都在制定学校发展的战略规划。我认为高校的规划确实应该放在国家战略的高度和全球的视野中来看。为什么呢?很简单,这是经济和社会发展的需要。高校的发展与国际经济、社会发展密切相关,高校必须紧紧抓住机遇,服务经济和社会发展大局。我国GDP中贸易进出口的比重已经由20%上升到40%。事实上,全球化已经本土化了。世界上没有哪个跨国公司、没有哪个知名的服务性企业不在中国设立机构或者生产产品。全球本土化在经济和产业界有很多非常典型的例子。同样,正如美国、欧洲的文化产品,甚至"韩流"都在中国找到了生长的土壤。我们的文化产品也开始走向世界。此外,现在很多本土性和区域性的问题也已经全球化了,如甲型H1N1流感、艾滋病等流行病,以及能源、粮食、气候、环境、反恐等问题。所以,不论是自然学科、社会学科,还是人文领域、艺术领域,国际交流都体现出了全球化与本土化的双重特色。

在1997年的亚太金融危机中,中国一下子被推到亚洲的中心。在2009年的全球气候大会中,中国一下子又被推到世界的中心。在这种背景下,高校发展也需要考虑面向世界,在人才培养、学科建设、师资队伍建设、来华留学生培养、校园规划等各个方面,面向世界都是至关重要的。教育是服务于经济社会、服务于国家发展、服务于国家战略、服务于大外交的;教育不能只是紧随其后,而更应先行一步,具有前瞻性。教育能够决定一个国家、一个民族、一个城市的未来,今天的情况是昨天教育的结果,今天教什么将成为明天的结果,而明天的中国将更加国际化、全球化。

科研成果和技术在世界范围内流动的过程中,哪里有其发展的最好土壤,它们就在哪里安家落户。比如,3G 手机实验室原来设在瑞典斯德哥尔摩,现在设在中国。为什么它要设在中国?因为中国有 7 亿手机用户,约有 1 亿中国用户在用手机上网,而各种媒体的界限越来越模糊,将来手机将成为一个集成各种信息资讯的终端,中国的市场也将随之变得越来越大。另外,中国人聪明勤奋,劳动力成本相对一些西方国家也比较低,所以,这个实验室设在中国是最佳选择。不仅科研在呈现全球化,教科文卫体等领域也在日益全球化,各行各业都需要人才,因而人才的培养也要全球化。中国的产品已经走向世界,而我们的人才能不能走向世界?我们的人才怎么走向拉美?怎么走向非洲?怎么走向阿拉伯?怎么走向东亚、东南亚、南亚和中亚?……这个课题已经摆在了我们面前,教育面向世界的问题确实很迫切。

(原载中国教育国际交流协会:《国际教育交流》2010 年第 4 期)

大学精神：如何迎接发展战略的"拐点"

杨 卫[*]

建设世界一流大学需要大师与大楼，更需要大学精神。

大学精神是推进世界一流大学建设的灵魂，是指明高校前进方向的灯塔，是集聚广大师生和校友的磁石。

在中华民族走向伟大复兴的今天，大学精神要体现其基本内涵和终极目标，要具有普适性、引领性、包容性，要体现人文与科学、物质与精神、时间与空间的完美协调，要以一种"大不自多、海纳江河"的气势统领全局。新时代的大学精神，既不应是西方大学理念的仿制，也不应是儒家书院传统的回归，而应该体现中国特色、时代精神和文化特征。

一、新时代的大学精神应体现积极进取精神

鉴于中国大学的历史发展脉络，中国特色的世界一流大学建设，不应简单地照搬以"学术自由、院校自治、通识教育"为特征的西方办学模式。应该看到，该种模式是在自由资本主义时期形成的，而当时西方国家在经济与社会、科学与文化等方面居垄断地位，有充裕的自由发展的时空条件。对中国这样的后发展国家，采取这样的道路却容易囿于跟在别人的后面亦步亦趋。我们必须体现积极的进取精神，走"中国特色、世界水准、全球影响"之路。

这从发展模式上来讲就是要探索一种以进取为核心、以混合为特征、以和谐为保障的发展模式。在中国经济、政治上崛起的同时，通过这样的渐变式模式转化，能够平稳地实现从适应于计划经济的传统大学教育理念向适用于社会主义市场经济的现代大学教育理念的转变，使中国

---

[*] 作者简介：杨卫，时任浙江大学校长，现任国家自然科学基金委员会主任。

的一流大学平稳快速地发展,崛起于世界学术之林。

以进取为核心,就是始终坚持建设世界一流大学的基本目标,始终贯彻动力发展的既定方针,始终把发展的理念落实为具体的阶段目标和发展路径。保持这一进取精神的基础在于:中国经济与社会在未来20年仍将保持平稳快速发展;中国的大学应在未来对中国的发展起到更大的引领作用;中国的研究型大学群将在世界高等教育中整体崛起;中国的一流大学已经前进到了开始摆脱"跟踪性发展"的追赶战略,转向注重自主创新、特色发展的历史转折点。

以混合为特征,就是采取一套适应于从计划经济体制逐渐过渡到市场经济体制的混合式发展模式。该模式的主要特征包括:综合通识教育与专业教育的"一横多纵"的本科教学模式;契合学术权力与行政权力的"双轮驱动"的治理结构;兼顾国家需求与自由探索的"团粒状"科研体系;以"顶天"与"立地"相结合的T型学科结构;循序渐进、梯次提高的学术评价体系;基于多种评价标准的"分类管理"式教师岗位设置;等等。这样,可以使我国的研究型大学群从目前的学术水准出发,以一种动力发展的模式,较快地达到为世界同行认可的先进水平。

以和谐为保障,就是在发展中不忘基本校情和广大师生的根本利益,随着学校综合实力的增强,逐步有序地从"优先发展"转向"和谐发展"。其主要内涵包括:坚持"以人为本",逐步增加人力资源成本在办学费用中的比例,并让离退休教师适度共享学校发展的成果;坚持"海纳百川",尊重不同学科的特色,传承"有文有质,有农有工"之意,推动学科间的和谐发展;坚持"有教无类",做好从教育公平到因材施教的和谐过渡。

二、新时代的大学精神应体现中华文化的包容精神

中华文化源远流长、博大精深,体现了中华民族多民族、多宗教、多习俗和谐共生的文化特质,凸显了中华文化宽容、开放的包容精神。新时代的大学精神要体现中华民族的文化特质。如若只是回复到传统的儒学理念或国粹,或简单地认同20世纪三四十年代的教育理念,都缺乏21世纪的时代精神。简单的回归,既在当前的大学状况下没有着力点,又很难在世界高等教育的发展中起引领作用,不容易在全球引起普遍的

共鸣。塑造大学精神，应对中华传统文化予以新的提升，赋予其在新时代的科学与人文内涵，体现中外贯通、文理交融、经纬交织、兼收并包的精神。

这里的"中外贯通"主要指在教育思想上东方观念与西方观念的互补。这一结合起初是物理性的，即把教育思想的东方观念与西方观念简单地堆砌在一起。遇事适合用东方观念就用东方观念，适合用西方观念就用西方观念。随之，便应当推动化学性的反应，使东方观念与西方观念出现结合点。进而激发东方与西方教育观念的生物性互补，两者的联姻孕育出新生的成果，产生可在全球引起共鸣的大学精神。我们强调中外贯通，不仅在于汲取西方优秀文明成果和教育思想，也在于寻找在中华民族伟大复兴之际如何把中国特色的教育思想传播到全世界的有效路径和载体。

这里的"文理交融"主要指在教育理念上侧重精神世界与侧重物质世界的有机融合，是"形而上"的理想世界与"形而下"的现实世界的高度统一。传统的儒学理念侧重于精神世界的建构，而近一个世纪兴起的"实学"则着力于构建理工农医等学科体系。在新中国成立后很长一段时期，"实学"得到了国家极大的重视，聚集了一大批杰出人才。今天，我们应该开始认真规划、积极准备为中华文明的全球崛起所需的人力资源、思想资源和学科资源。这一准备并不是要减慢近年得到快速发展的理工农医学科发展的速度，而是要采取文理交融的方式，在人才、思路、手段上实行共荣式发展。

这里的"经纬交织"主要指在侧重于系统论的治学理念与侧重于还原论的治学理念之间的交织。系统论长于描述整体，阐释相互关系；还原论长于剖析事理，厘清因果关系。"中学"见长于前者，"西学"见长于后者。若能兼取两者之长，且织为一体，则可有大成就。从大学的组织架构的历史演化来讲，她有时表现为诸学院学苑间（学院或学苑可以是全科或多学科的）的集成，有时表现为诸学科院系间的总构。学科院系为大学之纬轴，而跨学科的教学科研平台为大学之经线。由此达到以纬彻地、以经托天的大学之道。

这里的"兼收并包"主要指对多元学术思想的容纳性。蔡元培先生对此曾有深刻的阐述。对大学的领导者来讲，宣扬倡导兼收并包并不难,身体力行之却很不容易。大学的领导者往往都是有学术主张的,有学科背景的,有学术人脉的。这既是他们成长为教育家的基础,又可能使他们在学校事务决策中过于依赖自身的学术判断。对大学的学者来讲,具有兼收并包的胸怀也未必容易。对一位学者来讲,其禀赋、勤奋、事业心、探索精神等在其成才的前期和中期,都是非常重要的。但在其成才的后期,有无学贯中西的姿态、兼收并包的胸怀往往是制约其能够飞多高多远的决定因素。

三、新时代的大学精神应体现求是创新精神

竺可桢校长是浙江大学百余年办学历史上的一座丰碑。他在长期的办学实践中凝练和提出的一系列办学主张,构成了具有鲜明特色的教育思想和办学理念。竺可桢校长确定以"求是"为浙江大学校训。他认为,"求是"这两个字既是中国传统文化的精髓,又是西方近代科学的真谛,若想在继承传统文化的基础上学习先进的科学技术,必须把握住这个共同点。他在对新生所作的《求是精神与牺牲精神》的演讲中指出,"所谓求是,不仅限为埋头读书或是实验室做实验。求是的路径,中庸说得最好,就是'博学之,审问之,慎思之,明辨之,笃行之'"。竺可桢校长将"求是"精神阐释为"明辨是非,追求真理",强调"求是"精神就是奋斗精神、牺牲精神、科学精神。直到今天,我们耳边仍似响起竺可桢校长对当年布鲁诺为科学真理而献身的赞誉,我们的脑海仍常浮现竺可桢校长对浙大师生关于"不计利害,只问是非"的教诲。

创新是基于求是学风之上的进一步追求。在《浙江大学校歌》的36句歌词中,有6句与创新有关。如"何以新之,开物前民"厘定了创新的含义,"无曰已是,无曰遂真"体现了对创新一以贯之的追求,"靡革匪因,靡故匪新"体现了创新的历史观。1979年4月,钱三强校长在浙江大学师生员工大会上提出:"除了求是精神外,还应加上'创新'两字。要养成创新的习惯,适应不断发展的需要。"1988年,路甬祥校长进一步强调"求是系治学之本,创新乃科技之源",并主持校务会议,决定以"求是创新"为新时期浙江大学校训,赋予其"实事求是,严谨踏实,奋发进取,开拓创新"的时代内涵。

综上所述,"积极进取、文化包容、求是创新"体现了新世纪具有中国特色的大学精神的基本内涵。只有积极塑造新时代的大学精神,我国的研究型大学群才能在五千年中华文明的基础上,在全球化和跨文化交流的背景下,凤凰涅槃,浴火重生,引领发展。这将是一个令高教工作者热血沸腾的时代,也是一个气势恢宏的愿景:中华文明走向世界主流,并将在21世纪中后叶引导世界文明的对话、交流和发展。

(原载2011年4月25日《中国教育报》)

高等教育国际化的实践与研究[*]

陈化北[**]

教育国际化这一提法在我国曾经是存有争议的问题。但今日我们对这个问题的认识正在不断深入,质疑声已经越来越小。不仅是高等教育,基础教育的国际化也日益受到国人的关注和重视。从幼儿园到高中的各类国际学校在各地不断涌现,很多中学竞相设立国际部或外语特长班,海外留学低龄化趋势日益明显等现象,足以说明了这一点。经济的全球化与人才流动的国际化要求更多的国际化人才,如更高质量的科研领军人才、外交外贸人才和国际组织的高级管理人才等。而国际化人才的培养要求国际化的教育。因此,教育国际化亦是时代的必然要求。

日本自明治维新起一直走国际化道路,不仅学习西洋技术,还把西方的政治、经济、法律等制度层面的优长也都借鉴到了本国。这让它从一个长期学习中国的亚洲小国成长为了一个世界强国。日本战后的经济腾飞也是通过加强国际交流、依靠国际贸易来实现的,而这其中自然少不了国际化人才培养的功绩。可以说,日本早已把国际化进行了战略化和国策化,这让它能够保持又快又好的发展。

据我观察,高等教育的一个明显趋势是,国际化程度越高的大学发展速度也就越快,办学水平也就越高。这在中国尤其明显。从改革开放三十多年中国高校的发展状况看,各类院校之间的差距变得越来越大。而学校差距的拉大很大程度上取决于它们的国际化程度。

---

[*] 此文为作者根据其在北京大学一次讲演整理而成。
[**] 作者简介:陈化北,国家外国专家局国外人才信息研究中心主任,《国际人才交流》杂志编委会主任,中国国际人才交流与开发研究会常务副会长。

一、高等教育国际化指标

我曾走访过很多国家的高水平大学。在世界知名大学中,许多学校办学时间长,是历史悠久的名校,水平高是可以理解的。但新加坡南洋理工大学的发展历程却不免让我感到震惊。它1955年建校(时名南洋大学),1980年与新加坡大学合并为新加坡国立大学,1991年才独立出来成为南洋理工大学。因此,它真正开始独立办学才不过二十来年,但现在已经成为世界上最年轻的百强大学。它的成功经验,除了依靠政府大力的经费支持外,主要还有以下几个方面。

(1) 管理团队与管理模式的国际化。它现在的校长,很多院长、系主任等都是从世界各国聘请的专家,并引进了西方发达国家的管理模式。

(2) 教学与科研队伍的国际化。该校外籍教师和研究人员的比例高达65%(全球国际化排名第6位)。中国高校目前的努力目标还只不过是10%~15%,可见差距之大。

(3) 学生和校友的国际化。它的学生来自世界70多个国家,校友遍布世界上100多个国家。

(4) 课程的国际化。引进国际化课程,进行课程改革,提高国际化课程的比例。国际化课程主要是指得到了国际教育认证的课程。它一般还要求聘用外国专家、使用原版教材并用外语授课。欧美有比较成熟的课程认证体系。中国目前课程的国际化专业化认证还比较少,只有自西方引进的MBA课程的认证还比较普遍。课程通过国际认证后,对中外合作办学、学生联合培养及国际交流的开展大有益处。但目前国内对此还不太重视,态度比较保守。

这几个方面的国际化让南洋理工大学在短短二十多年的时间里成为世界名校,其排名(2011年名列全球第58位)甚至超过了北大、清华。

除此之外,高等教育国际化的指标还应包括下列方面。

(5) 本校教师接受海外教育的比例。许多国际一流大学都面向全球招聘教师,这样可以预防学术上的"近亲繁殖"和人事上的裙带关系。比如香港中文大学,95%的教师是在香港以外获得的学位。

(6) 本国学生在校期间出国学习交流机会的多少。

（7）毕业生在海外留学、就业、发展情况，及在国外的分布情况。

（8）与海外高校的合作伙伴关系、合作项目的多少。

（9）与跨国企业合作伙伴关系的多少。与企业进行合作，学校可以得到企业的科研项目，有利于学校科研成果的产业化与商品化，学生也可以进入企业实习就业，形成良性互动。

（10）举办、承办和参与各类国际学术会议的情况。学校可以通过这些会议来提高自身的国际影响力和知名度，树立良好的学术形象，以提升国际学术地位。

（11）国际合作办学、联合办学、联合培养、合作科研等项目的多少。

（12）教育输出——海外办学、教师海外讲学的情况。孔子学院也算是一种形式。

（13）教职员工出国培训、进修、访学情况。

（14）教学、科研人员在国际性学术刊物上发表论文及论文被引用的情况。目前我国教师用外语写作论文的水平还不够高，能在国际学术刊物上发表高质量论文的还比较少。

（15）科技创新、发明等重大科研成果和国际性学术奖项的获奖情况。

（16）实验室对外开放程度等。

上述国际化指标或要素并非要求所有学校都必须具备。各类学校可根据自身特点各有侧重，一般大学可将特色化办学与国际化办学相结合，突出自身学科优势，在一个或几个领域重点突破，但像北大、清华等综合性重点大学在每个方面都应该达到一定的水平。

二、如何提高国际化程度

我国高校要提高国际化程度，需从如下几个方面着手。

（一）认识层面

提高认识（增强国际化意识），领导重视，战略规划（制定国际化发展规划），凝聚共识，明确目标。

（二）制度层面

外事归口（归口管理、沟通协调、外事服务），多方参与（力争全员参与),建立校内工作网络,形成外事工作体系,并通过评估考核制度在组织人事上予以保障。

(三) 实施层面

外事牵头(组织协调、牵线搭桥、推动促进),院系主体(以院系为主体开展实质性国际交流与合作),教师主力(调动教师参与国际交流的积极性),学生中心(以学生为本,营造国际化环境,为学生提供更多的学习机会和发展空间)。只有全校一盘棋,联动互动,全员参与,形成合力,才能整体提高学校的国际化程度。

三、现有国际化举措

下面介绍一下近十年来国家外国专家局与教育部等部委合作实施的推动高等教育国际化的一些举措。

(1) 高校师资外语培训项目。2001年至今,支持有关高校聘请外国专家对教师进行外语培训,旨在提高教师的外语水平和国际交流能力,以及用外语撰写学术论文的能力,增加高校引进与使用国外先进原版教材以及用外语开设专业课的比例。

(2) 大学校长海外培训项目。2003年至今,为了促进我国高等教育的改革与发展,每年选派100多名大学校长到国外著名大学进行培训考察。部属、地方院校都有参加,同时也鼓励各省区市教育主管部门组织省内高校校长出国培训。

(3) "与大师对话——诺贝尔奖获得者中国校园行"项目。2004年至今,主要是与北大、清华等重点高校合作,安排诺奖得主给学生做演讲,激发学生的创新意识与科学精神。

(4) 高等学校学科创新引智计划(简称:111计划)。2005年至今,支持我国高校整合、创建高水平科研平台,引进国外高层次人才组建国际化科研团队,在国内重点大学的优势领域建立学科创新引智基地。

(5) 海外名师引进计划。该计划是一个相对灵活的海外高层次专家聘请项目,专业领域、来华时间、工作方式等都比较灵活宽松。

(6) "千人计划"中的"外专千人计划"。该项目比其他千人计划专家享有更多优惠政策,比如年龄限制放宽,配套科研经费与薪酬补贴等。

（7）高端外国专家项目。该项目主要引进具备"外专千人计划"专家水平但难以长期来华工作的高层次外国专家。

（8）"千人计划"配套引智工程。这是一个为千人计划专家配套支持及培育"千人计划"专家的引智项目。该项目以支持地方高校为主，内含"地方高校111计划"等子项目。

四、有待实施的国际化举措

有待实施的国际化举措包括：

（一）教学体系与课程改革引智计划

主要是通过合作办学等方式引进国外著名高校的课程体系、教学方法与课件，以培养国际通用人才。

（二）创新创业教育引智计划

创新创业教育有利于解决日益严峻的大学生就业难问题。尤其是中国学生的创业能力有待提高。国外大学在开展此类教育方面有很多好经验，大学生创业成功的事例很多，今后可加强这方面的国际交流与合作。

（三）工程技术教育资质认证

这方面可与国际权威性的专业机构合作，如具有140余年历史的英国工程技术学会（IET）等。

（四）职业技术教育引智计划

目前我国中职、高职教育国际化程度都很低，而这方面像德国、澳大利亚、日本、韩国等都有很多好的办学经验，值得交流借鉴。

（五）人文社科创新发展引智计划

人文社科领域的人才引进与国际交流相对滞后，有待进一步加强。

（六）文化创意人才培养引智计划

中央去年做出了大力繁荣发展文化产业的决定。出国培训可在文化创意产业方面加大力度，比如可把我国高校艺术学院的领导、教师和学生派到国外培训交流等。

五、今后的研究方向

今后我们可以在下列方面加强研究：
（一）教育主权与国际化的关系
通过研究可以进一步解放思想，澄清一些认识上的问题。
（二）海外优质教育资源的引进、合作方式及可行性研究
比如外资独资办学问题、中外合作办学模式、学生联合培养模式等。
（三）国际教育认证的必要性与可行性研究
比如中国高校工科教育是否需要国际认证、可行性如何等。
（四）引智项目成果效益追踪研究
如"111计划"对中国高校科技创新的影响；"千人计划"专家的作用发挥如何，存在什么问题，还需要什么政策支持等。又如双语教学在我国高校开展的情况，大学校长海外培训归来后都有哪些改革举措等。项目效果如何需要进行评估，并为以后的政策调整、措施改进提供参考。

高校国际化战略：框架和路径研究[*]

周　密　丁仕潮[**]

随着全球经济一体化的深入发展,依托世界开放的教育市场和教育要素的全球流动,高校国际化越来越受到各国政府和学术界的重视,关于高校国际化实践和理论研究已进入了一个新的阶段。高校国际化是以教育要素的全球性、交流活动的多样化、手段的网络化为特征的,它改变了高校在本国内部形成的教育、科研以及社会服务状况,使高校自身与国际外部环境之间形成了一个沟通交流网络,高校可以更广泛地借助国际要素来构建自己的国际化发展模式。高校国际化是高校提高国际交流合作能力以及应对教育国际化竞争的必然选择。可以预见的是高校国际化的趋势和范围还将进一步扩大。

一、高校国际化战略问题的提出

从1898年创立京师大学堂开始明确提出向西方学习、确立现代高等教育制度的方向到提出建立世界一流大学,一百多年来中国高等教育国际化的步伐一直没有停过。在《中华人民共和国国民经济和社会发展第十二个五年规划纲要(2011—2015年)》以及《国家中长期教育改革和发展规划纲要(2010—2020年)》的指导下,天津大学率先颁布了《天津大学国际化战略实施纲要》,成为国内首个推出国际化战略实施纲要的高校。此后,清华大学、上海交通大学等许多高校都将国际化纳入学校"十二五"发展战略规划,成为实现高校整体发展目标不可或缺的一部分。

---

[*] 基金项目:中国科学院战略规划方法研究(KACXI-yw-0937)。
[**] 作者简介:周密,中国科学技术大学校长外事助理,国际合作交流推进委员会委员,管理学院讲师。丁仕潮,中国科学技术大学管理学院硕士研究生。

不仅如此,学者们就如何构建我国高校国际化战略问题也做了一定的研究。翁丽霞等从中美研究型大学国际化比较出发,描述了中国研究型大学"追赶者"的国际化战略定位[1]。柏群等从利益相关者的角度出发,指出平衡各方利益是国际化战略规划的保证,为西部高校国际化战略的制定提供了一种新的思路[2]。崔军等从人才培养出发,认为实现专业、课程、教学、实践以及师资的国际化是高校国际化战略的出发点和核心因素[3]。张安富等通过分析世界高水平研究型大学国际化发展的成功经验,从教育理念、人才培养目标、课程建设、交流合作四个方面阐述我国高水平研究型大学国际化发展战略[4]。闫树涛等从领导视野、师资队伍、教学改革等三个方面描述了地方大学国际化的战略选择[5]。

从上述文献看,高校国际化战略研究大部分停留在描述高校国际交流与合作的层面上,主要是从国外高校国际化内容出发,以一种建议的形式呈现出来,其操作性和实用性不强。归根结底,其主要原因是目前尚未有一个科学的理论框架来指导高校国际化战略的规划。因而,理论层面的方法指导对于我国高校国际化发展具有特别重要的现实意义。本文试图突破现有的对高校国际化战略规划的思维定式和研究方法,着重从国际形势、国家需求、区域发展及高校内部因素的角度,对高校国际化的内涵和影响因素等进行创新性的理论探讨,试图构建我国高校国际化战略模型,并对高校国际化分地区、分对象的特征进行解析,旨在为高校国际化战略路径的选择提供基本理论框架。

作为全球教育大国,我国正在逐步向教育强国迈进,因而高校国际化成为我国高校未来发展的必然趋势。现阶段我国绝大多数高校由于受到自身实力以及国情的影响,在高校国际化方面开展的活动不多,对于高校国际化的各个方面了解不够深入,对于如何实施和开展高校国际化,缺乏必要的经验和理论指导。在全球教育市场日益开放的今天,面对世界一流高校国际化的深入,要在国际教育市场中占有一席之地,我国高校必须尽快适应教育全球化、竞争国际化的要求,形成自己的国际化战略。

笔者认为影响我国高校国际化的因素是复杂的,针对不同地区的不同大学,国际化战略驱动因素是不同的,国际化的模式也是不同的,因此需要结合我国的国情,针对我国高校的实际情况制定和调整我国高校国际化的战略。

二、我国高校国际化现状分析

进行我国高校国际化的现状调查,是为了更好地了解我国高校国际化的现实情况,以为制定高校国际化战略框架提供更多翔实的数据信息。2010年,我们对我国不同地区、不同类型的高校发放了200份关于高校国际化所处的外部环境和高校国际化内部因素的问卷,回收了132份,回收率为66%。同时,我们从没有返回问卷的68所高校中挑选了28所,对其公布的国际化的相关资料做了详细了解,并结合问卷进行了分析。

(一) 我国高校外部环境调查

根据高校所处的区域划分,我们将高校所处的外部环境划分为国际环境、国家环境以及区域环境三个不同层次。其中国际环境的调查表述为"国际形势对贵校国际化的推动力",划分为强、较强、弱三个等级。国家环境的调查表述为"国家战略对贵校国际化的需求强度",划分为强烈、较强烈、淡三个等级。区域环境的调查表述为"贵校国际化所处的区域发展状况",划分为发达、较发达、欠发达三个等级。将区域、国家、国际三种环境分别设为A轴、B轴、C轴坐标,形成了27种高校外部环境类型表(见表1)。

表1 中国高校外部环境类型

A		B		C	
A1	(欠发达,淡,弱)	B1	(较发达,淡,弱)	C1	(发达,淡,弱)
A2	(欠发达,淡,较强)	B2	(较发达,淡,较强)	C2	(发达,淡,较强)
A3	(欠发达,淡,强)	B3	(较发达,淡,强)	C3	(发达,淡,强)
A4	(欠发达,较强烈,弱)	B4	(较发达,较强烈,弱)	C4	(发达,较强烈,弱)
A5	(欠发达,较强烈,较强)	B5	(较发达,较强烈,较强)	C5	(发达,较强烈,较强)
A6	(欠发达,较强烈,强)	B6	(较发达,较强烈,强)	C6	(发达,较强烈,强)
A7	(欠发达,强烈,弱)	B7	(较发达,强烈,弱)	C7	(发达,强烈,较强)
A8	(欠发达,强烈,较强)	B8	(较发达,强烈,较强)	C8	(发达,强烈,较强)
A9	(欠发达,强烈,强)	B9	(较发达,强烈,强)	C9	(发达,强烈,强)

截止到 2010 年 12 月,被调查的 248 所高校国际化所处外部环境情况如下:欠发达地区的高校,其中有 4 所认为处于环境 A4 型,16 所认为处于环境 A1 型,分别占被调查高校的 2.5% 和 10%;较发达地区的高校,其中有 5 所认为处于环境 B8 型,15 所认为处于环境 B4 型,40 所认为处于环境 B1 型,分别占被调查高校的 3.125%、9.375% 和 25%;发达地区的高校,其中有 10 所认为处于环境 C9 型,20 所认为处于环境 C5 型,50 所认为处于环境 C1 型,分别占被调查高校的 6.25%、12.5% 和 31.25%。这表明我国高校国际化的外部环境十分严峻,不利于国际化的进一步发展(图 1)。

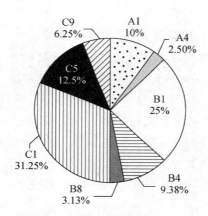

图 1　高校国际化外部环境类型分布

(二) 我国高校内部因素调查

教学、科研、社会服务是高校的三项基本任务。纵观世界高校国际化进程,其发展战略都围绕这三项基本任务而展开。教育是基础,科研是中坚,社会服务是最终目的。因此在进行高校内部因素调查时,我们均以教学国际化状况、科研国际化状况以及社会服务国际化状况为调查的一级综合目录,下设各子目录为具体调查内容。调查方法采用李克特 5 点量表,各一级综合目录总分为 100,下设 20 子目录需调查对象回答,各子目录得分加总就可以得出所在综合目录的得分情况,并设定:"得分<60:差";"60≤得分<75:较好";"75≤得分<90:好""90≤得分<100:非常好"。截止到 2010 年 12 月,所调查的 160 所高校国际化所处外部环境情况如下:被调查高校在教学国际化方面有 140 所得分表现为

差,15 所得分表现为较好,5 所得分表现为好,其所占比例分别 87.5%、9.375% 和 3.125%(图 2);在科研国际化方面有 148 所得分表现为差,10 所得分表现为较好,2 所表现为好,其所占比例分别为 92.5%、6.25% 和 1.25%(图 3);在社会服务国际化方面所有高校得分均表现为差。这表明我国高校自身国际化在这三个方面都很薄弱,总体实力不强,都有待于进一步加强和提高(由于篇幅限制,具体调查问卷内容不再描述)。

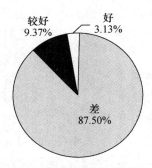

图 2 高校教学国际化状况

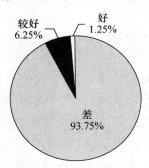

图 3 高校科研国际化状况

通过调查,我们将我国高校国际化的活动类型分成 A、B、C、D、E 五种类型。其中:A 代表战略性全面发展,B 代表基于战略考虑的特色发展,C 代表局部领域发展,D 代表对外交流的普通业务发展,E 代表国际化观念的认识发展。调查表明我国高校国际化战略意图是提高国际交流合作能力,在清楚认识和理解高校国际化观念的前提下提高学校在全球的竞争力和影响力。目前对于我国高校来说,基于战略考虑的特色发展在高校国际化活动中最重要,针对全局的局部领域发展比较重要,而战略性全面发展则最不重要。预计未来 5 年中,我国高校国际化建设活动将进一步拓展,特色发展、局部领域的发展和战略性全面发展在高校国际化活动中的重要性都会增加,但是被调查高校仍极度重视基于战略考虑的特色发展和针对全局的局部领域发展,战略性全面发展仍处于最不受重视的地位(图 4)。

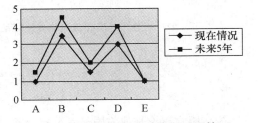

图 4 高校国际化活动类型重要性

（三）我国高校实施国际化的战略因素

影响我国高校国际化的战略因素非常复杂，随着时间的推移也会不断地发生变化。不同区域的不同高校，其国际化的驱动因素也是不同的。通过调查我们将我国高校国际化战略的驱动因素总结为 7 种（A—G），其中 A 代表符合国家对外长远发展战略，B 代表增强高校的国际交流与合作能力，C 代表适应经济全球化对人才的需求，D 代表满足传播中国文化和了解其他国家文化的需求，E 代表谋求新的创收途径，F 代表应对科学技术的快速发展，吸收国外的先进技术和科学知识，G 代表满足自身发展的需求，提高自身国际竞争力和影响力。

通过调查发现，我国高校国际化过程中最重要的因素是：符合国家对外长远发展战略、增强国际交流合作能力以及适应经济全球化对人才的需求。而对于学者认为的"文化交流的冲击已经成为高等教育国际化的一个主要动因"的观点[6]，我们通过调查发现并非如此（见图5）。我们认为这主要是中国高校的国际化程度较低，大部分高校的国际合作交流都是为人才培养服务的，在这种情况下，传播文化就成了其附属之物。谋求新的创收途径被认为是最不重要的战略驱动因素，因为我国尚不是高等教育强国，对外国留学生的吸引力仍较低，为数不多的外国留学生消费群体所带来的收益也十分微薄。

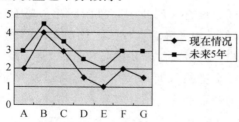

图5　高校国际化战略驱动因素重要性

三、高校国际化战略框架的构建

核心能力理论是由美国学者普拉哈拉德和英国学者哈默（C. K. Prahalad & G. Hamel）于 1990 年首次提出的。基于核心能力的战略理论是在企业资源积累的发展过程中建立起来的企业特有的能力。它是企业积累、保持和增强能力的关键,是企业维持长久竞争优势和获取竞争优势的最有效途径。我国学者陈劲等认为基于核心能力的战略管理思想对我们制定技术创新国际化战略框架也具有重要的指导意义[7],取得了较好效果。因而本文亦采用这一理论来指导我国高校国际化战略的构建。

在前述对我国高校国际化现状的调研基础上,结合基于核心能力的战略思想,我们提出一个指导我国高校国际化的战略框架。这个战略框架的目标是高校将来在教学、科研以及社会服务三个维度上实现国际化,即高校把国际化活动扩展到全球,实现教育要素来源的多元化,实现与世界各个大学、研究所、企业的交流合作,实现高校的全球推广,获得我国高校的全球品牌,最终实现高校国际竞争力的提高。三大能力的提高为实现高校教学、科研、社会服务全球化的协调发展奠定了坚实的基础(图6)。

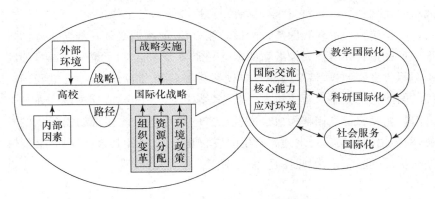

图6 我国高校国际化战略框架

高校国际化战略的指导思想是构建高校的核心能力,要求高校以自身逐步积累的实力为依靠,通过提高国际交流合作能力、培养核心能力来应对复杂多变的外部环境,以此来保持一定的国际竞争优势。在实施国际化战略过程中,除了重视自身核心能力培养外,高校还对自身内部资源、组织结构和对外政策进行整合,要求在实施国际化过程中对部门、管理人员、教学和科研人员做出的各种决策和行动进行协调,与组织变革、资源分配、对外政策密切配合。高校国际化从无到有,即使是最初的国际交流活动,其管理工作也会发生变化,需要各方面进行协调,因此没有组织、资源和政策的调整整合就不可能有效实现国际化的战略目的。

国际化的因素是复杂的,不同区域的不同高校,其国际化的战略驱动因素、战略模式也是不同的。因此,我国高校应该根据自身的状况、自身的实力选择符合高校实情的国际化战略途径和战略实施方式。合适的战略途径和战略实施方式有助于我国高校实现国际化的战略目的,反之有可能产生负面效果。不同区域的不同高校,其国际化发展应有针对的重点。笔者认为对于我国高校而言,国际化的重点应该遵循从国际化观念的认识到对外交流的普通业务,再到基于战略考虑的特色发展和局部领域的发展,最后到战略性全面发展这样的次序。我国高校国际化战略强调构建高校的核心能力以应对国际化形势中复杂多变的因素,因而我们要求高校国际化过程中必须对高校的内外部环境做出仔细的分析,并及时对高校国际化战略做出动态调整,只有这样才能保证高校实现国际化的战略目的。在该战略中,我们的目标是在教学、科研以及社会服务三个维度上实现国际化,其重心是培养和提高我国高校的核心能力,因此我们必须在战略实施的过程中重视拓展和增强高校潜在的国际交流与合作能力,了解其他国家的高校国际化发展趋势,借鉴国外高校国际化经验和发展方式,为促进我国高校的国际化发展注入新的活力。在这个战略框架中,核心能力的构建与提高国际化发展程度相辅相成。高校已有的核心能力能够推动国际化的发展,国际化同时又反过来提高高校的核心能力,核心能力被提高后,又能够进一步促进国际化,如此反复,便形成了一个良性循环。

四、高校国际化战略路径选择

上述的战略框架对于高校进行国际化建设具有指导意义。但在具体实施国际化战略时,不同的高校应该根据自身的实际情况,选择合适的战略路径。根据调查所掌握的情况,我们提出了4条适合我国高校国际化的战略途径。

(一)战略路径A:满足基本对外交流工作、业务需求导向的概念国际化战略

高校国际化的第一种途径是满足基本对外交流工作,业务需求导向的概念国际化战略——战略途径A(图7)。适合采用这种战略途径的高校处于外部环境A1、B1或C1,是内部国际化基础比较薄弱的教学型大

学,只有少量外事方面的工作,且主要集中在学校高层或者外语教学方面。对这类高校来说,教学、科研以及社会服务的国际化并不重要,重要的是对国际化的认识。这类高校面临着外语教学人员及国际化观念认识的不足,人才培养无法充分满足市场的需求,无法正常进行国际交流等问题。在该战略途径下,高校的战略路径是针对学生狠抓外语教学,针对教师以及科研人员进行相关国际交流培训,培养国际化意识。随着经济全球化的深入,这类高校不仅面临着外资企业对人才要求的提高,也面临着其他高校的竞争。限于这类高校自身及外部环境的约束,战略途径 A 是一种可行的路径。

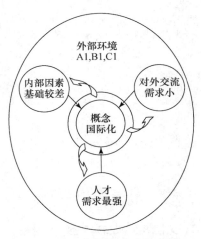

图 7　高校国际化战略路径 A

(二)战略路径 B:实现自身特色与国际对接、建立合作机制的特色国际化战略

战略路径 B 适合学生及教师、科研人员外语水平较高,在国内已经形成自身特色优势的高校。它们大多处于外部环境 A4 和 B4,是内部国际化基础较强的教学研究型或研究型高校。在战略路径 B 下(图 8),高校战略的一个短期目标是自身特色与国际接轨,牢牢把握自身特色优势这个战略重心。对这类高校来说虽然局部国际化将是其下一步的选择,但是高校基于自身稳步发展的需要,高校需要重视和开拓自身特色的国际化范围,国外教育要素是支撑高校进一步发展的重要因素。该类高校国际化战略途径实施的做法是:高校围绕扩展优势,发挥特色,通过各种形式和国外相关机构进行教学、科研或者社会服务的合作,这种合作可以在国内也可能在海外,通过合作尽快地提高自身特色的国际竞争力和影响力。与国外合作的同时要保持对国外高校特色的研究,密切关注国外高校特色优势的发展动向,向学校传达相关信息。该战略途径下高校的一个中期目标是深化特色领域的合作,并试图将其扩大到其他领域,力争提高高校特色国际化的深度和广度。

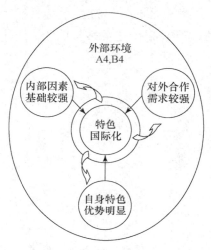

图 8　高校国际化战略路径 B

(三)战略路径 C:突出重点发展内容、健全合作机制的局部国际化战略

适合采用该类型国际化战略途径的高校是目前中国实力较强的高校。它们大多处于外部环境 C5 和 B8,是内部国际化基础较强的教学研究型或研究型高校。它们不仅形成了自身特色领域的国际化,而且更主动地与国外相关机构建立联系网络,并试图进行合作与交流。在实施该战略途径过程中,直接设立海外联系机构是最重要的内容。采用国际化战略途径 C 有助于提高高校国际化的主动性,能够使高校更及时、更有效地捕获国际化发展信息,并将这些信息整合到高校的整体对外战略中,有助于高校更好地提高国际交流能力、核心能力和应对环境能力(图9)。在该战略途径下,高校开始更多地关注国际教育市场,对开拓国际教育市场的资源投入日渐加大。战略途径 C 的实施要点是形成强有力

的对外交流合作能力、拓展高校在海外的教育市场；设立海外联系机构，了解国际一流高校国际化发展趋势；通过海外的联系机构吸收国外高校好的经验，通过和国外更广泛的机构合作，更有效地提高国际化水平，尽快地形成较高的国际地位。采用该战略途径的高校，在局部国际化过程中，要明确局部国际化与特色领域国际化相结合。高校指导海外联系机构开展针对性的活动，通过与海外相关机构建立合作关系，并不断地向高校反馈国外高校国际化进展和需求。采用该类型国际化战略途径的高校的中长期目标是在海外建立更多的联系机构，并需要通过组织整合、资源整合、政策整合将海外联系机构整合成一个更高效率的网络，并强化相应组织在高校的地位，充分调动海外联系机构的积极性。

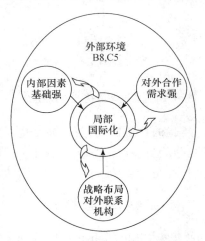

图 9　高校国际化战略路径 C

（四）战略路径 D：针对教学、科研和社会服务的全面国际化战略

适合采用该战略途径的高校是实力强大、国家重点投资建设的研究型高校，它处于外部环境 C9。它们国际化的目标指向教学、科研以及社会服务的全面国际化，形成了一个高效、覆盖全球的联系机构网络。采用该战略途径的高校，其国际化的方式是通过设立国外联系机构，使更多的海外人员参与到高校国际化活动中来，通过学习、吸收、创新国外高校国际化经验，整合自身的资源，形成具有中国特色的国际化发展道路。在这个国际化战略途径下，存在一个协调国外联系机构的专门组织，所有的国外联系机构都能够通过该组织整合成一个相对统一和协调的网

络形式,在这个网络中,其所获信息能够得到共享。各个国外联系机构的独立性较强,能够比较充分地发挥各个联系机构的主动性和积极性(图10)。

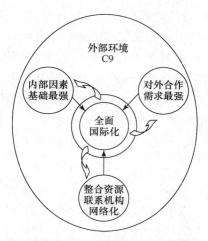

图 10　高校国际化战略路径 D

随着全球经济一体化的日益发展,高校国际化对于高校变得日益重要。本文给出的实施国际化的 4 条战略路径和发展要点希望对于我国高校从事国际化建设具有参考意义。

参 考 文 献

1. 翁丽霞,陈昌贵.中美研究型大学国际化比较分析[J].高等教育研究,2010(12).
2. 柏群,翠菊,叶凯城.西部高校国际化战略中的利益相关者分析[J].中国高等教育评估,2010(12).
3. 崔军,汪霞.从创新人才培养的角度谈大学国际化的应对之策[J].全球教育展望,2009(10).
4. 张安富,靳敏.我国高水平研究型大学国际化发展之路[J].高教发展与评估,2006(06).
5. 闫树涛,郭伟.地方大学国际化的战略选择[J].中国成人教育,2009(19).
6. 汪旭晖,高等教育国际化的动因与模式[J].辽宁教育研究,2007(08).
7. 陈劲,吴沧澜,景劲松.我国企业技术创新国际化战略框架和战略途径研究[J].科研管理,2004(06).

(原载《中国高教研究》2011 年第 9 期)

中国大学国际化发展的政策与战略趋势初探

杨福玲　刘金兰　董粤章　徐　锐[*]

自1895年清朝政府批建北洋大学堂,中国的现代大学的模式从开始起就是按照美国标准建立的[1]。中国的现代高等教育从清朝末年开始形成,那时的中国大学在教师、教材以及学习内容和学科设置等方面,一直有外国大学的影子。

一百多年后的今天,随着中国社会的发展,恰逢世界经济全球化的浪潮席卷全球,中国的高等教育又重新走向国际化发展之路,而且步伐越走越快。现在中国的大学国际化发展这一趋势绝非偶然,其主要原因是大学的国际化发展原为大学的本质使然[2]。除此之外,中国的改革开放是使中国大学发展回归教育发展本来面目的最直接动因,世界经济全球化更使中国的社会和经济大环境发生了深刻的变化,使越来越多的中国高等教育界人士同全世界高等教育研究者和实践者一道,不断从"哲学的角度真正地投入到知识的跨文化发展和吸纳中来"[3]。这也再次证明,中国教育国际化发展除了高等教育发展必然性作用的原因,还有世界经济全球化发展的经济推动,更有国家政策为这一发展铺平道路的保障。

一、中国大学国际化发展的历史回顾

中国高等学府,古已有之,但把高等学府称为"大学",始于北洋大学。1895年9月25日,丁家立先生所书的筹建大学的英文文献显示,当时拟建

---

[*]　作者简介:杨福玲,天津大学文法学院教授,国际合作与交流处处长。刘金兰,天津大学管理与经济学部教授,发展战略中心主任。董粤章,南京大学外国语学院博士研究生。徐锐,天津大学国际合作与交流处科员。

学校的名称为 Tientsin University(天津北洋西学学堂,后更名为北洋大学,现天津大学前身)[4],此时,西方大学的名称"University"在中国出现了。这种西学体制来自海外,是高等教育国际化发展的结果,且与国家政治的进步和政府政策的支持有着密切的关系。纵观中国教育国际化发展的历程,无处不体现国家政策对其发展的引导作用和影响。

19 岁的容闳 1847 年赴耶鲁大学留学,到 1872 年他经过多方努力,得到清政府部分官员的支持后,率领 120 名幼童到美国留学。由于缺乏当时清朝政府政策的支持,这些留美回国的人才并未得到重用[5]。到了 1895 年,北洋西学学堂筹建规划就以"资送头等学堂毕业生出国留学"为重要组成部分。但是,由于 1899 年八国联军攻占天津,第一届毕业生中原拟派往美国留学的学生未能成行。直至 1903 年,北洋大学堂在西沽复校才得实施。从 1906 年至 1914 年,北洋大学共资送留学生四批,总计 57 人,多人被哈佛、耶鲁、布朗、康奈尔、麻省理工等著名大学录取[1],由此可见,中国大学从一开始就是按照国际化标准在管理。1908 年,美国退回部分"庚款"以资助中国派留学生后,1911 年,清朝政府即设立了作为留美学生的预备学校,即清华学堂,进一步推动了中国的留美热潮。促进了中国的开放。"五四"运动之后,新文化运动兴起,留法勤工俭学开始流行。随着中国共产党的建立和国共合作的开启,孙中山提出"以俄为师",之后的"留苏热"促使 1600 多名有志青年赴苏联求学。这种留苏热潮在新中国成立以后依然持续着。十年浩劫中断了中国在高等教育层面与国际的联系。直到 1978 年 6 月,邓小平同志发表关于大量派遣留学生的讲话,开启了中国高等教育国际化发展的新时代,促使中国高等教育重新走向世界。

30 多年来,中国的高等教育逐步走向开放,这期间国家政策的推动起着决定性的作用。一系列关于公派和自费留学管理政策与法规的制定、中外合作办学相关政策的出台和管理与服务机构的设立,特别是"211 工程"和"985 工程"的政策引导和资金支持,大力推动了中国高等教育国际化的步伐。

1977 年"文化大革命"刚结束,邓小平同志在科学和教育工作座谈会上就提出:"要赶上世界先进水平要从科学和教育着手。"[6]次年,邓小平同志发表了关于大量派遣留学生的讲话。当年 12 月,中国就向美国派出 52 名访问学者,重启国家公派留学工作。1986 年,国务院批转由国家教委起草的《关于出国留学人员工作的若干暂行规定》是中国第一个全面、系统的留学工作文件。1991 年 4 月,全国人大七届四次会议批准的《中华人民共和国国民经济十年规划和第八个五年计划纲要》提出:"有重点地办好一批大学。加强一批重点学科点的建设,使其在科学技术水平上达到或接近发达国家同类学科的水平。"1993 年 2 月,党中央、国务院正式发布《中国教育改革和发展纲要》,"要集中中央和地方等各方面的力量办好 100 所左右重点大学和一批重点学科、专业",为"211 工程"的实施奠定了基础。1995 年 1 月,原国家教委推出《中外合作办学暂行规定》,打开了中国教育市场对外开放的大门。1995 年 5 月颁布的《中共中央国务院关于加速科学技术进步的决定》,首次提出在全国实施科教兴国的战略。同年,根据《中国教育改革和发展纲要》精神,经国务院批准,原国家计委、原国家教委、财政部发布了《"211 工程"总体建设规划》,"211 工程"正式启动建设,这是中国 100 所大学首次得到政府专项资金以提高教学质量、科研水平、管理水平和办学效益。1996 年,为适应新形势,国家教委成立了国家留学基金管理委员会,使得公派留学管理步入了规范化、法制化的道路。1998 年,教育部会同公安部和国家工商行政管理总局联合制定了《自费出国留学中介服务管理规定》,并在其后成立专门的监管机构,使得自费留学也纳入国家管理的轨道。同年 5 月 4 日,江泽民同志在庆祝北京大学建校 100 周年大会上向全社会宣告:"为了实现现代化,我国要有若干所具有世界先进水平的一流大学。"1999 年,为贯彻落实党中央科教兴国战略和江泽民同志的号召,国务院批转教育部推出《面向 21 世纪教育振兴行动计划》,决定创建世界一流大学和高水平大学,"985 工程"正式拉开帷幕,[7-8] 中国高校争做世界知名大学的战役打响了,这一工程的实施为中国高等教育国际化发展注入了资金和动力。2001 年中国加入世贸组织(WTO)以后,中国政府积极应对关于教育国民服务的相关要求,于 2003 年 9 月推出了《中华人民共和国中外合作办学条例》,次年 6 月,教育部推出了《中华人民共和国中外合作办学条例实施办法》,开始对中国大学与世界各国大学间开展国际合作办学进行进一步规范。随着 2004 年 11 月首家海外孔子学院在韩国正式挂牌,几年来,秉承孔子"四海之内皆兄弟"、"和而不同"等思想的

326所孔子学院和孔子课堂已经在全球81个国家和地区建立起来[9]，为在海外弘扬中国的语言和文化，为中国教育走向世界搭建起桥梁。

在国家这一系列政策的引导下，中国高等教育国际化的步伐越走越快，这一发展过程可以从出国留学、来华留学和留学回国人员规模的变化中略见一斑。根据教育部2000年至2008年年鉴[10]公布的数据显示（见图1、图2和图3），中国的留学出国和回国人数一直呈现逐年递增的趋势，这与国家颁布的各项教育开放政策密不可分。更重要的是，中国已经开始成为外国留学生选择的重要留学目的地国家。这几幅图表是中国教育改革开放的晴雨表，显示了中国大学大步走向国际化的不可逆转的趋势。

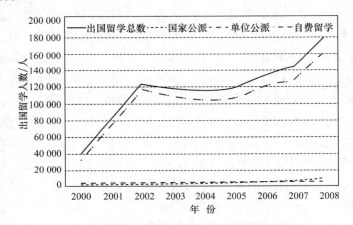

图1 2000—2008年中国出国留学人数统计

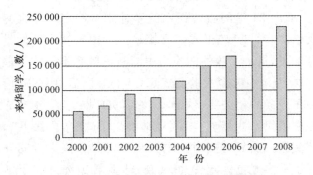

图2 2000—2008年来华留学生总数统计

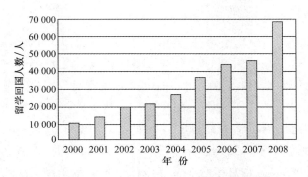

图3 2000—2008年出国留学回国人员总数统计

二、中国大学国际化发展的战略管理

从前面的分析不难看出,中国大学走向国际化有其必然性,也是国家发展的需要。虽然全世界的学术界对大学国际化的定义和内涵的争议犹在,但争议的焦点只是围绕大学国际化的侧重点和角度,无论是理论界的研究人员还是实践界的各个大学,人们对大学国际化发展的趋势也几乎没有争议。

有学者将高等教育国际化定义为一个可以使高等学校的教学、科研和服务功能越来越具有跨国和跨文化兼容性的过程[11],或是将跨国/跨文化内容溶入高校教学、科研和服务功能的过程[12];也有学者认为高等教育国际化为任何一种使高等教育紧扣社会、经济和劳力市场全球化所带来需求和挑战的系统的和持续的努力[13],这种观点虽然区分了高等教育国际化(internationalization of higher education)和全球化(globalization)这两个易混淆的概念(Altbach,2004)[14],但它们注重的是高等教育发展在过程和操作层面需要付诸的努力,忽略了高等教育国际化实际上是其本质所在。"接纳世界各个民族的文化、知识和经验,将接受高等教育的人培养为能将世界建设的更加美好的人才"[2],是对集众多大学国际化理论研究者和实践者的研究和实践的总结,也是对高等教育国际化时代内涵的诠释。

高等教育国际化发展的本质与高等教育本身发展知识和培育人才的实质相符,在知识无国界的前提下,培养什么样的人的问题蕴含着教育领域的深层次问题。从图 2 和图 3 的比较中可以看到一个现象,就是来华留学的外国留学生总数在 2004 年之前一直少于中国学生走出去留学的人数。这也是中国高等教育一百多年来国际化发展的一个重要特征。向发达国家学习,这也说明了中国高等教育对外国学生缺乏足够的吸引力。可喜的是这一现象正在改变着。从 2005 年开始,来华留学生人数开始超过出国留学人数;到 2008 年,已经超过 20 万人。根据教育部门预测,到 2020 年,我国来华留学生规模将达到 50 万人。这既是一个令人鼓舞的信息,也意味着非常严峻的挑战。从中国各个大学发展的总体情况来看,要提升高等教育发展的质量,跟上西方发达国家高等教育发展的步伐,迎接新一轮来华留学潮的到来,为中国今后的经济长期快速发展提供可持续的支持,高等教育的国际化发展不仅是一个目标,还是一个重要的手段[15]。在已经推出的面向 2020 年《国家中长期教育改革和发展规划纲要》中,对高等教育国际化发展提出了更加明确的要求,这意味着国家政策对高等教育国际化发展的进一步支持。这些变化将激励中国的大学进行深层次的改革,并引发新一轮大学国际化发展的高潮。

自从"985 工程"提出建设世界一流大学的目标时起,中国高等教育便有了一个可以付诸几代人长期努力的愿景(vision)。"一个愿景是一个具体的目标,一个心向往之的将来的生动画面,它既是可以描述的,又是具有挑战性的。"愿景确立以后,便有了战略目标。按照管理学的一般规律,战略目标要通过战略规划来落实才能得以实现。这期间,资源的配置和组织的设计起着举足轻重的作用,而资源配置指财务资本和人力资本的配置,组织设计则指管理体制和文化[17]。在财务资本和人力资本基本由国家统筹的基本框架下,中国大学要实现组织发展的远景,在组织设计和文化建设方面大有作为。由于各高校对此愿景认识的不同,建设世界一流大学和世界知名高水平大学的战略在实施的过程中就有了区别。有些大学早已将国际化发展战略从一开始就列为"211 工程"、"985 工程"建设的重点,经过十多年的建设,国际化发展的步伐越走越快,为学校整体上水平起到了重要的作用,多元化的校园文化也逐步形成。还有些大学对建设世界高水平大学的目标缺乏清晰的认识,错过了率先走向国际化的先机。无论是把握了先机的还是后起直追的,对即将要大规模接收国际留学生的中国大学而言，下一步国际化发展战略的设计都将是今后工作的重点。

根据各国高等教育研究界有代表性的研究结果[18-19]，高等教育国际化的战略包括项目型战略和组织型战略两种。组织型战略指为便于高校国际化持续发展而采取的一系列政策、手段、系统和支持性的基础设施，包括以下四类。

一是包括高层领导清晰地表述及承诺、教职工的积极参与、发展国际化的明确理由和目标、明晰国际化相关的任务和政策等。

二是将国际化融入学校和院系规划、预算和质量评价系统中，建设合理的组织机构，为沟通和协调建立工作机制，通过集中和分散的手段平衡地促进和管理国际化战略，提供足够的财政支持和资源分配机制等。

三是包括对跨国/跨文化专家的招聘和遴选，对教职工参与国际化的奖励与晋升政策，教职工发展（培养）专业的活动，对国际性的任务的支持等。

四是包括对学生住宿、注册、咨询和资助等方面的支持，为国际学生在本校学习和本校学生出国深造设定的学生支持、服务、指导和培训体系等。

项目型战略指围绕学术性的教学、科研、学习、培训、咨询和相关活动给予支持的行为：一是学生交换、外语学习、国际课程、主题学习、出国学习或工作、国际学生、教学或学习过程、联合培养或双学位、跨文化培训、教师流动项目、访问学者、项目支持和援助体系等；二是各类体现合作和知识分享的主题研究中心、联合研究项目、国际会议、国际论文、国际科研协议、研究生或科研人员交换项目、国际科研伙伴等；三是学生俱乐部和社团、国际性的校园活动、同龄人项目、社会文化和学术支持系统及与基于共享的文化群体间的联系等可带来全方位的国际化教育体验活动；四是指各国高校间的国际发展活动和双边合作协议、与私营企业和非政府机构建立伙伴关系和项目、国际发展援助项目、海外的本土习俗培训、人员培养及培训活动、教学与科研之间的联系、海外教学点和远程教学、参与国际联盟、海外校友会的发展等。

从中国情况来看，很多高校尚处在项目型战略国际化发展阶段，但有些高校由于很早便开始实施组织型战略，其发展效率和速度优势已经开始显现。一个大学的国际化战略的有效发展需要大学的组织战略和项目战略的综合支持,而且国际化发展的要求应该渗透到了学校组织建设和项目建设的各个方面,也就形成了学校国际化发展的文化。以上这些内容不仅应该为中国大学制定下一步国际化战略提供借鉴,同时也是一面镜子,使中国大学能清楚地看到各自国际化的发展脚步。要将上述各类因素切实融入今后中国大学的发展之中就意味着深化改革,还需要国家更加开放的政策和制度支持。只有充分认识到高等教育国际化发展的规律并按照科学的管理方式进行有效的组织,中国大学才能充分使用好国家和人民赋予的政策和资源,团结力量,凝聚人心,为中国今后的经济长期快速发展,为把世界建设得更加美好培养和储备优秀的人才,为中国高等教育立于世界强手之林创造条件。

注 释

① 丁家立(Charles Daniel Tenney,1857—1930),美国公理会教士、外交官。出生于波士顿,光绪八年(1882年)来华,在山西省太谷传教,但收效不大。于光绪十二年(1886年)辞去教会职务,赴天津就任李鸿章的家庭英文教师。同时,在天津设立中西书院,自任院长,直到光绪二十一年(1895年)。同年,丁家立还曾兼任美国驻天津领事馆副领事,受聘任天津北洋西学堂总教习至1906年。1912年派为美国驻中国南京副领事,后升任北京美国公使馆代理公使。1921年退休返美,1930年在美国病逝。其在北洋大学期间以"校长"(President)自居,因其对中国高等教育和中美友好的贡献,曾获中国政府颁发的三枚勋章:1895年受三等一级双龙勋章,1903年受二等三级双龙勋章,1921年受二等嘉禾勋章[5]。

参 考 文 献

1. 史绍熙.北洋大学—天津大学校史[M].天津:天津大学出版社,1990:21.
2. 杨福玲,刘金兰,蔡晓军.大学发展的国际化辨析[J].天津大学学报:社会科学版,2009,11(6):551—554.
3. Davis J. Bridges to the Future: Strategies for Internationalizing Higher Education [M]. Barbondale: Association of International Education Administration,1992: 177—190.
4. 刘建平.中国近代第一所大学:北洋大学(天津大学)历史档案珍藏图录[M].天津:天津大学出版社,2005:22.

5. 李喜所.我国当代三次留学潮:纪念邓小平"6·23"留学讲话30周年[N].天津日报,2008-06-23(10).
6. 邓小平.关于科学和教育工作的几点意见[EB/OL]. http://web.peopledaily.com.cn/deng/,1977-08-08.
7. 神州学人,30年出国留学的历程与成就[EB/OL]. http://ieol.chsi.com.cn/country/Finland/news/i/685.html,2008-07-02.
8. 中国教育报.改革开放30年"211 985"工程大事记[EB/OL]. http://inte.edu.hc360.com/2008/12/031502160266.shtml,2008-12-03.
9. 柴葳.我国教育对外开放规模不断扩大[J].神州学人,2009,321(5):3.
10. 教育部.中国教育年鉴2000—2008[EB/OL]. http://www.moe.edu.cn/edoas, website18/top_nianjian.jsp,2010-02-21.
11. Ebuchi K. Proceedings of OECD/Japan Seminar in Higher Education and the Flow of Foreign Students [M]. Hiroshima:Hiroshima University:1990:45—56.
12. Knight J. Internationalization:Management strategies and issues [J]. International Education Magazine,1993(9):21—22.
13. Van der Wende M. National Policies for the Internationalization of Higher Education in Europe [M]. Stockholm:National Agency for Higher Education,1997:17.
14. Altbach P G. The NEA 2005 Almanac of Higher Education [M]. Washington District of Columbia:National Education Association,2004:63—74.
15. Qiang Z. Internationalization of higher education:Toward a conceptual framework [J]. Policy Futures in Education,2003,1(2):248—270.
16. 马克·利普顿.愿景引领成长[M].范徽,杭虹利,王凤华,等,译.广州:广东经济出版社,2004:6.
17. 战略管理[M].王迎军,汪建新,译.北京:中国机械出版社,2004:217.
18. Knight J. Quality and Internationalization in Higher Education [M]. OECD,Paris,1999:13—28.
19. Knight J.,De Wit H. Strategies of Internationalization of Higher Education:A Comparative Study of Australia,Canada,Europe and the United States of America [M]. Amsterdam:European Association for International Education,1995:5—33.

(原载2011年5月《天津大学学报(社会科学版)》第13卷第3期)

全球化进程中
我国高等教育发展的自主性[*]

吴合文　毛亚庆[**]

当今世界进入全球化时代已经成为人们的共识,社会生活几乎所有的方面都受到全球化的影响。高等教育也被这一进程所改变。在全球化进程中,民族国家高等教育发展受到全球化新规则的挑战。在这些挑战面前,民族国家必须把握好高等教育的发展方向,调和高等教育发展的国家特征与全球化的压力。

一、全球化对高等教育发展的影响

关于全球化对国家高等教育发展影响的观点是多方面的、有争议的。一些人强调不可避免的同质化与合作趋势;另一些人强调全球化在局部范围上的分化与竞争的趋势。

(一)趋同

全球化对高等教育发展的影响首先是出现了一种指向全球层次的聚合和整合的趋势,这种聚合和整合趋势的主要驱动因素包括共同的治理、发展理念及对卓越的期望。

全球化促成了共同的高等教育治理和发展理念的形成。不同主权国家进行的平行改革是基于共同的理念和模式,这些理念和模式往往会形成不同国家高等教育系统的趋同和相互联系[1]。流行于全球高等教

---

[*] 本文系 2010 年度陕西师范大学中央高校基本科研业务费专项资金资助项目"从干预主义到管制治理——高等学校去行政化宏观制度研究"(项目编号:10SZYB31)和教育部人文社会科学研究 2008 年度规划基金项目"全球化进程中我国高等教育自主发晨模式研宛"(项目编号:08JA880007)的研究成果。

[**] 作者简介:吴合文,陕西师范大学教育学院讲师。毛亚庆,北京师范大学教育学部教授。

育领域的理念包括人力资本理论、知识社会、新公共管理、新自由主义、现代化理论等。这些理念对国家高等教育发展施加制度影响,在其影响下,各国高等教育制度表现出一些趋同的特征。这些高等教育治理和发展理念促使院校朝向企业管理的组织模式,在这种模式中商业化的交易主导组织与顾客之间的关系,强调产品生产在市场上的高适应性。

全球大学排行榜也是一个促使高等教育发展趋同的重要工具,并且其影响越来越大。商业性传媒和专业评估机构驱动的全球大学排行榜使得高等教育机构的全球可比性越来越明晰,并在高等教育系统中塑造了卓越的模型。这在国家制度和大学治理两方面产生了模仿效应。多数大学形成了一个目标趋同的人力资本培育系统、科研产出系统以及创业导向的管理系统。政府和院校将全球大学排名的价值标准转化为优先事项。这种排名同时还进入了公司的人员招聘、项目合作以及捐赠者的捐赠决策中,并且影响了全球的学生选择。这种影响反过来又强化了组织和制度的趋同。

(二)分化

另外一种观点和实践指向全球化进程中高等教育的分化。这种观点和实践致力于探索在全球实践和政策上高等教育发展的背景差异和分化,而不是简单地假设全球同质性。

在全球化挑战面前,一些国家和大学有更多的全球选择,可以将本国高等教育发展自然延伸到全球维度,而其他一些国家则遭遇很多困难。欧美高等教育传统既是近代世界各国高等教育的起源,也是当前世界各国高等教育效仿的对象,因此,欧美各国高等教育目前还在引导全球高等教育的发展和走向,是一种"主导-积极的"全球参与。部分经济迅速发展的发展中国家,正大力发展其高等教育,特别是在国际化水平和全球竞争能力方面,但还是处于被欧美高等教育引导的发展状态,是一种"跟随-积极的"全球参与。还有更多的国家处于被动消极地参与全球化的状态。全球化进程中各国高等教育的制度原型来自于那些"主导-积极的"全球参与的国家,而其他国家在高等教育制度上则处于模仿的地位。这种全球参与程度的差异反过来又强化了国家和院校机构应对全球化的能力差异,进而影响大学的发展水平以及整个国家高等教育的自主发展能力。

应对全球化的另外一种趋势是区域化,高等教育区域化在水平、层次、程度上也出现分化的趋势。越来越多的国家政府和大学都在讨论与邻近国家高等教育联盟的战略意义。博洛尼亚进程作为一个区域高等教育联盟,其应对高等教育美国化的战略意义正在显现。但是更多的发展中国家只是在向全球高等教育金字塔的顶端模仿、学习,没有认识到高等教育区域联盟应对全球化的战略意义,也很少有实质性的行动。其区域化水平还处于基本的人员交流和院校合作,远没涉及自由流通、区域标准等更大程度的区域化。

(三)竞争

全球化的一个关键特征是竞争加剧。长期以来,高等教育主要体现了服务国家发展的属性,在国家保护的基础上丛林法则并不适用于高等教育。但是,随着全球化进程向纵深发展,高等教育舞台更加开放,高等教育的边界会逐渐渗透直至消失,丛林法则最终会适用于这一舞台。

全球化时代的时空压缩塑造了更多元的竞争,全球化影响下高等教育已经走向了人才、课程、科研、创新、城市影响的综合竞争。各国在这种综合竞争面前采用了错综复杂的竞争策略。首先,大多数国家都会采取内涵-投资型竞争策略。在更加全球化的时代,许多国家的竞争战略都选择投资于科学研究的数量和质量,意图加强研发导向的创新以及提升本国大学在全球排名中的位置。第二,一些新兴的有抱负的国家会采取外延-投资型竞争策略。一些国家或城市通过在圈地和基础设施上的投资将自己再造为一个高等教育和研发活动的全球中心,并改变管制政策用来吸引高等教育提供者、学生以及资本投资,以此构建当地高等教育的全球角色。一些国家正在把自己发展成为国际高等教育中心和枢纽,卡塔尔、新加坡和阿拉伯联合酋长国就是主要范例。第三,一些国家采取完全以商业为基础的教育出口。这些国家在国家系统中解除高等教育管制,以能够为国际学生提供完全自由的学额,由作为提供者的机构自主决定价格和数量。高等教育已经成为这些国家的较大规模的贸易产业,成为一种教育领域的资本主义。招收国际学生为机构提供了大量的收入,因此在维持机构生存能力上起着重要作用。第四,一些发达国家利用其高等教育的历史优势和现实地位,采取外延-侵入式的竞争策略。许多欧盟国家的大学在其他国家建立分校,或暂时提供免费的远程教育资源以作长远打算。

(四) 合作

高等教育全球舞台上,合作是竞争的另一面。高等教育的国际化属性有利于大规模的个体在国家及机构之间流动。传统的合作包括政府和大学在下列方面实施联合活动：教师和学生交换、课程、研究及组织管理等。合作效果是在全球创立了一个网格结构,每个大学都是一个节点,但是一些节点比其他节点更加厚实,有着更宽、更紧密的全球联结。全球化时代的时空压缩也使得高等教育的合作方式越来越复杂。跨境高等教育的发展是全球化的直接结果[2],随着全球化程度的加深,其数量和方式都大幅度增长。此外,高校还与海外企业、政府开展培训、咨询、参与运作等活动。这些措施既可以向属地国家输出文化价值观,同时还可以从经济和教育上支持国内大学的发展。一些学院和大学由此拥有丰富的全球业务,越来越像一个跨国企业甚至全球企业那样运作。

全球合作的另一个方面是大学生产全球公共产品的潜能大大扩展。全球公共产品是那些有着非竞争和(或)非排他性因素的物品,全球范围的人们都可以获得的物品。高等教育最有潜力从事全球公共产品生产。在很多全球公共产品生产中,积极全球外在性和消极全球外在性并存。一国的教育影响另一国众多人群是全球外在性的体现[3]。其好的一面是有利于文化、科研、理念在不同国家之间流动,不好的一面是人才外溢强化了全球不平等。全球化时代很难对消极全球外在性进行管制,国家政府一般不愿意投资于由其他国家人们受益的工作。这使得如何投资全球公共产品成为问题。在全球公共产品的生产上,一流研究型大学是积极的行动者。这些大学通过在全球范围内广泛合作,通过基础研究的开放交流生产公共产品。一些大学提供了任何人都能免费进入的项目和活动,如麻省理工学院的开放资源行动。目前,需要给那些生产全球公共产品的大学自由生产的权力。

二、全球化进程中民族国家高等教育发展的张力

全球化对高等教育的影响代表了一套新的规则,但不是所有国家都按照同样的方式解释这些规则,也不能期望它们都按照同样的方式参与

规则。对全球化规则的不同解释,参与全球化的程度及相应的战略选择形成了全球化进程中国家高等教育发展的张力。

(一) 政府主导与市场调节

全球化产生的新规则引导我们重新思考高校与国家政府之间的关系。这些新规则多数都意味着高等教育超越了国家边界。国家可以采取两种基本形式对其中的变化进行应对:或者由政府主导高等教育来应对全球化的影响;或者由市场自由调节。

全球化将高等教育与贸易联系起来,大学被期望投资于知识市场。换句话说,大学必须按照企业机构一样运行。这样一种定向在过去被看作是与大学精神相悖的。知识生产的可交易性是大学参与全球化的前提。一些国家放开了高等教育的管制,赋予了大学贸易的角色,大学拥有更多的机会和自主性参与全球化,因而增强了大学在全球市场中的地位。大学在压力之下接受全球化界定的企业价值,大学在人类发展中的民主批判角色和自由创造精神也会受到削弱。虽然这样一种选择难以确保大学的核心价值,却可以缓解大学的经济危机并能获得一些经济收益和影响,因而赢得了一些国家的青睐。市场调节的全球化代表了自由的发展趋向。

一些发展中国家主要是由政府来主导国家的高等教育全球化战略。政府通过系列项目、工程、直接资助或管制来确定哪些大学在何种程度上、以何种方式参与全球化。政府主导的全球化代表了管制的发展趋向。但是全球化本身代表人员、信息、学术资源乃至课程等的全球流动,其复杂性往往使得政府的管制安排与这种流动存在很弱的匹配,导致政府的战略选择在一定意义上偏离大学参与全球的最佳方向。

(二) 全球卓越与本土价值

在全球化时代,卓越在全球高等教育领域成为类似货币的评价工具。实践证明,卓越的大学可以吸引人才,促进创新和经济增长,构建城市和国家的吸引力。由此,每个国家的政府、媒体和公众越来越着迷于本国院校在全球的卓越表现,这几乎被各国看成重要的国家利益。这种卓越表现被转化为全球大学排名、一流研究大学及研究能力等指标。每一个全球大学排行实际上都预设了一个优秀的大学蓝图,主要是欧美大学模式,这会引导大学模式趋同,削弱机构的制度创新。如果政府过于关注一流研究型大学也会扭曲高等教育的资源配置,破坏本国高等教育的多元化生态。为了增强大学的全球卓越地位,大学热衷于用国际需求来进行发展定位,用国际标准来评价知识。由此,本地需求和本土知识传统有被边缘化的危险。

在全球卓越的另一面是本地需求和本土学术生态。国家全球竞争力的构建理所当然需要全球定位、全球参照和全球视野。但是,对大学来说,地方和国家维度是一个自然的中心,因为大学扎根于地方和国家,高等教育更应该回应国家和地方的需求,对地方发展和变革更加敏感。对本土学术生态来说,全球排名只看到结果,却很难看到其他更令人钦佩的原则,如自由探索、创新导向及应用转化等。对大学排名和世界一流大学的迷思从根本上错误判断了西方学术模式的吸引力及其价值,一味地参照西方学术价值有可能水土不服。

(三)普遍主义与民族文化

大学自诞生以来就被看作是追求普遍主义的组织。但是,随着高等教育机构与民族国家的结合越来越紧密,大学的普遍主义性质有所削弱,转而成为传承民族文化的重要载体。当前高等教育的普遍主义追求再次高涨。其主要原因是全球相互依赖性越来越强,这种依赖性要求构建全球普遍知识,而日益扩大的互联网使得生产和消费全球普遍知识的成本大幅度降低。世界各地的大学必须使其学生和其他公民做好准备去理解像国际恐怖主义、区域和全球冲突、全球变暖及全球疾病、国际政治体系打破和转型、经济持续增长对自然资源造成的压力等人类所面临的共同挑战。大学越来越需要帮助人们掌握如何解决这些紧迫的挑战的知识和技能。首先,这种全球普遍知识和技能需要有一个包容文化差异的积极态度以及处理这些差异的行动。第二,全球技能还指的是用几种外国语言谈话、理解以及思考的能力。第三,涉及广泛而深入的世界历史、地理、气候变化、经济学、政治学、国际关系和其他问题的知识。第四,需要了解全球化进程本身,以及应对复杂的全球挑战的批判性和创造性思维能力。大学要通过将这些目标置于它们的中心使命来帮助研究者生产这些知识以及学生学习这些知识,并通过传播使得人们理解这些知识。

但必须承认,追求普遍主义有可能削弱大学的民族文化传承功能。

全球知识和技能的生产主要由欧美发达国家支配。目前，很多观点将全球化理解为美国领导的文化统一，这是全球化现象中最阴暗的一面。全球化将所有国家的大学放置在一个舞台上，这里是一个无边界的舞台。假如发展中国家没有做好准备，而全球知识和技能的产生和传播又被欧美发达国家所支配，那么，那些发展中国家将成为全球知识和技能的消费者，这是打着普遍主义幌子的新殖民主义。如何确保本国高等教育机构在追求普遍主义的同时更好地把握住主动权，使得全球知识和技能体现本国民族文化就成为一个重要的高等教育发展命题。这涉及高等教育的语言政策、学术评价、课程内容等方面。对我国来说，"中学为体、西学为用"的历史命题需要在全球化的进程中重新加以阐释。

三、我国高等教育自主发展的政策选择

全球化进程中的二元对立构成了国家选择高等教育发展战略的张力，我国高等教育发展需要面对全球化进程中的二元对立，构建具有中国特色的自主发展模式。

（一）加强本土适应性

全球竞争既是现实，也是修辞。作为现实的全球竞争要求高等教育在人才、科技、创新等方面占据高地，但作为修辞的全球竞争却将高等教育竞争转化为排行榜、论文、规模等指标。人才、科技、创新本质上是基于国家背景的，而排行榜、论文、规模等指标却试图建立一个标准化的全球趋同大学。修辞的竞争在很大程度上受商业的驱使，如排行榜就是一个典型的商业驱动的全球竞争。最近几年反映在多数大学和政府决策中，修辞的竞争取代现实的竞争，导致高等教育走向一个泡沫式的繁荣。我国高等教育的自主发展必须排除全球修辞所提出的标准，开发具有本土适应性的多元评价机制。

全球化强化了质量的重要性，各种质量评估指标已经成为重要的全球修辞，质量评估必须立足一定的制度背景才具有治理意义。质量可以被比做冰山，应用的指标是可见的部分，质量文化是隐藏在下的部分。美国长期的政治和专业结构，欧洲的社团主义在一定程度上孕育了本国

特色的质量文化。在我国,当前急需根据高等教育的组织特征建立适宜我国高等教育质量提升的质量文化。

加强本土适应性也意味着均衡全球卓越和当地需求的重要性。在全球化挑战面前,我国应建立一个分类的高等教育系统,引导大学在准确定位的基础上参与全球竞争。目前,由于我国高等教育政策塑造了一个一流的示范效应,导致很多高校投入过多的与自身使命和背景不符的精力和资源参与全球竞争。不同的高校参与全球竞争与合作的方式及层次是不相同的,不能用同样的资源投入模式来引导高校都采取同样的全球竞争与合作策略。实际上所有的高校都直接或间接地受到全球竞争的影响,一流研究型大学用科研和高端人才直接面对全球竞争,更多的高校是在服务当地的经济、社会和创新需求的基础上间接地参与全球竞争。对我国来说,应引导高校用全球视野进行思考,以本地需求为基础进行定位,用更加多元的层次参与全球竞争与合作。

(二)明确发展自主性

明确发展自主性首先要明确自身在全球市场上的地位。在全球化进程中,各国高等教育自身发展基础、制度背景、政治经济发展需求都各不相同。各国参与全球化程度及应对全球化的能力也有很大差异。全球化使得国家越来越难以控制知识在全球的自由流动。一些国家利用知识的全球自由流动来谋取全球影响力,一些国家则逐渐沦为知识的消费者。我国高等教育在发达国家的知识开放战略面前逐渐成为消费者,国外的大学、学术刊物、开放课程使得传统消费和虚拟消费联合侵占我国的高等教育市场。知识自由流动还会在国家安全和文化传承方面产生负面作用,国家政府需要加以控制。封闭是不可取的,但是提高本土知识的质量和价值,从而提高国内高等教育对内对外的吸引力,才能构建我国高等教育在全球发展中的自主地位。

在全球化的影响下,诸如新自由主义、新公共管理等理念和思潮通过国际组织、学术交流等传播渠道影响了民族国家高等教育的自主发展战略。为在全球化背景下发展有效的教育战略,需要将国家政府有效管理教育的理念与反政府意识形态区别开来。一些主导全球化的国家希望所有国家都在相同的西方发展概念中走向现代。这些国家与其说是期望走向现代,倒不如说是希望从一个无政府管制的高等教育市场中获利。对我国来说,在高等教育自生能力还很弱的情况下去除管制很可能导致国家高等教育公益价值的削弱。为了有效应对全球化,政府需要提高政府管理能力。为此,首先需要加强相关教育管理部门应对全球挑战的规划能力。在规模扩大及整体高等教育质量不高、适切性不强的情况下,应放缓市场导向改革的步伐,着手以公平驱动型改革为基础,将教育改革从市场和经济领域拉回到教育本身以及公平的氛围中。

(三) 关注文化敏感性

全球化进程中关注文化敏感性更是一个急迫的任务。在快速加剧的全球化进程中,以西方模型为基础的文化趋同获得了新的动力。在高等教育的竞争与合作中,除了传统的语言侵蚀外,人员交流和开放办学更易导致价值观的趋同。西方国家在这一进程中通过高等教育释放的力量期望整个世界在文化上更加同质,区域差异被消除,或者至少将区域差异减少至这样一种程度:对年轻一代没有备选的文化类型,不管在哪里他们都发现他们生活在一个世界里。在此背景下文化认同危机正在成为民族国家发展的重大威胁。为此,必须关注高等教育在全球化进程中的文化敏感性。

文化的主要载体是语言。首先,我们不能否认在全球竞争中语言对个人、机构乃至国家的重要性。全球一体化的世界里,第二外语特别是英语已经成为提高效率和增进沟通的主要工具。当今很多机构、企业的业务都是在全球开展的,对其潜在雇员的英语要求逐渐提高。对大学生来说,多掌握一种语言能够增强就业能力。语言最重要的功能还在于文化交流,学习外语更容易接受文化的"他者"。当前我国大学英语地位超越母语,教学和研究的材料很多来源于英语,这强化了英语国家的语言和文化中心论,使得教育对象逐渐怀疑自身文化价值的重要性,对一些长期侵染异域文化的人来说还会产生个人身份怀疑。对语言战略来说,要认识到语言的真正价值在于构建具备民族身份的学生的跨文化思维能力和跨文化交际能力,而不是推崇"他者"的文化假设和偏见。在全球化进程中需要在强化母语本体价值的基础上实现外语的工具价值。

文化的核心是价值观。当前一种关于全球化就是美国化的观点实际上指的是美国通过高等教育、媒体、娱乐等渠道向全世界推广美国的价值观,包括政治理念、管理理念、社会和文化习惯、对社会及经济发展的假设等。从价值观上说,高等教育不能反对全球化,但也绝对不能拥抱全球化。静态文化观并不可取,但是丧失核心文化的演变更危险。对我国高等教育来说,目前亟须解决的问题是全球化进程中高等教育如何传承捍卫我国的核心文化,并通过和世界文化的双向流动进行文化创新。

(四) 走向深度国际化

国际化是应对全球化的一种工具,但只有走向深度国际化才能起到一定的效果。首先,这种深度国际化要求从数量转向质量。与澳大利亚、新西兰、英国等商业国际化不同,这些国家的国内需求难以满足高等教育市场的供给,而我国目前高等教育市场还远远没有满足需求。我国高等教育目前最难以适应全球化的是高等教育质量。因此,对我国来说,国际化的创新和质量要求要远远大于经济价值。国际化的商业运作不应该是我国目前的选择,我们要做的是在国内建立高等教育国际中心,有选择地引入优质资源促使国内高等教育质量提升。其次,我国的高等教育国际化要走出国际教育消费者的阴影,在内部质量提升的基础上积极走出去,拓展各种国际合作方式,从国际教育消费者转变为生产者。第三,要超越高等教育国际化的教育维度,将高等教育国际化与区域化、城市化、产业布局等外部因素结合起来,最大限度地发挥高等教育国际化的经济政治意义。

参 考 文 献

1. OECD教育研究和改革中心.OECD展望:高等教育至2030(第二卷:全球化)[M].杨天平,王宪平,译.重庆:重庆大学出版社,2011:13.
2. [法]兰格林.跨境高等教育:能力建设之路[M].江彦桥,译.北京:高等教育出版社,2010:9.
3. [澳]马金森,李梅,译.全球化背景下高等教育公私属性的思考[J].教育发展研究,2007(3A).

(原载《中国高教研究》2012年第9期)

超越留学[*]
——高等教育国际化的新思维

张彦通　赵世奎[**]

近代以来,我国高等教育国际化先后经历了辛亥革命时期的"仿日"、新民主主义革命时期的"效法"、新中国初期的"学苏"、改革开放后的"学美、学英"等主要阶段。其中,留学一直是我国高等教育国际化的基本模式,其特点主要表现为单向性、被动、跟踪和模仿。当前,伴随着社会问题的区域化和全球化的深入发展,高等教育国际化发展落后于经济全球化发展是不争的事实。在改革开放30年来我国高等教育发展取得巨大成就的前提下,我们有必要紧紧围绕"什么是高等教育国际化"以及"高等教育国际化是为了什么"这两个基本命题,构建一种超越"留学",以对等、合作、贡献和发展为主要特征的全方位、多层次的高等教育国际化格局。

一、对　　等

在经济全球化的背景下,面向世界、平等对话是未来高等教育发展的必然趋势。高等教育国际化中的平等对话和交流,不仅有利于发展中国家的发展繁荣,也有利于整个世界的相互了解、沟通、交融和发展。

(一)摆脱"单向输入"的思维

日本教育理论家喜多村和之强调,教育应该向三个方向发展:一是能够为他国、他民族承认和接受;二是能够与外国进行平等交流;三

---

[*] 本文系北京市与中央在京院校共建项目资助。
[**] 作者简介:张彦通,时任北京航空航天大学校长助理、人文学院院长,教授。赵世奎,北京航空航天大学高等教育研究所,讲师。

是能够充分对外开放。近年来,虽然我国高等教育国际化出现了一些新的转变迹象,例如从出国读学位到联合培养的转变,从出国考察到出国培训的转变,从访问学者到研究伙伴的转变,从出国参加国际会议到联合举办国际会议的转变,等等,但是,主要向国外学习和借鉴的"单向输入"特征并没有根本改变。这种长期把自己置于小学生地位、在世界高等教育舞台下面听课的弱国心态,不可避免地造成了心理上的不自信、依附、卑微和勇气的缺失。阿特巴赫指出,"中心"大学无一例外地处于工业化国家,这些国家处于权力的中心地位,它们也不太愿意放弃维护自身利益的权力,导致国际知识系统的不平等现象非常严重,第三世界国家的大学在国际知识网络中处于不利的地位,无一例外的都是边缘大学。由于第三世界国家的政治、经济、文化等有着自己的传统,要想以西方工业化国家的学术标准进入"中心"体系是很难的,这样的结果很可能是抛弃自己原有的优良学术传统,并且处于依附地位[1]。因此,高等教育国际化的目的,并非只是被动地接受所谓国际规则,更应在教育理念、内容和方法诸多方面逐步做到与国际教育"接轨",努力成为国际高等教育重要的组成部分,从而在对等原则的前提下,参与制定全球规则。

(二)树立国际对等合作的信心

霸权本身并不可怕,可怕的是由于文化上不自觉、不自信而导致缺乏维护国家文化自主权的自觉意识。改革开放 30 年来,我国经济社会发展取得了举世瞩目的成就,国民经济平稳快速发展,经济总量跃上新的台阶,综合国力进一步增强,国际地位和对世界经济的影响力进一步提高。根据世界银行公布的数据,2003—2005 年,我国经济增长对世界 GDP 增长的平均贡献率高达13.8%,仅次于美国的 29.8%,排名世界第二。中国经济已经成为世界经济增长的重要驱动力之一,在大国关系中的影响力增强,各大国纷纷从战略层面谋划对华关系,期望从中国经济快速增长中获益。中国在大国关系中已处于相对有利的地位。当前,尽管我国高等教育的水平与世界发达国家还有一定的差距,但我们也应该看到,党中央、国务院坚持把教育摆在优先发展的战略地位,特别是近十年来,先后做出了一系列推进高等教育改革、加快高等教育发展的重大战略决策和部署,我国高等教育的改革和发展取得了历史性成就,实现了历史性跨越。2007年,全国各类高等教育在学人数达2700万人,居世界第一,高等教育毛入学率达23%。与此同时,在快速实现高等教育大众化过程中,我们始终把提高质量摆在突出位置,教育教学改革不断深化,高等教育整体质量不断提高。所有这些,都为我们树立国际对等合作的信心提供了很好的支撑。

二、合　　作

中国需要了解世界,世界也需要了解中国。只有敢于与强者对话,善于合纵连横,才能增强自己的竞争能力。

(一)走出去、请进来相结合

高等院校实施"走出去"战略,提高高等教育对外合作与交流水平,有利于更好地利用国际的优质教育资源,为我国培养大批高素质、具有国际视野和懂得国际合作的外向型人才,有利于扩大与世界各国在教育、科技、文化和经济等领域的全方位交流合作,也有利于推动我国外向型经济的发展。

当前,从合作办学实践的整体上来看,国外大多数高等院校感兴趣的是把中国作为它们教育产品的一个"市场",还普遍存在着办学层次结构不高、优质教育资源不多、合作项目发展后劲不足、"精品"项目不够,甚至还出现"挂羊头卖狗肉"的情况等一系列问题,国家关于"欲用国内教育市场置换国外优质教育资源"的政策目标和初衷意图尚未达到,高等教育国际化的效果并不理想[2]。为保障和促进我国高校境外合作办学的稳步发展,教育部《2003—2007年教育振兴行动计划》明确提出,要进一步扩大教育对外开放,推进教育国际合作与交流向全方位、多领域、高层次发展。但总体而言,目前我国高等教育境外合作办学还处于起步阶段,还存在认识不足、人才缺乏、投入不足、机制不活、信息交流不畅等困难和问题。境外办学专业还主要集中在我国占比较优势的汉语言文学、中医药学等传统学科,规模较小,总体发展水平不高,还有许多问题亟待解决。

(二)强调深度合作、介入和融合

首先,学位等值是开放高等教育市场的重要举措。自从欧洲委员会在 20 世纪 50 年代组织 20 多个欧洲国家先后签订"中学毕业证书等值问题的欧洲公约"、"大学学历等值问题的欧洲协议"、"大学毕业证书及学位承认问题的欧洲协议"之后，联合国教科文组织先后领导签署了多个大学学位和证书等值的地区性公约。1997 年在里斯本签署了一个欧盟国家以及美国、加拿大、以色列等 50 多个国家互认高等教育学历的协议；1998 年 5 月，在巴黎大学成立 800 周年的庆祝大会上，德、法、英、意等国在一个共同宣言中，重申要简化互认学历、学分的程序[3]。迄今为止，我国已与 34 个国家和地区签订了学历学位互认的协议。但由于我国与西方各国教育体制不同，涉及的因素复杂，目前仍然面临学历、学位等值互认的体制和模式方面缺乏国际理解，专业结构与课程设置等方面缺乏国际通用性等问题。

其次，以某些重点和优势学科领域国际间的重大项目合作为切入点，跻身重要的学术组织，从被动参与国际合作项目到主动发起和组织国际合作项目，这不仅是提升我国国际竞争力、确保国际发言权的重要途径，也是吸引国际尖端人才的有效方式。例如，中国作为唯一发展中国家参与的国际人类基因组计划，使我国理所当然地能够分享"人类基因组计划"的全部成果与数据、资源和技术，拥有有关事务的发言权，并建立了我国自己的、接近世界水平的基因组研究实体，拥有了参与全球生物工程大战的权利和实力。

三、贡　献

高等教育的发展有普遍规律，但世界各国国情不同、社会体制不同，所处的发展阶段不同，面临的问题、担负的任务也不同。因而在学习和借鉴世界发达国家的经验时必须考虑到这些具体的差异，认识到国际化的本质，不断强化自身特色。

（一）国际化的本质是多元化

国际化寓于多元化之中，世界是一个多元文化的存在。没有多元化，就谈不上国际化；没有多元化的冲突和交融，世界文化的生命和活力也就停止了。高等教育是一个民族文化得以传承的重要载体，植根于各自民族文化的土壤中，表现出高等教育的民族性特点。由于各国国情、文化教育传统存在差别,因而不可能存在一种具有普适性的高等教育模式。高等教育的国际化,只是意味着高等教育国际交往实践的整体关联性增强,并不意味着高等教育的地区差异、民族特色就会因此而消失。因此说,高等教育国际化不能是单纯的学习和借鉴,不是一味地模仿,甚至完全"某国化",而是要尊重不同国家特别是发展中国家的经济、教育发展现状,取长补短,最大限度发挥本国的比较优势。

(二)强化特色是对国际化最好的贡献

实现我国高等教育的国际化,不是要取消我国高等教育的特色,而是要强化其特色,并且使之提升到国际级的特色水平,在特色化水平与国际化水平之间形成正比递进的关系[4]。单纯地跟踪模仿式学习,永远难以超越,只能永远落后。只有本着贡献的精神参与国际化,突出自身的特色和优势,服务于自己的国家和民众,才能在世界高等教育体系中彰显优势,赢得应有的地位。

我们知道,美国以通识教育和培养创新精神著称,德国以注重实践的工程教育著称,法国以文凭工程师培养模式著称,英国以科学严谨和规范性著称。在2004年8月举行的第二届中外大学校长论坛上,来自牛津大学、剑桥大学等世界知名大学的校长和专家们对中国高等教育的特色纷纷赞赏,表示正是这些特点吸引他们不断加强同中国的高等教育交流与合作。如,剑桥大学校长艾莉森·理查德认为:"中国教育具有强烈的愿望和巨大的动力,非常重视基础性教育,学生的基础知识掌握得比较牢靠。剑桥大学就有多名来自中国的学生由于基础扎实取得了很好成绩。"[5]但是,我们也应该看到,在我国的高等教育发展中,特色化没有得到足够的重视、有效的提倡和切实的保障。不少高校满足于并停留在过去的经验上,忽视了探索、求新、创造,结果是百校一律,千人一面。这种状况既妨碍了我国高等教育的发展,也损害了我国高等教育的形象。正是从这样的角度出发,有必要将提倡、开展和促进我国特色化的高等教育作为繁荣我国高等教育、促进我国高等教育发展的战略性措施提出来[6]。

因此,国际化并不是丢弃办学特色和传统,也不是对西方国家高等教育制度、评价体系、教学方法的盲目跟进与照搬,而是要在强化特色基础上,去吸纳借鉴先进的、与国情和校情相符的西方大学文化[7]。推进高等教育国际化进程,建设高等教育强国,必须立足国情、适应世情、着眼校情,坚持走中国特色的高等教育发展道路。

四、发　　展

在经济全球化过程中,一个国家的地位和作用,主要取决于其综合国力和竞争力。在高等教育国际化的大潮中,发展中国家将冲击变成动力、将挑战变成机遇的关键在于:在立足自身问题、追求自我发展的前提下,重视从共同问题入手,促进共同发展。

(一)立足自身问题,追求自我发展

国际舞台上没有弱者的空间,摆脱长期跟踪的最根本办法就在于立足自身问题、追求自我发展。在继续学习借鉴发达国家高等教育先进经验的同时,要推动国际交流与合作向以我为主的方式和状态发展,关键在于必须要有参与国际合作的"筹码",有实力才有发言权,有作为才有地位。

高等教育国际化是国家之间的互动、互利、互惠行为,既能促进他国以及世界教育的发展,加强国际交流与合作,又能提高自身的教育质量和国际竞争力。但高等教育国际化不是一蹴而就的事。尤其是我国教育走向市场的时间比较短,经验积累少;我国的经济发展水平还不高,地区之间很不平衡,是典型的穷国办大教育;我国现在承载着世界上最大规模的教育,如何办好最大规模的教育,没有现成的经验可循。因此,我们既要向世界发达国家学习,吸取它们几百年积累起来的成功经验,又要研究我们的国情和实际面临的问题,形成适应我国发展实际的办学理念和大学精神,适应本国经济、社会发展的实际情况和现实需要,实现教师学术水平的提升、教学质量的提升、高等教育国际竞争力的提升、为国家经济社会服务能力和质量的提升以及中国特色高等教育国内外认同度和品牌的提升。

(二)重视从共同问题入手,促进共同发展

经济全球化,使各国不可能再闭关自守地孤立发展,而是高度地互相渗透、互相依赖。诸如环境、能源、民族等共同问题,已经不再是局限

于某一国家或地区的孤立现象,而是将每一个国家、每一个民族都卷入其中,具有整体性和全球性特点。这些问题的解决,离不开各国间的通力合作,需要世界各国在相容中相长,在博弈中共赢。

从高等教育的角度来说,也面临着教育经费不足、生源质量下降、科学与人文的分裂、教学和科研的矛盾、本科教育和研究生教育的矛盾等共同问题。就其本质而言,高等教育国际化是"第二次世界大战后出现的国际间相互交流、研讨、协作,以解决教育上共同问题的一种发展趋势"[7],是经济全球化发展到一定阶段的产物。可见,高等教育国际化作为当代国际教育发展的重要趋势,其内在实质是创造一种文化平台,促进跨国文化的交流、认同和尊重,研究人类社会共同面临的课题,共同促进多元高等教育的发展,促进科技进步和知识创新,增强高等教育对全球经济发展贡献力,提升高等教育对全球社会变化的适应性和推动力。发挥高等教育国际化促进共同发展的作用,是各国高等教育机构和相关国际协会组织共同面临的使命。

参 考 文 献

1. 刘晓,张胤.印度高等教育发展对中国的启示[J].辽宁教育研究,2008(11).
2. 金之亮,黄桂荣,长江.中外合作办学的基本现状与对策研究[J].中国高等教育,2006(01).
3. 许云昭.中国开放教育市场面临的挑战和对策[EB/OL].中国教育和科研计算机网,2004-07-09.
4. 杨维.我国高等教育的国际化与特色化[N].光明日报,2005-03-04.
5. 林立平,廖雷.中国高等教育特色赢得世界知名大学的校长青睐[EB/OL].新华网,2004-8-5.
6. 吴汉东.中外大学校长聚首武汉探讨高等教育国际化[EB/OL].中新网,2008-10-27.
7. 顾明远.教育大辞典·教育学卷[M].上海:上海教育出版社,1998.

(原载《中国高教研究》2009 年第 9 期)

高等教育国际化的价值和实践

戴者华*

人类进入 21 世纪,大学发现知识、研究知识并且传播知识成为社会中最活跃的因素。市场发育和社会需求对大学的发展产生越来越大的影响,大学随着社会的发展变化而发展,同时反过来推动经济发展和社会进步,日渐从社会的边缘走到了社会的中心,发挥着重要的作用[1]。

高等学校从中世纪创办开始就具备一个特征,即国际化。随着经济全球化和人才资金的国际流动,高等教育国际化呈现出新的表现形式,具有新的内容。高等教育国际化主要是指一国政府和大学及其他相关教育部门为适应经济和社会发展不可逆转的全球化趋势和现实,在自身可控范围内采取的积极应对高等教育发展所面临机遇和挑战的一系列政策和行动。它是教育实践中中学后教育或第三级教育"面向现代化、面向世界、面向未来"发展的必然选择,也是一种人类自身生产的高层次社会实践活动[2]。阿特巴赫认为,高等教育国际化包括政府、学术系统和机构,甚至于单个的院系部门为应对和利用全球化而推出的一系列政策和项目,也具有一定的创新性。政府和学校可以选择适当的方式来应对新的环境。国际化体现了相当程度的自治和主动[3]。

一、高等教育国际化的主体和客体

高等教育国际化的主体和客体可从宏观和微观层次得到体现:如果一个国家的政府顺应经济发展全球化趋势和教育服务贸易的普遍规则,主动推进或积极应对高等教育国际化,那高等教育国际化的主体就是该

---

* 作者简介:戴者华,南京大学国际合作与交流处副处长,副研究员。

国中央或联邦政府；在有些教育立法权在省级政府的国家中，其主体就是省一级政府，甚或是其推动教育发展创新的执行机构，其客体就是高等教育或中学后教育的具体办学机构，诸如国家承认的公立和私立大学或学院，还有以企业形式注册，开展中学后职业技能培训的私立教育和培训机构等。

在具体办学机构中，学校的校长以及领导的学校国际合作管理部门就是高等教育国际化的主体，发挥引领、推动和咨询等作用；其指导和服务的对象，也就是客体，按照"以人为本"的概念，就是教师、学者和学生。而在教育国际化特别是国际化办学活动中，教师、学者和学生又变成了具体从事国际化项目的主体；其客体也就细化成学科课程、科学研究、社会服务对象等。

二、高等教育国际化的价值

教育价值表现在主体的教育需求通过教育客体得到满足，是主客体之间以教育为纽带的一种利益关系[2]。依此逻辑，高等教育国际化的价值，从学校层次上来说，就是教师、学者和学生等主体的发展和完善需求通过学科课程、科学研究、社会服务对象等客体的国际化得到满足，是主客体之间以国际化实践活动为纽带的一种利益关系。

高等教育国际化对于一所高校的总价值主要显示为：提高学校的国际竞争力，提升学校在世界上的学术影响力，扩大学校的国际知名度，推动学校的科技发展和创新，增强学校作为社会和经济发展的"思想库、智囊团"的贡献力。具体到师生发展的层面，高等教育国际化的价值主要表现在优化师资队伍、增加科技成果产出、推动技术创新、加强互动式社会服务、提高跨文化交流能力、扩大国际视野、提升就业深造能力等。

不难看出，高校师生与学科课程、科学研究和社会服务对象之间存在着主客体相互转换、共同发展和完善的协调关系。高校教师和学生在其自身的国际化和学科的国际化及学术的国际化方面存在着相互推动、互为前提的关系。

三、高等教育国际化的实践

高等学校,特别是高水平研究型大学,会把国际化作为一个学校发展的战略加以贯彻实施。因而,这些高校的国际化主要是适应高等教育社会中心地位的发展趋势,顺应高等教育体制改革和观念更新,融入世界教育服务贸易框架,优化教育资源配置和条件保障,争取财政和基金资助,制订国际化中长期战略规划,开展国际合作与交流实践活动,如师生交流、合作科研和办学、举办国际会议、交换图书信息资料、加入大学联盟组织,等等。

对于学者,包括教授、博士后和高水平的研究生来说,国际化实践活动主要是参加高水平和学科前沿的国际学术会议,开设一批双语专业和通识课程,赴海外进修或合作科研,邀请外国学者和专家来校教学和讲学,开展跨越国界的科学研究,在世界范围内进行技术转让,面向世界传承知识和文化遗产,负责任地批评外国和本国社会,指导文化和科技创新活动,参与中外合作办学,交流和交换学术信息以共同推动人类文明和谐发展。例如,南京大学每年派出近千人次的教师和近百名研究生出国(境)参加国际会议、合作研究和讲学进修,聘请300多名外国长短期教师和研究人员来校授课、讲学和合作科研,其中不乏国际一流学者。南京大学还面向全球公开招聘教师,目前已有几十名持外国国籍或绿卡的教师被聘为南京大学的全职教师。在南京大学与国外著名大学合作成立的中外合作办学和研究机构中,也活跃着一批具有国际视野、通晓国际学术规范、具有国际学术对话能力的教授学者。这些合作办学和研究机构主要有南京大学-约翰·霍普金斯大学中美文化研究中心、南京大学-哥廷根大学中德法学研究所、东京大学教养教育南京中心、南京大学-南安普顿大学联合研究中心、中荷国际工商管理教育中心、南京大学与得州大学和宾州大学公共健康医学中心、中法城市与区域发展科学研究中心、南京大学-滑铁卢大学"中加学院"等。

对于学生,包括研究生、本科生甚至非学历生来说,他们的国际化主要是鼓励他们参加国际学术会议,修读外籍教师和本国教师开设的外语或双语专业和通识课程,与国外学生共享课程与师资,融入分散开放的学习环境,参与研究性教学和留学生的双向流动,参加国际性的学生交流活动。还以南京大学为例,该校的学生都力求师从国际高水平和国内一流水平的学者,在开明、开放、开拓的学术环境中勤奋学习。"南京大学本科生赴贝加尔湖综合科学考察团"已经成功举办两期,赴阿尔卑斯山地质考察、中美水处理夏季学习研究班等研究型学习班也在积极筹备之中。

学生和学者的国际化,离不开学科的国际化。可以说,学科及其所包含的课程体系和教学理念是师生国际化的有效载体,他们之间也是相互促进、互为依存的关系。学科的国际化主要表现形式为:依托信息技术开发课程和教材、接受甚至提供跨越国界的教育课程与培训、鼓励和支持师生参加国际学术会议、参与跨越国界的科学研究。但要警惕贩售西方价值观的"世界标准课程",坚持文史哲特色或冷门学科的遗产性保护,冷静对待学科国际和国内的市场化。

立足本国、放眼世界、兼容并包,对建设世界高水平大学大有裨益。世界高水平大学有若干显著特征:得到同行公认的、推动知识前沿发展的优秀科研;高质量的教授及其享有的优厚的工作条件和职业安全;学术自由和追求知识发展的气氛;大学的高度内部自治;充足的科研和教学经费及其他支撑条件,如实验室、图书馆和网络通讯设备等[4]。

高等教育国际化还有一个明显的特征就是由学校美誉、教授名望和优良环境吸引而来的来自于世界各地的优秀学生。当然,必须承认,不是每一所世界高水平大学在以上每个方面都很杰出[4]。中国目前建设世界高水平大学的步伐日渐加快,在学者、学生、学科的国际化方面有不少的机会,但也面临着诸多挑战。

四、高等教育国际化面临的挑战

高等教育国际化面临的第一个挑战是学术自由能否达到中外学者和学生共同认可的程度。在建立一些中外合作办学机构和举办中外合作办学项目当中,作为合作对象的西方大学可能提出"学术自由"的价码,有些已经表露出在发展中国家联合办学的忧虑。

"学术自由"意指学术界,不管是个人还是集体,通过研究、学习、讨论、著述、创作、创造、教学、讲学和写作追求、发展和传播知识的自由[5]。我们要确保学术自治不受侵犯,即保证学术自由,我们就必须牢记,学术道德要求负责地行使这种自由[6]。虽然学术自由是大学实现人才培养、科学研究和服务社会等价值功能的基本和必备条件,但来自于政府、企业、市场和捐助人的压力还是有增无减。大学的传统使命受到挑战,能否坚守学术的独立、自由与尊严,已经成为大学管理者特别是大学校长所要关注的问题[1]。能否在"学术自由"和"学术禁区"之间、"学术自由"和"市场效应"之间寻求一种平衡,已经成为大学管理者和学术研究人员和教学人员痛苦思索的一个问题。北京大学校长许智宏认为,坚持大学自治、学术自由,仍然是当今大学理想的精髓。大学应该有自己相对独立的价值体系和追求,与社会保持一定的距离,观察和研究社会,保持理性批判的立场,只有这样才能够永远保持理性精神[1]。

高等教育国际化面临的第二个挑战是争取经费、接受资助和捐赠的道德问题和国家安全问题。接受产业界的捐赠存在一个道德问题,接受捐赠者,要确保自己不被剥削和利用,要确保把学生当做学生而不是雇佣劳动力来对待。高等学校有道德义务拒绝任何侵犯学术自治的捐赠[6]。

文化的多元化、经济的全球化和高等教育的国际化使得科研经费的申请和利用也越来越在全球范围内进行。如何融入高等教育国际化潮流,提升中国高等教育的国际竞争水平,但又要避免观念和价值观西化、高素质人力资源流失等一系列负面影响,也是摆在中国高等教育管理者和广大师生面前的严肃课题。

高等教育国际化面临的第三个挑战是高等教育质量的控制和评估,以及政府、社会和家庭对其提出的问责。中外合作办学和境外办学的学校一般来说都是本国承认的高等教育机构,但其单独举办或合作举办的高等教育项目甚至于合作办学机构是否得到目的国的承认,还要进一步明确。目前有几种机制,比如中国政府与部分发达国家(如英国、德国、法国、加拿大、澳大利亚、新西兰等国)签订的相互承认高等教育文凭和学位的协议;二是中国政府对中外合作项目和境外项目的审批,承认学生由此获得文凭和学位;再有,就是用人单位在招聘和晋升其雇员时对其参加国际合作教育和培训所获文凭、证书和学位的认可。

高等教育的境外提供者怎样被目的国监管,从而保证高等教育的质量? 关于合作教育项目的质量高低由谁发布权威的消息? 高等教育合作项目是否适合当地的需要,是否对目的国的高等教育体系有所贡献,是否与合作方高校有所关联? 甚至于所提供项目是否物有所值?[4] 这些问题都需要政府主管部门、合作高校、高教行业协会、学生及其家长等一系列利益相关者认真考虑。

此外,双边和多边合作的法律管辖问题,科研成果转让和知识产权的分配问题,交叉学科、边缘学科和应用型学科以及基础学科的平衡或优先发展问题等,都是高等教育国际化不能回避和必须逐步解决的问题。

如果说发展中国家参与经济全球化还具有被裹胁成分的话,那么其高等教育和大学的国际化更需要各级各层次主体的主动参与。世界格局的多极化,文化和价值观念的多样性,客观要求高等学校的学者和学生具有面向世界、面向未来的深邃国际视野和在世界舞台上生存、竞争的能力。一个国家的知识发展和创新体系、高等学校的学科课程的继承发展及其现代化和多样化,必须通过学者、学生和学科的国际化手段来逐步实现。高等教育国际化的主体和客体依层次和环境不同而不同,大到世界和国家,小到个人和具体知识和技能。国际化的实践活动既涉及国家的改革开放理念和财政投入,更着重于高等学校自身的观念更新、教育资源优化配置、开展国际合作与交流实践活动等等。国际化是一把"双刃剑",如何用其劈山开路,又不至于伤害自己,是包括中国在内的发展中国家及其高等学校所要研究和解决的问题。

参 考 文 献

1. 许智宏. 国际化挑战与大学的战略选择[N]. 光明日报,2006-11-01(8).
2. 桑新民. 呼唤新世纪的教育哲学——人类自身生产探秘[M]. 北京:教育科学出版社,1993.
3. ALTBACH P. Globalization and the University:Myths and Realities in an Unequal World[J]. Tertiary Education and Management,2004,01:3.

4. ALTBACH P. International Higher Education：Reflections on Policy and Practice (not-for-sale edition). 2006.
5. World University Service. The Declaration on Academic Freedom and Autonomy of Institutions of Higher Education [R/OL]. http://www.cepes.ro/information_services/sources/on_line/lima.pdf. 1988-09-10.
6. John S. Brubache. 高等教育哲学[M]. 王承绪,郑继伟,张维平,译. 杭州：浙江教育出版社,2002.

（原载《盐城师范学院学报(人文社会科学版)》第 28 卷第 3 期(2008 年 6 月)）

大学多元化国际合作环境刍议

苑建华[*]

随着经济全球化发展,信息资讯全球共享的进程加快,人类文化发展呈现出多元化新态势,各国大学国际化进程日益加快和日趋完善。随着我国改革开放的不断深入,大学教育加速朝着国际化方向发展,各大学间跨国界、跨民族、跨文化的多边交流与合作愈来愈广泛和深入,并把"跨国界、跨文化的观点和氛围与大学的教学工作、科研工作、管理工作及社会服务等结合起来",逐渐构建起全方位、立体式、互动性的国际交流与合作的平台。

一、大学国际化是构建大学多元化国际合作环境的时代要求

"大学教育国际化"是大学面向世界发展的一种办学理念,是大学教育面向世界各民族和地区培养国际性优秀人才的一种教育理想,就是要将大学教育改革和发展置于世界背景之中,秉承和平、平等的原则,理解、宽容和尊重多元文化、异国文化,积极开展教育国际交流与合作,博采世界各国教育之长,努力推进本国大学教育发展。1996 年,国际 21 世纪教育委员会向联合国教科文组织提交的报告《教育——财富蕴藏其中》中提到:"大学聚集了与知识的发展和传播相结合的所有传统职能:研究、革新、教学和培训,以及继续教育;最近几年变得越来越重要的另一项职能即国际合作,亦应增加到这职能中。"可见,大学教育国际化是构建大学多元化国际合作环境的时代要求。这种国际化趋势将国际交流与合作工作提升到一个重要的位置,提出了更高的要求,促使大学的

---

[*] 作者简介:苑建华,时任北京外国语大学国际合作与交流处处长,教授(2013 年 2 月退休)。

国际合作工作朝着三个方向发展：一是能够为他国、他民族所承认和接受，这意味着该大学的教育研究的机能和制度是国际上普遍存在的，学术水平在国际上获得一定的评价，在国际社会里具有一定的通用性。二是能够与外国进行平等交流，即具有"交流性"，确立能够活跃不同国籍、不同民族的学者、留学生间的交际、交流、交换的章程、规则与制度，使之适合外国研究学者和留学生的要求，发挥相应的作用。三是能够相对充分地对外开放，即具有"开放性"，就是指像对待本国人一样平等看待有着不同文化背景的异国的个人与组织。

二、多元文化教育是构建大学多元化国际合作环境的理论基础

多元文化教育在20世纪中后期兴起并不断发展壮大。作为一种跨越文化边界的教育，它是一种培养与提高人们在多种文化并存的世界文化图景下的跨文化品质的教育活动，是一项增进不同文化间的沟通与理解、促进全球文化共生共荣的文化举措。它是以文化合作和生活理解为核心的新教育，这种教育的目的是在平等看待不同文化基础上增进不同文化背景、不同种族、不同宗教信仰和不同区域国家人们的相互了解、相互宽容，加强他们之间的合作，以便共同认识和处理全球存在的重大共同问题，促使每个人能够通过对世界的认识进一步认识自己，了解他人，将事实上的相互依赖变成为有意识的团结互助。

在此，"多元"是指不同种族、民族、宗教或社会群体在一个共同文明体或共同社会的框架下，持续并自主地参与及发展自有传统文化或利益。引用费孝通先生的话就是"各美其美，美人之美，美美相容，人类大同"。再简单一点，就是"和而不同"。"和"即合并、合作、融合之义。"不同"首先要承认"不同"，在"不同"基础上讲"和"；其次要保持"不同"，保持自己的优势与特色；再者，要创造"不同"，在处理好国际化与民族化关系时要有所创造和创新。

三、构建大学多元化国际合作环境的维度

(一)理念是先导

国际化的理念是全方位构建大学多元化国际合作环境的先导。主要表现为学校在宏观层面上对国际化的观念的理解、策略的选定和形式、内容上的优先选择。理念包含着三个方面的内容:国际化的价值目标,即为什么进行国际化,通过国际化要达到什么目标;国际化的价值取向,即国际化为谁,国际化的终极目的是为人,人才培养应是国际化的立足点;国际化的价值判断,即如何开展国际化,我们开展国际化的策略应是有所为,有所不为,处理好国际化与民族化的关系。

(二)制度是保障

尤其是管理制度的国际化是构建多元的国际合作环境的助推器。没有管理制度与方式上的改变或管理方式仍然停留在传统的形式上,很难为大学国际化进程提供制度和管理层面上的支持,也很难把国际化的思想和实践在学校全面推进。

(三)教师是基础

大学教育国际化,教师是积极的承担者和推进者,它不仅直接有利于教师个人的专业成长,同时有利于学生的培养。教师在国际交流中的参与程度影响着学校国际化的进程。

(四)学生是立足点

积极构建大学多元化国际合作环境,归根到底是为了培养具有国际视野和沟通能力的人才,使他们能更好地适应未来的世界。首先要有国际视野和世界意识,理解国家间的文化差异、观念和生活差异;二要掌握一门以上外语,能进行跨国交流;三是在某一专业领域,具有一定专门知识和能力,并通晓国际行业规则。学生的国际化基本上有两种形式,一种是招收国际学生,另一种是让本国的学生有海外学习的经历,以此来增加学生跨文化学习机会,开拓学生国际学术视野,提升学校国际化水平。

(五)科研是主题

如果说教师和学生国际交流的参与度表示了学校国际化的量的指标,那么,学科发展和科学研究的国际化则是体现学校质量和水平的质

的指标。要在教学中注入更多的国际化内容,开设有关国际化课程,在科学研究中加强国际合作,以提升学校的学术国际影响力。

四、构建大学多元化国际合作环境的途径

(一)请进来——引进优质资源

把国外优秀大学的智力资源、资金资源、品牌资源等优势资源与国内高校的具体需求相匹配,借助外力的帮助,直接吸收先进的教育理念。随着教学、科研、管理、师资的质量不断提高,逐步接近和达到国际公认的水准,为国际社会所接受。现在我们大量工作是在聘请外籍专家,侧重教学方面、外籍教师方面,还没有聘请外籍人员参与到学校的管理工作层面。今后我们可以逐步增加聘请短期外籍管理人员参加学校的管理工作,可以在教学管理、科研管理、学生管理、后勤管理等领域有计划地聘请外籍管理人员,这将会为高校的管理体制带来新的观念和变化。同时扩大招收国际学生,以设立奖学金、开展学生交换计划、在境外开设合作课程等形式招收国际学生。

(二)走出去——创造条件、扩大宣传、增进理解

我们过去通常的做法是鼓励教师到国外进修、学习,这种做法已经取得积极的作用,但是,专门针对高校管理人员的项目很少。随着立体式多元国际合作环境的构建,我们要逐步开展高校管理人员的海外学习计划,让我们的管理人员了解国外大学的管理机制和运行方式,开阔视野,开拓思路,学习我们可以借鉴的内容。

(三)双向并举——项目合作,资源共享

首先,进一步加强与国际组织的合作、与各发达国家政府的合作、与国际知名企业的合作、与权威研究机构的合作。进一步扩大与世界一流大学的联合办学、联合教学、联合科研、校际交流。在这个过程中坚持自己在教学和科研中的个性和长处,办出自己的特色来。积极建设项目,以项目促合作。其次,合作举办国际会议。合作举办国际会议是学习和研究国际化中的重要一环,它不仅集合了国际上相关专业领域的研究人员,同时更是创设了一个研究和信息交换的开放平台。举办国际会议的优势在于其丰富的信息量、开放的交流平台和经济的成本。再者,加强

科研多边合作。从目前状况及未来发展趋势看，大学之间的科研多边合作，主要包括：各国大学之间互相开放，双向开展校际学术交流；出资邀请国外同行参与集体或个人重大科技项目的协作研究；跨国设计与组织相关科研课题的共同探索；按照学科或专业领域建立信息网络，实施国际间教育资源的互补，加强研究人员和研究机构与国际同类跨国公司或企业的合作；两国大学自愿、对等地合作共建文化或科技研究中心。

（四）三足鼎立——构建"校-企-校"合作模式

近年来，一些高校在国际化中既有"校—校"合作的模式，又有与跨国企业的合作，形成"校—企"合作、"校—企—校"合作的模式，并初步取得了一些成效。如同济大学、上海交通大学在此方面都有积极的尝试。

国际社会的发展要学会不同文化和文明之间的沟通交流，推进相互理解，而大学教育是达到这种相互理解的最佳途径。我们要继续探讨大学间多元国际合作的新方式，积极拓展合作空间，提升合作层次与品质。

高等教育国际化的法律问题探析[*]

黄 进 李晓述[**]

高等教育国际化的历史可以溯源至欧洲的古希腊和中国的春秋战国时期,而真正现代意义上的高等教育国际化则肇始于19世纪,发展于20世纪,尤其是在第二次世界大战之后的西方世界得到了迅猛的发展。20世纪70年代后,随着经济社会的发展和科学技术的飞跃,欧美发达资本主义国家已广泛讨论并普遍接受了这一现象和时代潮流[1](第15页)。在中国,直到20世纪90年代,这一课题才开始引起高等教育研究界的注意。在经济全球化已成为时代大背景的今天,"高等教育国际化"这一概念在经过反复探讨后已逐渐为中国高等教育界乃至中国社会所认同,尽管人们对其定义和内涵仍然有着各种不同的理解和诠释。近年来,国内学者对高等教育国际化的研究日趋全面和深入,从20世纪90年代对教育国际化的起因、历程、发展趋势,经济全球化对高等教育国际化进程的推动,西方发达国家高等教育国际化的经验等方面的研究,发展到高等教育国际化的内涵、WTO对高等教育国际化的影响、国际化与民族化的关系、强势文化与弱势文化、国际化与人才培养以及中国如何应对高等教育国际化的挑战等研究领域[2]。本文试图从法律的视角对中国应对高等教育国际化这一时代挑战所面临的法律问题予以探讨。

在我国政府承诺开放教育服务市场后,我国高等教育界面临着一系列的挑战,从而对我国目前的教育体制、教育资源、人才培养、专业设置等方面都形成了压力。而从法律角度来看,要顺应高等教育国际化的时

---

[*] 本文为教育部高等教育教学改革项目"高等教育中外合作办学若干法律问题研究"之成果,项目编号:教高司(2006)182-14。此文于2008年8月获中国高教学会第七次高等教育研究成果优秀论文三等奖。

[**] 作者简介:黄进,时任武汉大学法学院教授,博士生导师,武汉大学国际法研究所所长。李晓述,武汉大学国际法研究所博士研究生,武汉大学国际交流部副部长。

代潮流,实现高等教育的良性发展,需要变革我国的教育法制,并最终实现教育法治化。具体而言,下列法律问题亟须解决:

一、高等教育办学主体的多元化及其法律保障

在欧美等西方发达国家,高等教育的办学主体是多元化的。国家、地方、教会、私人都可以是高等教育办学主体,可谓各领风骚,而且美国的私立高等学校甚至出现了异彩绽放的局面。即使在属于"东亚文化圈"的日本,也早已改变其"国家主导型"的办学模式,推行"大学法人化",鼓励私学发展。长期以来,我国高等教育的办学主体比较单一,形成了以国家和政府为主体的一元化格局。改革开放后,主要受经济全球化等因素的影响,高等教育办学主体从一元向多元转化。除公办高等教育之外,民办高等教育和外国机构投资的高等教育开始占有一席之地。然而,我们遗憾地看到,尽管国家已于2002年颁布了《民办教育促进法》,但该项法律的制度设计颇有争议,而且其真正贯彻落实还有待时日,民办高等教育依然在夹缝中谋求生存。至于外办高等教育,更只是零星出现的火花而已,其燎原之日遥遥无期。究其原因,中国社会,包括中国高等教育的决策者,对非公办高等教育的认识和认同依然是个问题。此外,非公办高等教育的法律机制问题令人深思。

(一)以法律形式确定办学主体的多元化

在经济全球化时代,教育已是服务贸易的重要内容。经济利益的刺激,使得跨国教育成为国际贸易的一种重要形式。我国加入《服务贸易总协定》后,必然要履行开放教育市场的承诺。而中国巨大的教育市场对西方发达国家而言吸引力无限。毫无疑问,西方发达国家的教育机构和教育投资者将成为进军我国教育市场的主力军。在相当长的一段时期,我国将面临在教育服务贸易方面的逆差,而此种逆差,在特定的历史发展阶段,是对我有利或者说是双赢的。如果我们由于诸如"丧失教育主权"或"西方文化的渗透"之类的担心而将外资高等教育拒之门外,中国的高等教育可能会失去一股发展动力[3]。因此,在完善《民办教育促进法》及其《实施条例》的同时,应参照引进外商投资的规定,制定相关法律,如《中外合作举办高等教育促进法》等,以法律的形式确定办学主体

的多元化。同时，现行法律所规定的"扶持与奖励"等条款要落到实处，保护非公办高等教育办学主体的积极性，使其在良好的社会法制环境中生存和发展。

（二）健全非公办高等教育的法律机制

首先，要贯彻落实《〈民办教育促进法〉实施条例》的规定，将民办高等教育纳入法制化的轨道。同时，出台并完善有关外资机构参与高等教育的法律法规，建立非公办高等教育的法律体系。目前，外资机构进入中国教育市场的积极性很高，我们应该加强引导和规范管理，使其在法律范围内良性发展。

其次，有必要针对现行教育法律法规中不甚明确、容易引起歧义的条文进行法律解释。例如，我国《教育法》第 25 条规定"任何组织和个人不得以营利为目的举办学校及其他教育机构"，而"不得以营利为目的"这一条文可以有多种理解，目前缺乏法律意义上的、有法律效力的解释。

此外，尽管能否将教育作为一种生产性投资还存在争议，但可以从法律角度确立某些教育领域的"利益回报机制"。教育投资应该是既有公益性，又有功利性，是公益性和功利性的有机统一。教育投资者追求合理的回报应该是能够接受的，而且可以在法律上确立其合理回报。明确这一点，有利于高等教育的发展和繁荣。我国《民办教育促进法》第 51 条规定，"民办学校在扣除办学成本、预留发展基金以及按照国家有关规定提取其他的必要费用后，出资人可以在办学结余中取得合理回报。"此条规定似乎解决了"利益回报"问题，但实际上该条规定过于模糊，可操作性并不强。

二、国际间学历认可和认证法律制度的完善

我国高等教育国际化的前提条件之一是我国的学历学位教育获得国际社会的公认，而签署国际协定是完成这一条件的便捷方式。截止到 2006 年 11 月，我国已先后与 26 个国家和地区签订了政府间学历学位互认协议。基于这些协议，我国的本科生可以直接进入协议国家硕士阶段学习，硕士生可以进入协议国家博士阶段学习。同样，对方国家的学生在我国也可享受同等待遇。毫无疑问，学历互认工作需要大力推进，这

也是从法律上减少高等教育国际化的障碍。

推动国际学历互认,还需要我国高等教育界建立认证制度,以教育行政法规的形式在需要与国际接轨的专业设立认证机制。在美国,工程与技术认证委员会(Accreditation Board for Engineering & Technology)负责对工程教育的认证;在法国,工程类专业学位证书的名称受国家法律保护,只有经过工程师资格委员会认可的院校可允许授予该学位证书;在欧盟其他国家如英国、德国,以及澳大利亚等国,工程师学位也存在严格的认证制度[4]。在我国高等教育领域,至少在工程类专业,可以仿效西方发达国家开展认证工作,而且,需要上升到立法层面。

国际学历认证还要求我国加强学位授予管理制度。目前我国学位管理方面的法律文件主要有1980颁布的《中华人民共和国学位管理条例》等。无需赘言,面对高等教育国际化的新形势,学位授予管理制度也要适应时代的要求。各高校也应该在遵循有关法律法规的基础上,在不违背法律法规精神的范围内,针对时代特征,锐意创新,完善本校的学位管理制度。例如,可以仿效英国高等教育质量保证机构(Quality Assurance Agency)的"学科标准"(Subject Benchmark),制定有关本校学位授予的更细化、操作性更强的专业教学质量标准,从而完善本校的学位授予管理制度。

再者,为顺应高等教育国际化的时代潮流,有必要将我国缔结或者加入的联合国教科文组织等国际组织发起制订的国际条约以国内立法的形式加以实施。例如,丹麦和挪威先后将欧盟指令和公约转化为国内法,颁布了《外国资格证书法》、《资格证书委员会规定》、《公共行政法》、《大学与法学院法》等法律法规。

三、国际化人才培养的法律机制的健全

对于大学的使命和作用,不同的学者有不同的理解。但普遍认为,人才培养应该是大学的主要使命之一。人才培养是一个系统工程,涉及方方面面。在全球化的今天,时代对人才培养也提出了新的要求,即培养具有国际经历、国际视野和国际竞争力的国际化人才。因此,国际交流既是人才培养的重要手段,也应该是人才培养的内容之一。

在欧盟,以国际交流促进人才培养已成为欧盟国家的共识,并以欧盟指令的形式将其上升到法律层面。在欧盟内部,为推动欧盟"博洛尼亚进程"(Bologna Process)(也称"波伦亚进程")而实施了"伊拉斯莫(Erasmus)计划",鼓励欧盟高校的学生获取国际学习的经验。该计划提高了欧盟高校学生的素质,推动了欧盟高校的人才培养。在欧洲著名高校,约有30%左右的学生在大学期间有海外学习的经历。例如,芬兰赫尔辛基大学仅在暑假期间,派往海外合作大学学习的学生就有500多人。在高等教育改革相对保守的法国,政府也调整和制定了相关法律,确定了新的学士、硕士和博士三个阶段的学位结构并采纳欧洲学分系统,以扫清欧盟内部学生流动的障碍[5]。此外,欧洲很多大学都设有国际关系或国际事务办公室,工作重点就是协助学生获取海外学习的经历。

而在我国,尽管高等院校日益开放,国际交流与合作日趋频繁,在校大学生能有机会出国学习者依然是凤毛麟角,平均而言,应该不超过在校学生的1%。除了经济方面的制约因素外,从法律的角度而言,我国政府和高校可以采取如下措施推动此项工作。

(1)签署政府间学生交流协议。我国政府可以与友好国家探求建立官方的学生互换渠道,进而签署学生互换协议;也可以与友好国家建立区域性的高等教育国际联盟,并仿效欧盟"伊拉斯莫计划"的模式,鼓励学生在联盟区域内流动。

(2)将国际学生交流纳入国家高等教育发展计划,从教育立法的角度予以肯定和加强。若能如此,则有法可依,国家预算方面也可以加大财政投入,以政府奖学金的形式鼓励学生出国交流(目前中国国家留学基金管理委员会的政府奖学金名额太少,门槛太高,受益面太小)。

(3)高等院校,尤其是一流大学,应该出台国际学生交流方面的激励政策,将学生海外学习经历纳入学校的学籍、学位管理制度之中,可以为学生提供奖学金,承认其海外学习所获得的学分,适当延长学制等。

四、国际教育合作中学生利益的法律保护

高等教育国际化的特征之一是国际间人员的大量流动,尤其是学生的跨境活动。在中国,中外合作办学正成为大学国际化的重要手段之

一。据统计,截至 2005 年底,全国共有中外合作办学机构和项目 1000 多个,分布在 28 个省、自治区和直辖市。作为中外合作办学的内容之一,这些项目中的大部分人将赴境外学习。此外,还有相当多的学生在国内完成国外大学的学业并获得国外大学的文凭。

频繁的国际学生流动,对各国教育服务提供者提出了新的挑战。例如,教育服务提供者的资质问题、学生作为消费者的权益保障问题、教育服务质量问题等。近年来,有关国际学生利益受损的消息不时见诸报端,有的还影响极大,比如新西兰现代英语学校的倒闭事件。大致而言,学生利益受损的情况可分为如下类别:

(1) 教育服务提供者不具备相应资质,所授文凭不为社会所承认;
(2) 教育服务提供者办学条件不足,教育质量低劣;
(3) 教育服务提供者巧立名目,恶意提高教育收费;
(4) 教育服务机构破产或倒闭。

国际教育服务贸易中学生利益的法律保护问题已日益引起各国政府的关注。许多国家已制定保护国际学生利益的相关法律文件,从法律机制方面启动了保护性措施。相应举措大致有如下几个方面。

(一) 制定保护学生利益的专门法规

在西方发达国家,国际学生利益受到教育法、民法、公平交易法、消费者权益保护法等多方面法律的保护。但由于教育服务的特殊性,在很多时候往往不能很好地适用现有的法律规定,或者现有的法律规定过于宽泛,因而有必要制定专门的法律对该问题加以规范。

在教育作为其主要产业之一的澳大利亚和新西兰,国际学生的利益保护问题很早就纳入专门法规的调整范围。从 2000 年起,澳大利亚政府先后颁布了《海外学生教育服务法》、《海外学生教育服务法实施条例》、《学生服务行规》;新西兰政府也制定了《国际学生指导保护行业规则》、《国际学生指导保护行业规则指南》等。近年来,新加坡政府也先后出台了《学生保护计划》和《新加坡消费者协会教育信托方案》[6]。

有关的国际组织对这一问题也相当关注。联合国教科文组织（UNESCO）和经济发展与合作组织（OECD）在2005年公布了《跨境高等教育学生权益保障指南》。

实际上，除了参与中外合作办学项目或机构的中国学生的利益保护问题之外，随着外国来华学生人数的增长，留学生的权益保护问题也提上了日程，譬如，外国留学生在华的"国民待遇"问题，在实践中还有诸多因素需要考虑，相关的法律也亟须修订。

（二）提高教育服务市场准入标准

一般而言，各国政府对教育服务市场采用的是审批制度，但对市场准入的标准各不相同。毫无疑问，完善审批制度，以法律形式提高市场准入标准，将是提升教育服务提供机构的资质进而保障学生权益的有效途径。

具体而言，政府可以修订相关教育法规，或在公司法等基本法律中对申办教育机构以特别条款的形式加以特别约定。至少，教育行政主管部门在审批时应该依法要求申办者满足一定的必要条件，例如，申办者的财政能力、雇员素质等方面的资质证明，强调对学生利益的保护，明确退费、理赔机制，提供经济担保等。

（三）完善评估体制和退出机制

目前，我国政府对高等学校本科教学工作较为重视，开展了声势浩大的、全国性的"本科教学评估"。而对跨境教育机构和国际教育合作项目的评估，却力度不够或流于形式，往往只是在年终之时，要求其提交年检报告而已。笔者认为，目前对跨境教育机构和国际教育合作项目的评估，至少有三个方面需要加强：

（1）评估应该是随机的、定期的，这样才利于发现问题，教育机构才会保持自律性；

（2）评估的重点内容应包括学生利益的保护；

（3）政府评估和社会评估、行业评估应结合起来，评估的结果才会更客观、更公正。

此外，对于目前国内众多的中外合作办学机构和项目，尚须完备退出机制，以保护学生利益。对于依法关闭或被迫停止的项目和机构，要保证在册学生的有序退出，并得到妥善安排。目前实施的《中外合作办学条例》的相关规定有待进一步细化。

五、高等职业教育和高等继续教育的法制化

高等职业教育的历史较短,却在世界各国,尤其是在西方发达国家的高等教育体系中,占有重要的一席之地。西方强国很早就以立法的形式确认并推动高等职业教育的发展。例如,德国1969年颁布了《职业教育法》,1981年颁布了《职业教育促进法》,1991年又颁布了《联邦德国职业学校总协定》;美国1963年通过了《职业教育法》,1984年通过了《柏金斯法案Ⅰ(职业教育法案)》,1990年通过了《柏金斯法案Ⅱ(职业教育与应用科技法案)》,1998年通过了《柏金斯法案Ⅲ(职业与技术教育法案)》;法国1963年制定了《职业训练法》,1984年颁布新的《职业继续教育法》;英国于1964年颁布了《产业训练法》;日本于1951年颁布了《产业教育振兴法》,1969年通过了《职业训练法》[7]。

我国的高等职业教育起步很晚,法制化建设也发展较慢。可喜的是,1996年颁布的《中华人民共和国职业教育法》为我国高等职业教育的发展提供了法律保障。2005年11月,国务院出台了《关于大力发展职业教育的决定》,为高等职业教育的发展创造了新的契机。

然而,我们必须清醒地看到,我国高等职业教育的发展实际上还处在初级阶段,法制化之路还很漫长,法律体系尚需完善。对于教育研究工作者而言,需要努力研究发达国家高等职业教育的有益经验,加强对高等职业教育的立法研究,推动我国政府不断完善高等职业教育的法律体系。

与高等职业教育的相比,我国的高等继续教育处于更尴尬的境地。我国目前的高等继续教育陷入学历教育的误区,课程设置、教学模式、管理体制等都僵化落后,无法应对国际竞争。发展我国的高等继续教育,应对国际化的挑战,从法律角度而言,首先应该是加强立法,提供法律依据,其次是为高等继续教育的革新提供法律保障,包括如下两个方面:

(1) 高等继续教育的产业化改革。即改革传统的高等继续教育模式,利用市场机制,整合教育资源,使高等继续教育适应市场经济发展的需要,实现社会效益和经济效益的双重发展。这一点,国家教育行政部

门应该做出决策,从教育法规的高度加以推动[8]。

(2)高等继续教育的国际合作。应该从政策层面鼓励我国的高等教育机构与国外教育机构发展在高等继续教育领域的合作,引进优质的教育资源,提高我国高等继续教育的国际竞争力。我国《中外合作办学条例》对此有所涉及,但不够详细。在实际工作中应领会此项法律的精神,促进高等继续教育的健康发展。

综上所述,面对高等教育国际化的机遇与挑战,我国的高等教育界在勇于面对的同时,还需要解决一系列的法律问题,进而完善现行的教育法律法规体系。而囿于篇幅,本文无法对上述法律问题进行更深层次的剖析,故而希望本文能起到某种抛砖引玉的作用,引发更深入的研究,促进我国高等教育界在思想意识上打破旧的观念,树立"教育法治化"的新理念,开拓创新,锐意进取,最终确立我国在世界高等教育界的强国地位。

参 考 文 献

1. 陈学飞.关于高等教育国际化的若干基本问题[M]//中国高等教育学会引进国外智力工作分会,大学国际化理论与实践.北京:北京大学出版社,2007.
2. 徐继宁.90年代以来我国高等教育国际化研究综述[J].理工高教研究,2006(4).
3. 许长青.新时期我国高等教育办学主体多元化若干问题探析[J].清华大学教育研究,2004(1).
4. 侯威等.高等教育质量保证体制的国际比较[J].外国教育研究,2002(10).
5. 王晓辉.波伦亚进程中的法国高等教育改革[J].中国高教研究,2006(3).
6. 程晋宽.教育服务贸易中高等教育境外消费政策的比较研究[J].教育与现代化,2008(1).
7. 董操等.我国高等职业教育到发展趋势探析[J].烟台职业学院学报,2006(3).
8. 安心等.高等继续教育的错位与纠偏[J].煤炭高等教育,2003(4).

高校国际交流与合作领域质量标准及保障体系研究[*]

中国高等教育学会引进国外智力工作分会课题组

执笔人：洪成文 王硕旺[**]

一、背 景

改革开放以来,我国高校国际交流与合作工作成绩卓然。尤其在引进外国高教资源方面成绩更为突出。《国家中长期教育改革和发展规划纲要》(下文简称《纲要》)对于高校国际化的定位具有划时代的意义。《纲要》明确指出,高等教育国际化要实现三个目标：第一要服务于通晓国际规则的"国际化人才"的培养,第二要服务于我国高等教育"国际地位"和"影响力"的提高,第三要服务于"世界一流大学"和"高水平大学"的创建。[1]《纲要》已将教育国际化作为我国高等教育发展的重要战略目标之一。

然而,我国高校国际交流与合作工作与《纲要》的战略要求还有距离。第一,尚没有全国性的高校国际交流与合作工作的质量标准。国际交流与合作的宗旨和目标是什么,什么是好的国际交流与合作,国际交流与合作工作应不应该建立有中国特色的质量体系或标准,要不要通过质量标准帮助高校提高或改善国际交流与合作工作,都没有完全解决。因此,为了提高我国高等教育国际化水平,为了帮助高校根据自身学科特点培育教育国际化的特色战略,让国际化说起来清楚,做起来有依据,评估起来有抓手,

---

* 本文为《高等学校管理领域质量标准及保障体系建设研究》子课题研究成果。本文于2013 年 6 月获中国高等教育学会第八次优秀高等教育科研成果三等奖。

** 作者简介：洪成文,课题组组长,北京师范大学高等教育研究所常务副所长,教授,博士生导师。王硕旺,时为北京师范大学博士研究生,现在河北省高等教育学会工作,博士。

就有必要对国际化的质量标准加以系统研究。舍此,国际化就有可能"说起来重要,忙起来不要",遭遇"被忽视"和"空心化"的命运。

因此,我们试图从一线管理者的视角出发,研制一套具有中国特色的国际化质量标准,回答三个基本问题:第一,能否为高校提供一套质量标准,提高自身的国际化管理水平?第二,能否为高校激励二级学院推进教育国际化,提供一套可资修改和利用的参照性质量标准?第三,能否服务国家和地方教育主管部门建立一套督导性的质量标准体系?在此基础上,形成"一网一库"建设,即全国性的国际交流与合作信息网和国家高教国际化数据库。

二、文献研究

近十年来,高等教育和高等学校国际化、高校国际交流与合作质量标准建设以及评估指标体系的研究成果发展快速。通过论文期刊网,共查阅到本课题相关论文132篇,其中高校国际化评价指标构建的相关论文16篇,高等教育国际化的相关论文63篇,国际交流与合作的相关论文33篇,美国、德国、日本的高等学校国际化相关论文19篇。成果尽管较为丰富,但与质量标准建设相关的研究成果较少。

已有研究成果体现三大特点,为我国国际交流与合作质量标准的建立提供了良好的研究基础:一是对我国高等学校的国际化水平进行了研究,通过调查和中外比较的方法,反映现状及差距,提供针对性的评估体系[2-4]。二是从实际工作需要出发,尝试性地在本地区开展国际交流与合作评估体系研究,为高校提供国际化专项评估服务(如广东和北京等地开展的相关研究)。[5]三是在高校国际化评估指标方面进行了有益的探索,对于国际交流与合作工作的基本评估项目达成了一定共识。就一级评估指标而言,有采用四指标法(美国教育理事会,2008)[6]和五指标法[6],也有采用七指标法[2],和八指标法[6]。数目虽然不尽相同,但基本内容相近,在呈现国际化主要质量项目上呈现出较高程度一致性。具体说来,体现在教育国际化的理念目标、人员流动、科研教学和资源保障等方面。

然而,很多细节问题还没有引起广泛关注,深入研究的则更少。归纳起来有:(1)如何让这些指标更加便捷地转换成国际交流与合作管理者的意志。只有他们的理念和行为得到改善,才有意义。(2)宏观层面的评估研究有助于掌握一个国家、一所学校甚至是一类院校的国际化状况,对宏观决策有益,但不进入到具体学校和事项,就难以捕捉到真问题,就不能发现危机和挑战的所在。(3)现有的研究成果多数是"行外"专家研究出来的,没有充分反映一线管理者的诉求。国际化评估的调查,不是基于外事管理干部,而是基于学校非外事职能部门提供的"官方"数据,也使得本可以非常科学的研究"考虑欠周"。(4)现有成果较多强调共性,因此评估中如何突出不同类型层次学校的差异,也缺少满意的答案。

鉴于此,课题组希望在以下三方面有所突破:(1)用质量认证作为标准建构的基本依据。何谓质量认证,本质上需满足三个要件。第一,质量标准是同行共同约定的,是最低要求标准,或曰"门槛";第二,维持和改善质量的主体是同行,而非主管部门或私营企业;第三,质量改善是连续性的过程,非一次性的。(2)基于质量认证,最大限度地避免校际排名,回避可能带来的"内行"反感以及突击式、形式化的应对质量评估。(3)以简易、可操作、着眼长远发展的原则选择好国际交流与合作管理的质量观测点。有简易可操作的质量观测点,才能最大限度地反映质量改善的信息。

三、研究设计与实证调查

(一)研究方法

本研究采用文献研究与实证调查法。通过文献研究了解到本研究已有研究进展及成果。实证调查分为四个阶段:(1)调查准备,课题组制定标准起草的基本原则、标准框架(草)和基本标准事项。(2)调查实施,为基本覆盖全国高校分布,按照大区召开高校国际交流与合作处主要负责人专题研讨。(3)在调研的基础上进行分析和综合,起草质量标准框架。(4)完善阶段,通过课题组全体会议、全国外事处长专题研讨以及一对一专家意见征询,修改和完善质量标准框架。通过这些环节,最大程度体现自下而上、管理者本位、指向国际交流与合作工作实际的原则。

(二)研究过程

课题组织工作由"引智分会"负责。"引智分会"的贡献是:(1)责成秘书处负责课题调研的全部组织协调工作。(2)为科研活动提供必要的经费支持。(3) 成立课题研究专责小组，充分体现高校外事一线管理者（领导）的主体作用，覆盖高校国际交流与合作部（处）负责人、教育行政部门负责人和高校科研人员。① 研究团队的组成本身体现了较为广泛的代表性。

（三）研究实施

第一阶段，引智分会秘书处在北京大学召开课题启动会（2009 年 3 月）。就研究的意义和目的、基本设想和分工作出了部署。第二阶段为全国性的广泛调查，2009—2010 年间，课题组在引智分会和有关大学的支持下，在北京、天津、广州、上海、南京、武汉、南宁、大连和青岛等地举行了 10 场（次）座谈会，获得了丰富的建议和反馈。② 参加调研和咨询的高等教育外事管理者 280 多人次，涉及引智分会的大多数成员学校。调研范围之广，在高教外事课题研究中实属少见。换言之，就同一课题进行如此范围的调研，改革开放以来尚属首次。第三阶段，2011 年 1 月，课题组借助引智分会常务理事会期间，对 40 多所大学的近 70 位高校外事处长（领导）进行了最新一次的意见征询。有关意见也被吸收进本质量标准框架的修改中。

四、标准框架及说明

整个质量标准遵循自下而上原则，经多次调研，完成了从研制—咨询—修改—再咨询—再修订的环节，最终形成了我国高校质量标准的基本框架。

（一）质量标准框架

质量标准框架由 7 个一级指标、21 个二级指标和 55 个三级指标构成。每一个三级指标为一个质量观测点。每一个观测点都是质量大框架的一部分，同时也是一个相对独立的质量元素。详见表1。

---

① 课题组在"引智分会"的指导下组建。课题组共 14 人，分别是：王硕旺、过祖贤、刘永波、李岩松、严军、沈肖肖、胡亦武、高晓杰、高鹏飞、洪成文、聂瑞麟、萧若、彭元杰、谭欣。课题组由洪成文任组长。

② 调研地点的选择，主要以方便为原则。

表1 高校国际交流与合作领域质量标准框架

一级指标	二级指标	三级指标	备注
办学理念和发展战略	1.1 办学理念	1.1.1 有明确的国际化办学理念	
		1.1.2 校级领导的国际化视野	
	1.2 发展战略	1.2.1 五年规划中有明确的国际化战略目标	
		1.2.2 国际交流与合作部门制定部门发展规划	
		1.2.3 院（系）发展规划中有明确的国际化战略内容或元素	
教师国际化	2.1 智力引进	2.1.1 海外攻获博士学位的教师占全体教师的比例	2.1.2 长期聘任的国外（境外）专家特指聘期在3个月及3个月以上；2.1.3 短期聘任的国外（境外）专家特指聘期在3个月以内；2.2.1 教师长期出国（出境），特指3个月及3个月以上；2.2.4 教师短期出国（出境）特指3个月以下。境外指港澳台地区。
		2.1.2 长期聘任的外籍（港澳台）教师数	
		2.1.3 短期聘任的外籍（港澳台）教师数	
		2.1.4 年度接待国外（境外）来访者人次	
	2.2 教师派出	2.2.1 年度教师长期出国（出境）人次	
		2.2.2 年度教师长期出国（出境）人次的三年增长率	
		2.2.3 年度教师短期出国（出境）人次	
		2.2.4 年度教师短期出国（出境）人次的三年增长率	
		2.2.5 在国际组织任职或担任国际学术期刊评委的教师数	
学生国际化	3.1 留学生教育	3.1.1 留学生总数	3.1.2 将攻读学位的留学生作为单独的观测点，旨在鼓励全方位扩大留学生招生的同时，突出鼓励招收学位生。
		3.1.2 留学生人数的三年增长率	
		3.1.3 攻读学位的留学生占全体留学生的比例	
	3.2 学生交流	3.2.1 学生年度出国（出境）人次	
		3.2.2 学生出国（出境）人次三年增长率	
		3.2.3 年度毕业生出国（出境）留学生人数	
		3.2.4 毕业生出国（出境）留学生人数三年增长率	
课程国际化	4.1 课程设置	4.1.1 全外语教学的课程门数	
		4.1.2 双语教学的课程门数	
	4.2 教材建设	4.2.1 自主开发的外文教材数	
		4.2.2 自主开发的双语教材	
		4.2.3 使用外文原版教材数	
科研国际化	5.1 科研项目	5.1.1 与国外（境外）合作开展的科研项目数	5.1.1 与国外（境外）合作开展的科研项目含教师独立承担的国外（境外）科研项目
		5.1.2 与国外（境外）合作开展科研项目三年增长率	
	5.2 科研成果	5.2.1 国外学术期刊发表论文数	
		5.2.2 外文学术著作数	
		5.2.3 国际专利（件）	
	5.3 国际会议	5.3.1 独立举办的国际学术会议数	
		5.3.2 与国外（境外）高校和机构合作举办的国际会议数	

续表

一级指标	二级指标	三级指标	备注
条件保障	6.1 组织保障	6.1.1 有专门负责国际交流与合作工作的校级领导	6.1.4 奖励机制特指由国际交流与合作部门、研究生院(处)、教务部门等机构提供的国际交流与合作工作奖励机制。
		6.1.2 有独立设置的国际交流与合作机构	
		6.1.3 有校内国际交流与合作工作质量保障机制	
		6.1.4 有鼓励院(系/所)国际交流与合作工作的奖励机制	
	6.2 人力保障	6.2.1 国际交流与合作部(处)专职人数	6.3.2 图书馆资源使用特指留学生在使用图书馆资源时,享受与本国学生同等待遇。
		6.2.2 院(系)有专门负责国际交流与合作的外事秘书	
	6.3 经费保障	6.3.1 国际交流与合作部(处)年度经费	
		6.1.1 国际交流与合作部(处)年度经费三年增长率	
	6.4 物质保障	6.4.1 留学生生均住宿面积	
		6.4.2 图书馆资源使用便捷	
		6.4.3 官方主页有及时更新的英文网站	
特色项目	7.1 合作办学	7.1.1 年度中外(境外)合作办学项目数	7.1 合作办学机构,因设置中外合作办学机构的高校不足五所,故未列入指标之中。从质量监控角度看,合作办学机构的信息已经通过其他渠道提供给相关部门。
		7.1.2 年度中外(境外)合作办学项目三年增长率	
		7.1.3 中外(境外)联合实验室数	
	7.2 孔子学院	7.2.1 孔子学院(孔子课堂)数	
	7.3 "111"引智	7.3.1 "111"引智项目数	7.5 资源拓展,是对校际签约项目和名誉学衔和职衔的意义的理解,这些活动将为高校推进国际化奠定基础。
	7.4 国际大学联盟	7.4.1 学校联盟数	
		7.4.2 院(系、所)联盟数	
	7.5 资源拓展	7.5.1 校际合作项目签约数	7.6 其他泛指学校特有的,本指标体系未尽的其他特色项目。
		7.5.2 校际合作项目签约数三年增长率	
		7.5.3 名誉学衔授予数	
	7.6 其他	7.6.1 未提及的项目	

(二)质量指标说明

(1)关于"办学理念和战略规划"。该指标包含"办学理念"和"发展战略"两个二级指标。观测"国际化办学理念"的方式,则看"办学理念"中是否包含教育国际化的元素;"领导的国际化视野"可从近期学校主要领导的重要讲话中(校长们在本科教学评估、开学和毕业典礼等重要场合的讲话等)提取。"发展战略"包含3项三级指标:一看国际化是否进入了学校五年规划的战略目标之中,二看国际交流与合作处(部)是否制定本部门的发展规划,三看院(系)的发展规划是否包含国际化内容或元素。

(2)关于"教师国际化"。"教师国际化"包括"引进来"和"走出去"两大事项,符合外事管理特点,可操作性强。"智力引进"包括4项三级指标。经反复研究,特强调"海外攻获博士学位的教师占全体教师的比例"。之所以重视这一指标,是因为海外攻获博士学位者的人数与该校国际学术交流的整体能力成正比。聘任海外教师分长、短期两类。具有引导性意义的指标是鼓励高校在坚持短期聘任的基础上,增加长期聘任的比例。"接待来访人次"是基础性外事工作,交流机会少,就会削弱合作的基础。课题组在反复权衡之后,保留了此项指标。但是没有采纳接待国外元首和高端学者(例如诺贝尔奖获得者)的人次,因为此项目无普遍性意义。

"教师派出"分为两个指标,即教师出国人次和国际学术组织担任重要职务的人数两项。出国是基础性外事工作,细分为4项三级指标。增加"三年增长率",目的是要为外事工作基础相对薄弱,但近期发展较快,抑或为将来有发展潜力的高校加油鼓劲,提高他们教育国际化信心。后者是引导性指标,目的是要鼓励各高校关注国际学术组织,将更多的教师推到国际学术舞台上。

(3)关于学生国际化。"学生国际化"分为留学和出国两项二级指标。遵循惯例,课题组将留学生规模作为基础性的质量观测点。增加"三年增长率",考虑的是持续发展问题,目的是要鼓励留学生教育基础较为薄弱的高校看到成绩,增强信心。招收学位生有一定的引导性意义,因为学位生的规模和发展理应得到鼓励。至于留学生宿舍建设等事项,我们将其归类在"国际化保障"之中。有人提出要加强我国学生与留学生的教育融合,比如宿舍交叉安排,是有前瞻性的。但是考虑到国情和管理习惯,课题组最终没有采纳。

(4)关于课程国际化。"课程国际化"的质量指标很难选择,争议也较大。遵循简洁和易操作性原则,课题组从两个观测点考察"课程设置",即"外文授课"和"双语教学"课程。也有提出增加以促进国际理解、提高国际交流能力的"国际化课程"和"跨文化课程",鉴于界定的困难,也未予采纳。

"教材建设"分为3项三级指标,即"自主开发的外文教材"、"自主开发的双语教材"和"引进外文教材"。至于开发为外国人所用的"中文教材",如果是双语的,则放到"自主开发的双语教材"中;不属于双语教材,则不在观测之列。

(5) 关于科研国际化。"科研国际化"由"国际合作科研项目"、"科研成果"和"国际会议"组成。鉴于合作科研项目数增长快速,本课题增加了"项目三年增长率",也属于引导性指标。国际学术成果由论文、著作和专利三个点来观测。"国际会议"以独立举办会议为主,同时考虑到合作举办的国际会议的国际影响力近期有较大发展,所以特将其作为新的观测点。一个仍有争议的问题是,要不要将国际会议的级别加以区分,比如将"锦标赛"和"邀请赛"的国际会议区分开,以鼓励我国高校在国际上争取世界性学术大会的主办权。课题组未予采纳,理由是有这种竞争力的高校为数较少,没有普遍性。

(6) 关于国际化的条件保障。"条件保障"分为组织、人力、经费和物质四项指标。"组织保障"有4个观测点:一般情况下很多高校都已满足前两个质量指标,即配有校级领导负责外事工作,设有外事管理部门。但是建立此指标,对于极少数还没有成立国际交流与合作处(部)的高校,可产生推动作用。就管理绩效提高而言,国际交流与合作处工作质量保障机制的提出,对于持续提高高校国际化的质量将会发挥深远影响。而"奖励机制"的建立则有可能改变国际交流与合作处工作的方式,突出激励和引导作用。

"人力保障"指的是国际交流与合作处的专职人员。由于院(系)外事工作量的快速增长,有必要设置专职秘书,以协调本院(系)外事工作,因此特增加此项指标。

"经费保障"主要是指国际交流与合作处(部)的行政开支,不是学校国际化经费的全部,即国际交流与合作处有权处理的经费。"三年经费增长率"看的是持续稳定性。

"物质保障"内容最多。根据调研,最终选择了留学生住宿、图书馆和官方网站的外文网站部分。就留学生住宿而言,有观点认为可删除这一指标,因为部分留学生已经选择社会租房,所以可以不考虑。课题组保留了留学生住宿,主要考虑到"维稳"和安全。图书馆资源的便捷使用,是学校国际化的直接反映。而官方网页上的英文网站建设情况则是一所学校国际化的"脸面",也应重视。

(7)关于国际化特色项目。特色标准的设立有三层含义:第一,考虑高校国际化的特色是任何质量保障体系所不能不重视的,因此不是要不要的问题,而是用什么方法来强化的问题。高校学科类型和办学层次迥异,国际化目标及战略大相径庭。如何解决呢?课题组将具有较高程度的特色化国际交流与合作项目专列独立的一级指标。这一特色指标的设立,不仅仅相对于学校,比如某些高校的中外学院和特色专业留学生项目;也相对于国家层面的项目工程,比如"孔子学院"和"111引智"等项目。第二,对于很多院校学科综合性程度较低、专业偏于科技类,在部分项目上虽然很强,但是整体实力却比不上高水平综合性大学,特色项目的设置可以使他们扬长避短。第三,少数国际化项目,比如名誉教授授予和中外合作办学项目(机构)等,虽然因学校声誉不同而有很大区别,但对于全国高校具有全局带动作用,将其纳入特色项目,总比忽视它的积极意义要大。

"特色项目"中的二级指标从其本身来看,其意义是毋庸置疑的。之所以放在特色项目中,有两个原因:第一,鼓励高校根据自身特色创造富有特色的国际化项目。第二,避免部分学校在部分项目中表现较弱,例如"111引智项目"和"孔子学院项目"。[①] 参加国际大学联盟等项目也是校际差异比较大的项目。将其放到特色项目中,也可避免质量保障刚性有余、弹性不足的问题。

就鼓励创新而言,还有部分国际化项目不易归入上述的任何一类,课题组在二级指标中也设定了"其他未定项目",以便捕捉国际交流与合作新动向,把握发展新动态。

---

① 语言类院校在孔子学院项目中居于优势,而111引智工程项目多出现在高水平大学中。发展不均衡是客观存在的,但是缺少这一观测点,对于质量监控就会有硬伤。

五、应用及注意事项

这一质量标准框架的应用随目的不同而不同,从管理实践的需求来看,主要有4个方面:(1)成为国家和地方政府部门高校国际化的数据库建设的基础。(2)作为高校外事行业组织质量认证和保障的基础。(3)为高校解决院系层面国际交流与合作质量改善提供指导。(4)逐步完善,创建富有中国特色的高校国际交流与合作领域质量保障的特殊经验,与外国高校同行分享。

然而,应用这一指标标准框架必须十分小心,毕竟这一框架还没来得及在高校层面进行试验。① 这个标准框架,作为认证的工具,永远是开放的,理应不断吸收意见使之日臻完善。课题组也真诚欢迎社会各界提出中肯的批评和建议。其次,切忌为评估而评估,错误地将这一质量标准当做简单的排名工具。即便是以排名为目的,也需用户导向。用户单位不欢迎的,就要尽量避免。当然,只要有质量标准数据库,也就有排名了,但这个排名应该是多维多项的。即便有排名,那也是用户自己的排名,就是说按照自己的选项加以比较的。其三,应用这一质量标准框架不能只关注本学校本地区的发展和进步,还要以帮扶为目的。就目前我国高校国际交流与合作而言,这一点不是做得够了,而是很不够。

参 考 文 献

1. 纲要工作小组办公室.教育规划纲要学习辅导百问[M].北京:教育科学出版社,2010.
2. 李盛兵.大学国际化评价指标体系初探[J].华南师范大学学报(社会科学版),2005.12(6).
3. 王璐,陈昌贵.高等学校国际化水平评估指标体系构建[J].湖北社会科学,2007:177—180.
4. 陈昌贵,曾满超,文东茅,翁丽霞,于展.中国研究型大学国际化调查及评估指标构建[J].北京大学教育评论,2009.10. Vol.7,No.4.

---

① 课题组在研究计划中,曾设计了试验的环节。尽管有所推迟,但计划还没有取消。已有两所高校主动要求应用我们的质量标准框架。

5. 广东省和北京市都已课题立项的方式开展高校国际交流与合作评估指标体系研究。2010年,广东率先用自己研制的指标体系队本省不同类型学校进行试评估。
6. 转引自陈昌贵等.中国研究型大学国际化调查及评估指标构建[J].北京大学教育评论,2009.10. Vol.7,No.4.

中国研究型大学国际化调查及评估指标构建

陈昌贵　曾满超　文东茅　翁丽霞　于　展[*]

一、引　言

高等教育国际化已经成为高等教育发展的重要问题[1]。近年来,中国研究型大学纷纷将国际化作为一种策略,以缩小与世界一流大学的差距。然而,很少有实证研究探讨中国研究型大学的国际化问题。因此,对下述问题的了解至为重要:(1)中国研究型大学国际化的现状是什么?(2)研究型大学的国际化是否存在差异?表现在哪些方面?(3)如何有效评价中国研究型大学的国际化水平?(4)如何消除中国研究型大学国际化的潜在障碍,促进大学发展?

有鉴于此,中山大学教育科学研究所、美国哥伦比亚大学教育学院和北京大学教育学院的部分研究人员,对中国研究型大学国际化问题进行了专题研究。课题组从2007年9月至2008年8月,对33所大学发放了调查表,收集了26所大学的相关数据,问卷回收率为78%。本文基于26所大学国际化情况的调查,评估并探讨了中国研究型大学的国际化问题。

二、调查设计与方法

高等教育国际化的概念被各国学者广泛讨论,多数学者持"过程"或"结果"的观点[2],有的强调其是一种过程趋势[3],有的强调其是一种结

---

[*] 作者简介:陈昌贵,中山大学教育学院教育科学研究所教授。曾满超,哥伦比亚大学教育学院教授。文东茅,北京大学教育学院院长,教授。翁丽霞,哥伦比亚大学教育学院博士。于展,哥伦比亚大学教育学院博士。

果[4]。高等教育国际化包含了国家、地区、高校、院系和个体多个层面。这一概念在不同国家和不同文化背景中具有某些一致性，也经历了独特的变化。[5]在观察大学层面的国际化方面，美国教育委员会（American Council on Education）采用了机构支持、学术要求、项目及额外活动、教职员政策与机会及国际学生4项指标[6]；日本大阪大学提出了大学的使命、目标和计划、结构和人员、预算和执行、研究的国际化、信息提供和设施结构、国际会员组织的多方面支持与促进、课程国际化、与外部的联合项目8项指标。[7]在高等教育系统国际化的跨国研究和比较方面，一般学者强调五方面的国际化内容和指标，即学生流动性、教师流动性、课程设置国际化、国际合作与海外分支或远程教育。[8]

中国尚未采用系统指标大范围考察大学的国际化水平，但在理论上有所探讨。陈学飞认为高等教育国际化包含了国际化的教育观念、学生培养目标、课程、人员交流、共享教育资源与合作研究这些方面[9]；王璐与陈昌贵采用专家意见咨询整理法，归纳了教育观念、师资队伍、学生构成、教学过程、办学条件和信息、办学和科研、成果交流国际化7项指标[10]；闵维方运用一套指标说明中国大学国际化的策略，如留学生数量、教职员交流项目数量、邀请外国学者和专家发言的研讨班数量、具有留学经验的教师数量和比例、短期和长期外教比例、外国学者的数量、中外教师的比例、担任其他国家科学院成员的中国学者数量、担任外国大学客座教授的中国学者数量、担任国际协会组织核心成员的中国学者数量、中国大学组织或合作主持的国际会议数量、合作研究中心或实验室数量、大学或海外的国际事务办公室、中外机构合作经营的学校。[11]

比较这些衡量大学国际化的指标，美国教育委员会与日本大阪大学主要使用两个层次（有与无）或五点式量表（极有帮助、比较有帮助、有帮助、某种程度上有帮助、几乎没有帮助）的报告，侧重于帮助大学进行自我诊断。这种指标优点是容易得到大学的接受，但其调查结果带有一定的主观性和模糊性，也不提供具体大学在某一范围中的国际化水平及差异。中国学者从理论上探讨大学国际化指标时，倾向于更多地运用量化指标，使用具体的数字来观察大学国际化水平。显然，具体数字能够提供更详细的大学国际化信息，既有助于大学进行自我诊断，也可以进一步发现大学之间的比较优势与差异。然而，收集大学相关具体数据的工作相当困难，中国学者提出的这些指标尚未进行较大范围的实验与改进。

结合已有研究与中国大学的具体情况，课题组拟定了《中国研究型大学国际化发展情况调查表》。问卷收集了被调查学校五个方面的具体数据：一是战略规划和组织机构，包括国际化战略规划和实施、学校领导的国际交流经历、国际化事务的组织机构与专职人员；二是师生的国际交流，包括外籍教师、留学生、专职教师和全日制学生的国际交流经历、授予外国专家职衔等；三是教学与科学研究的国际化，包括高校中外合作办学、校际国际合作协议、课程使用外文原版教材和采用外语教学的比例、学生的外语水平及涉外课程的开设、国际合作科研项目与经费；四是设施条件的国际化，包括外国专家和留学生公寓、图书馆外文书刊、外文期刊、校园网建设和外事经费等；五是成果交流的国际化，包括2002至2006年举办的国际会议、师生出国(含出境)参加国际会议的情况、师生在国外期刊发表论文的数量以及被《科学引文索引》(Science Citation Index, SCI)、《工程索引》(Engineering Index, EI)、《科技会议录索引》(Index to Scientific and Technical Proceedings, ISTP)收录的文章数量等共90个指标。① 问卷调查旨在提供中国研究型大学国际现状的轮廓性认识，并以此为基础构建一个可行的评估研究型大学国际化水平的指标体系。

被调查的高校有两种类型。一是研究型大学。鉴于学界尚未对中国研究型大学的定义达成共识，课题组以美国卡耐基基金会划分美国研究型大学的标准为参考[12]，从第一期"985工程"中选取具有50个以上博士点的32所大学作为中国的研究型大学。本文以内地的研究

---

① 调查中有部分数据缺失：缺2所研究型大学设置外事专职人员的院系比例的数据；缺2所准研究型大学2006年专任教师中具有一年或一年以上海外经历的数据；缺1所研究型大学和2所准研究型大学2006年学生出国(境)交流的数据；缺3所研究型大学和2所准研究型大学2006年国际合作科研经费的数据；缺1所研究型大学和2所准研究型大学部分年份接待境外机构与人员的数据。国际科技开发、国际专利申请、联合培养博士硕士等指标的数据因各学校填写不完整，本研究没有使用这些数据。调查得到17所研究型大学与9所准研究型大学校长办公室的协助，在此表示感谢！

型大学作为研究对象,是因其国际化具有相似的社会背景与制度环境,并不意味着港澳台的研究型大学国际化不值得同等介绍。二是准研究型大学。20世纪90年代中期开始,政府陆续确定了100所左右的高校作为国家面向21世纪重点建设的高校,简称"211工程"。20世纪90年代末至本世纪初,政府又在这些"211工程"高校中选出三分之一左右的高校入选"985工程"计划。课题组将这些非"985工程"的"211工程"高校划归为准研究型大学。这些大学的目标是成为研究型大学,但目前还不具备研究型大学的实力,可能在将来能够成为研究型大学。

2007年9月至2008年8月,课题组向北京、华东、东北、西北、西南、华中和华南地区的33所大学发放了《中国研究型大学国际化发展情况调查表》,实际回收26份。其中包括17所研究型大学,占研究型大学的53%;9所准研究型大学,占准研究型大学的11%。

在被调查的17所研究型大学中:根据上海交通大学2006年的世界大学学术排行榜,有6所进入排行榜的前500名[13],还有11所大学为非前500名研究型大学;9所在东部沿海地区,6所在内陆地区,2所在首都;9所理工类大学,8所综合性大学;9所大学全日制学生在25000～31999名之间,8所大学全日制学生在32000～59999名之间。

我们采用描述性统计概括中国研究型大学近五年的国际化发展,应用均值比较与非参数检验——克鲁斯卡尔·沃利斯检验(Kruskal Wallis Test)——检验各类大学之间国际化的差异程度,采用主成分分析建构中国大学国际化的评估指标体系。

三、调 查 结 果

中国研究型大学国际化的趋势明显。2002至2006年,研究型大学教师出国半年以上的人数、学术成果的国际发表数量逐年递增;师生出国(含出境)参加会议和接待国外(含境外)来访的人次,虽然在2003年受"非典"影响,但其余年份有明显增长,见表1。

表1 中国研究型大学部分国际化数据（2002—2006年）

	2002	2003	2004	2005	2006
教师出国（含出境）半年以上的人数	61	61	68	74	92
师生出国（含出境）参加会议人次	372	363	458	552	847
被SCI、EI、ISTP三大索引收录的论文	1315	1578	1829	2634	2922
师生在国外期刊发表的论文	954	1207	1478	1546	1783
高校接待国（境）外来访人次	2912	2595	4595	5859	6762

注：调查17所研究型大学的平均值。

以上数据使我们对中国研究型大学的国际化发展持乐观的态度，但大学之间的国际化还存在差异。这些差异体现在研究型大学与准研究型大学之间、世界前500名与非前500名研究型大学之间、东部沿海与内陆研究型大学之间。

（一）研究型大学与准研究型大学国际化基本调查结果及比较

调查的第一部分是大学对国际化的重视程度、有关国际化的战略规划与实施、组织机构与管理人员。多数大学重视国际化，81％的研究型大学和64％的准研究型大学有明确的关于国际化的规划和实施。研究型大学59％的校领导有一年或一年以上的海外经历，准研究型大学51％的校领导有一年或一年以上的海外经历。显著性差异出现在校级与院系的专职外事人员设置方面，见表2。

表2 组织机构与管理人员（2007年）

	研究型大学		准研究型大学		均值差异的显著性检验
	平均值	标准差	平均值	标准差	
具有一年或一年以上海外经历的校领导比例	59％	16.8	51％	26.9	0.323
校级专职外事人员的数量	36	17.1	8	5.7	0.000**
设置专职外事人员的院系比例	78％	39.1	25％	33.0	0.003**

注：调查17所研究型大学与9所准研究型大学。

近年来，研究型大学逐渐将职能比较单一的外事处转变为多职能的国际交流部门，通常为国际交流处（含港澳台办公室）和留学生管理机构（如国际教育学院）。除此之外，一些研究型大学还设置了对外学术交流中心或海外留学中心这样的机构。在组织机构与专职外事人员的设置上,研究型大学比准研究型大学投入更多。研究型大学平均有36名校级专职外事人员,78%的院系设有专职外事人员。准研究型大学平均有8名校级专职外事人员,25%的院系配备了专职外事人员。

教师与学生国际交流是大学国际化的重要内容。改革开放后,中国逐渐成为一个主要的留学生输出国,本世纪汉语热的出现,又使中国成为留学生的重要接收国之一。而研究型大学在学生、教师和管理人员的派出与留学生接收方面都首当其冲。表3比较了研究型大学与准研究型大学在师生国际交流方面的数据。

表3 教师与学生的国际交流

	研究型大学		准研究型大学		均值差异的显著性检验
	平均值	标准差	平均值	标准差	
留学生比例(06)	3.8%	3.2	3.2%	7.5	0.759
专任教师获海外学位的人员比例(06)	7.5%	2.9	4.6%	4.8	0.152
专任教师具有一年或以上海外经历人员比例(06)	17.4%	12.5	5.2%	6.5	0.023*
06年教师出境半年以上人数占高校专职教师总数的比例	5.6%	4.3	5.2%	6.5	0.684
06年学生出境人数占学生总数的比例	1.5%	1.5	0.2%	0.1	0.236
外籍教师数(02~06)	787	1121.4	91	113.6	0.038*
授予境外专家职衔数(02~06)	176	123.1	30	28.5	0.000**

注:调查17所研究型大学与9所准研究型大学。

两类大学在外籍教师、授衔的境外专家和专职教师的海外经历三个指标表现出显著性差异。2006年,研究型大学平均17.4%的教师有一年或一年以上的海外经历,准研究型大学为5.2%。近五年研究型大学平均聘请了787名外籍教师,授予了176名境外专家职衔;准研究型大学平均聘请了91名外籍教师和授予了30名外国专家职衔。研究型大学在2006年的留学生比例、在海外获得学位的教师比例和学生出境交流的比例上也高于准研究型大学。

培养学生的全球视野是高等教育国际化的重要目标之一。尽管课程和教学的国际化复杂并难以把握，我们还是尝试从大学与境外机构合作办学、校际合作、外文原版教材的使用、外语教学、涉外课程与国际合作科学研究几个方面描述大学在教学国际化方面的努力，见表4。

表 4　教学与科学研究

	研究型大学		准研究型大学		均值差异的显著性检验
	平均值	标准差	平均值	标准差	
与境外机构签订国内合作办学协议（02～06）	12.1	9.9	6.2	5.9	0.133
与境外机构签订国外合作办学协议（02～06）	2.5	2.5	2.2	2.5	0.835
与境外机构签订校际合作协议（02～06）	135	86.5	38	80.1	0.012*
专业课程使用外文原版教材比例（06）	9.8%	6.7	2.9%	2.2	0.033*
专业课程中采用外语教学的比例（06）	8.5%	4.3	15%	27.3	0.397
必修课程中涉外课程的比例（06）	20.9%	16.5	7.0%	4.3	0.289
选修课程中涉外课程的比例（06）	14.5%	7.3	8.7%	1.8	0.319
国际合作科学研究项目（06）	42	37.3	14	15.4	0.166

注：调查17所研究型大学与9所准研究型大学。

比较看来，在近五年签订的校际合作协议、2006年专业课程使用外文原版教材方面，两类高校呈现了显著性差异。研究型大学平均签订了135项校际合作协议，准研究型大学为38项；研究型大学有9.8%的专业课程使用外文原版教材，准研究型大学为2.9%。

此外，2006年研究型大学平均有81%的学生通过大学英语四级考试，16%的学生掌握两门外语；准研究型大学平均69%的学生通过英语四级考试，2.5%的学生掌握两门外语。这些掌握两门外语的学生多数是外语专业的学生。

两类大学设施条件的国际化表现出显著差异。在图书馆中外文书刊的比例、留学生公寓和互联网速度方面，研究型大学都明显高于准研究型大学，见表5。研究型大学图书馆外文书刊占总藏书的23.9%，准研究型大学为13.1%；研究型大学留学生公寓平均有631个床位，准研究型大学为148。这反映出研究型大学在一期"985工程"建设期间,学校的设施条件得到了改善。

表5 设施条件(2006年)

	研究型大学		准研究型大学		均值差异的显著性检验
	平均值	标准差	平均值	标准差	
外事经费占学校总支出的%	1.3%	1.9	1.4%	1.2	0.967
图书馆外文书刊占总藏书的%	23.9%	7.5	13.1%	11.1	0.013*
留学生公寓的数量(床位)	631	458.1	148	119.2	0.026*
外国专家公寓的数量(床位)	58	82.2	22	22.3	0.361
校园国际互联网	3055	3375.1	700	829.8	0.042*

注:调查17所研究型大学与9所准研究型大学。

在成果交流方面,研究型大学与准研究型大学之间呈现出极为显著的差异,见表6。2002年至2006年,研究型大学平均举办了129次国际会议,为准研究型大学的8倍;参加境外国际会议的师生人次平均为2592次,是准研究型大学的5倍;研究型大学平均有10278篇文章被SCI、EI和ISTP三大索引收录,是准研究型大学的10倍;研究型大学在国外刊物上发表的文章为6968篇,为准研究型大学的7倍;研究型大学接待境外来宾为22723人次,为准研究型大学的3倍。

表6 成果交流(2002—2006年)

	研究型大学		准研究型大学		均值差异的显著性检验
	平均值	标准差	平均值	标准差	
举办国际会议的次数	129	109.2	16	17.0	0.001**
师生参加境外国际会议的人次	2592	3093.5	531	613.0	0.008**
被SCI、EI和ISTP收录的文章数	10278	7625.6	937	646.6	0.000**
在国外刊物上发表的文章数	6968	4071.6	964	613.0	0.000**
接待境外机构和人员的数量	22723	33099.3	7276	7385.8	0.294

注:调查17所研究型大学与9所准研究型大学。

均值比较呈现了研究型大学和准研究型大学国际化的显著差异。然而,由于这次调查的两类大学样本比较小,未能确定样本分布一定为正态分布。那么,这些均值比较所传递出来的第一印象可能并不准确。在这一研究中,我们采用了非参数检验,再次检验两类大学之间各变量差异的程度。近代理论证明,有的非参数统计方法,当与相应的参数方法比较时,即使在最有利于后者的情况下,其效率上的损失也很小。[14] 表7呈现了18个显著性值小于0.05的变量(Asymp. Sig.<0.05)。

表7 Kruskal-Wallis Test

	Chi-Square	Df	Asymp. Sig.
校级专职外事管理人员(07)	17.208	1	0.000**
设有专职外事管理人员的院系比例(07)	6.545	1	0.011**
具有一年或一年以上海外交流经历专职教师的比例(06)	6.845	1	0.009**
在海外获得学位的专职教师的比例(06)	5.431	1	0.020*
外籍教师(02~06)	4.864	1	0.027*
授予外籍专家职衔的人数(02~06)	12.604	1	0.000**
留学生比例(06)	4.509	1	0.034*
与境外机构签订的校际合作协议数量(02~06)	5.400	1	0.020*
使用外文原版教材的课程比例(06)	5.300	1	0.021*
国际合作科学研究项目(06)	9.236	1	0.002**
图书馆外文书刊占总藏书的比例(06)	5.466	1	0.019*
留学生公寓(06)	6.786	1	0.009**
高校国际互联网(06)	7.038	1	0.008**
举办国际会议数(02~06)	12.196	1	0.000**
师生参加国外/境外国际会议人次(02~06)	8.766	1	0.003**
被SCI、EI和ISTP收录的文章数(02~06)	15.367	1	0.000**
在国外刊物上发表的文章数(02~06)	14.884	1	0.000**
接待国外/境外机构人员次数(02~06)	5.128	1	0.024*

分组:研究型大学与准研究型大学。

两类大学的国际化水平存在着显著差异。除了在均值比较中所呈现的14个存在显著差异变量外,Kruskal-Wallis Test 还显示出在海外获得学位的专职教师比例、留学生比例、外国教师的数量及接待境外机构与人员的次数也存在显著差异。通过T检验和 Kruskal-Wallis Test,我们认为研究型大学和准研究型大学的国际化水平存在明显差距。

(二) 排入世界前 500 名与非前 500 名研究型大学国际化情况的比较

根据上海交通大学 2006 年的世界大学学术排行榜,中国有 9 所研究型大学进入前 500 名。在调查的 17 所研究型大学中,6 所大学进入世界前 500 名,11 所大学没有被列入。比较看来,6 所进入前 500 名的研究型大学在国际化方面具有显著的优势,见表 8。

表 8　进入世界前 500 名与非前 500 名的研究型大学国际化情况的比较

	研究型大学 (前 500 名)		研究型大学 (非前 500 名)		均值差异 的显著性 检验
	平均值	标准差	平均值	标准差	
校级专职外事人员的数量(07)	49	16.7	29	15.3	0.005**
设置专职外事人员的院系比例(07)	100%	0.0	66%	44.9	0.050*
留学生比例(06)	6.1%	3.4	2.5%	2.4	0.020*
专任教师获海外学位的人员比例(06)	11.5%	6.2	5.4%	1.3	0.012*
教师出国半年以上人员比例(06)	10.6%	8.1	2.8%	1.6	0.010**
学生出国人员比例(06)	3.0%	3.0	0.6%	0.8	0.044*
在校工作的外籍教师数(02~06)	1969	1150.9	143	134.6	0.000**
与境外机构签订合作协议数(02~06)	197	62.5	102	69.1	0.014*
国际合作科学研究项目(06)	73	53.8	24	11.8	0.012*
举办国际会议的数量(02~06)	220	129.5	79	48.3	0.007**
师生参加境外国际会议的人次(02~06)	5392	3369.2	1065	634.9	0.001**
被 SCI、EI 和 ISTP 收录的论文(02~06)	15744	9619.2	7296	3705.9	0.012*
接待境外机构和人员的数量(02~06)	53600	43622.3	5881	6216.0	0.004**

注:调查 6 所前 500 名大学与 11 所非前 500 名研究型大学。

在国际化组织机构方面,2007 年 6 所进入前 500 名的大学平均有 49 名校级专职外事人员,所有院系均设专职外事人员,而对照组准研究型大学平均有 29 名校级专职外事人员,66% 的院系设有专职外事人员。进入前 500 名的大学里,教师和学生有更多的出国交流机会。2006 年,6 所研究型大学平均有 10.6% 的专任教师和 3% 的学生出国交流,对照组 11 所大学平均为 2.8% 的专职教师和 0.6% 的学生出国交流。由于中国研究型大学的师生国际交流多由学校或相关部门提供经费,由此可以看出,6 所研究型大学在师生出国交流上投入更多的资金。同时,进入前 500 名的 6 所大学吸引了更多的留学生,聘请了更多的外籍教师和外国专家。2006年,6所研究型大学平均有6.1%的留学生,对照组为2.5%。2002—2006年,6所研究型大学平均聘请1969名外籍教师;对照组平均聘请143名外籍教师。在2006年的专职教师中,进入前500名的6所研究型大学11.5%的教师在海外获得学位,对照组大学为5.4%。

2002—2006年,在与境外机构签订校际合作协议方面,6所大学平均签订了197项合作协议,是对照组的近两倍。2006年,6所研究型大学平均有73项国际合作科学研究,高于对照组的24项。在条件设施国际化方面,中国6所研究型大学和对照组大学之间没有显著的差异。

在成果的国际交流方面,6所研究型大学明显高于对照组,见表8与图1~4。不过值得注意的是,从增长的速度来看,这些非前500名研究型大学在被三大索引收录的文章数及在国外发表的论文方面比进入前500名的6所研究型大学有更高的增长率,5年间增长了2倍多,见图3和图4。

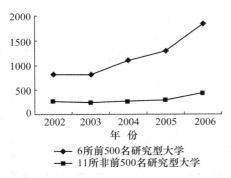

图1　师生参加境外国际会议的人次

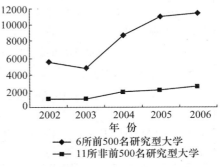

图2　高校接待境外机构与人员的人次

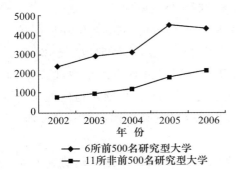

图3　被SCI、EI和ISTP收录的论文数量

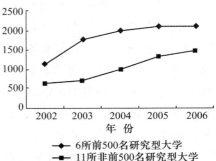

图4　高校师生在国外期刊上发表的论文数量

Kruskal-Wallis Test 结果显示,两类大学国际化存在着显著的差异,见表9。两种检验表明,中国进入前500名的研究型大学与非前500名研究型大学之间的国际化水平存在显著的差异。国际化与大学学术水平发展的高度相关,说明了国际化是提高高等教育质量一个重要途径。这些发现与一些学者的观点相符,他们认为国际化应成为高校提升教育质量的一个重要策略。[15]

表9 Kruskal-Wallis Test

	Chi-Square	Df	Asymp. Sig.
校级专职外事管理人员(07)	5.402	1	0.020*
设有专职外事管理人员的院系比例(07)	5.717	1	0.017*
在海外获得学位的专职教师的比例(06)	4.200	1	0.040*
外籍教师的数量(02~06)	8.018	1	0.005**
出国半年以上的教师数量(02~06)	3.840	1	0.050*
留学生比例(06)	6.799	1	0.009**
与境外机构签订的校际合作协议(02~06)	5.415	1	0.020*
举办国际学术会议的数量(02~06)	6.011	1	0.014*
教师与学生出国或出国参加国际会议的数量(02~06)	9.000	1	0.003**
被SCI、EI和ISTP收录的文章数量(02~06)	5.394	1	0.020*
接待境外机构与人员的数量(02~06)	6.095	1	0.014*

分组:进入世界大学学术排行榜前500名与非前500名研究型大学。

(三)东部沿海与内陆研究型大学国际化情况的比较

被调查的17所研究型大学中,9所在东部沿海地区,6所在内陆地区,2所在首都。东部沿海地区较早进行对外开放,而西部地区在20世纪经济发展相对缓慢,但21世纪初开始得到中央政府的重视和支持。为了解地区因素对研究型大学国际化发展的影响,我们对两地区的研究型大学国际化进行了比较。考虑到此次北京地区调查的高校只有2所,样本较小,在此不参加比较。

在近五年师生参加境外国际会议这一指标上,两个地区的研究型大学表现出显著的差异。东部沿海研究型大学平均为3133人次,内陆地区研究型大学平均为571人次,均值差异的显著值(Sig.)为0.027。此外,均值比较也呈现出东部沿海研究型大学在其他国际化指标上均略高于内陆研究型大学,只是差异不显著而已。

Kruskal-Wallis检验显示,在2006年留学生比例及近5年师生出国参加国际会议的数量上,两个地区研究型大学有显著性差异,见表10。师生出国参加国际会议对培养学生的国际视野具有重要的作用,亲历高水平的学术交流对于提高师生的学术水平也有积极的影响。留学生比例是高等教育国际化的重要指标,体现一所大学对各国学生的吸引力,据此,我们认为东部沿海与内陆研究型大学国际化存在着一定的差异。

表10 Kruskal-Wallis Test

	Chi-Square	Df	Asymp. Sig.
2006年留学生比例	4.271	1	0.039*
参加境外国际会议的师生人次	8.077	1	0.004**

分组:东部沿海与内陆地区研究型大学。

(四)不同学科类型与规模研究型大学国际化情况的比较

为了测试不同学科类型大学的国际化差异程度,我们将17所研究型大学分为两组,一组为9所理工类研究型大学,另一组为7所综合性研究型大学。研究采用T检验和Kruskal-Wallis Test来观察两者之间的差异。均值比较的结果比较复杂,理工类大学和综合性大学各有所长,在组织机构、人员交流、合作办学、教学科研、条件设施及成果交流方面的变量均无显著性差异。Kruskal-Wallis Test也显示了同样的结果。因此,我们认为,理工类与综合性研究型大学之间的国际化程度没有显著差异。

此外,我们也比较了不同规模的研究型大学的国际化水平。在被调查的17所研究型大学里,9所大学的全日制学生在25000~31999名之间,8所大学的全日制学生在32000~59999之间。我们将大学按学生规模划分为两类,前者称为小规模研究型大学,后者称为大规模研究型大学。通过均值比较与Kruskal-Wallis Test来进行分析,两种检验均显示,中国规模不同的研究型大学之间的国际化程度没有显著的差异。

四、评估指标体系设计

在调查收集的信息基础上,构建一个可行的中国研究型大学国际化评估指标体系是本研究的目标之一。对于评估指标体系的构建,通常有两种方式:一是通过咨询相关专家的建议来达成,如王璐、陈昌贵以及霍恩等人(A. S. Horn,D. D. Hendel,G. W. Fry)的研究[16];二是通过数据与统计分析来完成。舍尔(M. P. Hser)曾根据美国的国际教育机构(Institute of International Education)、国家科学基金会(National Science Foundation)、现代语言协会(Modern Language Association)等部门提供的信息计算美国大学协会(Association of American Universities)中美国大学的国际化分数。[17]她采用了主成分分析法来计算美国大学的国际化水平。由于其收集数据的局限,她的研究止于由留学生、富布赖特学者、外语课程等数据所提供的大学国际化分数,未能提供一个评估美国大学国际化的指标体系。

我们的调查问卷综合了专家的建议并获取了研究型大学较为全面的信息,在此基础上研究可以运用主成分分析法来建构中国研究型大学国际化评价指标体系。我们采用三个步骤:(1)确定统计的样本与变量,采用 17 与 17+9 的样本分别作主成分分析,比较其结果;(2)根据主成分得分系数计算大学国际化分数;(3)根据主成分分析结果设计大学国际化的评估指标。

值得注意的是,大学国际化的指标设计可以是定量的,也可以是定性的,且各有所长。指标的用途也是多方面的,可以用以监督(Monitoring)、诊断(Diagnosis)和评估(Evaluation)。本文设计的只是中国研究型大学国际化定量的评估指标体系,其他方面的指标将通过另外的研究呈现。

(一)统计的样本与变量说明

统计的样本为 17 所研究型大学与 9 所准研究型大学。为了试验评估指标的适用范围,我们先进行 17 所研究型大学主成分分析,再进行 17 所研究型大学加上 9 所准研究型大学的主成分分析,分析的结果比较接近,见表 11。

调查中相对重叠的数据,我们只使用其中1个较具有代表性的数据。比如,师生在国外学术刊物发表论文有6个变量,分别是2002至2006年每年的数量与5年总和,我们只使用5年总和这一变量进入主成分分析。通过两次主成分分析后,剔除了因子负荷在0.3以下的因变量,选择了18个因变量来统计大学的国际化水平。

18个因变量中,校级专职外事管理人员,设置外事人员的院系比例,有一年以上出国经历的教师比例,在海外获得学位的教师比例,授予职衔的外国专家,留学生,学生出国交流,校际国际合作协议,使用外文原版教材课程比例,采用外语授课的专业课程比例,国际合作科研项目,图书馆的外文书刊、外文期刊,举办国际会议的数量,出国(境)参加国际会议师生人次,被SCI、EI、ISTP三大索引收录的文章数都有较高的因子负荷,在0.6以上;外籍教师和在国外发表论文数量也有明显的相关,因子负荷在0.3以上。

主成分分析一般依据第一主成分的得分排名,若第一主成分不能代表原始变量,则需要继续第二个或第三个主成分,此时

$$综合得分 = \sum(各主成分得分 \times 各主成分所对应的方差贡献率)$$

此次主成分1能够解释45%左右的变量,在主成分分析中具有较高的代表性。我们以主成分1的得分系数来计算高校的国际化分数。

(二)高校国际化分值与排名

表11为主成分1得分系数矩阵,17所大学与26所大学的主成分1得分系数相当接近。因此,我们选择使用26所大学的分析结果。如此,这一结果所设计的指标将可以适用于中国的"985工程"与"211工程"高校。

表11 主成分得分系数矩阵(Component Score Coefficient Matrix)

	因变量(Independent Variables)	Component 1(17所)	Component 1(26所)
1	校级专职外事管理人员	0.094	0.087
2	设置外事人员的院系比例	0.129	0.126
3	有一年以上出国经历的教师比例	0.113	0.121
4	在海外获得学位的教师比例	0.156	0.165
5	外籍教师	0.150	0.162
6	授衔专家	0.125	0.130
7	留学生数	0.112	0.111

续表

	因变量(Independent Variables)	Component 1(17 所)	Component 1(26 所)
8	学生出国交流	0.127	0.124
9	校际国际合作	0.041	0.033
10	用外文原版教材课程比例	0.115	0.061
11	用外语授课的课程比例	0.091	0.113
12	国际合作科研项目	0.048	0.038
13	外文书刊	0.134	0.132
14	外文期刊	0.110	0.122
15	举办国际会议	0.134	0.130
16	出境参加会议人次	0.135	0.144
17	被三大索引收录的论文数	0.099	0.099
18	在国外发表的论文数	0.113	0.110

提取法：主成分分析(Extraction Method：Principal Component Analysis).

特征值(Eigenvalues)	7.297	7.482
方差百分比(% of Variance)	44.872	45.541
累积值(Cumulative)	44.872	45.541

通过计算各高校在主成分上相关变量的标准分，乘以该变量的主成分得分系数，就可以算出大学的国际化水平分值，得出大学的国际化排名，计算公式为：$Y1 = 0.087 \times Z1 + 1.126 \times Z2 + \cdots 0.110 \times Z18$。

由于标准分呈现出来的数值较小，并带有负值，因此，为了更直观呈现各高校的国际化分值，使报告分 $60 \leqslant I \leqslant 100$，我们采用公式 $I = Y1 \times 7 + 78$ 来呈现高校的国际化分数。I 为高校国际化水平分，$Y1$ 为高校在主成分 1 的综合得分。通过计算我们得出被调查高校的国际化分值，见表 12。

表 12 被调查高校的国际化分值

排名	国际化分值(I)	国际化分值(Y1)	高校	类型
1	100	2.93	D 大学	研究型大学
2	98	2.66	U 大学	研究型大学
3	97	2.60	S 大学	研究型大学
4	88	1.32	F 大学	研究型大学
5	86	1.03	N 大学	研究型大学
5	86	1.01	J 大学	研究型大学
6	82	0.41	X 大学	研究型大学

续表

排名	国际化分值(I)	国际化分值(Y1)	高校	类型
6	82	0.37	P大学	研究型大学
6	82	0.36	R大学	研究型大学
7	80	0.10	K大学	研究型大学
8	78	−0.08	H大学	研究型大学
8	78	−0.12	C大学	研究型大学
8	78	−0.13	I大学	准研究型大学
9	77	−0.22	B大学	研究型大学
10	76	−0.43	E大学	研究型大学
10	76	−0.49	V大学	准研究型大学
11	75	−0.53	Y大学	准研究型大学
12	74	−0.72	A大学	研究型大学
13	73	−0.79	T大学	准研究型大学
14	72	−0.94	Q大学	研究型大学
14	72	−1.03	W大学	准研究型大学
15	70	−1.27	M大学	研究型大学
16	67	−1.72	L大学	准研究型大学
17	66	−1.81	G大学	准研究型大学
17	66	−1.86	O大学	准研究型大学
18	63	−2.27	Z大学	准研究型大学

(三) 国际化评估指标体系

高等教育国际化涉及学校、院系、个人多个层面,体现在学校的战略规划、组织机构、人员交流、合作办学、教学和科研、设施条件及成果交流等方面。从最严格的角度看,任何评估体系都难以完整而细致地评估出高校各个层面的国际化的努力。评估体系的构建往往是强调评估标准的明确统一及现实操作性,而无法面面俱到。因此,本研究所提出的大学国际化评价指标体系也难免带有上述缺点。基于课题调查的结果与统计分析,我们初步认为五个方面的18个变量可以作为中国大学国际化的评估指标,详见表13。

表13 大学国际化评估指标

一级指标与权重	二级指标与权重	指标说明
1. 战略规划与组织机构（10%）	校级专职外事管理人员（4%） 设置外事人员的院系比例（6%）	评估高校对国际化战略在机构与专业人员方面的投入。
2. 人员构成与交流（40%）	有一年或以上出国经历的教师比例（6%） 在海外获得学位的教师比例（8%） 外籍教师（8%） 授衔专家（6%） 留学生（6%） 学生出国交流（6%）	教师的国际化是推动大学国际化的关键，而学生的国际视野与国际竞争力是高校国际化最重要的目标之一。因此人员构成与交流在这一评估体系中占最大比重。尤其是在校学生出国交流将逐步成为中国高校国际化的新增长点。
3. 教学与科学研究（14%）	校际国际合作协议（2%） 用外文原版教材课程比例（3%） 用外语授课的课程比例（6%） 国际合作科研项目（3%）	教学与科研是体现高等教育国际化过程的重要指标。但过程也是最难用数字来把握的。目前高校比较常见的活动为左栏中的4个指标。
4. 相关条件与设施（13%）	外文书刊（7%） 外文期刊（6%）	这里只出现两个变量，而没有出现互联网和外国专家楼与学生公寓等。第二部分外籍专家与留学比例上已间接体现了相关的公寓设备数量。外文期刊现多为电子数据库，实际上也涵盖了学校互联网络建设的状况。
5. 成果交流（23%）	举办国际会议（6%） 出境参加会议人数（7%） 被三大索引收录的论文数（5%） 在国外发表的论文数（5%）	成果交流反映出高校的学术水平及其在国际上的影响力，这4个指标是中国高校较完备的数据。23%的权重反映出这一维度的重要性。
合计：100%		

上述评估指标体系是在调查问卷的基础上通过主成分分析简化结构而来的，其权重计算是以主成分1的得分系数换算成百分比而来。这些指标的数据是客观事实性数据，也是目前中国大学国际化中常见的和

可以收集到的数据。当然,这样的评估指标体系难免在评价学校在国际化方面的主观态度及努力上有所欠缺。但上述评估指标体系也有其优点,那就是简捷、真实和具有很强的操作性。本研究已采用上述指标体系对所调查的两类高校进行试验评估与排名,其结果反映出大学国际化的真实水平。值得注意的是,在对高校国际化水平进行评估时,需要同时调查多所院校,计算各个指标上的标准分,并进行直观化转化,方可进行排名、评估。

五、问题与思考

从调查数据所简化出来的评估指标看,中国研究型大学国际化主要体现在人员构成(40%)与成果交流(23%)两个方面。但教学与科研这一大类指标权重为14%,这似乎与调查指标设计时的专家意见有些反差。分析其中的原因,是由于教学与研究部分的数据模糊。被调查学校反映,他们平常没有这方面的统计。而在主成分分析下,这部分数据显得代表性不高。本文评估指标的构建实际上是在专家的理想意见与现实数据之间的平衡。尽管指标可以用于评估和排名,也有较强的可操作性,但就中国高校国际化的现状而言,更重要的是通过调查与评估找出差距和问题,做进一步的研究。

调查结果显示出中国研究型大学与准研究型大学、世界前500名与非前500名研究型大学、沿海地区与内陆地区研究型大学之间的差异。如果再考虑到建设世界一流大学的目标,将中国研究型大学人员构成与成果交流国际化的一些指标与美国顶尖的20所研究型大学[18]相比较,也能够发现差距,见表14。

表14 中美研究型大学2006年部分数据比较

	研究型大学（中国）		研究型大学（美国）		均值差异的显著性检验
	平均值	标准差	平均值	标准差	
被 SCI 收录的论文	1414	982	5388	3903	0.000**
被 SSCI 收录的论文	14	22	882	528	0.000**

续表

	研究型大学（中国）		研究型大学（美国）		均值差异的显著性检验
	平均值	标准差	平均值	标准差	
被 A&HCI 收录的论文	2	4	264	264	0.000**
留学生比例(%)	3.8	3.2	14.9	6.5	0.000**
学生出国(境)交流比例(%)	1.1	1.5	2.8	1.8	0.028*

注：调查17所中国研究型大学与美国20所研究型大学。

作者根据调查、http://www.isiknowledge.com 和 Institute of International Education（IIE）的数据制表。

中国研究型大学留学生的比例、学生出国交流人次、被《科学引文索引》(SCI)、《社会科学引文索引》(SSCI)及《艺术与人文科学引文索引》(A&HCI)收录的论文与美国顶尖研究型大学相比都有显著的差异。针对调查发现的研究型大学之间的差异，我们提出一些问题以引起更深入的讨论。

（一）增加或平衡研究型大学的经费投入？

中国研究型大学与准研究型大学、世界前500名与非前500名大学在国际化水平上存在着显著的差异。在现有的高等教育制度下，大学国际化在很大程度上与政府的投入密切相关。"985工程"研究型大学较准研究型大学能够获得教育部更多的投入。再来看研究型大学之间的政府投入差异。在第一期"985工程"建设期间，清华大学和北京大学分别得到教育部18亿的投入，浙江大学得到教育部与浙江省政府共14亿投入，复旦大学与上海交通大学各得到教育部与上海市政府共12亿的投入，南京大学得到教育部与江苏省政府共12亿的投入，北京师范大学与中山大学各得到12亿。[19]一期工程中得到投入最多的8所大学，其中有6所进入了2006年上海交通大学"世界大学学术排行榜"的前500名。在本文第二部分的比较中，进入前500名的大学与其余11所研究型大学之间的国际化水平有着显著的差异。

另一方面，作为提高教育质量的策略，大学国际化也需要追加投资。即使是国际化程度已经比较高的大学，也需要缩短同世界一流大学的差距。例如，课程的国际化及吸引世界一流的学科带头人都需要经费。更重要的问题是,钱要花在什么地方最有效?如何利用投资来推动大学国际化是未来研究需要解决的问题。因此,增加经费投入对于促进研究型大学国际化和建设一流大学成为一个不可回避的问题。只是在经费方面,是否仍然重点建设少数几所研究型大学,还是平衡投入以促进有潜力的研究型与准研究型大学参与竞争?

(二) 学术发表的速度与广度?

评估指标体系中学术成果交流部分,往往显著地呈现出大学之间的国际化差异。所调查的17所研究型大学被SCI、EI和ISTP三大索引收录的文章与在国外发表论文的数量5年内增长了一倍。但与自然科学成果国际发表的繁荣相比,中国研究型大学在人文艺术与社会科学方面,显得异常冷清,见表15。

表15 中国研究型大学被SCI、SSCI和A&HCI收录的论文情况(2002—2006年)

	2002	2003	2004	2005	2006
被SCI收录的论文	705	847	972	1276	1414
被SSCI收录的论文	5	7	8	15	14
被A&HCI收录的论文	0.4	1.2	0.7	1.5	2

注:17所研究型大学平均值,作者根据 http://www.isiknowledge.com 数据制表。

相对于自然科学,人文艺术与社会科学的国际发表也还存在争议。一些学者认为人文艺术与社会科学不能够以在西方学术期刊发表论文为参照,否则将可能"使我们沦为思想、理论和知识领域的打工者"[20],失去中国人"独立的思想"。如果对照中国(本文)与美国大学国际化(ACE)的评估指标,也会发现一个非常有意思的地方,那就是美国大学国际化的评估指标中没有学术成果的国际发表这部分内容。那么,学术成果的国际发表似乎只是非西方或非英语国家大学的国际化事务了。但是,如果不以学术成果的国际发表来衡量中国的人文艺术和社会科学的国际化,那更合理与有效的判断依据是什么?我们是应当让人文艺术和社会科学的学术发表自然而为,还是同自然科学一样,通过奖惩制度与强调计量排名来刺激其数量迅速增长?在大学加速的国际化进程中,人文社会科学与自然科学的反差令人困惑。

(三) 学生国际交流成为下一轮重头戏？

2006年之前，中国研究型大学学生国际交流的机会仍然有限。2006年研究型大学平均1.5%的学生出国或出境交流。顶尖大学的情况好一些，2006年有3%左右的学生出国交流。随着2006年11月国家留学基金委启动的"国家建设高水平大学公派研究生项目"，每年资助5000名左右的全日制学生赴国外高水平大学学习、交流，这将使研究型大学的出国交流学生人数有所增长。

另一方面，中国正成为重要的留学生接收国之一。21世纪的前五年，来华留学生就增长了近两倍。[21]北京大学是留学生最多的高校之一，然而调查发现只有比例很少的学生与留学生进行了很好的交流与学习。有12.3%的本科生"非常同意"在交流活动中结识了外籍朋友并保持经常联络，硕士与博士生这一比例分别为11.5%和6.2%。[22]这其中的问题是什么？在现有的条件下，鼓励校园的中外学生互相交流与学习，是否有更好的方式或途径？

实际上，绝大部分的学生都希望能够多参加国际交流，以加深对其他文化的了解。来华留学生也希望能够更深入地了解中国的文化与社会。作为第一梯队的研究型大学，其培养的博士生很大部分将成为中国许多大学师资的重要来源。因此，研究型大学学生的国际交流将影响到中国未来大学师资的国际化程度和大学教育质量。那么，研究型大学是否会将学生的国际交流与发展作为下一轮国际化的重头戏，以提高其培养对象的国际竞争力？

(四) 教师聘任与晋升国际化？

在评估指标中，师资国际化的权重最高，为28%。从某种程度上说，师资的国际化水平将显著影响课程与学术成果交流的国际化程度。在中国进入世界前500名的大学里，师资的国际化程度显著高于非前500名研究型大学。这些大学吸引的师资不仅是本国的优秀人才，也有全球各地的优秀人才。与2003年北京大学的改革方案引起各界热烈争论不同的是，如今研究型大学面向海内外招聘人才已经在悄然进行了。中国大学留用本校博士生任教的传统，已经被打破。现在，尽管对于研究型大学教师的国际招聘从观念上已经被多数高校认同，但教师聘用与晋升的国际化体现在多大程度上才是最恰当的？如何才能使来自西方的做法与我们的教育系统进行良好的结合？以上问题的解决都可能会影响中国研究型大学未来的发展。

参 考 文 献

1. Wit，Hans de. (2002). Internationalization of Higher Education in the United States of America and Europe: A Historical, Comparative, and Conceptual Analysis. Westport, Conn. : Greenwood Press.
2. 曾满超,于展. 中日高等教育国际化问题研究——基于文献的分析[J]. 教育发展研究,2008,(21):42—51.

   陈昌贵,翁丽霞. 高等教育国际化与创新人才培养[J]. 高等教育研究,2008,(6):77—82.
3. Knight, J. (1994). Internationalization: Elements and Checkpoints (Research Monograph, No. 7). Ottawa, Canada: Canadian Bureau for International Education, 7.

   Van der Wende, M. (1997). Missing Links: The Relationship between National Policies for Internationalization and those for Higher Education in General. In T. Kalvermark & M. van der Wende (Eds.), National Policies for the Internationalization of Higher Education in Europe. Stockholm: hogskoleverket Studies. National Agency for Higher Education. 18.

   Teichler, Ulrich. (1999). Internationalisation as a Challenge for Higher Education in Europe. Tertiary Education and Management. 5:5—23.

   陈学飞. 高等教育国际化——跨世纪的大趋势[M]. 福州:福建教育出版社,2002.
4. 舒志定. 高等教育国际化的内涵、特征与启示[J]. 外国教育资料,1998,(3):55—59.

   Abe, Y. (1999). Gurobalizeshon to daigaku no kokusaika (Globalization and the internationalization of universities). *IED Gendai no kotokyoiku* (*IED Modern Higher Education*), (7):5—11.

   Philip, G. Altbach. (2000). What Higher Education Does Right. *International Higher Education* 18 (Winter): 2.
5. 曾满超,于展. 中日高等教育国际化问题研究——基于文献的分析[J]. 教育发展研究,2008,(21):42—51.
6. ACE. (2008). Mapping Internationalization on U.S. Campuses. Washington

DC. p. ix.
7. Osaka University. (2006). Daigaku no kokusaika no hyoka shihyo sakutei ni kansuru jisshyoteki kenkyu saishu repoto (Developing Evaluation Criteria to Assess the Internationalization of Universities, Final Report), Osaka: Osaka University.
8. 曾满超,王美欣,蔺乐.美国、英国与澳大利亚高等教育的国际化[J].北京大学教育评论,2009,(2):75—102.
9. 陈学飞.高等教育国际化:跨世纪的大趋势[M].福建教育出版社,2002:11—15.
10. 王璐,陈昌贵.高等学校国际化水平评估指标体系构建[J].湖北社会科学,2007:177—180.
11. 闵维方.中国高等教育的国际化战略 IED Gendai no koto kyoiku (IED Modern Higher Education) (Journal of Institute for Development of Higher Education), 2006,(7),49-55.曾满超,于展.中日高等教育国际化问题研究——基于文献的分析[J].教育发展研究,2008,(21):42—51.
12. Carnegie Commission on Higher Education. (1973). *A Classification of Institutions of Higher Education*. Berkeley, California. 1—5.
13. http://ed.sjtu.edu.cn/ranking2006.htm[EB/OL].
14. 宋昕,蔡泳,徐刚,王旸.非参数检验方法概述[J].上海口腔医学,2004,(6):561—563.
15. 陈昌贵.国际合作:建设世界一流大学的重要选择[J].清华大学教育研究,2001,(3):55—60.
丁学良.什么是世界一流大学?[M].北京:北京大学出版社,2004:7.
Mun, C. Tsang. (2006). Research on internationalization of research universities in China. New York: Center on Chinese Education, Teachers College Columbia University. Proposal submitted to Lingnan Foundation (mimeo).
闵维方.中国高等教育的国际化战略 IED Gendai no koto kyoiku (IED Modern Higher Education) (Journal of Institute for Development of Higher Education), 2006, (7):49—55.
16. 王璐,陈昌贵.高等学校国际化水平评估指标体系构建[J].湖北社会科学,2007:177—180.
Aaron S. Horn, Darwin D. Hendel, Gerald W. Fry. (2007). Ranking the International Dimension of Top Research Universities in the United States. *Journal of Studies in International Education*. Vol. 11 No. 3/4, Fall/winter. 330—358.

17. May Paw Hser. (2003). Internationalization of U. S. Higher Education: A Quantitative Analysis of the International Dimension of Association of American Universities (AAU). Ph D dissertation of State University of New York. Pro-Quest Information and Learning Company. 59.

18. 美国前二十名研究型大学[EB/OL]. 2008 Top American Research Universities Report", the Center for Measuring University Performance. http://mup.asu.edu/.

19. Http://www.moe.gov.cn/edoas/website18/level3.jsp? tablename=1088&infoid=13494[EB/OL].

20. 韩水法. 大学与学术[M]. 北京：北京大学出版社，2008：47.

21. 中国教育年鉴2001[M]. 北京：人民教育出版社，2001：282.
    中国教育年鉴2006[M]. 北京：人民教育出版社，2006：337.

22. 文东茅，罗玲，陆骄. 北京大学国际化个案研究报告[R]. 2008(未发表).

（原载2009年10月《北京大学教育评论》第7卷第4期）

关于大学国际化评价的研究[*]
——以广东省大学国际化评价为例

李 毅 黄 非[**]

一、大学国际化评价的时代性

近年来,以推进国际化发展为目标的大学国际化评价成为我国高等教育管理领域的一项重要课题,并且引发了人们对于我国高等教育开放发展价值取向的深层思考。大学国际化评价是我国高等教育推进国际化的必然结果,它标志着我国高等教育的国际合作与交流已不局限于教育外事活动的范畴,而是一项关系到高等教育开放发展的战略性选择。作为一种现象,国际化评价的产生和构成具有其特定社会背景和深刻的思想根源,体现了经济全球化、当代的新自由主义思潮和公共管理治理思想对于大学管理实践的影响。从历史的观点来看,大学国际化评价活动是我国高等教育顺应全球化和国际化时代性选择,是高等教育管理手段在经济全球化大背景下的创新性实践,具有鲜明的时代性。

(一)经济全球化与高等教育国际化

经济全球化以全球市场为目标,以全球信息为条件,推动了人力、资金、商品、服务、知识、技术和信息等实现跨国界的流动,促进了各种生产要素和资源的优化配置,进一步加强世界各国在市场和生产上的相互依存。经济全球化也推动了高等教育的国际化,加强了各国之间在教育资源方面的交流,各国的教育市场向全球开放,形成了全球性的教育市

---

[*] 此文为2010年"广东省哲学社会科学规划教育学研究课题"(项目编号:08SJY012)的研究成果。

[**] 作者简介:李毅,广州大学国际交流与合作处处长,教授。黄非,华南理工大学国际交流与合作处副处长。

场。[1]全球化在时空、制度和组织三个维度上影响了高等教育的社会特征：首先，在时空表现方式方面，全球化催生了高等教育"脱域经营"的方式；其次，在制度表现方式方面，全球化促进了各国高等教育政策的趋同；第三，在组织表现方式方面，全球化使大学的管理具有模拟公司的特点。[2]

在经济全球化的推动下，高等教育发展的时空发生了巨大变化，面对整个世界高等教育发展态势，大学在广泛吸取、借鉴外国先进教育经验和科技文化成果的同时，更加注重培养具有国际视野、能够参与国际合作的国际化人才，国际化成为大学发展的战略目标。

高等教育国际化可以从过程和结果两个维度上理解，过程性理解认为国际化是一种趋势或过程，大学以开放办学的姿态，面向世界，积极主动地开展国际合作与交流，不断改造自身，提高办学水平，实现培养国际化人才目标。结果性理解认为国际化是大学发展的所取得的成就，具体地说，就是按照"国际标准"审视大学开放性、先进性、包容性和活力性的程度。关于高等教育国际化，我们的理解是，在经济全球化背景下，发生在大学的，以一系列政策、活动和项目为载体，将国际性要素和资源融入大学的教学、科研与服务社会等诸项职能中去的一个过程。国际化是一种潮流和趋势，是高等教育发展的历史必然过程。国际化是提升高等院校办学水平和培养国际化人才的手段，有利于高等院校在更大的空间上培育核心竞争力和自主创新能力。

（二）新自由主义思潮

20世纪80年代以来，伴随着市场化和经济全球化的推动力，新自由主义思潮形成了一股强大的力量，对于政治、经济、国际关系、社会管理等领域产生了深刻的影响，包括教育在内的诸多社会科学领域。新自由主义教育哲学理论包括三个部分：一是探讨人与社会关系的社会哲学，在教育领域表现为"消费者与代理人"的关系；二是探讨政府与市场关系的政府理论，在教育领域表现为"教育市场化"、"私有化"和"高等教育收费"等问题；三是关心平等与公平的正义论，在教育领域表现为"教育公平"和"教育民主"等问题。[3]

新自由主义主张应该缩小国家对经济的干预范围，尽可能将公共服务私营化，引入内部竞争等市场原则。伴随着全球化和国际化的推动力,新自由主义强调高等教育知识的可交易性、效率性、个体性、竞争性和自由化的理智特性。以新自由主义为特征的市场化运动扩大了国际教育服务贸易规模和范围,形成了国际性的教育服务贸易运营方式。

新自由主义思想主张减少政府干预的理论在一定程度上满足了大学要求自治的理性要求,促进了高等教育面向世界和面向市场的开放性发展,提升了大学适应市场化和国际化发展的能力。在推进高等教育国际化的过程中,新自由主义思想一方面影响了大学开放发展的方式,提升了大学适应市场经济的能力,为大学的国际化发展注入动力。但是,新自由主义思想在另一方面也影响了高等教育的公益性、民族性和文化性的特征,在一定程度上引发了高等教育的民族性与国际性、教育主权与教育国际化、民族文化与外国文化之间的碰撞。

(三)高等教育治理理论

高等教育治理是一个上下互动的管理过程,它主要通过合作、协商、伙伴关系、确立认同和共同的目标等方式实施对高等教育事务的管理。高等教育治理的实质在于建立在市场原则、公共利益和认同之上的合作。[4]高等教育的评价或评估是政府与学校相互作用的高等教育规范性活动,也是高等教育自我完善和自我改造的动力来源。作为高等教育的治理手段,高等教育评价或评估的动力来源是相同目标的共同追求,组织基础是相机行事的运行机制,行动方式是协调一致的合作共事。大学国际化评价是高等教育运行机制的创新性实践,它以大学动态的和静态的国际化表象为对象,从过程和结果两个维度上考察大学国际化建设的水平,其根本目的是构建高等教育的质量保障机制,应对大学在质量建设过程中面临的问题。

在社会主义市场经济体制下,一方面我们必须坚持高等教育的公益性原则;另一方面,我国的高等教育必须以更加开放和更具有开拓性的姿态面对市场经济。市场性和公益性是我国高等教育治理的立足点,是我国高等教育治理的社会基础。大学国际化评价是我国社会主义市场经济体制下规范大学行为的治理实践,其特点是政府主导、学校参与和专家评判三位一体的协同机制,具有鲜明的中国特色。

二、大学国际化评价的构成

（一）大学国际化评价的内涵

评价是一种社会管理技术和工具，是以考察特定对象为目的行为管理活动，是管理过程中的操作性环节。评价是人之所以为（理性的）人的本质性内涵，是源自人的自觉意识的一种偏好和行为。人类正是因为存在这种自觉，才有了个体意义上的吃一堑长一智，集体意义上的游戏规则或制度的演进与完善，才有了个体意义上的知耻而后勇，集体意义上由蒙昧到文明的拾阶而上。[5]

教育评价的基本原则是普遍性与特殊性的有机统一，在操作层面，需要依据具体的指标项目完成评价，指标体系是一个复杂的系统，指标体系应该体现客观评价与主观评价相结合、定性评价与定量评价相结合、静态评价与动态评价相结合、精确评价与模糊评价相结合、单项评价与综合评价相结合、评价工作与指导工作相结合的原则，全面考察大学的国际化建设活动。[6]

大学国际化评价是高等教育评价体系的子系统，是以考察大学国际化建设为目的的行为管理活动。大学国际化评价的内容涉及与高等教育国际化建设有关的一切行动和成果。就其功能而言，大学国际化评价可以设计为以控制管理为目的的绩效评价，也可以设计为以指导或引导为目的的诊断性评价。

（二）大学国际化评价的指标体系

国际化强调的是一种开放性教育体系，通过相互间的交流与合作，促进资源共享和相互提升，建立面向世界的高等教育开放发展模式，提升本国高等教育的水平。高等教育国际化进程是一项系统工程，涉及大学国际化的诸多实践活动，包括留学生教育、跨国教育、引进外国智力、国际科研合作、国际学术会议、教育人员的国际流动等。按照总体性、一般性和功能性结合的划分原则，国际化评价指标体系由三级构成，其中，一级指标和权重具有决定性意义。基于对大学国际化建设的认识，我们认为，一级指标包括以下八项：理念与战略、组织与制度保障、经费与物质保障、课程与教学国际化、科研国际化、师资国际化、学生国际化与国际教育、个性化和国际化特色建设。

大学的国际化评价指标体系是针对大学国际化进程的规范性管理实践,其中,国际化观念和目标是大学国际化建设核心要素,是大学国际化建设的灵魂。组织与管理国际化意义在于审视大学的管理制度和组织机构是否具有足够的弹性和包容性,是否能够向世界开放,与世界各国交流。教学与课程的国际化的意义在于,建立国际认可的课程体系,其次,通过开展中外合作办学,借鉴国外先进办学模式,引进国际先进专业课程设置、更新专业,培养具有国际视野、有国际竞争力、能够开展国际合作的优秀人才。科研国际化的意义在于,促进国际间的科研合作与交流,谋求更大范围的资源共享条件,培养在研究前沿有影响的高水平的学术研究队伍。师资队伍和学生的国际化水平是大学国际化建设的基本目标,也是国际化人才培养的出发点和落脚点。

三、广东省大学国际化评价的案例

为进一步推进广东省高等教育对外交流与合作,提高国际化建设水平,广东省教育厅于2010年4月组织了面向本省的高等教育国际化评价(试点)活动,此次活动选取了8所试点高校,包括:中山大学、华南理工大学、暨南大学、华南师范大学、广东外语外贸大学、广州大学、韶关学院和惠州学院。这8所高校涵盖了部属高校、省属高校和地方性大学的不同类型的学校。各高校具有不同的办学优势和发展战略侧重,集中了本省同类院校的共同特性,具有较强代表性。

广东省高等教育国际化评价的定位是,对本省部分高校的国际化建设进行全面的分析、梳理和总结,不搞排名,注重互相学习。希望试点学校能够通过接受评价,进一步明确国际化的目标和思路,寻找加快推进国际化的进程,寻找国际化建设的抓手和新的突破口,达到"以评促建"的目的。从评价结果来看,试点高校国际化建设的显示度较高,成绩显著,对于同类院校有一定的示范作用。

(一)国际化评价(试点)的组织

广东省高等教育国际化评价试点工作历时2个月,组织程序包括:召开试点高校说明会,正式启动试点工作;试点高校撰写和提交自我评价报告和《指标体系》指标数据表；外部评价工作小组进入试点高校进行现场评价工作，并向试点单位口头反馈评价意见；专家组成员集中讨论，形成书面评价意见；广东省教育厅以文件形式向试点学校通知评价结果；召开评价试点工作总结会议，肯定成功经验，全面检讨和反思评价试点工作中暴露的问题，进一步完善评价系统。

国际化评价试点工作外部评价工作小组的成员主要由从事高等教育国际化研究的学者和具有丰富的高校外事工作经验的官员组成。外部评价小组的主要职责是：审阅自评报告，听取接受评价的学校自评报告；实地了解和询问，分析学校按照指标体系提供的数据；现场提问并口头反馈意见，草拟书面评价意见。

（二）国际化评价的方式

广东省高等教育国际化评价（试点）以《高等教育国际化评价指标体系》为评价依据，结合外部评价小组成员对试点高校的自我评价报告，以及现场评价情况综合分析，从试点高校的实际情况出发，着眼于国际化战略定位、国际化工作保障体系、国际化对促进科研、人才培养的举措、推进国际化发展的能力等方面，对高等院校自评报告进行分析与评判，肯定客观成绩，提出建议和意见。

指标体系在问卷调查、座谈会和实地调研的基础上形成，指标体系包含了定性与定量的结合，静态与动态的结合，共性与特色的结合，以及数据的可获得性等因素。作为高等教育国际化发展的参考范式，指标体系以理念与战略，组织与制度，基础条件，人员的国际性流动，教学与课程，资金来源与投入，师资的海外背景，国际（港澳台）科研合作以及特色项目等9个项目作为一级指标，具体至120多个三级指标。试点高校参考各项指标的具体内容，开展全面的自我诊断、分析和评估。

（三）国际化评价（试点）的效果

首先，试点评价引起广泛关注，引起各界对高等院校国际化建设工作的重视，有力推进广东省高等教育国际化建设。试点学校以评价工作为契机，全面梳理和自我诊断，进一步探索学校国际化建设的思路和方向。其次，国际化评价也是一次演练和展示活动，具有示范和带动作用，同时也检验了指标体系科学性、实用性、指导性和诊断性等作用。第三，通过实践活动，广东省培养一批熟悉国际化评价业务的专业人才，为全省的高等教育国际化建设提供了智力保障。第四,通过试点评价,进一步科学、系统地考察了目前高等院校开展国际化实际情况,为制定全省的高等教育国际化发展战略提供重要的依据。

此次试点评价活动更重要意义在于发现大学在国际化建设中存在的问题,这些问题具有普遍性,在一定程度上制约了大学国际化建设的发展。首先是国际化的理念和观念问题,观念是国际化发展的根本,我们认为,学校对于国际化的认识和理解不尽相同是正常现象,但是要避免认识上的误区或片面性理解,否则就会出现方向性的错误,贻误机会,浪费资源。其次,我们的国际化建设还处在探索阶段,组织工作和经费支持是开展国际化建设的重要保障。完善的组织结构能确保国际化建设分层推进,落实到位,充足的经费是扩大和发展的重要支撑。第三,需要从高等教育国际化的本质和规则入手探索国际化建设的基本途径和手段,以人才培养和科学研究国际化为目的,以人文交流为先导,充分利用各类资源,提高国际合作与交流的实效性和可持续性,夯实国际合作与交流的保障基础,逐步完善大学国际化的运行机制。

四、结 束 语

大学国际化评价的理论和实践尚处于探索阶段,有关的评价方式和内容不可避免地引起争论和批评,其中,最大的难题就是分类指导和质量认证的方式;同时,国际化评价的专题性与大学质量建设整体性的关系有待进一步探索。随着我国进一步深化改革与开放政策,我国高等教育国际化建设的内涵会不断丰富和演进,高等教育国际合作与交流的方式也在不断地改进。从历史的观点来看,当前,我国高等教育国际合作与交流正在由"学习型"向"合作型"转变,这种变化是我国综合国力和国际地位不断提升的逻辑发展结果,高等教育的国际化是大学的过程性、建设性和前瞻性的质量工程,大学的国际化评价是质量工程建设的重要手段,是我国高等教育管理机制探索性活动,具有深远的历史意义和现实意义。

参 考 文 献

1. 陈昌贵,谢练高著.走进国际化——中外教育交流与合作研究[M].广州:广东教育出版社,2010.4.
2. 吴合文,毛亚庆.新自由主义、全球化与高等教育发展,高等教育研究[J].2008,(12):4—7.
3. 丁永为.新自由主义教育哲学的理论基础,教育考试[J].2008,(2):71.
4. 闵维方主编.高等教育运行机制研究[M].北京:人民教育出版社,2002,89.
5. 闵光才.关于教育评价及其风险,教育科学研究[J].2010,(4):17.
6. 朱德全,宋乃庆.现代教育统计与测评技术[M].重庆:西南师范大学出版社,1998,351—356.

附件：
广东省高等学校国际化评价指标体系（试行）

一级指标（权重）	二级指标（权重）	三级指标	选择打"√"	填写数据，如有需要，可简要描述
1. 理念与战略（15%）	1.1 办学理念（5%）	1.1.1 学校在办学定位中突出强调了国际化办学理念	是（ ）否（ ）	
		1.1.2 学校在全校范围内有意识地营造国际化的氛围	是（ ）否（ ）	
		1.1.3 学校师生员工对国际化普遍持理解、支持和参与的态度	是（ ）否（ ）	
	1.2 战略规划（5%）	1.2.1 在学校的战略规划中，国际化是重点考虑的因素之一	是（ ）否（ ）	
		1.2.2 学校制定了校级层面的国际化发展战略	是（ ）否（ ）	
		1.2.3 学校就国际化发展战略制订了中长期规划和实施方案	是（ ）否（ ）	
		1.2.4 学校对过去3～5年学校的国际化现状进行了正式的评估	是（ ）否（ ）	
	1.3 重视度（5%）	1.3.1 学校的国际交流与合作工作由校长亲自负责	是（ ）否（ ）	
		1.3.2 学校在人员编制和职数上对国际（外事）处给予充分的重视与支持	是（ ）否（ ）	
		1.3.3 学校每1～2年召开1次全校外事工作会议	是（ ）否（ ）	
		1.3.4 学校与国境外大学每年签署的实质性的校级合作协议数		
		1.3.5 学校对各院系在国际化方面提出了量化考核要求	是（ ）否（ ）	
		1.3.6 学校在招生宣传和新生入学教育时重点宣传了国际教育项目、活动和机会	是（ ）否（ ）	
		1.3.7 学校各院系指定了负责国际交流与合作的院领导和秘书	是（ ）否（ ）	
		1.3.8 学校在提拔干部和职称评聘时，将国际教育经历以及在国际化方面做出的贡献作为考虑的因素之一	是（ ）否（ ）	
		1.3.9 学校多数院系指定了负责来华留学生事务的工作人员	是（ ）否（ ）	

续表

一级指标 （权重）	二级指标 （权重）	三级指标	选择打"√"	填写数据，如有需要，可简要描述
2. 组织与制度（12%）	2.1 组织保障（6%）	2.1.1 学校成立了学校国际化工作委员会或领导小组	是（ ）否（ ）	
		2.1.2 学校设有独立的国际交流与合作处（外事处）	是（ ）否（ ）	
		2.1.3 学校成立了国际教育学院或类似机构专门对留学生工作进行管理	是（ ）否（ ）	
		2.1.4 学校在国境外大学校园内设立的联络办公室数	是（ ）否（ ）	
		2.1.5 学校加入的国际大学联盟组织数	是（ ）否（ ）	
	2.2 制度保障（6%）	2.2.1 学校制订了本科生及研究生国际联合培养管理规定	是（ ）否（ ）	
		2.2.2 学校制订了资助学生出国境外留学或参加国际会议的管理规定	是（ ）否（ ）	
		2.2.3 学校制订了详尽的外事接待程序和管理规定	是（ ）否（ ）	
		2.2.4 学校制订了奖励教师在国际重要学术刊物发表文章的管理规定	是（ ）否（ ）	
		2.2.5 学校制订了来华留学生管理规定	是（ ）否（ ）	
		2.2.6 学校制订了外籍教师管理规定	是（ ）否（ ）	
		2.2.7 学校制订了师生因公出访管理规定	是（ ）否（ ）	
		2.2.8 学校制订了授予外籍人士名誉学衔的管理规定	是（ ）否（ ）	
		2.2.9 学校在国际化进程中因地制宜地修订、废止或制订相关管理规定	是（ ）否（ ）	
3. 基础条件（8%）	3.1 硬件（4%）	3.1.1 学校在办公场地、办公条件等方面为学校的国际化工作提供了必要的保障	是（ ）否（ ）	
		3.1.2 学校修建了足够的留学生宿舍及活动场所	是（ ）否（ ）	
		3.1.3 学校修建了足够的外专外教公寓及活动场所	是（ ）否（ ）	
		3.1.4 学校为留学生和外教提供了较好的生活与工作条件	是（ ）否（ ）	
		3.1.5 学校拥有丰富的外文书刊和电子资源	是（ ）否（ ）	
	3.2 软环境（4%）	3.2.1 学校拥有比较完善的英文网页并适时维护更新	是（ ）否（ ）	
		3.2.2 学校拥有学校及各院系英文版简介并及时更新	是（ ）否（ ）	
		3.2.3 学校拥有成型的英文版本科生及研究生培养计划	是（ ）否（ ）	

续表

一级指标（权重）	二级指标（权重）	三级指标	选择打"√"	填写数据,如有需要,可简要描述
	3.2 软环境（4%）	3.2.4 学校定期印发有关国际教育机会的通讯或新闻简报	是(　)否(　)	
		3.2.5 学校定期通过学校网页或内部电子邮件系统将有关国际教育活动和机会的信息发布到各个院系	是(　)否(　)	
		3.2.6 学校经常在校园里举办各种国际文化活动(如系列讲座、文艺表演与比赛等)	是(　)否(　)	
4. 人员的国际性流动（15%）	4.1 本校师资（3%）	4.1.1 在过去1年里,学校有在国境外短期访学或合作研究经历(1周以上)的在册教师人数占全校教师的比例		
		4.1.2 在过去3年里,学校有在国境外短期访学或合作研究经历(1周以上)的在册教师人数每年增长的速度		
		4.1.3 在过去1年里,学校在册师资中出席在国境外举办的国际会议并在会上宣读过论文的人数占师资总人数的比例		
		4.1.4 在过去3年里,学校在册师资中出席在国境外举办的国际会议并在会上宣读过论文的人数每年增长的速度		
	4.2 本校学生（3%）	4.2.1 在过去1年里,学校有去国境外学习(交换或联合培养)经历的学生人数占学生总人数的比例		
		4.2.2 在过去3年里,学校有去国境外学习(交换或联合培养)经历的学生人数每年增长的速度		
		4.2.3 在过去1年里,学校组织学生赴国境外大学进行夏令营活动人数占学生总人数的比例		
		4.2.4 在过去3年里,学校组织学生赴国境外大学进行夏令营活动的人数每年增长的速度		
		4.2.5 在过去1年里,学校由导师或学校资助学生出国境参加国际学术或竞赛的人数		
		4.2.6 在过去3年里,由导师或学校资助学生出国境参加国际学术会议或竞赛的人数每年增长的速度		
		4.2.7 在过去1年里,学校去国境外大学从事博士后研究的学生或教师人数		
		4.2.8 在过去3年里,学校去国境外大学从事博士后研究的学生或教师人数每年增长的速度		

续表

一级指标（权重）	二级指标（权重）	三级指标	选择打"√"	填写数据,如有需要,可简要描述
	4.3 海外学者（3%）	4.3.1 在过去1年里,来学校从事讲学或合作研究的短期国际学者(1周以上)人数占教师总人数的比例		
		4.3.2 在过去3年里,来学校从事讲学或合作研究的短期国际学者(1周以上)人数每年增长的速度		
		4.3.3 在过去1年里,来学校参加国际或双边学术会议的国际学者人数		
		4.3.4 在过去3年里,来学校参加国际或双边学术会议的国际学者人数每年增长的速度		
	4.4 国际学生（3%）	4.4.1 在过去1年里,从国外来学校从事博士后研究的人数占贵校博士后总人数的比例(适用于有博士后流动站的学校)		
		4.4.2 在过去3年里,从国外来学校从事博士后研究的人数每年增长的速度(适用于有博士后流动站的学校)		
		4.4.3 在过去1年里,来学校参加交换项目的外国学生占学校学生总人数的比例		
		4.4.4 在过去3年里,来学校参加交换项目的外国学生人数每年增长的速度		
		4.4.5 在过去1年里,学校接收并安排来自国外大学参加学生夏令营活动的人数		
		4.4.6 在过去3年里,学校接收并安排来自国外大学参加学生夏令营活动人数每年增长的速度		
		4.4.7 学校的留学生占全日制学生总人数的比例		
		4.4.8 在过去3年里,学校的留学生人数每年增长的速度		
		4.4.9 学校留学生中学历生的人数占所有留学生人数的比例		
		4.4.10 学校留学生中学历生的人数的增长速度高于语言生人数的增长速度		
		4.4.11 学校留学生来源国别逐年增长	是（ ）否（ ）	
	4.5 接待与出访（3%）	4.5.1 在过去1年里,来学校交流访问的国境外大学代表团的人次		
		4.5.2 在过去3年里,来学校交流访问的国境外大学代表团每年人次增长的速度		
		4.5.3 在过去1年里,学校管理干部中参加学校组团出访的人数		

续表

一级指标（权重）	二级指标（权重）	三级指标	选择打"√"	填写数据，如有需要，可简要描述
5. 教学与课程（10%）	5.1 课程（7%）	5.1.1 学校要求本科生上4个学期的外语课	是（ ）否（ ）	
		5.1.2 学校要求研究生上2个学期的外语课	是（ ）否（ ）	
		5.1.3 学校为学生提供外语语种选修课的门数		
		5.1.4 学校本科生必修课中含国际（比较）内容的课程占总课程数的比例		
		5.1.5 学校研究生必修课中含国际（比较）内容的课程占总课程数的比例		
		5.1.6 学校全英文或双语授课的课程数占总课程数的比例		
		5.1.7 学校鼓励教师使用英文原版教材	是（√）否（ ）	
		5.1.8 学校为留学生专门开设了全英文或双语专业教学课程	是（√）否（ ）	
		5.1.9 学校为交换来校留学生免费开设了汉语语言文化课	是（√）否（ ）	
	5.2 联合培养（3%）	5.2.1 学校开展了国外游学项目的院系数		
		5.2.2 学校在校内举办的中外合作办学学历项目数		
		5.2.3 学校在校内举办的中外合作办学非学历项目数		
		5.2.4 学校与国外高校建立了互认学分机制	是（ ）否（ ）	
6. 资金来源与投入（10%）	6.1 资金来源（2%）	6.1.1 学校在外事经费方面为学校的国际化工作提供了必要的保障	是（√）否（ ）	
		6.1.2 学校积极寻求并设有专门用于国际教育项目与活动的基金	是（√）否（ ）	
		6.1.3 在过去3年里，学校获得过国家层面的资金专门用于学校的国际项目和活动	是（ ）否（√）	
		6.1.4 在过去3年里，学校获得过省级层面的资金专门用于学校的国际项目和活动	是（ ）否（√）	
		6.1.5 在过去3年里，学校获得过私人团体（基金会、企业或是校友）资助专门用于学校的国际项目和活动	是（√）否（ ）	
		6.1.6 在过去3年里，学校获得过其他来源的资助专门用于学校的国际项目和活动	是（√）否（ ）	

续表

一级指标 (权重)	二级指标 (权重)	三级指标	选择打"√"	填写数据,如有需要,可简要描述
	6.2 对师资与管理人员的投入(2%)	6.2.1 在过去3年里,学校拨专款资助教师带队本科生或研究生赴国外学习或实习	是( )否(√)	
		6.2.2 在过去3年里,学校拨专款资助教师赴国外大学任教或开展研究	是(√)否( )	
		6.2.3 在过去3年里,学校拨专款资助教师参加在国外举办的国际会议	是(√)否( )	
		6.2.4 在过去3年里,学校拨专款资助教师赴国外大学学习	是(√)否( )	
		6.2.5 在过去3年里,学校拨专款资助教师进行课程国际化的探索	是(√)否( )	
		6.2.6 在过去3年里,学校为教师提供了提高外语技能的机会	是(√)否( )	
		6.2.7 在过去3年里,学校为教师设置了参与国际化活动的特定奖励	是( )否(√)	
		6.2.8 在过去3年里,学校拨专款用于资助管理人员赴国外大学短期学习或工作	是(√)否( )	
		6.2.9 在过去3年里,学校为教师和管理人员举办了国际礼仪讲座	是(√)否( )	
	6.3 对学生的投入(2%)	6.3.1 在过去1年里,学校资助学生出国境参加交换或联合培养项目的预算资金数		
		6.3.2 在过去3年里,学校资助学生出国境参加交换或联合培养项目的预算资金数每年增长的速度		
		6.3.3 在过去1年里,由学校或导师资助学生出国境参加国际会议的资金数		
		6.3.4 在过去3年里,由学校或导师资助学生出国境参加国际会议的资金数每年增长的速度		
		6.3.5 学校专门设置了来华留学生奖学金	是( )否( )	
		6.3.6 学校设有专款用于来华留学生的招生宣传活动	是( )否( )	
	6.4 对国际科研合作的投入(2%)	6.4.1 学校对教师参与国际合作科研给予资金配套支持	是( )否( )	
		6.4.2 在过去3年里,学校对教师参与国际合作科研给予的资金配套数每年增长的速度		
		6.4.3 在过去3年里,学校对教师在国际学术刊物中发表文章给予奖励		

续表

一级指标（权重）	二级指标（权重）	三级指标	选择打"√"	填写数据，如有需要，可简要描述
	6.4 对国际科研合作的投入（2%）	6.4.4 在过去 3 年里，学校对教师在国际学术刊物中发表文章给予的奖励预算每年增长的速度		
		6.4.5 在过去 3 年里，学校对教师在国际合作项目中取得的专利给予奖励	是（√）否（　）	
		6.4.6 在过去 3 年里，学校对教师在国际合作项目中取得的专利给予奖励的预算每年增长的速度		
	6.5 对基础设施的投入（2%）	6.5.1 在过去 1 年里，学校用于购买国外图书、外文期刊以及电子资源的预算数		
		6.5.2 在过去 3 年里，学校用于购买国外图书、外文期刊以及电子资源的预算每年增长的速度		
		6.5.3 在过去 1 年里，学校用于国际化软环境建设的预算数		
		6.5.4 在过去 3 年里，学校用于国际化软环境建设的预算数每年增长的速度		
7. 师资的海外背景（15%）	7.1 本校师资（8%）	7.1.1 学校在册师资中有在国境外留学或工作背景（3 个月以上）的人数占师资总人数的比例		
		7.1.2 学校在册师资中有在国境外留学或工作背景的人数每年增长的速度		
		7.1.3 学校在册管理人员中有在国境外留学或工作背景（3 个月以上）的人数占管理人员总数的比例		
		7.1.4 学校在册师资中在国际学术刊物中担任编委的人数占师资总人数的比例		
		7.1.5 学校在册师资中在国际学术刊物中担任编委的人数每年增长的速度		
		7.1.6 学校在册师资中在国际学术刊物中担任评论员的人数占师资总人数的比例		
		7.1.7 学校在册师资中在国际学术刊物中担任评论员的人数每年增长的速度		
		7.1.8 学校在册师资中有海外经历并能熟练使用外语讲授专业课程的教师占教师总人数的比例		
		7.1.9 学校在册师资中有海外经历并能熟练使用外语讲授专业课程的教师人数每年增长的速度		

续表

一级指标（权重）	二级指标（权重）	三级指标	选择打"√"	填写数据,如有需要,可简要描述
	7.2 国际师资（7%）	7.2.1 学校的外籍教师(长短期)占教师总人数的比例		
		7.2.2 学校外籍教师(长短期)人数每年增长的速度		
		7.2.3 受聘于学校的国境外名誉学衔人数占教师总人数的比例		
		7.2.4 受聘于学校的国境外名誉学衔人数每年增长的速度		
8. 国际/港澳台科研合作（10%）	8.1 主体（1%）	8.1.1 在过去1年里,学校在册师资中在国境外高校或研究所进行合作研究的人数占师资总人数的比例		
		8.1.2 学校在册师资中在过去3年里在国境外高校或研究所进行合作研究的人数每年增长的速度		
		8.1.3 在过去1年里,学校在册师资中获得国际项目资助的人数占师资总人数的比例		
		8.1.4 在过去3年里,学校在册师资中获得国际项目资助的人数每年增长的速度		
	8.2 项目（1%）	8.2.1 在过去1年里,学校在册师资中与国(境)外同行成功申报的国际合作项目数		
		8.2.2 学校在册师资中与国境外同行合作成功申报的国际项目总经费数		
		8.2.3 在过去1年里,学校在册师资中与国境外同行合作成功申报的地方或省部级引智项目数		
		8.2.4 在过去3年里,学校的国际科研合作项目在数量、经费和影响力方面都在逐年增长		
	8.3 论文（2%）	8.3.1 在过去1年里,学校在册师资中在国际学术刊物上发表过论文的人数占师资总人数的比例		
		8.3.2 在过去3年里,学校在册师资中在国际学术刊物上发表过论文的人数每年增长的速度		
		8.3.3 在过去3年里,学校在册师资中在国际学术刊物上发表的论文被引用频次总数		

续表

一级指标（权重）	二级指标（权重）	三级指标	选择打"√"	填写数据，如有需要，可简要描述
	8.4 专利（1%）	8.4.1 在过去 1 年里，学校成功申请到的国际科技专利数		
		8.4.2 在过去 3 年里，学校成功申请到的国外科技专利数每年增长的速度		
		8.4.3 在过去 1 年里，学校在国际科研合作项目中获得的专利数占学校专利总数的比例		
		8.4.4 在过去 3 年里，学校在国际科研合作项目中获得的专利数每年增长的速度		
	8.5 获奖（1%）	8.5.1 在过去 1 年里，学校获得的国际科技奖项数		
		8.5.2 在过去 3 年里，学校获得的国际科技奖项数每年增长的速度		
	8.6 在校内举办的国际（双边）会议（1%）	8.6.1 在过去 1 年里，学校举办的国际（双边）会议数		
		8.6.2 在过去 3 年里，学校举办的国际（双边）会议的数量每年增长的速度		
		8.6.3 在过去几年里，学校通过在校内举办国际（双边）会议有效地提升了学校在学术界的国际影响力	是（ ）否（ ）	
	8.7 合作机构（3%）	8.7.1 学校在国境外大学校园内设立的教学与研究机构数		
		8.7.2 国境外大学与学校在校园内共同建立的具有相当影响力的联合实验室或教学与研究机构数		
		8.7.3 学校拥有的"111"引智基地数（适用于"985"学校）		
9. 特色项目（5%）	自定（5%）	根据学校情况，列举 2～3 个学校认为很有特色的国际化项目		

中外高等教育合作办学机构和项目的学生满意度分析[*]

钟秉林　周海涛　夏欢欢[**]

一、问题的提出

中外合作办学是指以国外法人组织、个人以及有关国际组织同中国具有法人资格的教育机构及其他社会组织，在中国境内合作举办以招收中国公民为主要对象的教育项目或办学机构。中外高等教育合作办学服务质量满意度是指中外高等教育合作办学服务满足教育对象明确或潜在需求的程度。它取决于教育对象对中外高等教育合作办学服务质量的预期同实际所感知的教育教学服务现状的对比差值。

对服务质量的研究始于北欧学派代表人物格罗鲁斯。他认为，顾客在评价服务质量时，会将他们对服务的期望同感知到的实际服务相比较，因而他提出了顾客感知服务质量概念，并对其构成进行了研究。李维斯和布姆斯在1983年的研究中指出，服务质量是服务期望与实际表现相比较的衡量结果。此后，美国的服务管理研究小组PZB对顾客感知服务质量进行了深入研究，并于1985年提出差距模型，在此基础上于1988年建立SERVOUAL感知质量评价方法[1]，其中包括5个影响因子：有形性，指实际设施、设备等；可靠性，指准确地履行服务承诺的能力；响应性，指帮助顾客并迅速提高服务水平的愿望；保证性，指员工所

---

[*] 本文系北京市教育委员会委托课题"北京中外合作办学项目和机构评估标准和办法研究"的研究成果。

[**] 作者简介：钟秉林，中国教育学会会长、北京师范大学原校长，教授。周海涛，北京师范大学教育学部高等教育研究所教授。夏欢欢，北京师范大学教育学部高等教育研究所博士研究生。

具有的知识及表达出自信与可信的能力；移情性，指关心并为顾客提供个性化服务。测算结果显示这 5 个影响因子与顾客感知服务质量的相关系数高达 0.92。PZB 反复强调将 SERVOUAL 应用于不同领域时，必须对具体题项做适当调整；如果需要，亦可对服务质量的 5 个影响因子做适当调整。

目前，SERVOUAL 在国外已被广泛运用到教育领域。库斯伯特将高等教育视为一种服务，将学生主体看作顾客，利用 SERVQUAL 模型衡量学生经验，研究结果显示除有形性维度外，其他维度学生感知水平明显高于期望水平，分析还发现因子分析不支持原有的 5 个维度，但经过修订的模型可以应用于高等教育质量评价[2]。福特等的研究认为，高等教育服务质量取决于课程安排、有形设施、学术声誉、成本、选择及其他因素[3]。索基斯诺调查雅加达两所公、私立大学，研究发现服务质量因学生性别、年龄、父母收入、父母职业不同而存在差异，只在父母受教育程度上，服务质量差异不明显[4]。斯莱普斯等研究不同性别对服务质量的评价差异，结果显示男性对服务质量满意度的感知高于女性[5]。

目前，SERVOUAL 模型方法在国内多用于高校图书馆的服务质量测评，只有少数学者将其用于教育教学质量评估，而鲜见将其运用到中外高等教育合作办学领域的实证研究。本研究运用问卷测量方法，分析中外高等教育合作办学机构和项目的本科以上学生对服务质量的满意度水平，讨论其影响因素之间的关系，旨在为中外高等教育合作办学发展提供建议。

二、研究方法

（一）被试选择

据统计，截至 2009 年，北京市共有 38 个中外合作办学机构和 88 个中外合作办学项目，其中本科以上中外合作办学机构 3 个，本科以上中外合作办学项目 55 个，分布于 23 所高校。本研究以 3 个中外合作本科办学机构和分布于 12 所高校的 38 个本科以上中外合作办学项目的学生作为被试对象。

本研究共发放问卷 1800 份,回收问卷 1600 份,回收率为 88.9%；剔除各种无效问卷,共获得有效问卷 1333 份,有效率为 83.3%。在被调查的学生中,男生 640 人,女生 654 人；年龄 17~19 岁 353 人,20~22 岁 476 人,23~25 岁 101 人,26~28 岁 87 人,28 岁以上 245 人；本科生 928 人,硕士生 366 人,博士生 17 人；独生子女 951 人,非独生子女 368 人；有出国意向的 798 人,无出国意向的 450 人；家庭居住地为城市的 1256 人,家庭居住地为农村的 68 人；父母文化程度为硕士以上的 265 人,本科 703 人,本科以下中学以上的 316 人,小学及以下的 26 人[①]。进一步检验参与数据统计的 1333 名学生与排除在统计之外的 267 名学生在学生特征变量上的差异,结果发现两个群体的学生在性别、年龄、受教育程度、独生子女/非独生子女、出国意向、家庭居住地等方面均没有显著差异。

(二) 研究工具

参考 PZB 的 SERVQUAL 量表,本研究问卷设计有 3 个维度、18 个题项,问卷的信度为 0.896。问卷中以学生评定的重要性等级表示预先期望值,以学生的满意度表示实际感知体验值；采用李克特 7 点量表法：1 = "极不重要"或"非常不满意",7 = "非常重要"或"非常满意"(见表 1)。

表 1 学生对中外高等教育合作办学服务质量各题项的满意度评价

影响因子	选项内容	重要性	满意度	差值
服务管理	教职工在与学生的接触中使其感到安全	5.63	4.92	0.71
	教职工能够帮助学生建立自信心	5.56	4.74	0.82
	教职工以热情、关心的态度对待学生	5.76	5.05	0.71
	学校长久地愿意帮助学生	5.87	4.84	1.04
	学校安排便于学生咨询的时间	5.45	4.82	0.64
	学校保持无错误的记录	5.06	4.65	0.42

---

① 部分问卷中相关学生特征变量存在缺失值现象。

续表

影响因子	选项内容	重要性	满意度	差值
办学条件	学校拥有提供合作办学的现代化设施、教育教学设备、图书资源	5.96	4.81	1.13
	学校所拥有的物质设施(包括校园整体环境、学习、生活、娱乐、课外活动设施)舒适、便捷	5.80	4.67	1.13
	学校告知学生将于何时提供何种服务	5.81	4.67	1.14
	学校的物质及教学设施满足和适应合作办学教育服务的需要	5.99	4.67	1.32
	学校对学生提供所承诺的所有教育服务	6.21	4.67	1.54
	学校真心为学生着想、从学生的利益出发	6.20	4.54	1.67
	学校随时准备回答学生的问题、满足学生的学习要求	5.99	4.67	1.32
情感投入	教职工理解学生的不同的个性化需求	5.70	4.60	1.11
	学校能关注每个学生	5.61	4.28	1.33
	学校为学生提供快速的服务	5.83	4.51	1.32
	学校为学生提供服务时,第一次就做好	5.65	4.46	1.19
	学校诚恳处理学生遇到的服务问题	5.98	4.71	1.27

(三)研究程序与数据处理

本次问卷调查在北京市教育委员会的协助下进行。为保证数据真实有效,在实施调研前,向有关负责人讲明本次研究的目的、操作方法和注意事项,集中发放、填写、当场回收问卷;并告知参与调查的学生,对调查结果严格保密,仅作科研使用,请学生们根据自己实际情况,对量表问题进行事实评定。

使用 SPSS 13.0 统计软件包对回收数据进行统计分析,分析中主要采用重要性期望值与满意度实际感知值的差值绝对值(相对满意度),同时显示重要性期望值和满意度实际感知值以作对比。

三、结果与分析

(一)探索性因子分析

因子分析的基本思想是将实测的多个指标用少数几个潜在指标(因子)的线性组合表示,以寻求观测系统的基本结构并进行样本分析。对中外高等教育合作办学机构和项目服务质量满意度量表的题项进行巴莱特(Bartlett)球形检验,KMO 为 0.96>0.9,用最大似然法提取共同因子,发现特征值大于或接近于 1 的因子有 3 个,可解释项目总变异 70.10% 的内容(见表 2)。将抽取的 3 个影响因子按所含项目内容分别重命名为:办学条件(满足中外高等教育合作办学必备条件)、服务管理(提供便于学生学习与成长的服务管理体系)和情感投入(关心学生并提供个性化服务)。

表 2 整体解释的变异数

影响因子	特征值	变异数百分比(%)	累积变异数百分比(%)
办学条件	9.90	55.01	55.01
服务管理	1.83	10.16	65.17
情感投入	0.889	4.94	70.10

(二)中外高等教育合作办学机构和项目学生满意度的整体水平

中外高等教育合作办学服务质量重要性期望平均值为 5.82,满意度为 4.78,两者间的差值为 1.04,相差一个等级,整体上为"不满意"(见表 3)。进一步配对样本 T 检验显示,重要性期望与满意度之间差异显著($P<0.01$),说明学生对中外高等教育合作办学服务质量的期望值与实际值之间存在差距。从服务质量因子看,"情感投入"满意度相对较低。而"服务管理"满意度相对较高。进一步方差检验显示,"学校真心为学生着想,从学生的利益出发"的满意度最低,为 -1.67,表明学生对此的期望值远高于实际值。

表 3 学生对中外高等教育合作办学服务质量满意的整体水平分析

		重要性	满意度	差值	T 检验值
服务质量	总值	5.82	4.78	1.04	-24.84**
	办学条件	6.02	4.76	1.27	-29.87**
	服务管理	5.58	4.83	0.74	-16.70**
	情感投入	5.73	4.46	1.28	-24.01**

(三)不同特征变量下中外高等教育合作办学服务质量的满意水平

不同特征变量下中外高等教育合作办学服务质量的满意水平统计处理结果如表 4 所示,对其进行分析可以看出以下几点。

表 4 不同特征变量下中外高等教育合作办学服务质量满意水平分析

特征变量		比例(%)	重要性期望值	满意度水平	差值	F值(重要性)	F值(满意度)
性别	男生	49.54	5.75	4.91	0.83	7.58**	0.02**
	女生	50.46	5.89	4.65	1.25		
年龄	17~19岁	26.60	5.97	4.65	1.30	2.58**	5.47**
	20~22岁	35.80	5.77	4.36	1.44		
	23~25岁	7.70	5.76	5.00	0.79		
	26~28岁	6.60	5.80	5.42	0.35		
	29岁及以上	18.70	5.89	5.44	0.34		
学历层次	本科生	69.60	5.84	4.55	1.31	1.15**	3.99**
	硕士生	27.50	5.75	5.32	0.45		
	博士生	1.30	5.94	5.21	0.73		
父母文化程度	硕士以上	19.90	5.85	4.73	1.18	0.40	2.68
	本科	52.70	5.82	4.74	1.07		
	本科以下中学以上	23.70	5.75	4.89	0.87		
	小学及以下	3.70	5.77	4.80	1.32		
家庭居住地	城市	94.20	5.82	4.78	1.04	1.28	0.45
	非城市	5.10	5.64	4.64	1.05		
独生子女	独生子女	71.30	5.84	5.74	1.10	1.60	1.97
	非独生子女	27.80	5.74	4.85	0.91		
出国意向	有出国意向	59.90	5.83	4.79	1.06	2.31	1.01
	无出国意向	33.80	5.75	4.86	0.90		
学费	1万以下	2.78	5.50	4.89	0.52	0.07**	0.60**
	1万~2万	22.96	5.65	4.70	1.26		
	2万~3万	26.71	6.20	4.52	1.45		
	3万~4万	31.96	5.78	5.01	0.83		
	4万以上	15.60	5.71	4.67	0.79		

(1)不同性别学生群体的满意度。从性别特征看,女生对服务质量的重要性期望值高于男生,而在满意度上又低于男生,表明尽管女生的期望较高,但对服务质量的相对满意度却较低。进一步的独立样本检验显示,不同性别学生的差异显著。

(2)不同年龄段学生群体的满意度。从年龄段看,20~22岁学生群体对服务质量的满意度最低;26岁及以上学生群体的满意度较高。进一步单因素方差分析显示,不同年龄段学生群体对服务质量的满意水平均呈显著差异,20~22岁学生群体的差值最大,其次为17~19岁学生群体,23~25岁及以上学生群体随年龄段上升,差值递减。

（3）不同学历层次学生群体的满意度。从学历层次看，本科生群体对服务质量最不满意，硕士生群体的满意度最高。进一步单因素方差分析显示，不同学历层次的学生群体对服务质量的重要性期望值与实际满意水平均呈显著差异，本科生群体差值最大，硕士生群体最小。

（4）不同父母文化程度学生群体的满意度。从父母文化程度看，父母文化程度为"小学及以下"的学生群体对服务质量最不满意；"本科以下中学以上"的学生群体的满意度水平最高。从重要性期望值看，父母文化程度是"硕士以上"的学生群体对服务质量的重要性期望值最高，"本科以下中学以上"的学生群体重要性期望值最低。进一步的单因素方差分析显示，不同父母文化程度的学生群体对服务质量的满意水平之间不存在显著差异。

（5）不同家庭居住地学生群体的满意度。从家庭居住地看，城市学生群体对服务质量的满意水平高于非城市学生群体。进一步的单因素方差分析显示，不同家庭居住地的学生群体对服务质量的满意水平之间不存在显著差异。

（6）独生子女与非独生子女学生群体的满意度。从是否独生子女看，独生子女学生群体对服务质量的满意水平高于非独生子女学生群体。进一步的单因素方差分析显示，独生子女和非独生子女学生群体对服务质量的满意水平之间不存在显著差异。

（7）不同出国意向的学生群体的满意度。从有无出国意向看，有出国意向的学生群体对服务质量的满意度水平低于没有出国意向的学生群体。进一步的单因素方差分析显示，不同出国意向的学生群体对服务质量的满意水平之间不存在显著差异。

（8）不同学费水平的学生群体的满意度。从学生缴纳学费的水平来看，主要集中在1~4万元。其中缴纳2~3万元学费的学生群体对服务质量的满意水平最低，1万元以下学费的学生群体的满意水平较高。进一步的单因素方差分析显示，缴纳不同学费的学生群体对服务质量的满意水平之间存在显著差异。

（四）相关分析

（1）学生特征变量与服务质量满意水平的相关分析。结果表明（见表5）：学生的性别、年龄、学历层次和学费水平与服务质量满意度之间显著相关,学生父母的文化程度和是否独生子女与服务质量满意度之间存在 0.05 水平上的相关,其他特征变量(家庭居住地和是否有出国意向)与服务质量满意水平不相关。

表 5 学生特征变量与服务质量满意水平的偏相关分析

特征变量	服务质量满意水平
性别	0.15**
年龄	0.27**
学历层次	0.28**
父母文化程度	0.08**
家庭居住地	0.01
独生子女	0.06*
出国意向	0.05
学费	0.78**

(2)各影响因子与服务质量满意度的相关分析。结果表明(见表6):各因子与中外高等教育合作办学服务质量满意水平之间均呈显著正相关。其中,"办学条件"与服务质量相对满意水平的相关系数最高,说明相比于其他影响因子,它对中外高等教育合作办学服务质量满意水平的影响最大。

表 6 中外高等教育合作办学服务质量满意水平
与各因子的偏相关分析($P<0.01$)

	服务质量满意水平	办学条件	服务管理	情感投入
服务质量满意水平	1			
办学条件	0.91**	1		
服务管理	0.86**	0.67**	1	
情感投入	0.85**	0.72**	0.64**	1

四、讨论与建议

(一)服务质量重要性期望值与实际满意水平之间的差异分析

研究显示,学生对中外高等教育合作办学服务质量的重要性期望值均显著高于实际满意水平,且学生对中外高等教育合作办学服务质量的重要性期望和实际满意水平间的差值主要体现在情感投入和办学条件方面(见表3)。嘉利等人的相关研究结果也显示,学生对迅速及时的服务、吸引人的校园与教室环境、现代化的设施设备有较高期望,一些学生要求教师及管理人员乐意服务学生,同时尽量避免错误[6]。教育服务质量高低与学生满意度的大小会影响学生的报考率、报到率与保持率。因此,情感投入和办学条件是影响中外高等教育合作办学服务质量的重要影响因子,且两因子之间呈显著正相关趋势(见表6)。

(二)学生性别、年龄、学历层次和学费水平对服务质量满意度的影响

研究发现,不同特征的学生群体对教育服务质量的满意度存在显著差异。偏相关分析结果表明(见表5),学生性别、年龄、学历层次和学费水平与中外高等教育合作办学服务质量的满意度显著相关,父母文化程度和独生子女情况与中外高等教育合作办学服务质量满意度之间在0.05水平上相关,家庭居住地和出国意向等与中外高等教育合作办学服务质量不相关。这与索基斯诺的调查研究结果,即服务质量满意度因学生性别、年龄、父母收入、父母职业而不同的观点基本相符。

研究显示,女生对中外高等教育合作办学服务质量满意度低于男生,两者间存在显著差异。根据与中外合作办学管理者的访谈,其主要原因在于当前国内中外高等教育合作办学虽属跨国项目,但与国外的办学体制和学生管理制度有较大差别,学生多为住校生,在此情况下,女生由于生理等原因对服务的要求会高于男生。该结论也验证了斯莱普斯等人的研究结果,即男性对服务质量的感知高于女性,男女性对服务公平性感知上存在显著差异。

研究发现,20~22岁的本科生对教育服务质量的重要性期望值与实际满意度之间的差值最大,这与本科生的生理和心理发展阶段特点相符。20~22岁本科生一般处于2至3年级区间,该阶段学生淡化了初入学时的激动,同时面临即将毕业和未来社会的压力,因而对服务质量的要求也会高于其他阶段的学生。

研究显示,学费水平与学生对中外高等教育合作办学服务满意度显著相关。按照美国教育经济学家约翰斯通提出的教育成本分担理论,由受益者几方横向分担中外高等教育合作办学成本,必然会导致学生(尤其是缴纳较高学费的学生群体)对服务质量的关注和个人权益意识的加强。

(三)服务质量满意度与各影响因子之间的关系

研究发现,中外高等教育合作办学服务质量满意度与各因子之间呈现显著正相关关系。从具体题项看,"学校对学生提供所承诺的所有教育服务"、"教职工能够帮助学生建立自信心"、"高校能关注每个学生"与中外高等教育合作办学服务质量满意度的相关性最高,从偏相关分析结果可知(见表6),办学条件因子是影响中外高等教育合作办学服务质量满意度的最主要因素。根据访谈了解到的原因有:现有合作办学机构和项目的条件普遍有待改善;学生对中外高等教育合作办学服务质量的整体期望较高;中外高等教育合作办学事业的发展面临一些政策瓶颈。

(四)对策建议

(1)尽管学生对情感投入的重要性期望值最低,实际满意度也最低,但两者之间差值最大。因此,中外高等教育合作办学机构和项目在办学过程中,要坚持公益性原则和以学生为本的理念,高度重视学生的需求,切实关心学生并提供多样化和个性化服务,逐步从"供给导向型教育"向"需求导向型教育"转变。

(2)学生对服务管理的重要性期望值较高,实际满意度最高,反映出目前中外高等教育合作办学机构和项目重视管理并初步得到学生的认可。今后,应根据中外高等教育合作办学服务的特点,继续发挥现有服务管理的优势,借鉴国外大学先进的管理理念和成功的经验及做法,不断提升管理水平。

(3)学生对办学条件的重要性期望值最高,而实际满意度较低,差值较高,反映出学生对于办学条件的重视和对实际情况的不满。建议加大投入,进一步改善办学条件,切实加强教学建设,保证和不断提高教育教学质量,这是促进中外合作办学机构健康可持续发展的重要基础。

(4)研究表明,不同类型的学生群体对服务质量的相对满意水平呈现出差异性。建议中外高等教育合作办学机构和项目在办学过程中要加强针对性,根据性别、年龄、学历层次和学费水平等不同的学生群体采取差别性服务策略,把握不同类型学生群体的基本特点,考虑不同类型学生群体的需求重点,从而有效地提高不同类型学生群体的满意度。

(5)建议政府有关部门进一步转变职能,引导中外高等教育合作办学机构和项目明确自身定位,避免盲目追求扩大规模,在现有资源条件下对教育服务质量保障加大投入力度。要健全管理机制,激励合作办学机构致力于提高办学质量和水平。国内外举办双方应坚持对学生负责,充分行使教育权,协同实现内涵发展和特色发展。

参 考 文 献

1. Parasuraman A. ,Zeithaml V. ,Berry L. L. SERVQUAL,A Multiple-Item Scale for Measuring Consumer Perceptions of Service Quality[J]. Journal of Retailing,1988,64(01)(Spring):12—40.
2. Cuthbert Managing P. F. Service Quality in HE:Is SERVQUAL The Answer?[J]. Managing Service Query,1996(03):31—35.
3. Ford J. B. ,et al. SERVQUAL Analysis As a Strategic Tool for Service Marketers:the Case of Service Quality Perceptions of Business Students in New Zealand and the USA[J]. The Journal of Services Marketing,1999(02):171—186.
4. Soekisno H. A Comparison of Public and Private University Students Expectations and Perceptions of Service Quality in Jakarta, Indonesia[D]. Nova Southeastern University,2001:Abstract.
5. Snipes R. L. ,et al. Gender Bias in Customer Evaluations of Service Quality:An Empirical Investigation[J]. Journal of Services Marketing,2006(04):274—284.
6. Carrie L. H. ,et al. Gaining Competitive Advantage:Analyzing the Gap between Expectations and Perceptions of Service Quality[J]. International Journal of Value-Based Management,2003(02):197—203.

(原载《中国高教研究》2012年第9期)

对中外合作办学实践与政策的考察和期待

高立平*

中外合作办学是教育国际化的一个重要组成部分,也是教育国际化发展的一个平台。做好优质教育资源的引进和输出,培养中外学生,实现中外合作办学,教育"输入"与教育"输出"的互动是中外合作办学的应然之意。本文通过对我国中外合作办学的考察和政策分析,以期对合作办学的健康发展有所思考。

一、我国中外合作办学的基本数据及分析

在教育部教育涉外信息监管网上公布的通过复核及批准的中外合作办学本科项目434个,硕士项目144个,本科办学机构32个,硕士办学机构12个(其中8个也包含本科合作办学,与本科办学为同一机构)。在本科项目中英国以123个项目遥遥领先,俄罗斯以80个项目位居第二,澳大利亚65个项目,美国55个项目,加拿大32个项目。在合作办学本科项目中,来自世界大学学术排名500强(上海交大2011版)中的境外大学共14所44个项目,占项目总数的10%,其中澳大利亚3所大学17个项目,英国2所大学15个项目,美国2所大学4个项目,加拿大2所大学3个项目,爱尔兰2所大学2个项目,新西兰、俄罗斯、德国各1所大学1个项目。在144个硕士项目中美国以38个项目居首,澳大利亚以34个项目随后,香港地区27个项目位居第三,英国11个项目排第四,加拿大10个项目排第五。在硕士项目中,来自500强的外方大学有19所27个项目,其中澳大利亚有8所15个项目,美国有2所3个项目,英国

---

* 作者简介:高立平,南京师范大学国际交流处处长、博士、研究员。

有 2 所 2 个项目,加拿大有 2 所 2 个项目。综合本科和硕士项目总数,英国以 134 个项目位第一,澳大利亚 99 个项目居第二,美国 93 个项目列第三,俄罗斯 81 个项目占第四,加拿大 42 个项目排第五。

分析这组数据,我们可以看出:第一,英国、澳大利亚以其教育产业的理念领跑跨境教育,美国、俄罗斯跟进迅速。第二,英国、澳大利亚、美国、加拿大、俄罗斯依然是较多中国学生感兴趣的留学国家。第三,各国在项目发展上策略不同,英国、俄罗斯主要发展本科项目(英国本科 123,硕士 11;俄罗斯本科 80,硕士 1),澳大利亚、美国则本科和硕士同时推进(澳大利亚本科 65,硕士 34;美国本科 55,硕士 38)。第四,国外高水平大学真正参与合作办学的积极性并不高,在 500 强大学中,本科项目中只有 14 所大学 44 个项目,硕士项目有 19 所大学 27 个项目。第五,在参加中外合作办学项目的 500 强大学中,澳大利亚的大学最多,共 10 所;其次是美国 4 所,英国 3 所。第六,我国高校举办中外合作办学的学校层次和项目类别呈高度正相关性,硕士项目(机构)中"985 高校"共有 18 所 63 个项目(机构),占所有项目(机构)数的 40%,本科项目中"985 高校"有 17 所 33 个项目。

二、中外合作办学双方的差异

在中外合作办学中,中外双方学校在扩大学校声誉、有效利用资源、增加收入等方面的意图是基本一致的,但是在声誉、资源、经济收入等方面的表达又是有差异的,具有各自的意图和表达方式。中外双方学校的差异主要表现在以下 7 个方面。

(一)中外合作办学并没有真正起到为中方大学提高国际声誉的作用

在合作办学中,中外方学校都相当重视通过合作办学提高学校的声誉。外方学校重视的是学校的国际声誉,通过合作办学扩大学校在中国这个巨大的市场上的声誉和影响力,招收更多的中国学生;中方学校也重视通过合作办学提高学校的声誉,但现实的情况是提高更多的还只是学校在国内的声誉,是通过合作办学增强学校在国内这个巨大的市场上的影响力。因为中方只是把学生"合作"到外方院校,并没有外方学生通过项目到中方学校来,所以知道中方学校的也仅限于外方学校参与合作办学的行政人员和相关专业的教学人员，通过项目带动中方大学的海外影响非常有限。

（二）合作办学的中外双方学校的战略目标有较大的差异

外方学校的战略意图是长期占领中国的生源市场，获取长期的经济利益，而非短期收益，自我定位为非营利性（中外对非营利性的理解是有差异的，在英国非营利性是指不交税的收入，中方则指"不赚钱"）；中方政府的战略目标是引进外国优质教育资源，把合作办学定位为公益性事业；中方学校大多的原初目标则是获取较高的经济回报，尽管多数学校对此并不愿承认。

（三）合作双方对生源市场的把握

外方学校更看重后续的生源市场，也即通过"2+2"或"3+1"两段式的本科阶段合作办学，吸引学生在外方学校继续完成硕士或博士的学习，通过合作办学把优秀学生绑定在外方学校，这方面尤以英国和俄罗斯最为明显；中方则更关注合作阶段的具体项目进展情况，学生完成在中方的学习，顺利进入外方学校，即意味着项目基本完成。中外合作办学没有起到为中方学校开拓海外市场的作用，不仅当下的市场没有后续的市场也没有，因为按照现有中外合作办学的定义，外方市场不在中外合作办学的视域之内。

（四）合作办学的双方对风险的估量存在较大的差异

外方认为合作办学的风险在于对学校可能带来的声誉风险、质量风险、知识产权风险、经济风险、项目执行风险，实际上质量风险可以归类于声誉风险，质量出现问题必然会对声誉带来影响，这也是外方高水平大学对合作办学持谨慎态度的原因。对于执行风险，尤其是长期执行风险，即项目是否可以长期执行而不是短期行为是外方在项目开始之初就严加考量的，但对于学生是否能获得签证进入国外大学学习，外方则不作考虑，认为参加项目学习的学生能否获得签证不是学校的责任；而中方更关注的是项目执行的当下风险，也即学生是否能按计划进入外方大学学习，因为在中方学生和学生家长惯性地认为参加这个项目，就要按照计划进行，要出国时就要出去，而较少考虑是否因个人原因未达标准而无法继续或因国外政策原因无法完成等情况。对于质量风险，中方学校因为充分相信双方学校对教学的保证，所以质量风险并未真正引起重视，对声誉风险也少有担心；虽然现在已经有的国外大学因为中国学生选同一个专业的人数较多而出现了一个课堂全是中国学生的情况，这些学生是否享受到了与其所在国同学同等质量标准的教学还没有引起关注；同时，因为合作办学可以适当进行较高的收费，教学投入可以在原有的教学成本中分担，所以中方学校对经济（成本）风险也不以为意。而外方学校对能否在海外校园中实现与本土校园标准一致的质量保障，目前正在引起其国内其他院校的关注，担心会造成对其国家整体教育的"品牌稀释"。[1]

（五）合作办学的双方投入不对等

尤其是中外合作办学机构，外方没有资金、教学设施的投入，只有少量的师资派出；中方则投入土地、人员，并进行校园建设。学生几年后达到外方的入学标准可以进入外方的大学学习。可以说外方以零投入或以极低的成本，收获了优质的市场和生源；而中方的合作学校一旦在合作办学机构建立之后就基本上与其脱离了关系，唯一联系着的可能只是一条经济收益纽带，合作办学机构对母体在教学和科研上的回馈起不到应有的作用。在机构建立之前，中方学校投入了大量的人力和物力，机构建立之后，对中方学校的回报与投入不成正比。

（六）中外合作双方对合作运作方式的理解上有差异

牛津大学大卫·帕尔菲曼教授指出：中英双方合作最大的差异在于英方是以合同方式（Contract Way），而中方是以关系方式（Relation Way）进行合作。[1]中方的方式让在中国的外方学校颇为享受，但中方在外方那里只能享受 Contract Way。在问到利物浦大学进入中国时是否遇到法律和政策问题时，该校的人员表示，得益于与中方良好的 Personel Connection（人际关系），这是项目克服文化差异、政策障碍的重要基础。而对于中方学校来说，如何在 Contract Way 中实现我们的目标，这是中方学校在一开始进行合作办学接触和商谈中就要特别注意和把握的要点，在合约中要确保学校目标的最大化。否则，合约只是约束项目执行的条文，中方的义务多于权利。

（七）现有中外合作办学项目基本上可以归类为衔接型和交互型

衔接型是指教学时段上采用"2+2"、"3+1"或"1+3"，课程结构和内容分段完成，双方学校各自完成自己学校的那一部分；交互型是教学时段基本上在国内完成或可能在国外大学完成一部分时间的学习,课程结构和内容共同确定,授课由双方的教师承担,中外方学生同堂上课。衔接型只有课程结构上的衔接,没有真正意义上教学内容、教学资源的交叉和共享。这是目前合作办学项目所采用的一种主要模式,但却不是我们期待的模式,在这个过程中没有实质性优质教育资源的引入,对我们的学习和借鉴意义没有实现。交互型的办学项目有,但是不多,如南京大学与美国约翰·霍普金斯大学的合作就是交互型非常成功的模式。交互型合作办学应该成为今后中外合作办学的一个主要模式,合作办学要逐步从衔接型向交互型转变。

三、中外合作办学的定义和政策解读

(一) 我国中外合作办学政策的发展

我国中外合作办学的政策制定是在强烈的办学需求和活跃的办学实践的过程中引发的,从第一份明确指向合作办学的文件发布到现在近20年,基本上经历了三个阶段。(1) 初始阶段:从1993年到2003年,期间颁布了3个文件。1993年,原国家教委出台了《关于境外机构的个人来华合作办学问题的通知》,对合作办学进行了初步的规定(这是中国政府出台的关于合作办学的第一个文件),1995年1月原国家教委颁布《中外合作办学暂行规定》,对中外合作办学的原则、审批权限和程序、办学机构领导体制等方面做出了详细的规定,中外合作办学得以迅速发展。1996年1月,国务院学位办又下发了《关于加强中外合作办学活动中学位授予管理的通知》来规范学历教育的合作办学。(2) 完善阶段:从2003年到2004年,颁布了境外办学和中外合作办学2个文件。2003年2月教育部颁布《高等学校境外办学暂行管理办法》,2003年3月国务院颁布《中华人民共和国中外合作办学条例》。这两个文件对境外办学和和中外合作办学作了明确的界定和规范,也明确了境外办学和中外合作办学的分立关系。为境外办学和中外合作办学提供了基本的法律支持和规范。但是,具体的执行条例还不完善。(3) 执行及监管阶段:从2004年至今,发布了4份文件,对中外合作办学条例细化了实施办法,监管工作同时启动。2004年6月教育部颁布《中华人民共和国中外合作办学条例实施办法》,2004年8月教育部下发《教育部关于做好中外合作办学机构和项目复核工作的通知》,开始启动对中外合作办学项目的监管,2006年2月教育部下发《教育部关于当前中外合作办学若干问题的意见》,2007年4月教育部下发《教育部关于进一步规范中外合作办学秩序的通知》,开始对中外合作办学进行质量监控,设立了教育部中外合作办学监管工作信息平台。

(二)中外合作办学概念的实践指向

我国现阶段对中外合作办学的概念界定,采用的是教育"输入"与教育"输出"分立的方式。中外合作办学仅指"以中国公民为招生对象"的教育活动,是一种教育"输入",而"以境外公民为主要招生对象的教育教学活动"这种教育"输出"则作为"境外办学"来界定。

同时,根据教育活动的举办地,又对中外合作办学和境外办学进行了进一步的限定。中外合作办学根据是否设立教育机构,又细化分类为中外合作办学教育机构和中外合作办学项目两类,中外合作办学机构是指"外国教育机构同中国教育机构(以下简称中外合作办学者)在中国境内合作举办以中国公民为主要招生对象的教育机构(以下简称中外合作办学机构)的活动"[2]"中外合作办学项目是指中国教育机构与外国教育机构以不设立教育机构的方式,在学科、专业、课程等方面,合作开展的以中国公民为主要招生对象的教育教学活动。"[2]"高等学校境外办学,是指高等学校独立或者与境外具有法人资格并且为所在国家(地区)政府认可的教育机构及其他社会组织合作,在境外举办以境外公民为主要招生对象的教育机构或者采用其他形式开展教育教学活动,实施高等学历教育、学位教育或者非学历高等教育。"[3]

这种界定方式的特点是清晰明了,指向性明确。但是中外合作办学把教育"输入"与教育"输出"分立,从概念的角度存在着概念包含过窄;从政策的角度看则是搭建了两个互不连通的小平台;从实践的层面上看,则不利于丰富实践内容的展开和推进,不利于教育资源的整合和优化利用,不利于教育国际化的深度展开。应该看到,中外合作办学是一个大概念,一级概念。它反映了其最本质的关系和属性:中外合作、办学。它同时包含了教育"输入"与教育"输出",而不仅仅是限定在教育"输入"的意义和层面,仅仅指向"以中国公民为招生对象"

的教育活动。"境外办学"是中外合作办学的当然内容。把境外办学纳入中外合作办学，有利于在双向的路径上整合利用资源，有利于中外合作办学的深入发展，有利于高校国际化的实质性推进，有利于来华留学教育的发展。

（三）跨境教育提供的方式与中外合作办学

1994年乌拉圭回合缔结了服务贸易总协定，教育服务贸易作为其中一部分，受到服务贸易总协定若干条款的约束。但是教育被推向自由贸易的同时引发了各国的激烈争论，经济合作与发展组织为了消除教育服务贸易概念带来的争议，从2003年开始用"跨境教育"的概念替代教育服务贸易，之后更广泛使用了"教育跨境提供"的概念来减少各方的分歧。我国在加入WTO时，在教育服务提供方式上做了三项开放承诺和一项不开放承诺：即对跨境交付的教育服务（如网络、函授等远程教育课程与培训）未作承诺；对境外教育消费（如出国留学或接受外国留学生）未做任何限制；允许商业存在（如一国教育机构到另一国设立教育机构和办学），但不一定给予国民待遇；对自然人流动（如一国公民到另一国从事教学、培训工作），承诺具有一定资格的境外个人教育服务提供者应中国学校或教育机构聘用或邀请，可以来中国提供教育服务，中国教师也可到国外任教。

从跨境教育的方式看，中外合作办学的概念，实际上包含了WTO规定的四种教育服务的方式，应该是"跨境教育"的中国表达。中外合作办学要搭建的是一个大平台。

四、对中外合作办学的建议及期待

（一）升级合作办学的概念，中外合作办学是跨境教育的中国表达

在广义的范畴中建立中外合作办学概念，双向的含义和内容是其应有之义，既要包括教育"输入"（面向招收中国公民的合作办学）与教育"输出"（面向招收外国公民的境外办学）；也要在时间上包括长期项目和短期项目；在类型上包括学历教育也包括非学历教育。

中外合作办学的核心在于对学生的培养，如果仅仅"以中国公民为招生对象"，会造成学生流动的单向性和项目的封闭性。虽然我们关注

通过合作办学实现"留学的本土化",降低学生留学的成本,但是国外大学更关注通过合作办学吸引学生到国外母校进行后续的全日制学习,比如本科之后去读硕士和博士。我们进行中外合作办学更应把眼光聚集在如何把国际学生吸引到中国来,把教育"输出"纳入中外合作办学的框架,改变只在教育"输入"的层面上理解中外合作办学。在广泛的意义上理解中外合作办学,升级中外合作办学的概念,有利于促进中国的教育"走出去",实现中国的教育"输出",实现教育"输入"与教育"输出"的互动和双向发展,加速我国高等教育国际化的进程。

(二)把教育"输出"纳入中外合作办学是发展来华留学事业的需要

改革开放以后,我国政治稳定,经济快速发展,综合国力不断增强,在国际事务中的影响力和作用不断增大,使更多的人认识到留学中国的未来价值。我国来华留学教育的规模30多年来得到了快速发展,在改革开放的第一个和第二个十年间,留学生的规模是以10倍的速度在发展;在第三个十年间,基本上是每五年人数就翻了一番,2008年留学生规模已突破20万人,2010年达到26.5万人,近年来,我国政府加大了招收来华留学的工作力度,在《国家中长期教育改革和发展规划纲要(2010—2020年)》中确立"扩大规模,优化结构,规范管理,保证质量"作为来华留学工作的原则,提出到2020年全国来华留学教育规模达到50万人的目标。为落实规划纲要,教育部2010年推出了留学中国计划,目标是到2020年,使我国成为亚洲最大的留学目的地国家。建立与我国国际地位、教育规模和水平相适应的来华留学工作与服务体系。为实现这个目标,我们必须充分利用中外合作办学这个平台,多渠道、多模式地开展来华留学教育。

(三)不鼓励中方高校在国内参与建立合作办学机构

合作办学机构的建立应由地方政府或非营利的基金组织与外方合作进行。其一,大学与大学建立合作机构,合作的外方并不真正投入教育资源,相反更多地依赖中方的教育资源投入,导致引进外国优质教育资源的初衷不能彻底实现;其二,合作的中方学校在机构项目建设之中投入大量的人力物力,机构一旦建立,则完全独立于中方学校之外,教育理念、教育资源并没有对中方大学的教育、教学、管理带来直接或潜在的有利影响;其三,机构一旦建立,机构与中方学校的血缘关系即告基本结束,相反,机构与外方的联系更加紧密,基本上是外方后续的生源基地;其四,由地方政府或基金组织作为合作方,更有利于协调整合国内基础资源(土地、校园建设等),更有利于吸引外方优质教育资源的投入。鼓励中方学校以项目合作的方式开展中外合作办学。项目合作是一种可持续的、优势互补的合作方式,对双方的合作的维系比较持久和深入。

(四)鼓励中方学校在境外合作建立办学机构

中国的大学要主动进入国外教育市场,推出特色学科、优势学科,吸引外国学生,扩大中国大学的国际影响力。在高等教育国际化的过程中,学生流动是一个重要的内容和课题,各国都在积极地采取各项措施吸引国际学生流向自己的国家,占领国际生源的"大市场",使留学生成为一个"大生意"。招收国际学生不仅传播了中国文化,传递了中国声音,表达了中国意识;也使国际学生了解真实的中国,现实的中国,了解中国高等教育和科学研究的水平;通过合作办学加强学生交流,也会拓展我国学生的文化视野,带来的文化碰撞也会增加教学和研究的广度;同时,国际学生也带来了丰厚的学费收入,在一定程度上为学校提供了办学经费。中方大学在海外合作设立办学机构可以更好地宣传学校,吸引学生。

(五)通过教育"输入"式的合作办学,为教育"输出"学习借鉴、积累经验

我们考察发达国家的大学在国际学生的招生过程可以发现,西方发达国家传统的留学生教育主要通过"零售商"式的人员流动方式招收国际学生,现在则更多地通过项目流动和机构流动的方式提供"批发商"式的服务来吸引国际学生的流入,把目光投向了"团购"式或"批发"式的服务,以占领国际教育市场,其中引人注目的形式是在海外开设合作课程和设立分校,而我国来华留学教育的发展目前还主要是以人员流动的传统方式在进行。[4]我们要在进行教育"输入"式的中外合作办学中,注意学习、积累国外大学拓展市场的经验,为我们的教育"输出"提供借鉴。我们在今后来华留学生的教育发展中要积极采取项目流动和机构流动的方式,鼓励学校以合作办学和学生交换的形式合作培养留学生;面向不同的"需求群体"和"地域群体",进行分层设计,探索多样的教育模式。

（六）以项目准入和质量控制的方式取代行政审批的方式

以项目准入和质量控制的方式取代行政审批的方式，建立中外合作办学准入标准和质量控制体系，加强对项目准入后的质量跟踪和实时监控、定期评估并公布评估结果。

中外合作办学本质上是一种教学组织及实施模式，它包含了人员要素（学生、教师、学者）、资源要素（教学设施和经费来源分配）、信息要素（教育观念、目标、课程）等。既然中外合作办学是一种教学组织及实施模式，我们就要关注教学过程本身，设立项目准入标准，进行"准入限制"，这是对各种教学要素的基本要求。之后，要加强质量控制体系建设，在项目运作的过程中要进行监管，因为各种要素组合之后的效果如何，质量如何保障是我们在项目运行过程中要关注的关键。我们要特别防止一旦项目准入之后，项目有效期内的执行监管基本空白。同时更要确保新项目的申报是一个开放和流动的状态。

（七）作为高等教育国际化的趋势，中外合作办学是一项长期的常态工作

而当前我国的中外合作办学发展还处在初始阶段、经验积累阶段。

积极借鉴国外大学跨境教育的经验教训，制定与完善有关政策法规，制定中外合作办学的发展战略，健全落实质量保障机制，使中外合作办学向更广的领域更深的层次发展。

参 考 文 献

1. 引自 2011 年 10 月 13 日大卫·帕尔菲曼（David Palfreyman）在牛津大学的讲座。
2. 中华人民共和国中外合作办学条例［EB/OL］．教育部教育涉外监管信息网 http://www.jsj.edu.cn/index.php/default/index．
3. 高等学校境外办学暂行管理办法［EB/OL］．教育部教育涉外监管信息网 http://www.jsj.edu.cn/index.php/default/index．
4. 高立平．来华留学教育发展的现状及未来发展路径［J］．《中国成人教育》，2010（21）．

（原载《教育探索》2012 年第 5 期）

研究生教育中外合作办学的探索与发展*

潘 奇**

自20世纪90年代以来,受世界经济全球化、贸易自由化的推动,新一轮的高等教育国际化浪潮席卷世界。国际化给中国高等教育带来前所未有的机遇,中外合作办学成为促进我国高等教育国际化发展、积极引进国外优质教育资源的重要方式之一。作为代表高等教育最高水平的研究生教育尤其需要积极学习国外先进教育模式和引进国外优质教育资源。因此对研究生教育中外合作办学取得的成绩、存在问题以及体现出的特点和趋势进行分析和总结是具有重要价值的。

一、中外合作办学近三十年发展的简要回溯

我国高等教育中外合作办学起步于20世纪80年代,初步发展在90年代,21世纪前十年则是全面快速发展时期,规模、质量、法制建设以及模式探索等得到重要发展。整体来说中外合作办学可以简单划分为两个阶段:

(一) 第一个发展阶段

第一个发展阶段是21世纪之前我国中外合作办学探索和初步发展阶段。这一阶段的发展主要体现在相关法律及实践两方面的尝试性探索。在法律、法规建设上,1993年原国家教委发布的《关于境外机构的个人来华合作办学问题的通知》,对合作办学的意义、原则、范围、类别、主

---

* 本文系教育部哲学社会科学研究重大攻关项目"人才强校战略的理论与实践研究"(课题编号:09JZD0036-1)成果之一。

** 作者简介:潘奇,华东师范大学高教所博士生,研究方向为高等教育管理。

体等做出了相应规定。一年后正式颁布了《中外合作办学暂行规定》。《中外合作办学暂行规定》的颁布标志着中外合作办学走上了依法办学和管理的轨道。21世纪之前中外合作办学活动多以规模较小、成本较低的中外合作项目以及与外国大学联合举办（如中国人民大学举办的中美经济学培训班）课程为主，教育层次大部分局限于本科层次，只有少数中外合作办学项目才涉及专业硕士生教育层次，如1987年天津商学院与美国东密歇根大学合作举办的人力资源管理硕士项目[1]。中外合作办学项目的方式得到各个高校肯定和借鉴，20世纪90年代以来在国家大力支持下，中外合作项目的数量得到稳定发展。据不完全统计，到2001年11月30日，有权授予国外学位和香港特别行政区学位的合作办学项目累计为71个，涉及我国内地47所大学和学院[2]。

（二）第二个发展阶段

第二个发展阶段是21世纪之后中外合作办学全面发展时期。这一时期的发展主要体现在以下四方面。

一是中外合作办学法律法规逐步完善。2003年和2004年国务院和教育部先后颁布了《中华人民共和国中外合作办学条例》及《中外合作办学条例实施办法》在内的6项行政规章，中外合作办学实现了有法可依。2006年和2007年教育部又相继颁布《关于当前中外合作办学若干问题的意见》和《关于进一步规范中外合作办学秩序的通知》。这些法律法规的出台预示着我国中外合作办学进入规范管理的快速发展时期。

二是中外合作办学活动规模得到快速扩大。2001年底中外合作项目数量为71个，2003年2月达到108个，到2008年年底中外合作办学项目和机构已经达到1100多个，发展极为迅速[3]。

三是中外合作办学模式的探索取得重大突破。中外合作办学机构的发展得到重视，成为中外合作办学重要的举办形式。海外办学也得到快速发展，如2002年上海交通大学在南洋理工大学内设立了研究生院，成为首所在新加坡设立分校的中国大学，分院招收企业管理、机械、电子、生物4门交通大学强项科目的研究生[4]，到2008年设立海外分校或举办境外办学项目达到42个。

四是21世纪以来研究生教育层次的中外合作办学逐渐受到重视，

而且成为中外合作办学的重点发展方向和趋势。

二、研究生教育中外合作办学最新的发展特点

近十年来,研究生教育中外合作办学规模增长迅速,详见表1。经教育部审核通过的部分本科及以上教育中外合作机构和项目(含内地与港台地区合作办学机构和项目)已达到了517个[①],研究生教育中外合作机构和项目总数达到140个,占所有通过审批项目的27.07%。其中,研究生教育层次中外合作办学项目有129项,中外合作办学机构有11所。在规模和比例上,研究生教育层次中外合作办学从21世纪初研究生教育中外合作活动从零星探索,到当前占总数1/4多的比例,研究生教育近十年来中外合作办学发展迅速。在中外合作办学形式上,研究生教育中外合作办学项目数量发展速度最快,中外合作办学项目仍然是研究生教育中外合作办学的主要形式,中外合作办学机构也在稳定增加,办学模式处于多样化探索时期。

表1 中外合作办学机构及项目统计数据(单位:个)

	中外合作办学项目	中外合作办学机构	总数
研究生教育	129	11	140
本科层次	348	29	506
总数	477	40	517
研究生教育占总数的比例	37.06%	27.5%	27.07%

(一)研究生教育中外合作办学的地域分布特点

中外合作办学机构与项目在地域分布上涵盖24个省、直辖市,黑龙江、上海、北京、河南、浙江等省市成为数量较多省市;研究生教育中外合作办学则涵盖了18个省市,北京、上海、天津、浙江及江西等省市成为研

---

① 数据为教育部公布的中外合作办学部分名单,时间截止到2010年7月3日,因此以此为基础的统计分析结果具有一定局限性,但还是能在一定程度上呈现出研究生教育中外合作办学的特点;其中涉及港、澳、台地区的合作办学机构及项目,因参照《中外合作办学条例》执行,因此也包括在教育部统计数据之中。

究生教育中外合作办学较多的省市。通过对比发现（参见图1），无论是哪个教育层次上的中外合作办学，大部分中外合作办学集中在经济、文化教育相对发达的东部沿海省市，其中虽然黑龙江和辽宁、河南三省在本科教育中外合作办学上数量比例高，但在研究生层次中外合作办学上尚处于真空状态，也就是说本科层次中外合作办学与研究生教育中外合作办学的地域分布并不是完全同质分布。北京、上海、天津、浙江四省市无论是在本科层次还是在研究生教育层次中外合作办学都取得良好成绩，尤其是北京和上海作为我国政治、经济、文化以及高等教育中心在中外合作办学上有先天的优势，并在实践中得以体现。

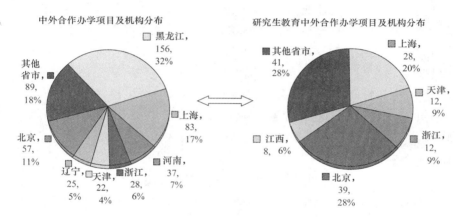

图1　研究生教育中外合作办学与中外合作办学整体地域分布对比

研究生教育中外合作办学项目中外方大学涉及13个国家和地区的64所大学，其中数量较多的国家和地区是，美国18所，澳大利亚10所，英国8所，加拿大6所（这些国家和地区的共同特点是以英语作为官方语言），而法国、德国、日本等其他高等教育发达国家较少。在外方大学所处水平和层次上，大部分外方大学无法进入世界大学排行前一百名，但多数为相对知名大学。

中外合作办学机构外国合作大学涉及法国巴黎中央理工大学、里尔中央理工大学、里昂中央理工大学、南特中央理工大学、法国国立民航大学等、荷兰埃因霍温科技大学、英国萨里大学、美国密歇根大学及德国汉堡大学等，相对中外合作办学项目中的外国合作大学水平和层次来讲，这些外国大学世界排名更高，其中不乏密歇根大学这样的世界一流大学以及法国国立民航大学这样具有传统优势学科的大学。这也就是说从理论上讲中外合作办学机构能够引进更为优质的教育资源。

（二）研究生教育中外合作办学方式的特点

目前研究生教育中外合作办学项目只涉及硕士研究生层次。从招生规模和招生方式来看，除少数项目纳入国家普通高等教育招生计划之外，大部分中外合作办学项目都通过自主招生的方式进行招生，且规模不大，通常每期约50~80人，共招生约5期。中外合作办学机构大多能够涵盖普通本科教育和硕博士研究生教育，其中长江商学院办学层次属于专业学位硕士研究生教育，涉及博士生层次教育的中外合作办学机构只有两所，所有中外办学机构招生都纳入国家普通高等教育招生计划和硕士研究生招生计划，毕业生通常是颁发双文凭。11所中外合作办学机构中只有宁波诺丁汉大学和长江商学院具有法人资格，享受独立的办学自主权，内部管理实行理事会制度；东北财经大学萨里国际学院和东北大学中荷生物医学与信息工程学院在合作协议中要求获得合理回报。整体上，研究生教育中外合作办学大部分停留在硕士生教育合作办学阶段，办学规模不大。

（三）研究生教育中外合作办学专业或课程设置的特点

从课程设置也可以呈现出研究生教育中外合作办学的质量和层次。在中外合作办学项目中颁发学位的归类分析中，MBA、EMBA等专业学位占据总数的13.25%，其他学术性学位涉及管理类（如工商管理）、教育类（如教育行政学）、医学类（如护理学）、工学（如信息科学）、经济学类（如国际贸易）、法学类、文学类（如英语语言）。其中管理学类数量最多，其次是工学类和经济学类。相对而言，管理类、经济学类课程引进成本、生源要求及各项办学资历都相对较低。而中外合作机构中的课程虽然也有管理类课程或专业，如企业管理工商管理和国际商务，但更多课程涉及工程技术与工业管理、飞行器设计与工程、飞行器动力工程、通信工程、生物医学工程、机械类、电气信息类，这些专业或课程多是外国合作方比较有优势的专业或是我国重要战略领域，初步达到了通过引进国外优质资源来提高研究生培养质量的目的。

三、研究生教育中外合作办学模式探索——基于案例的分析

研究生教育中外合作办学的基本模式有三种。一种是中外合作办学项目,其典型案例是1981年就建立的由南京大学和约翰·霍普金斯大学共同建立的中外合作办学项目——南京大学-约翰·霍普金斯大学中美文化研究中心,其在2006年合作项目拓展到研究生教育;一种是具有独立法人资格的中外合作办学机构,典型代表是宁波诺丁汉大学;一种是没有独立法人资格,依附于中国大学的中外合作办学机构,典型代表是华东师范大学中法研究生院。通过对这三个案例在管理模式、生源和规模、师资队伍及专业设置和培养模式等四个方面进行对比分析,可以凸显每个模式的特点和优势。

(一)管理模式

在办学项目或办学机构的管理上,宁波诺丁汉大学通过成立宁波诺丁汉大学理事会,统筹负责全校事务,下设校务委员会负责执行理事会决议和制订教学计划等,在日常管理中实现了英式高校管理模式的中国化,如借鉴英国大学"学生服务部"和中国高校辅导员制建立了"学生辅导员"的特色学生管理模式;南京大学-霍普金斯大学中美文化研究中心在南京大学的监督下运行,日常工作由中美双方各派一名主任共同主持;而华东师范大学中法研究生院则被定位为作为双方合作办学的专门机构,致力于成为一个中法合作、交流的大平台,可以说中法研究生院更像一种协调和交流机构。三个案例的管理模式是由各自中外办学形式决定的,宁波诺丁汉大学无疑具有更高的办学自主权。

(二)生源及规模

在规模上,宁波诺丁汉大学的招生规模最大,如2005年到2009年已经招收硕士生1000名[5],其招生范围为全部中国大学毕业生,并对每个专业的要求进行详细说明,采用英式个人申请加考核的方式进行;南京大学-约翰·霍普金斯大学中美文化研究中心的招生具有国际化的特点,中国学生大多数是重点高校的硕士研究生,国际学生不乏来自哈佛大学、牛津大学、芝加哥大学、霍普金斯大学那样的名牌学校学生,但规模并不大;华东师范大学中法研究生院招生涉及硕士研究生教育和博士

研究生教育,联合培养硕士研究生的生源主要从华东师范大学、复旦大学和上海交通大学等上海其他大学修完一年级课程的硕士研究生中选拔,每届招收 30 名左右,联合培养博士研究生的生源主要由中法联合招生委员会共同从获得"高师证书"的联合培养硕士生中选拔,每年约有 10~15 名联合培养博士生入选,在两国导师共同培养下,这些研究生大多能够在《科学》(Science)等世界核心期刊发表高质量的学术论文,具有典型的精英教育特点。

(三) 师资队伍

在师资队伍建设上,宁波诺丁汉大学师资全部由英国诺丁汉大学严格选派,拥有众多来自世界上不同国家的专任外籍教师;南京大学-约翰·霍普金斯大学中美文化研究中心的师资由南京大学最优秀的学者、教授和美国霍普金斯大学面向全美聘请的教授两部分组成;华东师范大学中法研究生院的师资由参与联合培养的专业优秀教授担任,华东师范大学先后有近 20 位教授应邀赴法国高师进行讲学,法国高师派出 61 名教授来华东师范大学授课,并且双方教授以人才培养为纽带开展共同申请课题的深度科研合作。

(四) 专业设置及培养模式

在专业设置及培养模式上,宁波诺丁汉大学采取全英文教学,引进英国大学的教学方式,如讨论式教学、研究式学习、交换式留学、团队式合作和学分式评价,形成了以"学生为中心"的"导师制"教学管理[6],研究生招生以人文专业为主,包括国际商务理学、国际管理理学、金融与投资学理学、国际传播学文学、当代中国研究文学硕士、国际关系与世界历史学文学以及英语语言类;南京大学-约翰斯·霍普金斯大学中美文化研究中心所设专业同样以人文社会学科为主,教学分为两类:一类是美国教授用英文为中国学生开设的课程,中国教授用中文为国际学生开设的课程[7];华东师范大学中法研究院采取联合培养的方式,专业涉及无机化学专业、数学、光学专业以及无线电物理专业等专业。参加联合培养的硕士生,除了完成本专业培养计划规定的学习任务外,还要学习 4 门由法方教授来校讲授的与本专业相关的课程,同时学习 500 学时法语;联合培养博士生的学习时间为 3 年,两年在法国学习,一年在中国学习,在中法双方导师的共同指导下完成的学位论文,经中法双方专家组成的答辩委员会答辩后,可同时获得中法两国博士学位。3个案例在学生培养上都力图做到引进外国先进教学,宁波诺丁汉大学引进得最为完整;华东师范大学中法研究生院采取硕士生和博士生两个阶段的持续联合培养,培养时间更为长久;招生专业都是中外大学的优势学科,而南京大学-约翰·霍普金斯大学中美文化研究中心的国际招生更为广泛。

宁波诺丁汉大学、南京大学-约翰·霍普金斯大学中美文化研究中心以及华东师范大学中法研究生院是目前研究生教育开展中外合作办学三种模式的典型代表。通过案例分析可以发现三种模式各有其特色和优势。中外合作项目的培养目标具有多样化和针对性特点,能够更好反映本土需求,如中美文化研究中心旨在培养从事中美双边事务和国际事务的专门人才;具有独立法人资格的中外合作机构无疑是在引进国外先进教育模式和教育资源最为彻底、规模最大的形式;以联合培养为基础的中外合作机构在招生、师资和管理模式上有很大的突破,体现出来的是一种精英教育的特点,特别是在博士生教育层面可以培养出具有世界一流水平的毕业生。

四、研究生教育中外合作办学展望

21世纪前十年是我国研究生教育中外合作办学快速发展和不断探索的时期,从规模、办学质量以及模式探索上都取得了可喜的成就,但也留下巨大的发展空间。在国家大力推动高等教育国际化发展,实施建设世界一流大学战略,积极引进外国优质教育资源的背景下,研究生教育中外合作办学可以在以下几方面重点发展。

(一)提高研究生教育中外合作办学标准,加强对研究生教育中外合作办学质量的监督

虽然我国研究生教育中外合作办学规模在不断增长,但占中外合作办学整体的比例不高,与高等教育发达国家相比还有一定差距。当前我国研究生教育中外合作办学还存在很多问题,如地域分布集中在几个东部大城市且分布不均衡,在课程设置上管理类成本较低的课程大量存在,合作的外国大学水平不高,个别中外合作办学质量不高,这

些都是研究生教育中外合作办学发展过程中面临的问题,需要国家尝试提高办学标准和继续加强对中外合作办学质量的监督来促使这些问题得到解决。

(二)大力提倡研究生教育中外合作办学机构的发展

通过中外合作办学项目和中外合作办学机构两种形式对比发现,中外合作机构无论是从引进外国教育资源的优质程度,中外合作的周期和深度以及中外合作办学的质量都要优于中外合作办学项目。很多中外合作办学机构都是中外合作办学项目的延伸和发展,但从研究生教育两种中外合作办学模式数量比例来看,当前中外合作办学机构的数量还是很少。目前中外合作项目是研究生教育中外合作的主要形式,因此无论是国家层面还是大学层面都需要加快从中外合作办学项目向中外合作办学机构深化的速度,以此推动研究生教育中外合作办学的发展。

(三)继续探索研究生教育中外合作办学模式

国际化和多元化是当今世界高等教育发展的主要趋势,这一点同样体现在研究生教育中外合作办学模式的探索上。研究生教育中外合作办学模式还处于初步探索阶段,各种模式具有不同的特色。各类高校需要对其他高校研究生教育中外合作办学特色模式的学习和借鉴,需要根据自身发展特点,充分利用与国外知名高校的友好关系,探索出适合本校发展的模式,在战略上更要以研究生教育中外合作办学模式探索为契机推动大学国际化的发展和世界一流大学的建设。

(四)逐步推动我国研究生教育的国际输出

虽然引进国外高等教育模式,充分利用外国优质教育资源,为我国社会经济发展培养高级创新人才,是目前研究生教育中外合作办学的主要宗旨,但在高等教育国际化发展迅速、与世界高等教育强国交流和合作越来越频繁的趋势下,我国高等教育要积极参与到高等教育国际市场中,不仅要积极引进国外优质教育资源,还要适度或者有计划地输出我们自己的高等教育。引进与输出是相辅相成的关系,特别是代表高等教育最高水平的研究生教育输出能够在最大程度上扩展我国高等教育的国际影响力,这样才有机会和更多世界一流大学进行合作,才能有资本在战略合作中掌握主动权。

参 考 文 献

1. 宗希云,孙福田.中外合作办学的模式研究[J].黑龙江高教研究,2009(101):51—52.
2. 肖地生,顾冠华.全球化视野下的中外合作办学[J].黑龙江高教研究,2003(05):10.
3. 教育部2009年第6次新闻发布会实录[EB/OL].http://gaokao.eol.cn/liu_xue_kuai_xun_3291/20090325/t20090325 368225.shtml.2010-7-12.
4. 刘伟.中国高校国际化合作的五种模式浅析[J].世界教育信息,2008(09):84—86.
5. 教育发展研究编辑部.英国高等教育模式的本土化实践——记宁波诺丁汉大学[J].教育发展研究,2010(03):54—63.
6. 华长橄,徐亚芬,等.一所新型国际化大学在成长——谈宁波诺丁汉大学的办学特色[J].中国高等教育,2009(05):35—39.
7. 肖地生,陈永祥.一个独特的中外合作办学模式——南京大学-约翰·霍普金斯大学中美文化研究中心[J].复旦教育论坛,2004(03):29—35.

(原载《中国高教研究》2011年第8期)

高等教育国际合作的新趋势
——大学国际联盟的产生及其影响

李岩松*

20世纪90年代以来,大学国际联盟异军突起,成为国际高等教育界引人瞩目的现象。大学国际联盟致力于建立大学间的资源共享和项目合作机制,促进大学学术水平的提高,让学生能够接触更为宽泛的学科和多元文化,这些大学国际联盟包括东亚研究型大学协会(AEARU,1996年成立)、环太平洋大学联盟(APRU,1997年成立)、21世纪大学联盟(U21,1997年成立)、东亚四国校长论坛(BESETOHA,1998年成立)、研究型大学国际联盟(IARU,2006年成立)等。这些大学国际联盟既有全球性的大学联盟、跨洲际的大学联盟,也有区域性的大学联盟。从联盟组织的成员看,成员学校不仅在国内的高等教育体系中居重要地位,而且在国际上享有盛誉。与传统的校际合作和国内联盟不同,当今大学国际联盟打破了国家和区域的界限,成员学校之间的相互依赖性不断增长,大学之间的合作和竞争呈现出多元机制。在合作方式上,突破"一对一"的双边合作模式,采取多边并存的网状组织模式。在全球化的背景下,国际大学联盟有效地促进各大学之间的科教合作与交流,极大地提升高等教育国际化的程度,其重要性正日益凸显。

一、全球化与国际化背景下的高等教育

高等教育国际化并非是一个全新的话题,在古希腊就曾盛行"游教"和"游学"之风,这也是高等教育国际化的萌芽。尽管"游学"或"游

---

* 作者简介:李岩松,时任北京大学校长助理、国际合作部部长,现任北京大学副校长,博士、研究员。

教"所发生的范围很小,但从某种程度上已显示出高等教育的世界性特征。到了中世纪,西方的大学进一步扩大高等教育国际化的规模和范围,采取无国籍限制的招生方式,招收来自不同地区、民族的学者和学生。高等教育经过漫长的摸索和发展,至第二次世界大战前,出现了专门的机构组织高等教育的国际交流和合作。如1919年在美国成立的国际教育研究中心和1934年英国议会设立的国际教育研究所。第二次世界大战后,尤其是冷战结束以后,随着经济全球化时代的到来,高等教育国际化的理念越发深入人心。这表现在:一方面,大多数国家认识到,在全球化时代,一个国家要在世界占有一席之地,其高等学校就必须参与全球性的人才市场和智力资本市场的竞争;另一方面,高等教育的参与者对高等教育的要求突破了国家疆域的限制。越来越多的大学生相信,具备国际化的知识技能和海外学习经验,将为就业增加不少筹码。单凭保持大学传统的内部资源优势(如对国家人才培养的垄断)已很难发挥大学竞争的优势。如何以新的观念和姿态面对全球化的挑战,成了各国高等教育实现国际参与的契机和难题。如同前加州总校校长克拉克·科尔(Clark Kerr)在1980年出版的《扩展高等教育的国际维度》一书中所呼吁的:我们需要一种超越"赠地学院"观念的新的高等教育观念,即高等教育要国际化。

　　高等教育国际化不等于高等教育全球化。全球化强调的是基于互联网的、标准化、市场化、同一化而在世界范围内建立的一种超越国家、不受任何政治因素约束的、消除各种文化差异的放之四海而皆准的世界模式。在全球化的语境中,高等教育是作为自由贸易的产物而存在的。而国际化强调的是不同国家、不同文化之间的交流与合作,其最终目的并不在于建立世界范围统一的模式或单极的世界,而是尊重国家的边界,尊重文化的差异,讲求质量的塑造、结构的互补,高等教育在国际化的语境中是作为公共产品而存在的。高等教育国际化的概念早在20世纪70年代就已在欧美被广泛使用,而高等教育全球化概念的广泛使用则始于20世纪80年代后期,特别是20世纪90年代以后。这两个词汇在使用的意旨上既相区别,又有重叠。"全球化"概念的引入使得高等教育国际化的实施方式和国际化的内容发生了巨大的变化。随着国际化的不断深入发展,国际化的范围已超越国家与国家的框架,逐渐发展为区域范围内的交流和合作,进而超越区域性合作而趋向全球范围的合作。尤其是伴随着主权国家地位的模糊和不同文化之间的交融,伴随着经济全球化的不断加速和信息技术的突飞猛进,在影响范围和规模上,高等教育的国际化几乎达到全球化的程度。高等学校的国际间人员交流更加频繁,规模日益扩大,高等教育国际化的内容也日趋丰富和多样化,从以往单纯、外在的人员交流,扩大到课程的国际化和跨国教育等方面。不仅发达国家如此,许多发展中国家更是将课程国际化作为实现整个高等教育国际化、提高教学和研究水平、建立世界一流大学和培养国际型人才的主要途径。[1]

高等教育的国际化向全球化的转向,预示着高校或整个高等教育领域可持续的跨国、跨文化维度的整合过程的出现。因此,在全球化时代,大学之间建立联盟的理念被普遍接受。大学需要更多地关注外部世界,展开多国合作与交流,而不是闭门造车。在这种情况下,传统的国内大学联盟只立足于国家内部,难以适应全球化背景下的知识创新要求。尽管以民族国家为单位的传统高等教育知识体系仍在延续,却不得不吐故纳新,以适应知识生产和科学研究全球合作的趋势。

二、当代大学国际联盟的特征及优势

全球化背景下的高校正日益减少对本国环境的依赖,不再局限于在本国高等教育系统中寻求自身定位,而是力图在国际高等教育体系中重新获得定位,力图能够在国际高校之林中有所作为。近二十年来,高等教育国际化开始向"院校主导型"转变。大学国际联盟的诞生,可谓是"院校主导型"国际化的具体行动。大学国际联盟是指由一所或几所大学共同发起,以增进合作、促进交流为宗旨,以服务联盟成员、服务地区或全球为使命、以解决人类共同面临的地区或全球范围的重大课题而进行合作的大学联合体。大学国际联盟具有以下三个特征。

第一,大学国际联盟具有正式的组织性特征,其管理主体通常是成员学校校长组成的委员会。委员会负责大学国际联盟的正常运作,定期召开例会,确立联盟的指导方针和活动程序,讨论提交的方案,评估正在执行的项目,并解决大学共同关心的问题及其他重大政策的相关事宜。大学国际联盟对成员校有严格的入会条件，一方面通过组织教学交流、学术评价等活动，帮助其会员大学成长；另一方面也在一定程度上监督成员大学的办学质量和办学行为。

第二，大学国际联盟具有民间性的特征，在体制上独立于政府，不需要对政府负责。民间性的特征使其区别于政府体制内的组织，也区别于政府间的国际组织，更有利于学术的自由交流与合作。

第三，大学联盟具有非营利性特征。尽管也有一些跨国教育团体是以获得经济利益为目的，但大多数大学国际联盟具有国际非政府组织的非营利特征。大学国际联盟所筹得的资金不能分配给所有者、管理者及志愿参与的一般人员[2]，这使得大学国际联盟组织区别于私营企业，也使其在组织性质与功能上区别于传统的企业组织和公共行政机构。如果将大学国际联盟组织简单地视作一个经济部门，无疑会"严重忽视了它的社会道德意义，制度变革意义及其与经济产业部门之间的本质区别"。[3]

大学国际联盟组织由于自身的特征，而与单一的跨国大学相比有着明显的优势。首先，在联盟组织中，每个成员学校在其本国范围内仍然是一个独立的和健全的机构，这有助于成员学校保持在当地已获得的知名度，并将已取得的传统教育成果资本化，进而通过已建立的伙伴学校在世界上其他地方进行运作。一般而言，各成员学校的伙伴学校基本上是同类别的学校，具有同等强大的实力和声望。这种强强联合的方式比通过各自的分支机构运作更有优势。大学国际联盟也比其他任何单一机构的运作更为有力，这是因为一方面单个学校除进行国际化运作和竞争外别无选择；另一方面，国际化运作是一个庞大和复杂的体系，任何单个的学校都缺乏应对由于国际化运作而产生的一切复杂问题的能力。其次，在大学国际联盟系统化的国际合作框架中，大学国际联盟有效的质量保证，将使联盟中的各个成员学校的高等教育证书获得全球认可成为可能，在一国得到认可的高等教育证书可以由此而向全世界推广。大学国际联盟中的伙伴学校通过各种层面的交流，集思广益，改善共同面临的学术处境，并在某些特色领域建立稳固而长期的国际合作；互通有无，塑造高质量的国际学术人员；共享最新科教成果，在有限授权的基础上分享课程，促进学生在国际间的流动。

在大学国际联盟的体系中，每所大学的人力资源和学术资源相对于其他大学来说，都是一种不可忽视的异质性资源。这些异质性资源会给大学带来与其他大学难以替代的核心竞争力，而造成这种核心竞争力的资源可能是其他大学的战略缺口。任何一所大学，不管其学科门类有多么齐全，是不可能在每个学科领域取得领先地位的。缔结战略性国际联盟显然有助于创造一个便于知识分享和交流的环境，通过人员交流、技术分享、联合科研等方式增强各联盟成员之间交流与合作，增强各自的竞争优势。这些因素促使高校必须面向世界，探求新的发展战略，寻求合作伙伴。

三、大学国际联盟对中国高校国际化的启示

随着越来越多的世界著名高校参与大学国际联盟，以及大学国际联盟在目标上的多样化和组织上的规范化，大学国际联盟日益成为各个大学之间加强交流、互相借鉴、增进合作的新平台，这极大突破了高校传统意义上以双边交流为主的形式而转向多边交流与合作。高等教育国际化的浪潮席卷各大高校，科学研究和教学活动都向跨国家、跨机构的全球性合作而努力。大学需要相互连接，以吸引不同地区和不同文化背景的优秀人才形成智囊团，进而在科学研究、人才培养方面积极开展跨国院校合作。建立全球高校联盟成为高等教育追求教育和科技卓越的重要战略。作为全球化背景下的大学联合体的新形式，中国高校可以从大学国际联盟获得诸多启示。

（一）中国高校应与时俱进地把握全球化的时代特征，把握国际化与民族化、本土化之间的关系

作为一种建立在自发基础上的松散国际组织，大学国际联盟能够最迅速和有效地实现跨国、跨文化交流。本土文化参与的全球化并不是世界文化来包围我们，而是本土文化要走向世界。高等学校作为民族文化的载体，承载着民族的诸多传统，负载着特定的价值观念、思维方式和民族精神。对高等学校"本土化"使命的强调，不能同国际化割裂开来。在一体与多元并存的全球化时代，本土化是国际化的内在要求。对中国高校而言，在高等教育国际化的进程中，处理好国际化与本土化之间的

辩证关系至关重要。大学国际联盟的成员学校来自不同地区和国度，有着不同的传统文化、价值观念、教育体制和大学文化。大学国际联盟中的成员学校之间的交流是建立在教育的优势和特色互补的基础之上，对各个大学差异的认可与包容是大学国际联盟存在的前提。大学国际联盟的存在，是高等教育国际交流与合作深入展开的表现，但并不等同于高等教育的同一化。任何高校在经济全球化的背景下，在走向国际化的进程中，都不能放弃或弱化自己在本国发展中所承担的政治和文化职能，而是应以各自文化特性作为与其他国家民族进行高等教育交流与合作的前提，始终保持"本土"特性。

（二）中国高校应充分认识高等教育对国家的重要性，增强建设"世界一流"大学的紧迫感

在全球化的背景下，中国高校应该站在国家发展的战略高度制定面向全球发展的战略规划，未雨绸缪。21世纪是知识经济时代，知识创新对经济发展的重要意义必然导致政府和其他主要利益群体重新审视大学的职能，大学的表现将直接影响国家的经济发展。世界各国政府大多认同大学的主要功能是帮助驱动和支撑全球化中的国家竞争力。人们认为高等教育在提供新知识以保护或增进全球性经济中的国家地位，以及把社会中广泛人群的技能提高到一个较高水平方面至关重要。[4]美国早就意识到这一点。1983年4月，美国高质量教育发展委员会发表一份名为《国家处于危机之中：教育改革势在必行》的报告，指出美国教育严重不适应科技的迅猛发展和信息时代的要求，教育改革的滞后，已经使美国处于危机之中。美国是世界经济强国，拥有全球最多的有重要影响力的一流大学，科技实力居全球首位，但却称"国家处于危机之中"。"这种危机不是来自政治，不是来自军事，也不是来自经济，而是来自教育。"[5]美国对教育的危机感值得中国高等教育界深思。中国致力于现代化的建设，关键在于培养优良充足的人才，形成雄厚的人力资源。尤其值得注意的是，我国正在建设的几所"世界一流"大学都是公立的，它们代表的是国家和全体人民的利益，因此高等教育对于中国未来的发展，其重要性不言而喻。

在国家转型的过程中，专注于科研、以培养具备全球视野的领袖人才的研究型大学担负着最为重要的使命。世界研究型大学的发展几乎毫无例外地与地方经济的发展和人才培养紧密结合在一起。如美国的研究型大学，曾为国家的经济发展作出了巨大的贡献，培养出不少的国家领导者和企业家。面对高等教育国际化的浪潮，大多数政府力使大学的办学目标与国家的整体发展目标相一致，在科技研发上采取了绩效经费投入和竞争投入的模式，保证一部分一流的研究型大学始终能专注于科学研究和知识生产，为提高国家的建设能力而努力，而不是一味地以赢利为目的。为此在全球性研究型大学的国际竞争中，政府的角色和针对高等教育发展的战略也在相应地发生变化。政府从研发经费的投入者转变为大学国际竞争的协助者，并用相关政策法规协助大学参与国际竞争与合作。由于我国的一流大学参与国际竞争的能力是有限的，因此对于国内高校来说，应该采取"合作"优先于"竞争"的发展策略。优秀的大学国际联盟往往集中了雄踞世界高等教育顶端的一流名校，它们通过成立联盟的方式实现强强合作，分享彼此的优势资源。加入大学国际联盟有助于实现我国大学的跨越式发展。当然，政府也应在增进大学参与国际合作上发挥牵线搭桥的作用。

（三）大学要不断地提高科研水平和国际声誉，坚定不移地走国际化发展的道路，不断地学习和借鉴国际经验

在经济全球化时代，教育的理念和模式正在经历前所未有的变革。大学间的合作和交流日益频仍，竞争日益激烈。将中华民族的文化融入世界教育，已是大势所趋。大学国际化是一个国家和地区高校从区域局限走向广域开放，从低水平提升到高水准的全过程。在当前的发展条件下大力倡导大学国际化，就是要把握世界高等教育发展的趋势和规律，其核心是人才培养质量、学术水准和管理水准的国际化。大学国际化就是要将大学的改革和发展置于整个世界的发展中，在广泛借鉴国际先进教育经验和科技文化成果的同时，注重对外输出本国的教育和文化，培养能够在国际交流和国际竞争中发挥积极作用的高端人才。

（四）平衡长远发展与短期发展之间的关系，完善大学国际合作机制，推动大学国际联盟在世界舞台上发挥更大的作用

大学国际联盟的产生既是大学谋求科学研究与人才培养的国际化路径的内在要求，从更深层次说，也是建构新型世界秩序的需求。如果说前者是大学发展的内在要求的话，那么后者则以鲜明的民间性特征，履行着全球治理和发展的重要职能。以大学国际联盟为代表的国际非政府组织，成为全球公民社会的重要组成部分，成为全球化时代各国追求自身价值的长远动力。大学国际联盟正参与到全球公民社会的建设，正通过规范的力量和相应的制度建设，塑造非国家中心主义的世界政治。大学国际联盟通过举办各种论坛，展开针对世界性问题的联合科研等多种途径，通过组织之间的网络联系，促使大学在本国政治中充分发挥知识生产先锋的作用；在全球性公共问题上积极发言，帮助建构普世价值；在理论上和实践上为国际政策的制定提供参考意见。

（五）以务实的态度从事重大应用型理论问题的研究

全球化时代，安全、环境、人权、可持续发展、分配正义、人道正义干预、恐怖主义和妇女权利等问题已成为国际政治学者考虑的重点。面对这些棘手问题，许多人质疑政府治理机制，而对大学国际联盟寄予厚望。大学国际联盟因其特殊的组织形式和高度的国际参与能力，能充分调动自身科研优势和知识资源，间接或直接参与解决国际公共问题的行动，因而在诸多问题上拥有优先发言权。以务实的态度在影响世界社会经济变化的前沿领域和实际问题中寻找理论和实践的突破口，既是建设世界一流大学的关键，也是极大提升大学国际联盟和参与国际公共问题，促进向科研社会转化的关键。

尽管对于中国是否应该融入全球化，在理论上始终存在着不同意见，但在现实中，中国却坚定地选择了融入世界。尽管全球化是一把双刃剑，有其负效应的一面，但其合理性与进步性是更为本质的东西。融入全球化是中国改革开放的客观要求，只有融入全球化才能有效维护并增加国家利益，提高竞争力，加快发展步伐。大学是民族文化和国家智力的关键载体，是一国知识、文化保存延续的命脉之所在，也是技术创新、思维变革的源泉所在。纵观国际一流大学，无不把国际交流与合作作为推动学校发展的战略选择。全球化要求高等教育超越民族、国家的思维局限，加强自身的国际化水平，利用全球的资源促进自身的发展和进步，培养出适应社会发展需要的有用人才，以提升全民族的文化素质，在全球化的浪潮中掌握制高点。

参 考 文 献

1. 黄福涛."全球化"时代的高等教育国际化——历史与比较的视角[J].北京大学教育评论,2003(2).
2. 马万华.大学教育国际化与人才培养新趋势——环太平洋大学联盟国际化问题研究[J].大学教育科学,2006(2).
3. 王杰,张海滨,张志洲.全球治理中的国际非政府组织[M].北京:北京大学出版社,2004.
4. 科林·卢卡斯.世纪的大学[J].国家高等教育行政学院学报,2002(5).
5. 转引自战略与管理,2004(4).

(原载《北京大学学报(哲学社会科学版)》2007年5月第46卷第3期)

研究型大学国际化的历史演进及战略启示*

邱延峻**

研究型与国际化是现代一流大学的本质特征,也是全球化时代国际高等教育发展的必然结果和知识经济发展的基本要求。一方面,"大学之道,在止于至善",不断钻研自然科学和探究人类社会是大学的务本之道,也是现代社会赋予大学的重要使命。伴随后冷战时代全球力量的竞争与重组,各国纷纷推出了特色鲜明的创新战略以期在全球竞争中占据有利的战略地位,其中研究型大学被各国政府赋予了重要使命。另一方面,"大学之道,在明德",知识的普遍性以及有教无类的教育使命使国际化成为大学的先天特征。特别是随着交通通讯穿越传统的地理屏障和文化藩篱将世界逐渐演进为地球村的历史进程时[1],大学的国际交流与合作活动日益活跃,地球村的现实要求大学国际化,大学国际化促进了地球村的建立。国际化业已成为现代大学的重要使命[2—4]。

正是由于上述两个方面的原因,创建研究型与国际化的世界顶尖大学已成为各国(特别是后发国家)高等教育发展战略的先导目标。新世纪以来,我国各大学纷纷将国际化和研究型作为创建世界知名大学的战略目标[5—11]。在研究型大学的国际化战略普遍成为大学不断增强的共识之时,有关研究型大学和大学国际化的研究业已成为高等教育研究的显学[2][5][10—12]。需要注意的是,目前的研究主要集中在大学国际化的内容体现以及研究型大学的发展战略,而笔者试图从研究型大学与国际化关系演进的角度阐述国际高等教育经验对我国创建高水平大学的启示。

---

* 本文得到西南交通大学学位与研究生教育科学研究基金和"211工程"三期专项经费资助。
** 作者简介:邱延峻,西南交通大学国际处处长、教授。

一、研究型大学的历史进程

（一）研究型大学的始创源流与现代语境

传统上，古今中外大学无不是传道授业解惑的人文殿堂。近世以前，由于知识更替演进缓慢、自然科学未成体系、地理屏障难以穿越，虽然有关对经文典籍、天文气象和人文地理的认识与阐发不时渐进，然大学的主要使命仍然是对已有旧知识的教学与传承。19世纪自然科学的突破性进展特别是高等数学、生物科学、声光化电等日臻完善的科学与技术体系以及工业革命导致的生产力革命性提升均为现代大学"研究型"角色的培育奠定了历史基础。通常认为，德国是研究型大学的发源地，1809年建立的柏林大学在威廉·冯·洪堡有关"追求纯粹知识、教学与研究相结合、学术自由"的办学理念指引下，开创了研究型大学的先河。创建于1876年的美国约翰·霍普金斯大学成功移植了德国研究型大学模式以后，仅历经24年的短暂发展，即跻身于全美顶尖大学之列，并与具有两三百年历史的哈佛大学和耶鲁大学等14所一流大学一道创建了美国大学协会AAU（Association of American Universities，或译为北美大学联盟）——即研究型大学的同业公会，由此开启了研究型大学群体的集聚发展，并使研究型大学的发展与国家核心竞争力的培育紧密地联系在一起。

鉴于研究型大学已逐渐成为一种身份的标志，并隐含着政府直接的资源优先配置和高于同行的大学声望，国内外很多大学都以研究型大学自许或将创建研究型大学作为发展规划的终极目标。实际上，研究型大学可以有4种语境：

（1）从教育研究者的角度，代表该大学的学科结构、学位层次和学术水平达到了研究型大学指标体系的标准，如由卡耐基教育促进会（The Carnegie Foundation for the Advancement of Teaching）提出的卡耐基高校分类（Carnegie Classification of Institutions of Higher Education）中的指标体系所确定的研究型大学。卡耐基关于高等学校的分类自1973年首次出版以来历经数次变化，2008年卡内基将美国4391所大学中的283所（占6.4%）划分为研究型大学[13]。

(2) 从大学同行的角度，代表该大学已获得其他研究型大学的认可，如美国大学协会的62所成员大学，或如欧洲研究型大学联盟的20所成员大学。

(3) 从社会公众的角度，代表该大学持续的创新能力、杰出的校友声望和对社会发展的独特贡献，如美国常青藤大学联盟(Ivy League)。

(4) 从大学自身的角度，代表大学将研究置于学校发展战略中重要地位，并引领某些学术领域或某些学科方向的发展。

(二) 研究型大学在国家创新体系中的战略地位

研究型大学在国家发展历程中具有极为尊崇之地位，包括顶尖研究性大学校长在全国的地位声望以及研究型大学群体意见在国家决策高层的关键作用。如2008年美国大选前夕，AAU就向下一届美国总统提出建言报告就重大战略问题和全球发展提出研究型大学的视角观点。在大国的竞争中，研究型大学可以说是无役不与，从"二战"中原子武器的发明，到"冷战"中航天科技的竞争，再到"冷战"后信息技术的发展，研究型大学在提高国家核心竞争力、培养具有现代国际视野和济世安邦能力的人力资源、培育与时俱进的核心软实力方面具有不可替代的作用。昆士兰大学的保罗·白里斯认为，若没有那些完全与国际接轨的大学，像澳大利亚这样的国家不可能生存下去。美国是最先具有研究型大学发展战略的国家。实际上，美国国家自然科学基金会(NSF, National Science Foundation)的创建就源于联邦政府对研究型大学的全新认识，在时任美国战时科学研究与发展办公室主任万尼瓦尔·布什(Vannevar Bush)的著名报告《科学：无止境的前沿》(Science—The Endless Frontier)中就提出联邦政府应有针对性地资助一些美国顶尖研究型大学，这直接促成了NSF在1950年的创立，为冷战时期和后冷战时期美国在航天科技、信息科技和生物科技方面的全面领先奠定了基础。可以毫不夸张地说，研究型大学群体在国际舞台上的傲然崛起，帮助美国赢得了"二战"、"冷战"和"后冷战"阶段的知识经济战争。进入新世纪以来，随着交通通讯的快速发展，世界扁平化后各国进入短兵相接的全面竞争阶段，研究型大学因其在知识的生产、传播和应用过程中对经济的独特作用以及在国际创新体系中的关键地位，其重要性日益显现。

(三)研究型大学在高等教育体系中的溢出效应和人才培养中的示范作用

作为高等教育体系中的顶层机构,研究型大学在引领高等教育发展的同时,因自身学科人才的优势"溢出"而对其他教育机构具有强烈的辐射作用,如处于美国东部新英格兰地区的常青藤大学联盟对美国西部特别是加州地区高等学校的辐射带动作用。作为世界知名高校联盟和顶级大学品牌,常青藤大学由哈佛大学、普林斯顿大学、耶鲁大学、哥伦比亚大学、康乃尔大学、布朗大学、宾州大学和达特茅斯学院等 8 所大学组成。他们通常位于美国大学排行榜中的前 15 名。美国西部的伯克利加州大学、斯坦福大学和加州理工学院分别得到了美国东部常青藤院校中的耶鲁大学、康奈尔大学和后起之秀麻省理工学院的强烈影响,是早期美国研究型大学"溢出"效应的典型范例。

研究型大学不仅以对自然科学和人类社会的探索研究著称,在人才培养特别是高层次人才培养方面的示范作用同样受人尊敬。实际上,AAU 的创立初衷就是为了规范和提高美国大学研究生的培养水平,扭转美国大学被欧洲认为是文凭工厂(diploma mill)的负面感观。1862 年,林肯总统签署了《莫里尔法案》(Morrill Act of 1862)。"赠地大学(Land-grant Universities)"体系成就了人类历史上第一次大规模的高等教育大众化(即"大学扩招")历程。随着美国内战于 1865 年结束,北方发展和南方重建推动了《莫里尔法案》的落实。截至 1900 年,美国已经建立了 65 所赠地大学。由于美国高等教育不同于欧洲的中央政府集中管理方式而采用分权式的管理模式,缺乏质量保证和学位认证体系,文凭工厂泛滥,博士帽子乱飞,大学声望受到广泛质疑,有为青年才俊不得不远赴欧洲求学(据后来统计,1815 年起以后的 100 年内,大约有一万名美国青年赴德留学)。鉴于严酷的现实,哈佛大学等全美 14 所具有博士学位项目的大学共聚芝加哥大学建立了美国大学协会(AAU),其中的 6 所大学是后来常青藤联盟成员,而约翰·霍普金斯大学、威斯康星大学和伯克利加州大学则成为美国研究型大学群体中里程碑式的明星院校。该协会的会员身份目前已是美国研究型大学名校的代名词。从 1900 年成立时的 14 所大学,AAU 目前共有 62 所成员大学,包括 60 所美国一流研究型大学和 2 所加拿大顶尖大学,最新成员是 2001 年加入的德克萨斯农工大学和石溪纽约大学,可见其门槛高度非同寻常。在 AAU 不断扩大的进程中,有志加入的大学就需要根据 AAU 制定的研究型大学的各项指标努力调整发展战略并不断提高研究水平,这是为研究型大学示范效应的极佳注解。

二、大学国际化的时代特征

(一)大学国际化的内涵定义和历史流变

大学因其传道授业的普世价值、文化知识的互通共性和人类社会的共同理想而具有国际化的天然特征。世界扁平化、经济全球化、政治多极化和文化多样性进一步促进了全球一体化进程,大学国际化因地理屏障阻绝的不断消失和文化差异坚冰的逐渐消融而成为可能。大学小社会,社会大学校,为应对全球化背景下的千古未有之新局面,大学纷纷将国际化作为发展规划的重要组成部分。高等教育国际化是指在高等教育的目标、功能(教学、科研和服务)和方式中以国际、跨文化和全球视野进行整合的过程[3]。进入新世纪以来,世界贸易组织框架中的教育国际化特别是跨境教育的飞速发展给大学带来了巨大挑战与机遇,高等教育的竞争已经在国际舞台上短兵相接地展开,无论人们的主观意愿如何,国际化已成了必然选择。大学在国际化的过程中已经发生了从被动适应到主动响应的过程,而其内涵已成为使大学更能适应社会、经济和劳动力市场全球化所带来的挑战和要求而进行的系统而持续的努力[4]。

我国春秋战国时期的游教游学门风可以说是具有区域化特征的教育国际化雏形。而隋唐时期日韩派往中国的留学生可以说是人类历史上最早的政府奖学金留学生。欧洲因地理之便使得现代大学初创之时即是具备区域化特征的国际化大学,如 16 世纪初期即被誉为欧陆游教游学的金色年代。进入现代以来,越洋交通使得普遍意义上的大学国际化成为可能。普遍认为,现代意义的大学国际化是由 19 世纪末期伴随工业革命的成功和殖民主义的扩张而形成并在 20 世纪得到全面发展的过程。这一进程的发展初期,即受到有识之士的极大关注。1919 年,在卡耐基基金会的资助下,美国在纽约成立了国际教育研究所(Institute of International Education),1921 年国际联盟(League of Nations)成立了国际智力合作委员会(International Committee on Intellectual Cooperation,即联合国教科文组织 UNESCO 的前身),德国于1925年成立了德国学术交流处(German Academic Exchange Service,德语缩写 DAAD),而英国议会则于1934年设立了英国文化协会(British Council)。这些具有政府背景的研究机构不仅促进了大学国际化的发展历程,而且将大学国际化作为工具性(instrumental)政策帮助实现幕后的国家战略。大学国际化在早期泛指国际学术交流活动,如访问学者、国际会议、合作研究和留学生教育。伴随跨国企业和跨境教育,大学国际化的内容日益丰富,如办学理念国际化、发展战略国际化、学术标准国际化、人才培养国际化、科学研究国际化和社会服务国际化。在大学国际化战略中,学科国际化、教师国际化、学生国际化和校园国际化是主要内容,教师队伍的国际化是根本,主流学科的国际化是基础,学生结构的国际化是标志,学术声誉的国际化是结果,而国家战略的实现才是大学国际化的目标。

(二) 大学国际化发展的历史阶段

大学国际化的过程始终伴随世界政治经济社会格局的发展变化而与时俱进。其中国际化的动因源自国家远期发展战略、社会近期经济利益、高等教育客观规律、国际组织宣扬倡导以及人类社会先天具有的对文化多样性的追求和对新奇世界的探索[2]。国际政治态势决定了大学国际化的历史进程。早期大学国际化的第一种形式就是现代大学的创建模式。如美国大学早期照搬英国大学模式是英国海外殖民方式在高等教育领域的体现即学术殖民,而嫁接德国大学模式就是德国作为后发国家在世界政治舞台上影响力扩张的写照。另一方面,作为早期大学国际化的第二种形式即学者和学生的跨国流动则揭示了殖民地国家对殖民者的文化优势的认同,特别是美国学生在第一次世界大战以前通常认为需要得到欧洲深造(即 Grand Tour"欧洲游学")身份才能跻身上层知识界(实际上,出身草根的美国社会精英直至现在仍把大学毕业后获取罗兹奖学金登临英伦作为提高身份的过程)。两次世界大战以后,美国取代欧洲成为世界中心,而欧洲国家忙于重建,造成大量大师级学者纷纷远赴美国,世界高等教育顿时发生了"高山为谷,深谷为陵"的沧桑巨变,美国大学旦夕之间完成了由欧洲文化殖民地向国际学术都市的转变,成功地位居世界学术中心[3]。

同时，随着联合国的建立和关贸总协定在1948年的创设，世界进入了一个国际交流的崭新阶段，由此开始了大学国际化新的三阶段历史进程。第一阶段为冷战初期，两大阵营各自的大学国际化始终被纳入国际战略格局中并与冷战外交、发展援助、文化交流和国际合作等形式相结合以在全球范围内争夺盟邦并扩大国际影响力，大学国际化在该阶段的形式是由"南"到"北"的学生流动。而1960年代开始的第二阶段国际化则以"北"到"南"的学者与资金流动，即发达国家向新近独立的原殖民地国家提供高等教育资金援助并同时派遣学者讲学，开始了文化上的"新殖民"过程。1980年代开始的第三阶段大学国际化过程则反映了冷战后期和后冷战时期世界政治经济格局的急剧变化。欧共体在世界舞台上的独立性、中国自主外交政策的独立性和亚非拉地区大国的实力积聚不断冲击帝国化的世界，政治多极化的诉求和文化多样性的需要为大学国际化注入了全新的动力，完成了被泰奇尔（Teichler）[14]称为三次跃进的转变，即由不平等的垂直性的合作向平等的国际关系框架内的双边或多边合作转变，由松散的国际化项目向系统的国际化政策转变，由国际化核心内容和大量国际化项目相互脱节向高等教育系统而集中的国际化战略转变。

（三）WTO背景中的大学国际化及其风险

进入新世纪以来，特别是世界贸易组织的《服务与贸易总协定》（GATS）将教育服务列为第5类，包括初等教育、中等教育、高等教育、成人教育和其他教育服务，作为国际贸易的教育服务根据GATS的界定有跨境支付、境外消费、商业存在和自然人流动等五种交易方式。为推进跨境教育的发展，联合国教科文组织（UNESCO）和经济合作与发展组织（OECD）分别于2002年、2003年和2004年在美国华盛顿、挪威特隆赫姆和澳大利亚悉尼召开了三届教育服务贸易论坛，高等教育作为教育服务贸易产业的高端产品，因其时间跨度漫长（从预科、本科、硕士到博士可以长达10年）、贸易金额高（如金融危机笼罩下大学学费的逆势上涨）、附加值大（校友对母校的忠诚、文化产品的推销、国际关系中人脉资源的培育和潜在的优质人力资源输入等）等特点而成为各国政府积极应对的重点领域。制定大学国际化发展战略已成为政府和大学的普遍共识，这也是被泰奇尔称为三次跃进的转变结果。

国际化在大学层面的主要动因是学术研究能力的提高和海外声望的拓展,但同样令人警觉的是大学国际化所带来的风险,尤其是教育趋同对文化多样性特别是语言多样性的伤害,以及教育趋利可能造成的大学产业化状态。国际大学联合会(IAU)在2005年对全球3861所大学进行了国际化调研。报告分析显示73%的大学将国际化作为大学发展战略的重要组成部分。对国际化认识方面,大学层面普遍认为提高国际竞争力、建立大学战略联盟、扩大人力资源能力和国际合作是大学国际化的主要动因。报告揭示有96%的大学普遍认可国际化所能带来的机遇,也有高达70%的大学认为国际化普遍存在风险。国际化对大学的正面作用依次是教师国际化、学生国际化、学术质量提高、研究能力加强、培养方案革新以及国际利益趋同。而负面风险包括教育产业化、文凭工厂、智力外流、精英意识膨胀、英语过度使用、文化认同迷失、教学质量下降和培养方案的模式化。

三、大学国际化与研究型大学的战略演进启示

(一)高水平大学国际化是创建研究型大学的战略基础

从早期教育国际化游教游学形式,到帝国殖民时期的垂直型国际化形式,发展到新世纪基于全球化背景和GATS政策框架内的多层次全参与的教育国际化新局,国际化理念、动因、策略、内容、形式、规模均已发展到了一个新的历史高度。在全球化时代,国家之间的全方位竞争,研究型大学扮演的角色举足轻重,正如耶鲁大学校长所言"美国硬实力和软实力均来源于经济实力,经济实力在很大程度上取决于科学领先优势,科学优势取决于研究型大学的实力。"[15]

我国目前面临复杂多变的国际局势和战略机遇,硬实力和软实力的全面提高是国家和平崛起的战略保障,研究型大学的创建对于中华民族命运与前途的重要性从未像今天这样重要,通过高水平大学的国际化先导策略,创建我国研究型大学的集聚群体,为国家硬实力和软实力提供战略先机,是美国大学通过国际化战略实现对欧洲"由学习到超越"的群体崛起给我们的历史启示。实际上,在大学国际化的历史长河中,只有高水平大学的国际化才是推动知识型社会进步的重要因素,也只有不断发展的国际化进程才是推动研究型大学创建的重要动力。正如本文前

已述及,以约翰·霍普金斯大学的建立为标志的美国研究型大学的起源、以美国大学协会的建立为标志的美国研究型大学群体的崛起、以教授国际化和研究国际化为标志的美国世界学术中心地位的建立,无一不是先进的国际化理念和果断的国际化决策主导下的高水平大学国际化所催生的成果。只有高水平大学的国际化,才是我们所需要的国际化大学。实际上,目前我国只有高水平大学才具备高端国际化的能力。通过适当的战略安排,推动高水平大学的国际化,是构建我国研究型大学群体的战略基础。

(二)研究生院国际化是研究型大学国际化的先导战略

研究生院承担高层次人才培养重任,保证了国家创新体系的可持续发展。研究生院的国际化是研究型大学国际化的重要内容,也是大学通过国际化战略的实施迅速完成研究型大学创建的有效手段。高层次人才培养的国际化特别是博士生的国际化可以直接促进导师国际化,也是连接国内学术界与国外学术界的最佳桥梁。我国留学基金委员会(CSC)从 2007 年开始实施的公派研究生计划,每年向海外高水平大学派遣政府资助的至少 5000 名博士生,通过对博士生的共同指导有效地协助国内导师与海外名师建立起了紧密的学术联系,而联合培养博士生也成为学科国际化的重要内容。通过博士生和博士生导师的国际化,实现研究生院的国际化。可以有助于迅速提高我国大学的海外声望,在促进大学国际化的同时。有效提高大学的研究型特质。实际上,研究型大学必须是具有高质量研究生教育的大学,这也是美国大学采纳德国大学制度后将本科教育和研究生紧密结合在一起促使研究型大学诞生的基础,2008 年美国高等教育数据统计表明[13],常青藤大学每年毕业生中本科生与研究生比例为 1∶1.16,本科、硕士、博士的比例为 1∶0.98∶0.18,可见研究型大学中研究生教育的重要性。AAU 的经验也揭示了研究生院国际化对大学国际化的核心推动作用。实际上,直到 20 世纪 40 年代末期,随着美国大学研究生教育质量经由 AAU 的推动在世界各国认可度的不断提高(当然也得益于两次世界大战的战胜国地位和寻求安静学术环境而移居美国的欧洲顶级学者的加盟),AAU 的功能发生了转变,其对公众健康事务的关注和对国家科技战略的思考直接催生了美国国立卫生研究院 NIH(National Institutes of Health)在 1946 年的建立和美国国家自然科学基金会(NSF)在 1950 年的建立,这两个组织至今仍继续扮演美国科技创新推进器的作用。AAU 原来的中心工作即研究生教育事务则由衍生出的研究生院协会(AGS,Association of Graduate Schools)主管。美国的经验告诉我们,只有加强研究生教育并由此推进研究型大学的建设并迅速提高我国大学在世界高教舞台中的地位并赢得国际同行的尊敬,才能根本改变青年才俊远赴海外求学人才外流而国内顶尖名校只能成为留美预备的尴尬局面。通过研究生院的国际化促进大学国际化的发展战略,在提升大学国际学术声望的同时,还可为高层次来华留学生的培养提供具有国际竞争力的保障,吸引更多的青年才俊来华深造,服务国家的教育外事战略。

(三) 群体集聚是研究型大学国际化进程中的战略平台

大学联盟,特别是研究型大学群体联盟是目前研究型大学国际化进程中值得特别关注的现象。大学联盟的广泛建立使得大学国际化内涵更为丰富、国际化发展更具条件。有感于 AAU 在美国研究型大学创建,尤其是通过国际化战略成功提升美国高等教育在国际舞台上的地位,各国知名研究型大学纷纷建立各自的大学联盟,以期通过紧密的国际大学群体集聚效应和广泛的国际科技创新研究计划帮助成员大学在竞争高度激烈的世界高教舞台上确立自己的有利地位。欧洲研究型大学联盟(LERU,The League of European Research Universities)由 12 所欧洲一流研究型大学创建于 2002 年,2006 年共有 20 所成员大学。LERU 的使命是推动欧洲大学在基础研究领域的进步,在研究型学术背景中提高人才培养质量。为因应群体集聚的进一步发展,一些区域性的跨国大学联盟相继诞生,如由 21 所研究型大学建立的 Universities-21、由 42 所成员大学组成的 APRU(Association of Pacific Rim Universities,太平洋沿岸大学协会)、由 17 所成员大学组成的东亚研究型大学协会(Association of East Asian Research Universities,AEARU)以及由欧美亚澳 16 所研究型大学组成的大学网 WUN(Worldwide Universities Network)。由此可见,研究型大学联盟已不断成为大学国际化的战略平台,其群体集聚效应对成员大学的推动作用更是不断追求卓越的发展动力。深度参与研究型大学的国际联盟,可以为大学国际化提供高端的发展舞台。在上述大学联盟组织中,我国很多名校因自身的卓越声望和悠久历史而跻身其中，为创建国际知名研究型大学提供了有利条件。需要指出的是，在目前的研究型大学联盟中，我国大学因世界排名和原创能力方面的实力差距而无法主导其事。然而我国一些具有强烈行业特征和鲜明学科特色的工科院校，其主流学科已迈入世界先进行列，不乏世界知名学术重镇，如何利用我国市场规模和产业优势，推进特色性研究型大学创建并主导大学联盟，充分利用群体集聚效应，率先实现特色性研究型大学的国际化并进而为全球化时代的行业产学研一体化提供战略支持，应是我国高等教育界可以进一步思考的方向。

　　国际化、研究型作为世界一流大学的主要特征，是知识的普遍性价值和科技的创新性要求在高等教育领域的直接反映，也是志存高远的大学所追求的终极目标。全球一体化需要研究型大学培养具有国际视野的高端人才。祖国富强和民族复兴呼唤研究型大学群体的诞生。研究型大学与国家竞争力的关系从未像今天这样密切。美国研究型大学的发展历程揭示了国际化是研究型大学持续发展的必由之路。世界历史的演进规律表明研究型大学群体的集聚与崛起是后发大国跻身世界中心舞台的重要战略前提和持续发展的创新动力源泉。从美国研究大学的发展进程和新世纪以来大学国际化的演进历史可以看出，以国际化理念为先导，以研究生院国际化为基础，推动高水平大学的国际化是创建研究型大学的重要战略。同时，跻身高等教育国际舞台，深度参与研究型大学联盟，利用世界名校的示范效应和高端人才的溢出效应为我所用，迅速提高研究创新能力，集聚扩大国内大学的海外学术影响力，是创建研究型大学和大学国际化的创新安排。研究型大学的国际化还可以从根本上提升我国在高等教育全球舞台上对高层次留学生的吸引能力，使更多的青年才俊来华深造，服务国家的教育外事战略。需要说明的是，在研究型大学国际化的进程中，需要避免盲目的国际化，降低国际化的潜在风险，始终以提高大学的研究创新能力和扩大学科的海外影响为战略目标，通过国际化战略的实施促进我国研究型大学群体的早日崛起，为知识经济时代的大国竞争提供战略保障。

参 考 文 献

1. Friedman T. L. The World is flat[M]. Penguin Group, 2006.

2. Hans de Wit, Internationalization of Higher Education in the United States of America and Europe[M]. Greenwood Press, Chestnut Hill, MA, 2002.
3. Knight J. Internationalization Remodeled: Definition, Approaches, and Rationales [J]. Journal of Studies in International Education, 2004, 8(1): 5—31.
4. Van der Wende, M. (1996). Internationalizing the Curriculum in Dutch Higher Education: An International Comparative Perspective, The Hague: NUFFIC.
5. 中国高等教育学会引进国外智力工作分会.大学国际化理论与实践[M].北京：北京大学出版社, 2007.
6. 刘道玉,大学教育国际化的选择和对策[J],高等教育研究, 2007(04).
7. 陈春阳,行业型大学研究生教育的发展路径[J].中国高等教育, 2008(19).
8. 周仲荣,朱曼昊.中法"4+4"合作计划的实施与探索[J].高等工程教育研究, 2003(02).
9. 施一公,饶毅.创建世界一流大学是中国全面崛起的必要前提[N].光明日报, 2008-04-02.
10. 杨福家.国际化是高等教育发展的必然趋势[J].中国高等教育, 2001(13).
11. 陈昌贵,国际合作：高等学校的第四职能——兼论中国高等教育的国际化[J].高等教育研究, 1998(05).
12. Algirdas V Valiulis, Donatas Valiulis. The Internationalization of Higher Education: A Challenge for Universities, Global Journal of Engineering Education, Vol. 10, No, 2, 2006.
13. The Carnegie Classification of Institutions of Higher Education[EB/OL]. http://www.carnegiefoundation.org/classifications/2009-05-04.
14. Ulrich Teichler. The Changing Nature of Higher Education in Western Eurpoe [J]. Higher Education Policy. 1996, 9(2): 89—111.
15. 理查德·莱文.美国研究型大学及其全球化议程[J].清华大学教育研究, 2008(04).

(原载《中国高教研究》2009 年第 7 期)

大学战略联盟:
一种区域性教育合作模式的探讨

李丹丹[*]

近年来,随着经济全球化的发展、知识经济的到来和科技的迅猛发展,高等教育的内、外部环境都在发生着深刻的变化,高校面临着高等教育国际化、大众化等一系列前所未有的机遇和挑战。面对新的形势,为迎接新的挑战,我国各高校必须站在战略的高度,从实际出发,通过战略联盟,建立起资源共享、优势互补、风险共担、相互促进、共同发展的合作机制,提高高校的核心竞争能力,为打造区域教育枢纽创造积极有利的条件。

一、大学战略联盟的含义及特征

战略联盟这一概念最早由美国管理学家提出。从管理学上讲,战略联盟是指两个或两个以上有着对等经营实力的企业(或特定事业和职能部门),为了达到共同拥有市场,共同使用资源等战略目标,通过各种契约而结成的优势相长、风险共担、要素双向或多向流动的松散型网络组织[1]。近两年来,大学战略联盟或高校战略联盟的概念逐渐进入我国高等教育研究的视域。相对于企业战略联盟而言,大学战略联盟一般是指多个大学之间通过资源共享和项目合作,为更好地实现大学人才培养、学术水平的提高、降低大学的管理成本,共同解决大学发展中的重大问题等战略目标,通过一定方式建立起来的优势互补的松散型网络组织。它主要具有以下几个方面的特征。

---

[*] 作者简介:李丹丹,中国政法大学国际合作与交流处处长助理。

(一)联盟由各大学根据自身利益和实际自愿协商组成

大学战略联盟的主体是大学。参与联盟的大学不是因为行政命令或迫于他方压力等因素而行动,联盟应是在各大学充分认识自身实际情况,考虑自身发展需要,了解对方合作资源和意愿,共同谋划联盟愿景的基础上自愿协商组成。

(二)大学战略联盟往往由多个大学主体参与组成,并着眼于长远利益

与一般意义上的校际合作不同,大学战略联盟不再是简单的一对一的合作模式,往往由多个大学主体参与组成。它可以是某个区域内的数所大学共同构建的区域性大学战略联盟,也可以是根据特定目的和发展需要跨地区多向选择组合而成的战略联盟。而且,联盟中各大学不再仅仅注重眼前利益和短期项目,大学战略联盟是着眼于长远利益、具有战略意义的联盟。

(三)联盟中各大学仍保持原有的独立性

与高校合并不同,大学战略联盟最基本的特点之一就是要求各大学在共同参与教学、科研和人才培养的活动中保持主体的独立性,尤其是主体管理的独立性。在联盟当中,各大学之间的关系既紧密又松散,既相互影响又"各自为政"。

(四)一个协调性的中枢机构是大学战略联盟得以良好运行的重要保证

大学战略联盟作为一个组织,需要有一个综合协调管理各相关事务的中枢机构。由于联盟中各大学的独立性和大学之间的差异性,以及联盟中合作范围、领域、层次的多样性和复杂性,这个协调性的中枢机构不仅有了存在的必然,而且成为一个联盟良好运行、有序发展的重要保证。

二、大学战略联盟的优势与意义

大学战略联盟相对于高校合并和一般意义上的校际合作,具有一定的比较优势;同时,对于我国现阶段的高等教育改革与发展,大学战略联盟也具有一定的积极意义。

（一）大学战略联盟能够更好地实现资源的有效配置，提高办学效益，留下较少的"后遗症"

20世纪90年代以来，我国教育主管部门启动了我国高等教育管理体制改革和布局结构的调整，掀起了规模巨大、影响深远的全国性高校合并浪潮。从1992年至2003年的10年左右时间，全国约有785所高校采用合并模式，重新组建为314所高校。[2]通过这些合并，我国高等教育的结构、规模、质量、效益等都发生了很大的变化，为一些高校未来的发展创建了良好的学科基础，形成了一批综合性大学、多科性大学。但合并意味着权力的重新分配、组合及利益调整，对于大学合并的效益，许多研究者论证并通过实证分析指出，与合并前相比，一些合并后的高校反而增加了管理成本，未能实现高等教育资源的合理配置，合并高校的完全融合还需要较长的时间。尤其是那些强强合并型的高校在学科融合、组织结构调整、权力分配等方面暴露出来的问题更加明显。[3]

美国著名战略学家迈克尔·波特认为，联盟是企业之间的长期协定，它超出了正常的市场交易，但又没有达到合并的程度。这是一种不用实际联合就可以取得纵向一体化的低成本和特色优势的手段。[4]同样，大学战略联盟也是一种不用实际合并就可以取得纵向联合的低成本和特色优势的手段。

高校的合并、兼并等形式，主要由政府主管部门策划并组织实施，而在大学战略联盟的构建中，各项战略决策的主体是大学本身而不是政府组织，这为处于不同层次的高校根据自身发展需要选择更适合其发展的策略提供了可能，从而有利于更加灵活高效地实现资源的优化配置，提高办学效益。

（二）大学战略联盟的合作广度与深度均超越当前一般意义的校际合作，有利于推动区域教育枢纽的构建

一般而言，当前普遍存在的校际合作是两个大学主体之间通过协议达成特定领域或层次的合作关系模式，相对大学战略联盟而言，其局限性主要表现在以下几个方面。

一是合作对象的数量上还主要是一对一的两两合作这种比较单一的模式，而大学战略联盟是多个大学的战略性联合，是多对多的网状组织形式，它们可能是强强联合，也可能是办学规模不同，层级有别，各有所长、优势互补的联合,这样就有利于形成规模,有利于在一定区域或领域内形成高校应有的集成优势和整体协调发展的教育生态环境。

二是合作内容的广度与深度上还主要是比较单项目、浅层次的状态,而大学战略联盟是不同高校间基于战略目的、全方位、深层次的合作,它通过学分互认、联合选课、学生互派、教师互聘、合作研究、共同培训、学科共建、图书资料互借互换等多种方式实现资源共享和协同发展,既避免了高校合并的极端性,又能够突破一般意义上校际合作在广度与深度上的局限性。

三是在合作伙伴的选择上,近年来各大学在开放性办学和国际化发展的理念指导下,对开展国际间合作办学给予了较多的关注,与国外大学的校际合作日益增多,相对而言,对于近在咫尺的区域性合作以及国内高校之间开展的联盟与合作的关注明显不足。而大学战略联盟有利于通过加强区域性的联盟合作,搭建起高水平的区域性合作平台,提高区域内高等教育的整体水平,从而在一定程度上推动区域教育枢纽的构建,更好地参与国际间高等教育的竞争与合作。

我国目前正在大力实施社会经济可持续发展的战略,教育也同样要实现可持续发展,形成与经济、社会发展要求相适应的可持续发展的教育体制。大学战略联盟是实现区域高校持续发展的有效途径,而且是推进全国高等教育事业的必然选择。通过大学战略联盟和区域教育枢纽的构建,建立起区域高等教育为地方经济建设和社会发展服务的运行机制,以较少的区域高等教育资源,培养较多的符合区域经济和社会发展需要的合格人才,使高校资源在区域经济发展中充满旺盛的生命力。正如由美国中西部12所研究型大学组成的CIC大学联盟的创始人赫尔曼·B.威尔斯(Herman B. Wells)所言:"不管问题有多大,它能顶住来自12所杰出高校中最优秀人才的合力进攻吗?"

三、国外大学战略联盟的模式

目前,国外发展比较成熟的大学联盟已经很多,比如美国的常青藤联盟(Ivy League)、克莱蒙特大学联盟、大学合作委员会(CIC)、十大运动联盟(Big Ten)等都是大学联盟的不同形式。这些大学联盟一般都有正式的组织管理和活动章程,开展的合作项目主要有:学生交叉注册、联合图书馆、出版社合作、专业发展活动、研讨会,师资和管理人员的互相培训、校园间在线课程共享以及大学物资的集团采购等。这里主要以美国克莱蒙特大学联盟为例。

美国克莱蒙特学院是一所以高水平的本科生博雅教育和有特色的研究生教育而闻名美国乃至世界的私立大学,是大学战略联盟中教学资源合作成功的典范。克莱蒙特学院实际上是由 5 所独立的本科生院和 2 所研究生院组成的"独立学院联合体"。克莱蒙特大学联盟是独立于 7 所学院之外的中央协调机构,成立于 20 世纪 20 年代。这个机构有一个监督理事会,并设立了 10 多个特别委员会,从而形成一个工作网络,负责联合体有效的管理并监督联合体的合作。各个学院之间在克莱蒙特大学联盟的协调下,开展了十分灵活的合作和协调活动。克莱蒙特 7 所学院仍然保留各自的办学独立性,但是 7 所学院在同一个校区协作发展,学校之间共同建设资源,建设成果归共建学校共同拥有、使用。这种共建一方面表明校与校之间在共同投入人力、物力、财力进行建设的基础上的共享,从而突破了只求资源利用的界限。另一方面,资源共建也提高各校原有资源的质量和水平,将教学资源的共享提高到了一个新的高度和层次。[5]

四、我国大学战略联盟的理念及实践

鉴于国外尤其是美国众所周知的"常青藤联盟"等大学战略联盟的成功运作,随着我国区域经济的发展和高等教育改革的推进,在 20 世纪 90 年代在我国就已经产生了类似于国外大学联盟的校际合作办学模式。

1994 年 6 月,在国家关于加快推进高校管理体制改革精神的指导下,上海市西南片高校联合办学机构成立。它由上海交通大学、上海师范大学、华东师范大学、华东政法学院、上海戏剧学院、上海音乐学院和上海大学等 14 所高校组成。联合办学的宗旨,是发挥各成员高校的教学、科研等各种办学条件的优势,实行资源共享、优势互补,拓宽办学途径,提高办学水平,为我国特别是上海市的建设和发展服务。西南片联合办学办公室是联合办学的协调管理机构,各成员高校的校长是其主要成员。西南片联合办学采取了师资互聘、开设本科生跨校第二专业、研究生跨校选课(学分互认)、各校实验设备共享等举措。目前有本科生教学、研究生教学、学生工作、科研工作、分析测试、副食品基地等6个协作组,并建成跨地区、开放性的网络教育平台。[6]

但是,大学战略联盟真正作为一个概念和明确的理念在我国是近几年逐渐提出的。2003年,《钱江晚报》以《长三角名校联盟猜想》为题,报道了浙江大学高分子系冯博士关于建立长三角名校联盟的提议,率先大胆畅想:在长三角区域经济走向一体化融合中,代表科研和教育最高水平的高等教育也应加快融合,打破传统的学术壁垒,以新机制和新思路来加快优秀人才的培养,形成"学术常青藤"。这一建议,在长三角名校中一时引起强劲反响。复旦大学、上海交大校长纷纷表示赞成,浙大前任校长潘云鹤更提出了关于长三角名校联盟的三项创意,由此引发了在我国进行高等教育区域合作的战略联盟发展模式的大讨论。"长三角名校联盟"的称谓也随之开始为公众所知。

2005年,浙江大学、复旦大学、上海交通大学、东南大学、浙江工业大学、浙江理工大学6所高校商定实施"长三角高等教育合作优秀人才培养模式的探索与实践"项目,通过优势互补和资源共享,为优秀学生跨校学习提供途径。这一项目被浙江省教育厅立项为浙江省新世纪高等教育教学改革项目。2006年,首批"长三角名校联盟交换生计划"得以顺利实施,交换生普遍表示收获颇多。但是时至今日,所谓的"联盟"仍然仅止于学生"交换",[7]这与真正意义上的战略联盟恐怕还相距甚远。复旦大学高等教育研究所副所长熊庆年表示,随着经济的不断发展,长三角各个方面的联合是大趋势,教育也是这种联合的应有之义。教育资源应该服务于经济发展。但是教育具有特殊性,要联合还需要一个过程。

其实,随着我国高等教育的发展和高校间竞争与合作的增强,20世纪90年代以来已经有很多高校尝试着与其他大学进行教学、科研和人才培养等方面的合作,国家也明确了"共建"、"联合"、"合并"、"协作"、"划转"等五种改革形式,但是总体而言,目前我国大学间校际合作显得较为平淡,效果并不理想。

近两年,一些关于大学战略联盟的理论文章开始频频出现在各级各类理论刊物中,有分析指出,目前我国高校战略联盟之所以还难以形成规模并进入实质性联盟阶段,究其原因,主要存在着大学合作意愿不强,开放程度较小;实施项目难度大,效果不佳;合作目标与对象定位不准;合作中资源产权不明晰以及缺乏相关合作政策作为指导和保障等问题。

五、我国构建大学战略联盟的对策与建议

(一)积极研究和学习国外大学联盟的成功经验,充分认识我国大学战略联盟的重要意义和作用

鉴于欧美国家的一些大学战略联盟已经发展到比较成熟的程度,而且对本国高等教育发展、高层次人才培养和地区经济社会发展等都起到了良好的推动和促进作用,它们的成功经验应当对我国大学战略联盟的构建和发展具有重要的学习和借鉴意义。但是到目前为止,我国对国外大学联盟还缺乏深入、系统的研究,而这项研究应当成为我国高等教育与管理领域一个重要的研究课题。

大学战略联盟是高等教育发展到一定阶段的内在需求和必然选择,是高校可持续发展的客观要求。在我国高等教育已经发展到大众化阶段的今天,逐步构建和发展大学战略联盟已越来越成为充分利用资源和创造优越办学条件的基本途径之一,对各层次大学都具有重要的现实战略意义。各高校应当积极借鉴和学习国外大学战略联盟的成功经验,结合自身实际,进一步解放思想,牢固树立开放办学的理念,求同存异,打破合作壁垒,最终实现共存共赢、协同发展。

(二)充分发挥政府主管部门的引导和协调作用,出台相关配套政策

虽然大学战略联盟是一种建立在各大学间自愿协商基础之上的组织,为了充分发挥大学这一主体的积极性和主动性,往往是排斥外界强迫性因素和行政干预的,但是从宏观来看,大学战略联盟的发展离不开政府主管部门的政策引导和协调作用。比如制定和出台相关政策,扩大大学的办学自主权,消除合作的体制性障碍,对大学战略联盟的构建给予扶持和推动,为其搭建合作平台,创造合作环境,支持联盟中各种跨校际机构的设置。此外,联盟如何建立起各种利益分配机制、信任机制、沟通机制、约束机制等配套机制,并有效地解决联盟发展中可能存在的各种矛盾和问题,可能都还有待政府主管部门给予一定的引导与协调。

（三）充分挖掘各校核心竞争力和优势资源，灵活多样地实施不同层次和类型的战略联盟策略

战略联盟能否取得成功，联盟对象的选择是一个关键因素，不同的联盟对象将形成不同层次和类型的联盟策略。从国外大学战略联盟的情况来看，大学战略联盟其实也可以细分为多种联盟类型，根据其联盟对象的不同，可以分为弱势联盟、强弱联盟和强强联盟，不同的战略组合将形成不同的战略结果。

大学战略联盟实质上是一组相关核心能力的战略组合，因此，高校要认真审视各自的优势和不足，对未来市场进行科学的分析，完成各自定位，将有限的资源专注于各自最擅长的某一点或几点上，形成其核心竞争能力。只有这样，高校才能使自己具备联盟方所需要的能力，从而在联盟伙伴的选择中具有更多的主动权和优势地位，能够充分根据自身利益和实际需要选择适合自己的资源组合方式，灵活多样地实施不同层次和类型的战略联盟策略，充分利用联盟获取竞争优势，实现其战略目标。

参 考 文 献

1. 秦斌.企业间的战略联盟：理论与演变[J].财经问题研究,1998,(3).
2. 刘继荣.高等学校合并重组的理论与实证研究[D].杭州：浙江大学,2003.
3. 董志惠,沈红.论中国大学战略联盟[J].教育发展研究,2006,(2).
4. 胡耀辉.企业战略联盟浅论[J].企业研究,2003,(6).
5. 杨彬.对建立天津高等职业教育资源共享机制的探讨[J].天津市教科院学报,2007,(3).
6. 杨伟伟.中美高校校际合作办学比较研究[J].高教研究,2006,(6).
7. 邓旭,吴芳.长三角新一轮竞合的八大猜想[N].国际金融报,2007年8月2日第六版.

引智为了创新，交流为了发展[*]

赵立宪[**]

我们现在谈得最多的是"发展"问题。其实，人类发展的历史，就是人类智力自我发掘、提升的历史。在这过程中，交流起着决定作用。无论是以自然界为对象的认识实践，还是以人类社会本身为对象的活动探索，都离不开交流。甚至，交流的水平决定着发展的水平。

引智是交流的一个层面，一个必不可少的内容。核心内容是借助人家的力量、借鉴人家的经验、参照人家的做法，来发展自己。是为了不要重复别人走过的弯路，不要再犯别人犯过的错误。少走弯路、少犯错误，才能又好又快地发展，才是科学发展的应有之义。

发展有两种，一种是总跟在别人后头，一种是争取走在别人前头。要想有一天走在别人前头发展，就必须要讨论比"引智"和"交流"更高一个层次、更具有目的性的一个问题：创新。

创新，包括发现、发明、创造。这才是我们的目标，才是发展的不竭动力。要创新，就要有创新的能力。提升我们知识分子、我们整个中华民族的创新能力，就是我们引智的最终目的。至于交流，在这个层面上与引智有一点区别：交流不仅是手段，也是人、人的社会组织的本能要求，因此它本身具有一定的目的性。但我们现在讲引智和交流，目的还是通过提高我们的创新能力，进行发现、发明、创造性的活动。

历史上，凡是创造出先进文明的民族，都是首先重视交流并创造出先进的交流手段和交流工具的民族，是创造出辉煌交流历史的民族。而封闭往往是衰落、停滞乃至倒退的开始，是缺失发展信心的表现。当代中国的民族振兴，首先竖起的两面大旗，一个是改革，一个就是开放。开放干什么？就是搞交流，包括物的交流、资金的交流、人的交流、智力的交流、文化的交流。没有交流，就没有发展。

---

[*] 摘自作者在中国高教学会引进国外智力工作分会 2009 年年会上的讲话。

[**] 作者简介：赵立宪，时任国家外国专家局教科文卫专家司司长。

另外，当代世界，智力交流之所以举足轻重，还是因为智力的发展、智力的竞争，或智力的活泼状态，是决定一切发展的主要因素。先进国家的生产力领先、科技领先的原因，其实是智力创造的领先，是智力的活泼状态好。中国历史上有些时期，也曾经是这样，她广纳百川、生机勃勃地创造出许多领先于世界的文明。

创新能力，是植根于一定的创新文化基础之上的。只有不断发展创新文化，才有创新的厚实底蕴。创新文化拥有许多特征，我认为主要特征是：学习进取、通变务实、开放兼容、坚韧求真。在这些特征中，有许多就是我们民族文化中有悠久历史积淀的精粹，但也有些是我们比较缺少的，或流失掉的。引进国外智力的一个重要任务，就是吸收借鉴国外先进文化，培育、汇聚和养成我们自己的创新文化，淘汰一些文化中的糟粕。让一种生气勃勃的创新文化，主导我们民族发展。

大学在创新文化的建设上，具有重要的地位。大学本身就是社会创新型组织、文化养成基地。通过人才培养、科学研究等方式，进行知识、文化活动。近、现代以来，中国社会的每一次历史性进步，大学都在思想文化的准备上首当其冲。在引进国外智力方面，大学也是走在了前边。现在我们提出"国际化"的目标，也是一个非常带有突破性的实践。它绝不是聘请几位外国老师、引入几本外国教材、开设几门课程的问题，而是通过引进国外智力，促进交流，汲取国外先进文化，建设我们自己的先进的、开放的、兼容并包的，以创新为特征的、引领世界知识和文化前沿的中华文化。

我再回顾一下我的思路：从引智和国际交流，讲到创新，再讲到培育和养成民族创新文化。这也是我们这项具体的引智工作的出发点和落脚点。本着这个思路，我们的思想还要解放，思路还要开拓，方法还要多样，工作还要深入。否则，我们就有可能失掉机遇，当前世界上的人才竞争虽然未见硝烟，但却波诡云谲，根据联合国2006年底统计，世界上大约有30个国家制定了吸引高层次人才的政策或计划，一半以上（17个）是以美国为首的发达国家。我们周边的韩国、日本等，都有力度相当大的引进人才措施，虽然声势没有我们大，但落实的比较好。因此，我们在引智上，要有紧迫感，多做少说，多干事，少"忽悠"。这也是我们在学习、实践科学发展观中的一点体会。

（原载《大学国际》2009年第4期）

高等院校引进外国智力的市场主导：
要素、机制和取向[*]

李 毅 徐 瑶[**]

高等院校引进外国智力的活动是国家引进、利用和吸收外国的人才和智力资源的重要组成部分，是高等院校开展国际合作与交流的具体行动，也是高等院校自身加强学科建设的重要手段和实现途径。高等院校的外国智力资源由两部分组成：一是外国的人力资源，如优秀的外国专家、教授和专门人才；二是外国的智力资源，如外国先进的管理模式、教材和研究方法等具有知识产权性质和特征的无形成果。本文从市场经济的角度，探讨高等院校引进外国智力的市场主导要素，解析市场主导的引进外国智力的机制，以及高等院校引进外国智力的价值观取向。

一、市场主导的引进外国智力的属性要素

（一）体现市场供求关系的属性

我国的社会主义市场经济体制正在不断地完善，其最基本特征就是按照市场的供求规律进行人力、物力和财力等方面资源的配置。作为一种准公共产品，高等教育在社会主义市场经济条件下运行机制的逻辑起点不是政府制定的计划，而是反映社会经济发展客观需要的劳动力市场的需求与供给，特别是与高等教育人才培养密切相关的高级专门人才的需求状况与供给状况。[1]在市场经济的条件下，高等院校既是一种产品的供给者，也是某种产品的需求者。有投入就会有需求，高等院校物质

---

    * 本文系基金项目：国家社科基金"十一五"规划（教育学科）2006年度一般课题。
   ** 作者简介：李毅，广州大学国际交流与合作处处长，教授。徐瑶，中山大学国际合作与交流处副处长。

的和非物质的供给不足构成了总体需求,其中包括对外国的人才和智力资源的有效需求。在市场规律的支配下,外国的人才和智力供给与高等院校需求之间呈现出一种市场供求关系。随着我国的社会主义市场经济体制不断地完善,传统的引进外国智力的运行机制也必然会产生根本性的变化和调整,市场规则已经开始并将继续主导高等院校引进外国智力的运行机制。市场经济的核心是利用价值规律和供求关系,通过自由竞争,优化资源配置来获取最大经济效益。在经济全球化动力的推动下,市场主导的运行机制使高等院校的人才和智力资源配置范围扩大到国际市场,构成了以国际市场为背景的人力和智力资源的供求关系。

(二)国际教育服务贸易的属性

在 WTO 的法律文件中,外国的人才和智力的商业流动是国际教育服务贸易的重要组成部分。外国人才和智力资源的商品价值在于它所能提供的服务,这种有偿服务的商品价值来自于服务所能产生的效益。服务是人们在消费者支配下为满足其需要而创造某种效用的活动。[2]作为一种产品,服务能给消费者提供某种效用,能满足消费者某种需求;其次,服务是一种活动形式的产品,它多以活动的形式来满足消费者的某种需求。服务产品区别于其他产品的特征在于,服务的过程要求生产者和消费者在物理上接近,服务产品的生产过程往往有消费者的参与,消费者直接参与服务的生产过程。[3]高等院校引进外国智力在行动方式上表现为人员的国际流动,它的贸易属性源于 WTO 文件中对教育服务贸易四种服务方式的划分,即跨境交付、境外消费、商业存在和自然人流动。其中,自然人流动是指一成员方的自然人在任何其他成员方境内提供的服务,其特点是服务提供者以自然人身份进入并暂时居住在服务消费国。[4]高等院校引进外国智力实践内容主要表现为外籍专家和教师来华工作,以及中方的教师和管理人员到国外的学校和科研机构工作、培训和学习等。在实践形式上主要表现为人员和智力的国际间流动,实施过程受到国际教育服务贸易的有关法规的保护。

(三)高等教育资源的属性

高等教育的资源是高等教育组织所拥有的使用于高等教育活动事业,提高受教育者人力资本或价值的各种资源综合。高等教育资源是高等院校开展一切活动的基础,与一般意义上的资源相比,高等教育资源具有外部性、短缺性、专业性和综合性的特点。[5]在高等教育资源要素构成中,外国智力是其诸多资源要素重要组成部分,通过引进的方式,高等院校得到了有益于自身发展的国际性资源。利用外国的人力和智力优质资源,高等院校可以直接吸收和融合国外先进的教育思想、教学方法、管理模式和科研成果等,从而达到整体提高和全面发展的目的。在市场经济条件下,高等院校是自主办学的法人实体,其主要目标培养优秀的人才,开展科学研究,为经济和社会发展提供人才、智力和技术保证。为此,高等院校首先必须掌握能够保证其拥有长期的和稳定的发展资源,包括人力、物力和财力硬性资源,以及办学声誉和校园文化等软性资源。资源的短缺性特点必然会诱发高等院校之间展开以获取资源为目的的市场竞争行为。为了应对激烈的竞争,高等院校通过市场竞争的手段争取一切有益于自身发展资源,包括引进外国的人力和智力资源。

二、市场主导的引进外国智力运行机制的解析

在市场经济的条件下,市场的供需规律是人力和智力资源的流动的主要动力,市场规则是支配和引导这种供需关系的"看不见的手"。但是,引进外国智力不同于一般意义上的人才和智力引进活动,其独特性在于,这种引进活动既要受到人力资源需求与供给的国际政治经济环境(国际环境)的影响,同时还要遵循人员和智力流动的国际市场规则(市场规则)。国际政治经济环境影响并支配国际市场规则是引进外国智力区别于一般意义上的人才和智力引进活动的重要特征。国际政治经济环境是指:智力输出国和输入国外交政策的走向在多大程度上有利于外国智力流动;智力输出国和输入国参与国际教育服务贸易的水平;国际经济和政治格局有益于智力流动的积极因素。作为一项经济活动,国际市场规则在本质上与一般意义上市场规则相同,所不同的是市场规则涉及的范围和对象。市场规则的具体定义是,市场经济中以约束市场主体行为的一系列规范和准则的总和。市场规则的构成要素包括产权规则、合同规则、竞争规则、企业规则和劳资规则等。这些要素相互作用,相互影响,共同支撑起市场规则的整个体系。[6]国际政治经济环境是宏观意义上的条件,而国际市场规则可以被看作是微观意义上的条件。国际政

治经济环境和国际市场规则是人才和智力资源实现国际间的交易的两个基础性条件,在此基础上,高等院校通过政府组织或非政府组织提供的服务,实现供需双方互动的完整过程。其运行机制图示如下:

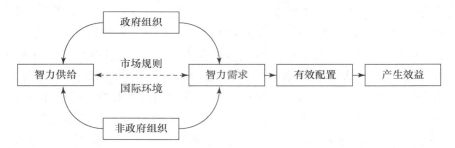

市场规则约束力规范了供需双方的行为,市场规则的约束力来自于市场本身,而非人力所为。按照政治地理和经济地理的概念划分,引进外国智力的市场范围自然延伸到国际市场,也就是国际人才和智力资源市场。国际市场与国内市场最大的区别在于国际市场要受到国际政治经济环境的影响,国际环境错综复杂,没有一个类似于国内垂直运行的政府管理体系,也没有类似于国内的司法机构来维护秩序,因此,国际政治经济环境的性质是一种无政府的状态,这种无政府的状态构成了引进外国智力的外部环境,这也意味着国际人才和智力的引进机制只能是一种合作性的市场行为。合作性的市场行为具有两层含义:一是引进外国智力依然需要政府组织和非政府组织提供一定的服务,促进或搭建某种形式的合作关系;二是合作双方依据市场规则,在互利双赢的基础上实现合作。依靠这种机制,供需双方才能实现互动,并最终达到交易的目的。

政府组织和非政府组织是引进外国智力的两个相互补充的服务机构。政府组织提供的服务包括制定有关政策、行使政府的管理职能、实施宏观协调以及保障国内与国外有关方面的权益等。非政府组织的主要是提供信息服务、中介服务以及协调国内与国外各方的关系等。在信息化的时代,互联网的平台是存在于政府组织和非政府组织之间的第三种服务方式。互联网使供需双方以更加快捷的方式直接"见面",供需双方依照市场规则更加灵活地进行选择,充分表达自己要求和条件,实现各自利益最大化的目的,并最终达成交易。互联网的服务方式在形式上虽然是民间或私人性质的活动,但实现交易的过程依然需要政府组织或非政府组织的介入。因为，国际间的人员流动需要政府的有关政策和法规的保障，同时也依赖于一些非政府组织来保障人员自身的权益。因此，互联网的服务仅仅是政府组织和非政府组织提供服务的有效方式，我们不能将其视为一种机制建设的目标，而是作为一种机制建设的手段。

在微观层面上，引进外国智力活动是高等院校内部人力资源配置的组成部分，是高等院校运用市场规律开发人力资源和智力资源的一种手段。通过市场运行的方式，高等院校获得了自己所需要的外国的人力和智力资源，达到了资源配置的目的。但是，资源配置并不是最终的目的，最终的目的是将外国的人力和智力资源转化为高等院校的现实能力，使高等院校能够更好地履行人才培养、科学研究和服务社会的三大功能。高等院校内部的管理机制是外国的人力和智力资源产生效益的关键条件，管理机制的要素包括激励机制、使用机制、评估机制、后勤保障机制、奖惩机制等。总之，一切的管理手段都是以效益和效率最大化为目的，保证外国的人才资源和智力资源能够得到充分和有效地利用。

三、引进外国智力的价值观取向

在市场经济的条件下，市场主导的引进外国智力活动在客观上要求高等院校应具有与之相符的价值观取向。价值观的取向过程是一个认识的过程，也是一个实践的过程，由此而形成普遍性的社会行为模式。高等院校引进外国智力价值观取向首先来源于人们对于市场主导要素和机制的认识，以及在此基础上开展的实践活动。原则是信念的表达，也是对价值观的坚持，制定原则的目的在于指导具体的行动。根据本文以上对于市场主导要素和机制的论述和分析，我们认为，高等院校引进外国智力价值观取向应该遵循以下原则。

（一）利益驱动原则

自由主义经济的观点认为，人们对自身利益的追求构成了市场的供求关系。高等院校引进外国智力的利益驱动力来自于引进一方的利益要求，也来自于智力提供方的利益要求。作为需求方，高等院校的利益表现为集体的利益，具体包括：高等院校的办学目标和实现目标的计划；

高等院校谋求发展的人力、物力和财力资源；预期的经济收益和社会效益。供给方的利益表现为个人利益和集体利益两种形式。个人的利益包括：个人预期的经济收益、个人自我实现的预期价值和个人对自己未来目标的期许等；集体的利益包括：预期的经济收益、预期的社会效益、对自身发展前景的评估等。供求双方的利益要求通过市场的途径实现交换，供求双方在各自利益的驱动下确定的目标和行动准则。利益驱动原则是引进外国智力市场主导机制的核心原则，也是包括高等院校引进外国智力在内的一切市场经济行为的立足点。

（二）互利双赢原则

高等院校的引进外国智力是一种合作性的市场经济活动。所谓合作性是指，在国际政治无政府状态的背景下，引进外国智力虽然是利益驱动的人员和智力的国际流动活动，但是必然要受到高于经济利益的国际政治原则的影响。在此情况下，中外双方的关系是一种合作关系，合作性的市场经济活动具有两层含义：一是这项活动在本质上是一种利益驱动的经济行为，受到市场规则的规范；二是国际政治因素在很大程度上可能会左右并改变其活动方式和范围。基于经济的和政治的因素的考虑，高等院校的引进外国智力的理想状态是互利双赢，互利是对经济行为的要求，而"双赢"则是基于政治行为的考虑。

（三）自由流动原则

自由流动的原则是人员和智力国际流动性的社会基础。如前所述，高等院校引进外国智力是一种经济行为，在形式上表现为人员和智力国际流动的活动，属于国际教育服务贸易的范畴，人员和智力的国际的流动通过贸易的方式满足各自经济利益的要求，其实现过程受到市场规则的规范。利益驱动是这种经济活动的动力来源，互利双赢是供求双方理想的相处状态，利益、交易、互利和"双赢"等经济和政治要素通过市场规则实现供求互动的机制，但这种互动机制的前提是人员和智力能够具有国际流动性。高等院校的引进外国活动在形式上主要表现为中外双方的人员的国际流动，以及由此带动的智力活动的转移。在物质条件完善的情况下，人员和智力的自由流动性是高等院校引进外国智力的前提条件。

（四）战略规划原则

理想和理念是划定原则的理论依据，战略规划是高等院校基于自身发展目标、定位以及实现途径的思考，目标和定位是高等院校的办学理想和信念的高度体现。高等院校对于引进外国智力的战略规划原则的依据是目标、定位以及实现途径三个要素。广大对外开放性和加强国际交流与合作是高等院校实现其目标和定位的重要手段，作为一项实践性活动，引进外国智力是这种手段的基本组成部分。从战略规划的角度确定引进外国的人才和智力的目标，使这项活动能够有效地服务于高等院校的办学目标和定位，这是一个实践过程，也是一项基本原则。

四、结 束 语

以上，本文在市场主导的属性要素、运行机制和价值观取向的三个维度上讨论并分析了高等院校引进外国智力活动。传统上，我国高等院校引进外国智力的活动主要是通过行政手段完成计划、组织和实施的过程，也同样依靠行政手段达到引进、吸收和消化的目的。这种方式是计划经济模式的延伸，其最大特点是能够集中有限的财力和物力达到计划引进和有效管理的目的。在我国社会主义市场经济体制逐步完善的情况下，传统的引进模式在规模上和形式上已不能适应形势的发展，有必要从市场经济的角度，探索以市场为主导的引进外国智力模式，从而使我们从更大的视野、在更大范围内推进高等院校的引进外国智力活动。

参 考 文 献

1. 闵维方主编.高等教育运行机制研究[M].北京：人民教育出版社,2002：5.
2. 白仲尧主编.中国服务贸易方略[M].北京：社会科学文献出版社,1998：24.
3. 靳希斌.国际教育服务贸易研究——理论、规则与行动[M].福州：福建教育出版社,2005：22.
4. 全国人大常委会办公厅公报编辑室.中国加入世界贸易组织法律文件(中文本)[M].北京：中国民主法制出版社,2002：661.
5. 罗亚光.高等教育资源概念界定及其功能分析[J].天府新论,2006,(3)：151.
6. 周军.论市场规则及其构成要素[J].武汉理工大学学报,2004,(2)：165.

引智工作应在科学的轨道上持续发展

杨 杰　张梦萍　王建国[*]

科学发展观的要义就是发展,发展要想得以持续,其关键就是要科学。高等院校本身就是科学的殿堂,高等院校的根本使命是培养人才,因此引智工作应该和学校自身人才培养的工作紧密地结合在一起。引进世界级水平的优秀人才,最终目的是为了在自己的学校培养出世界级的优秀人才。这一思路必须得以强化与发展,引智工作的深入与发展的思路必须符合以人为本,必须科学。如何将引智与自身人才培养的工作有机结合,在科学的轨道上得以持续发展,是我们高等院校的管理者需要不断深思的重大问题。

创建世界一流大学已经成为我们几十所大学的奋斗目标,每一所大学也都制定了创建世界一流大学的措施,并在积极地实施之中。最终衡量世界一流大学的标准就是看你是否不断地批量地培养出世界一流的人才。作为我国第一梯队的大学,努力培养出世界级的科学领军人才,培养出世界水平的专家学者是我们不可推卸的责任,也是我们大学建设的目标。有了这样的目标还不够,还必须有实现目标的可操作的、科学有效的计划路线。根据我国现有的经济基础和大学环境与大学氛围,创建世界一流大学的任务应该是任重道远,它是一项需要孜孜不倦追求的长期任务。向世界先进国家学习,加大引智力度是加快我国人才培养的有效途径。

说到底,创建世界一流大学的核心就是要创建世界一流的人才培养基地,也就是创建能培育世界一流人才的土壤。这一基地的内涵就是有

---

[*] 作者简介:杨杰,中国科学技术大学工程科学学院教授,博士生导师。曾任中国科技大学外事办公室主任,现任中国科技大学国际合作委员会日本事务校长代表。张梦萍,中国科学技术大学外事办公室主任,数学学院教授,博士生导师。王建国,中国科学技术大学外事办公室主任助理,高级工程师。

世界一流的管理体系，有世界一流的团队，有世界一流的设施，有世界一流的教学科研氛围，有世界一流的人文环境。基于对世界一流大学的基本认识，必须设计科学的合乎我国国情的计划路线。

一、引进一流的管理体系，创造宽松的环境，培育大学的独立人格

大学要在国际化的环境下健康科学地发展，建立科学的先进的管理体系是头等重要的任务。自从我国实施985工程项目以来，我校领导多次亲自率团到美国、欧洲世界一流大学考察学习，考察学习的重点就是他们的管理体系。我们国家与它们的国情大不相同，所以不能照搬。但是一些重要的不可放弃的普适经验却是非学不可的。

宽松的教学研究环境，不受行政干预的学术自由和独立自主的人格精神是办好大学的精髓。

现在我国的大学突出的问题是官僚化与行政化，大学没有按照大学自身的规律在运行，教学问题、科研问题不是由专家学者研讨后作出决策，而是受到很多非科学的行政干预，导致一些不利于大学发展的现象冲击教学与科研的正常发展。

由于官员掌握着教学科研资源分配的决策权，这些资源的分配又出现不正常的扭曲。希望静心从事教学科研的学者因为得不到必要的资源而争相进入行政管理部门。这一现象在大学已经出现越来越严重的倾向，不扭转这一倾向，就不能使学者静心从事教学科研，不能使学者树立终生献身科学的志向，于是就不得不进入"市场"，不得不加入关系网，应付人际关系，那么我们整天所说的培养一流的人才就会成为空话。

每年一次的年终考核以及直接与效益挂钩的管理方法也值得反思。一年中如果没有通得过的所谓成果，第二年的报酬就会受到影响，迫使教师们不得不寻觅短平快的路子。事实上大学教师的职责就是教书育人，开展科学研究。教书育人难以量化评价，于是就对科学研究进行量化评价。但是，科学研究本质上是对未知世界的探索，这一探索并不可能事先就知道结果，所以从来就提倡科学研究允许失败，有些研究的失败本身就是成果。当研究结果与预想的结果出现大的偏差甚至相反，也

许就很难写出论文,但这决不能得到没有从事研究或没有研究成果的结论,相反应该受到鼓励。

我们需要给从事教学与科研的教师充分宽松的环境就是指不能以短期定量的标准要求教师必须如何。考核是需要的,考核的内容与指标必须合理,必须是有利于激励教师更好地去创造性地从事自己的工作,而不是去应付自己的工作。当前学术界腐败风气正盛,与这样的考核评价体系有着密切的关系。但凡从事过科学研究的教师都会知道,应付工作是最容易最轻松的,它根本不需要踏踏实实艰苦卓绝的努力。简单的绩效挂钩,其结果一定是适得其反。

检验管理是否得当,关键就是看管理的结果是否真正让教师学生全身心地投入到教学科研与学习之中,不受外来的行政干预。这是我们急需从先进国家引进的第一要素。

二、加大引进人才力度,目标是自己培养出人才

向全世界开放,引进优秀人才是引智工作的重中之重,这一点已经广为我们的管理工作者和广大学者所接受并认识,现在很多学校不仅在引进一般的优秀人才,而且把标准提到要引进世界级水平的人才,要引进领军帅才,国家的"千人计划"就是要引进世界一流的人才。

现在对于我们大学的现状而言,引进真正的没有水分的世界一流人才难度还是很大的,可能也是有的。问题是引进了一流的人才后,能否发挥他们的作用,如何发挥他们的作用,这也是需要认真思考的问题。

我们认为应该从以下两个方面来予以重视。

(一)引进一流人才一定要和自身培养一流人才紧密结合起来

不要以为把人才引进来了就万事大吉了,以为他在国外能做出的成果在国内也能做出来。国外的出色成果固然是他成就的体现,但是出色成果的取得还有赖于他所在的团队、所在团队长年的科研积累以及各种软硬条件,绝不是一个人单枪匹马奋斗的结果。如果我们不为引进的专家学者创造良好的、宽松的教学科研环境,那一定会埋没掉优秀人才。

除此而外,非常重要的是,引进人才绝不能急功近利。引进人才后切忌一种心态,即期望被引进的人才一两年内就能为学校做出成果,就能在高影响因子的国际期刊上发表论文。引进人才决不应是为了眼前的政绩。世界一流人才的价值不是仅仅表现在做实验发论文,我们引进世界一流人才的最终目的是要健全培养出自己的世界一流人才的体系。因此一定要把引进的人才和自己培养人才的工作有机地结合在一起。除了给引进的人才创造尽可能好的软硬件条件外,要给引进的人才配备优秀的年轻教师和优秀的博士生,要让引进的人才很快地领导一个坚强的团队,在课题组或学科组内形成很浓烈的学习科研的氛围。要让引进人才对科学的孜孜不倦执著的探索精神、不受干扰献身科学的精神以及对科学研究对人才培养的身体力行来凝聚并影响一个团队。

为了通过引进人才较快地形成一个强有力的团队,除了给予必要的经费与人员的支持,还必须帮助排除干扰,创造一个宽松可以自主的环境。

(二)为了创建一流团队,学校要帮助排除干扰

引进的一流人才未必就一定能形成一流的科研团队,这就需要我们管理者的帮助。除了前面已经提到的软硬件与成员配备外,创建一个人性化的环境也是绝对重要的。

所谓人性化的环境就是要让在这团队内共同奋斗的人心情舒畅,没有不必要的牵挂和担忧,没有或较少有产生心理倾斜的因素。

其中核心问题还是待遇。我们现在引进世界一流人才是大手笔的,"千人计划"提到的引进人才的待遇是不比在国外的待遇低。那么引进人才的工资可能就是国内相同职称教师的 10 倍到 20 倍,是讲师助教的 20 倍到 40 倍。在一个团队内这样的工资落差是不符合人性正常心理的接收范围,也不利于形成一个可凝聚的团队。

不合理的工资落差也是一种干扰,也是引进的人才难以发挥应有作用的因素。要世界一流人才以奉献精神回国报效是没有道理也是不可行的,但是落差过大又不利于形成可凝聚的团队,如何解决这样一个难题?最简单可行的办法就是适当地提高加入这样一种团队的成员的待遇,这是不可缺少的。能够进入这样的团队的教师是经过挑选的,是优中之优,就如引进人才一样的道理,给这些教师提高一定的待遇是可以

接受的，既有利于激发他们的积极性，也有利于团队的稳定。

三、充分开放，向全球招聘人才应该成为常态

不少学校已经进行了全球招聘的尝试，也取得了一定的经验。通过长年的引智工作，通过对世界著名实验室的了解，很容易发现，世界一流实验室面向世界招聘人才是一个常态。

（一）随时招聘世界高水平研究人员

引进人才的重要性已经不需重复，但是各个创建世界一流大学的高校管理层还是要把引进人才从阶段性的工作转向常态性的工作。现在有网络通讯手段，从阶段性到常态性的转换并不困难。

引进人才变为常态性工作的主要问题是经费的筹集。现在在一些创建世界一流大学中经费已经不是主要的问题，关键是要吸引到真正一流的专家学者。在引进人才中一定要克服急于求成的倾向，必须做到宁缺毋滥，慎重把关。外国专家局支持各校的引智经费就应该可以充当这一引进的基金使用，各高校也可以自设这样的基金，手握几千万大课题大项目的团队也可以从项目经费中划出一块作为引进资金。

要让我们一些高水平的实验室成为真正的国际实验室，在这些实验室的研究人员应该始终包含有多国研究人员，这在发达国家是极为平常的现象，我们应该朝这一方向努力，其实这并不难做到。

（二）随时招聘世界各国高水平博士后

重点实验室面向全世界设立博士后职位，放开招聘博士后是引智的一个极好途径。在招聘中不要把眼光仅仅集中在海外华人身上，不论是海外华人还是非华裔外籍人，我们都要一视同仁，在某种意义上说可以适当侧重于在非华裔外籍人中招聘博士后，这将更有利于我们的国际化进程。

我校曾经在中国科学院的支持下接受了一位印度的博士后。这位年轻学者在博士期间的研究就非常出色，我校的一位老教授对其博士期间的研究很感兴趣，决定接受他做一年的博士后。研究工作进展非常顺利，该年轻学者和老教授合作，在一年的研究结束前就做出了很好的实验，并向PRL投出了论文被接受。类似这样的博士后岗位应该常设，每

一个希望向世界一流靠拢的团队都应该长年面向全世界设立博士后岗位。

引智工作的深入与发展就是要着眼于引进好的有利于人才培养的教学科研管理体系,引进有利于人才培养的人文精神,引进优秀的领军人才。没有宽松的环境,没有独立的大学人格,没有科学的管理体系,没有以人为本的人文精神,即便引进优秀的领军人才,这样的人才要不就被同化,要不就会消沉无所作为。

跨文化交际与高校外籍教师管理

殷永建　它特图德·高德斯沃特　刘　丽[*]

引　言

"跨文化交际"(intercultural communication)是指不同文化背景的人走到一起分享思想、感情和信息时所发生的一切。跨文化交际学最先在美国兴起,我国研究跨文化交际学起步较晚。目前,跨文化交际学已发展成为一门集人类学、语言学、心理学、传播学和社会学等为一体的综合性学科[1]。

外籍教师(foreign teacher)在我国执教的历史,可以追溯到19世纪中叶前后开始的教会学校教育。改革开放后,尤其是在经济全球化及我国加入WTO的双重推动下,我国高等教育国际化趋势发展迅速。外籍教师可以提高高校外语和部分专业教学水平、师资队伍建设以及培养国际化人才水平,聘请外籍教师不但成为我国"引智"的一项重要工作,而且是我国教育事业的一种有益补充。据国家外国专家局统计,我国境外来华专家和外籍教师,从改革之初的不足千人次到2007年的48万人次,2009年来华工作的外籍人士已达近百万。陕西省在"十一五"期间,共引进各类外国专家1.32万人次,其中高校外籍教师或专家接近万人次[2]。

国内对外籍教师管理的研究还处于起步阶段,停留在一般事务性和工作程序性的管理层面。随着国内高校国际化趋势的发展以及聘请国

---

[*] 作者简介:殷永建,西安工程大学党政办副主任,高级工程师,研究方向为项目管理、高等教育管理等。它特图德·高德斯沃特,德国罗伊特林根大学欧洲商学院教师。刘丽,西安工程大学人文学院教师。

外教师和专家数量的逐渐增大,这种传统的管理模式给实际工作造成了诸多困难,妨碍了外教工作的主动性、积极性和创造性。而且双方因文化差异(cultural difference)以及文化休克(cultural shock)带来的纠纷事件时有发生,这都为外籍教师的管理工作带来很大的难度,也无法充分发挥外籍教师的聘用效益。

一、外教管理工作中的跨文化现象

在讨论文化差异时,人们常常会笼统地说美国的文化如何,印度文化如何,日本的文化如何。这样的表述是不准确的,众所周知,即使是同一国家里面的人,其个体之间的价值观都千差万别,根本无法用一种定型加以描述。因此我们常常用文化的正态分布来表达这个概念[3]。图1表现的是两个民族在某一文化维度上的差异。从心理学角度讲,信息的编、译码是由来自不同文化背景的人所进行的交际就是跨文化交际。跨文化现象在外教管理之中无处不在,主要体现在以下几个方面。

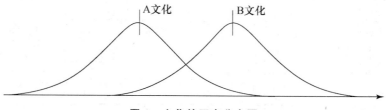

图1 文化的正态分布图

(一)价值观和思维方式的差异

迈克尔·普洛瑟(Michael Prosser)教授对价值观是这样描述的:"价值观是个人或群体主要通过文化交际构成的模式。它们是最深层的文化。我们认为所有的人都有价值观[4]。"价值观决定着人们的行动方式和交际方式。每一个人的价值观形成主要受到国家体制、信仰、家庭环境、受教育程度及国家所处地理位置影响,另外和交往人群的层次也有一定关系。地球万物,世界各国,造成了相对独立的多元文化,形成了不同的价值观。荷兰著名管理学家霍夫斯塔德(Hofstede)教授在《文化的后果》一书中提出了四个衡量价值观的尺度,即个体主义-集体主义

(individualism-collectivism)、对权力距离的态度(power distance)、对不确定因素的回避程度(uncertainty avoidance)、男性-女性(masculinity-femininity)。霍夫斯塔德还将 53 个国家和地区的价值观按他提出的 4 个维度计算出各自的指数和所占位置,见表 1。从表中可以看出,美国在个体主义方面占首位,日本在男性方面占首位,马来西亚在权力距离方面位居榜首,而在不确定因素回避方面,占首位的是希腊[6]。

表 1　部分国家和地区霍夫斯塔德价值观四维度指数和位置表

国家或地区	权力距离		个体主义-集体主义		男性-女性		对不确定因素的回避程度	
	指数	位置	指数	位置	指数	位置	指数	位置
美国	40	38	91	1	62	15	46	43~49
香港	68	15~16	25	37	57	18~19	29	50
印尼	78	8~9	14	47~48	46	30~31	48	41~42
印度	77	10~11	48	21	56	20~21	40	45
日本	54	33	46	22~23	95	1	92	7
韩国	60	27~28	18	43	39	41	85	16~17
马来西亚	104	1	26	36	50	25~26	36	46
新加坡	74	13	20	39~41	48	28	8	53
台湾	58	29~30	17	44	45	32~33	69	26
泰国	64	21~23	20	39~41	34	44	64	30

(二)交际习惯的差异

(1)语言交际习惯的差异(verbal communication)。文化影响语言,语言反映文化。美国语言学家爱德华·萨丕尔(Edward Sapir)和本杰明·李·沃尔夫(Benjamin Lee Whorf)甚至认为,语言结构部分地或全部地决定人们对于世界的看法。中国人经常会有这样的话语"回头请你吃饭",若直接翻译成英文为"I'd like to invite you have a dinner/Lunch sometime"。外国人听到这个句子往往感到不可理解?什么时间?什么地点?和谁?下面为一个英语中经常邀请人吃饭的句子,"Please come over for dinner next Saturday night in Highfly Restaurant"。(我下周六晚上请您在高飞餐厅吃饭),时间和地点都比较明确。

（2）表达方式的差异（phraseology verbal）。美国学者罗伯特·卡普兰（Robert Kaplan）在研究了不同国籍的学生写作后，认为他们的思维模式是不同的，他用图2表示这几种不同模式[5]。

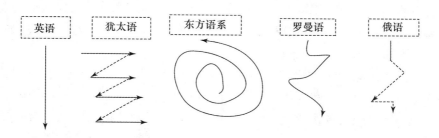

图2　不同语系语境模式

荷兰学者它特图德·高德斯沃特（GERTRUD Goudswaard）提出常见高低语境的差异[6]，见表2。从中可以看出，各不同语系在思维模式、表达方式、语境等方面都有较大的差异。

表2　常见高低语境的差异

高语境（high context）	低语境（low context）
大多数信息要从语境中得出 很多字和词的意思要从语境中得出 （"是"有时意味着"也许"或者 "我明白……"） 迂回型，有时需要解释和注释加以明确 不进行公开批评 东亚、阿拉伯和欧洲南部	大多数信息直接、清晰和明确的放在句子中 字和词的意思就是其字面意思 （"是"就是"是"） 直接型，直奔主题 公开批评 德国、盎格鲁撒克逊、西斯堪迪纳维亚

（3）非语言交际习惯的差异（non-verbal communication）。萨姆娃（Samovar）和波特（Porter）的对非语言交际的定义是："非语言交际包括在交际的环境中人为的和环境产生的对于传播者或受传者含有潜在信息的所有的刺激。"非语言交际主要有一些身体语言（body language）、眼神交流（eye contact）。在很多西方国家，比如美国、德国，当人们之间谈话的观点不同时，他们之间的眼神就不再交流；而在其他国家，比如中国或日本，这样往往被认为是粗鲁的和不礼貌的。身势（body language），

总的来说，南欧、中东、拉丁美洲地区的人们讲话时动作较多，动作幅度也较大；北欧、英美人动作较少，幅度也较小。中国、日本、韩国人属于动作更少、幅度更小的这一类。欧美教师和学生在教室里站立和坐着的姿势与我国师生完全不同。美国的小学，甚至大学课堂里都比较随便，教师管教也不严。同时，欧美人却认为中国教师对学生管理过于严厉，学生没什么自由。

身体距离(body distance)，由于文化差异，人们在交际时的距离是不一样的。中国人在谈话时的体距要比欧美人、日本人体距近。美国人在进行社交或公务谈话时，有4种距离表示4种不同情况：关系亲密、私人交往、一般社交、公共场合。对于拉丁美洲的人来说，他们在交谈时几乎贴身，阿拉伯人更近到甚至可以闻到对方的气味。

手势(gestures)，在不同国家或地区相同的手势有时含义是完全不一样的。在中国，向对方伸出垂直朝上的大拇指表示夸奖、赞美之意，用水平朝里的大拇指指向自己表示夸奖自己；而在美国，用大拇指顶着鼻尖，表示挑战、蔑视之意[7]。

(三) 文化背景与风俗习惯的差异

霍夫斯塔德认为，文化是一个环境中的人的"共同的心理程序"(Collective Mental Programming)，也就是一个人群的成员赖以区别与另一人群成员的共同思维方式，包括价值体系。文化不是一种个体特征，而是具有相同的教育和生活经验的许多人所共有的心理程序。另外存在的跨文化现象还有时间观念，计划性和宗教信仰等方面也大量存在。

二、外教管理中的跨文化交际策略

在高校外籍教师管理中，因文化差异带来的文化休克，有可能导致整个组织运作和管理的失败，如图3所示。因此研究跨文化交际策略在外教管理工作中就显得尤为重要。

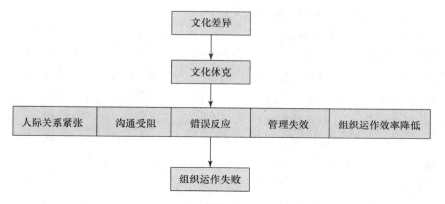

图 3 文化差异导致的组织运作失败

（一）加强文化交际与沟通，提高文化认同感

（1）正确对待文化差异，对不同的文化持积极的理解的态度（the understanding ability of different culture）。尽管中西方文化的差异使沟通出现层层障碍，但有着不同文化的人在很多问题上是相同的。比方说，所有的人都希望得到尊重，而不是忽视；所有人都希望被礼貌地对待，而不是无理地对待；所有人都希望被认可，而不是被否定。了解人性中的共性有助于理解对方的立场和别人对我们的希望。

（2）加强有效沟通，提高跨文化交际能力（effective communication）。沟通是一个连接个人、群体和组织的过程。罗杰斯（Everett M. Rogers）指出："有趣的是，共同（Common）、亲密交谈（Commune）与沟通（Communication）有同样的词根……沟通是两个以上个体之间的相互影响的交换。"在管理中，沟通的重要性就显得尤为重要。

（3）努力实现文化认同（common ground of different Cultures）。文化认同是指通过跨文化沟通，实现沟通各方对他方文化予以足够的理解、承认和尊重，从而保证组织事业在不同的文化背景中蓬勃发展。理论上说，有效跨文化沟通的目标是实现文化认同，为了达到这一目标，在实际沟通过程中，沟通各方对对方文化要有一种宽容的立场、积极的态度，不要拿本国文化的道德标准去衡量异国文化中人们的行为方式，也不要将自己的观点和行为方式强加给别人。

（二）提倡人本管理，加强人文关怀

人本主义的管理理念强调人的主体地位，重视人的尊严、人的价值，使管理更加人性化，符合现代管理的精髓。所谓"人本管理"，是一种把"人"作为管理活动的核心和组织最重要的资源，从人性和人的需要出发，强调尊重人、理解人、关心人，通过调动人的积极性、主动性和创造性，来实现组织目标的管理理论和管理实践活动的总称。管理者要加强人本主义素养，采用体现人文精神的管理手段，从人的生物性、社会性、意识性、历史性和实践性等方面尊重和促进人的人性发展，促进管理的人性化。

（1）强化服务意识（service consciousness）。外籍教师在中国任教，一方面，远离故乡和亲人，面对不同的文化、社会、工作、生活环境；另一方面，又面临着繁重的工作压力。外教管理工作人员应该及时、主动地关心他们，帮助他们尽早适应文化差异，建立友好家庭制度和合作教师制度，用优良的服务去帮助他们解决生活中的困难和问题，使他们能全身心地投入工作。对外教在生活中遇到的困难，有求必应，注重为他们解决实际困难和问题，认真对待管理和服务中不起眼的小事，持之以恒，以踏实、认真的工作态度和实际行动赢得他们的理解和信任。

（2）倡导人文关怀（humanistic care）。在工作中追求和营造一种和谐、友善、融洽的人际关系，首先要学会跨文化交际和沟通。沟通创造和谐，赢得人心。感情沟通式管理是现代人本管理的精髓所在。良好的沟通和关怀能让外教感觉到聘请单位对自己的尊重和信任，因而会产生极大的责任感、认同感和归属感。

（三）完善外籍教师的管理制度

西方的管理制度经历了科学化和制度化的充分发展，外籍教师在其母国已习惯了按制度、规定办事，他们来中国任教，一时无法适应中国的较多的"人治"环境，常常感到无所适从。所以，在对外籍教师进行管理时，外事管理工作者应制定完善、合理的制度，什么该做，什么不该做，都要明确合理，要让制度去约束和规范外教教学行为等，让外籍教师觉得有章可循，他们才会更积极地发挥自己的能动性，全身心投入到教学工作中。而对外籍教师的授课时数、教学目的都要有明确的要求，外籍教师才能做到有的放矢，聘请单位才能取得最大的聘请效益。

(1) 岗前培训。外籍教师管理部门应该为新到任外教安排岗前培训,让他们对学校的周边环境、学校的历史、现状和发展前景,学校的办学方针、培养目标、教学的总体要求和课程安排,我国的国情、文化传统和法律常识,学校的规章制度和公寓管理以及外事工作人员的岗位职责和联系方式有一个初步的印象。

(2) 完善教学管理制度。由于文化差异和中外高等教育的差异,很多外籍教师对中国教育体制及外语教学要求不了解,对中国外语教学的具体要求更是感到茫然。严格教学管理是提高外教教学质量,提升外教资源聘用效益的有效途径。教学工作要做到有计划、有检查、有评估、有反馈、有改进。中外教师共同制定完善的教学日历和教学大纲,建立合作教师(partner teacher)制度,中外教师互相观摩听课,取长补短,教学相长。坚持每周教学例会,及时发现和解决外教教学过程中的实际问题。教学评估是外籍教师管理的重要内容,是衡量聘用效益的关键环节。教学评估要严格按照程序进行,采取学生、中国同行、外教本人评估和集体评议相结合的方式,使外教感到一种约束力和推动力,促使他们在教学态度、方法和效率等方面不断提高。

(3) 加强外教离职后的联系制度。与已经离职的外教继续保持联系。他们不但属于我国高校宝贵的海外人力资源、信息资源,还是中国和平崛起的见证人、中国教育事业的宣传者、中外友谊合作的传播者。在高校未来的发展中,巩固并强化这支海外关系网络具有现实意义和长远的历史意义。可以预见,他们将为促进我国高校的国际化进程及可持续发展发挥更大的作用[8]。

(四) 加强对外籍教师的激励措施

(1) 以物质激励调动工作积极性。外籍教师最基本的需求是安居需求。安居需求的满足是直接影响他们积极性和产生行为动力的基本因素。目标激励,明确的工作目标可以帮助外籍教师预估工作中可能要付出的努力,减少工作的盲目性,增强行为的自我控制力。评估激励,教学评估是外籍教师管理的重要内容,是衡量聘用效益的关键环节。福利政策激励,外籍教师在保险、住房、交通、旅游等等方面有着较高的需求。

（2）以非物质激励激发外籍教师潜能。荣誉激励，指让外籍教师参加学校的优秀教师评选活动。各方面表现优秀的外籍教师，还可以被推荐参加省市级"友谊奖"的评选。对于工作超过一定时间的外教，可授予一定的荣誉职位。情感激励，是指加强与外籍教师的感情沟通，尊重他们，使他们始终保持良好的情绪以激发工作热情。参与激励，是指满足外籍教师自我实现的需要，外籍教师不单单是授课，还可以民主地享有所有教师的参与权，如全校性教职工活动，文娱演出、体育比赛、校庆、学术讲座、教师聚餐等活动。另外，还可组织他们参加当地政府安排的外宾座谈会、联谊会，让他们了解当地的经济发展和社会进步情况[9]。

三、结　语

外籍教师对加强高校文化建设和推动高等教育国际化进程具有不可替代的作用，对外教的管理是一项复杂的系统工程。在外教管理工作中，需要高校外事工作人员不断提高自身素质，注重在实践中培养和应用跨文化交际能力和策略，加强文化交际与沟通，提高人本管理水平，不断完善管理制度，加强对外籍教师的激励措施，充分发挥外教的主观能动性，使其更好地为高校的教学和科研发展服务，从而推进我国高等教育事业的可持续发展和科学发展。

参 考 文 献

1. 胡文仲.跨文化交际学概论[M].北京:外语教学与研究出版社,2007:9—24.
2. 陕西省政府网站.我省5年引进外国专家逾万人次[EB/OL].(2011-3-11)[2011-6-10]. http://knews. shaanxi. gov. cn/IssuedContentAction. do? dispatch=vContNrForZfld&contentid=97795
3. 陈晓萍.跨文化管理[M].北京:清华大学出版社,2009.7:7—18.
4. 胡文仲.超越文化的屏障-胡文仲比较文化论集[M].北京:外语教学与研究出版社，2004：126.
5. Robert Kaplan. Cultural Thought Patterns in Intercultural Education[J]. In Language Learning. 1966(15):1—20.
6. GERTRUD Goudswaard. Business English [M]. Haufe Medieengruppe. 2002:70—72.

7. 刘新颜. 非语言交际在高等学校外籍教师管理中的作用——也淡体态语的语用功能和文化差异[J]. 辽宁师范大学学报(社会科学版),2010.9(33):148.

8. 任中红,马静. 提升高校外籍教师资源聘用效益的若干思考[J]. 西北工业大学学报(社科版),2008(28)1:60—61.

9. 赵雷. 高校外籍教师管理中应用激励理论的探析[J]. 边疆经济与文化,2010(12):185—186.

(原载《西安工程大学学报》2011年第5期)

中国大学对国际化活动资助情况的比较研究[*]

胡亦武[**]

加拿大学者简·耐特（Jane Knight）和美国学者翰斯德·威特（Hans de Wit）将推进大学国际化进程的策略从总体上分为两类，一类是组织策略，另一类是活动策略。Hans de Wit 将活动策略定义为"高等教育机构中的一些学术活动与服务，通过融合形成一系列的国际化方法"。活动策略的表现形式通常为不同类型的学术活动如学生和教师的国际交流，开设国际化课程以及国际教育合作等。他们把活动策略划分为四类：一是与科研有关的活动，二是与教育有关的活动，三是与技术援助和国家教育合作有关的活动，四是课外活动与服务。

基于这一思考，在查阅大量文献及征求多方意见的前提下，我们制定了调查表格，然后按"211 大学"、"985 大学"、其他大学、有研究生院的大学 4 种分类方法分别对样本学校的相关部门发送了问卷，展开对国内不同层次大学为国际化活动寻求资助情况的实证研究。

一、对学校国际化活动资助的情况

学校的国际化活动需要资金的支持，没有一定的资金支持，国际化活动显然无法开展，因而一个学校所受的国际化资助程度是大学国际化程度的一个非常重要的经济方面的反映。因此，有必要对不同大学的这一问题进行比较研究。

---

[*] 本文曾于 2009 年 8 月获中国高教学会第七次高等教育研究成果优秀论文二等奖。
[**] 作者简介：胡亦武，时任华南理工大学国际交流与合作处处长，现任中外合作办学办公室主任。

（一）所选指标的说明

从主体的行为意识角度来看，一个学校要获取国际化活动资金资助无非来自于两个方面：一是学校主动寻求的；二是外部自愿捐助的，当然，有时两者是统一的，难以截然分开。另外，从资金的渠道来源来看，一个学校国际化资金资助总起来看可以分为以下几类：一是国家基金的资助；二是省级基金的资助；三是私人团体的资助；四是其他途径的资金来源。为此，我们将反映大学国际化资金资助获取状况的指标分为5类（a～e），并将其列于表1。

表1 大学所受国际化资金资助情况指标选择

	没有	有
a. 贵校积极寻求指定用于国际教育项目和活动的基金。	0	1
b. 在过去三年中，贵校接受过国家基金专门用于国际项目和活动。	0	1
c. 在过去三年中，贵校接受过省级基金专门用于国际项目和活动。	0	1
d. 在过去三年中，贵校接受过私人团体（基金会、企业或是校友）资助专门用于国际项目和活动。	0	1
e. 在过去三年中，贵校接受过其他来源的资助专门用于国际项目和活动。	0	1

（二）不同类型大学国际化资助程度的比较

由于历史及其他方面的原因，不同类型大学在国际化过程中所受资助的水平是不一样的，为了对此进行比较，我们将调查所得的样本进行了统计处理，并给出了一个计算结果（见表2）。

表2 不同类型大学国际化资助程度比较

"985大学"（%）					
类型	a	b	c	d	e
0	0	4	4	35	9
1	100	96	96	65	91
"211大学"（%）					
类型	a	b	c	d	e
0	0	12.5	37.5	0	12.5
1	100	87.5	62.5	100	87.5

续表

有研究生院的大学（%）					
类型	a	b	c	d	e
0	0	17	50	33	17
1	100	83	50	67	83

一般性大学（%）					
类型	a	b	c	d	e
0	12.5	50	50	25	37.5
1	87.5	50	50	75	62.5

先来看第一个指标（a），即学校有无积极主动地去寻求专门指定用于国际项目的资金支持。从统计结果来看，"985大学"、"211大学"和有研究生院的大学积极寻求国际化资金支持的比率均为100%，而一般性大学则有约12.5%的大学没有积极主动地去寻求特定的资金支持。此结果表明，对于具有一定研究实力的大学，他们对于大学国际化项目开展还是很重视的，因而会积极主动地去寻求一些资金支持。但是对于一般性的大学，或者是由于资历的原因，或者是由于没有这种国际化项目开展的意识，因而他们可能不会积极主动地去寻求专门用于国际化资金项目的支持。

第二个指标（b）是近三年中，学校是否接受过国家基金以专门用于国际项目的资助。由表2容易发现，这一结果明显反映了受资助程度是与学校的科研实力或声誉是成正比的，即学校的科研实力越强、声誉越高，那么它在近三年中接受国家在国际化项目方面资助的比例就大。具体来看，对于"985大学"，大约96%的大学接受过相应的资助；对于"211大学"，这一比例大约是87.5%，仅有研究生院的大学为83%，而一般性大学则只有50%。这一结果的合理性可以从信息不对称理论来寻求解释：国家基金的资助的使用当然希望其富有成效，而根据信息不对称的理论，国家在确定资助哪所大学时，国家及大学本身对大学是否具有这方面实力的了解显然是不对称的，大学自身对其自身情况的了解要比国家对这所大学的了解要多得多，因而国家为了判定大学是否有这个实力，只能通过寻求一个间接指标来解决这个问题。而这个间接指标就是大学的声誉或科研实力，因为大学的声誉与科研实力往往也与其是否具有举办国际化项目的能力是成正比的。当然，由于是否资助一所大学还不仅是一种经济行为，这里面还包含一些社会关系在起作用，因而，此前与国家相关部门关系更为密切的大学，其所获资助的可能性就更大一些，而显然声誉或科研实力强的大学在这方面更具优势。

第三个指标(c)是被调查学校是否在近三年内接受过省级基金的资助。根据表2，这一指标也大致与一个学校的科研实务是成正比的。具体来看，"985大学"接受过资助的大学的比例是大约96%，"211大学"是62.5%，仅有研究生院的大学与一般大学均为50%。可以发现，一个令人感兴趣的结果是，仅有研究生院的大学与一般性大学之间并无差异，这是有违于一般的预期的。对这一结果的原因，我们认为，可能是由于在省里面基金进行资助时，其所考虑到的因素可能更多的是要平衡。而且相对由国家部门来说，一般大学与仅有研究生院大学在与省里相关机构的关系密切度方面的差异应当是小得多的，这也是造成二者在所获资助比例方面无差异的一个重要原因。

第四个指标(d)是近三年来学校是否接受过私人团体的资助。统计结果显示，这一指标与学校的类型几乎没有任何关系。具体地，"985大学"大约有65%受过私人团体的资助，"211大学"则是100%，仅有研究生院的大学是67%，而一般大学则为75%。我们认为，大学的国际化项目是否受私人团体资助与大学类型无关的原因可能有以下几点：一是大学所在的区域。实际上，有私人部门向大学国际化项目提供支持的前提条件是私人资本是充裕的，因而发达地区的大学更可能得到私人部门的资助。实际上，深入的分析可以大致证明我们这一猜想的正确性。二是大学是否有受社会资助的传统。我们知道，欧美一般具有向大学捐助的传统，而且越是声誉高的大学，受社会捐助的可能性越大，但我国却没有这样的传统，因而从这个角度来看，并不是声誉越高的大学，接受国际化项目社会资助的可能性就越大。

第五个指标(e)是近三年来大学是否接受过其他类型的国际项目资助，具体结果如下："985大学"约有91%的大学接受过其他类型的资助；"211大学"的这一比例是87.5%；仅有研究生院的大学的这一比例是83%；一般性大学的比例是62.5%。从不同类型大学的比例变化趋势来看，基本上是越是声誉或科研实力强的大学，接受其他资助的比例越高。可见，大学的融资能力实际上与其声誉或科研能力是成正比的。这一特点是容易理解的,越是声誉高的大学,其社会资本越丰富,因而其从各种途径融资的能力也就越强。

二、大学国际化项目所受资助程度决定因素的实证

是什么决定了大学国际化项目的受资助程度呢?对于这一问题,上面的一般性分析表明,在许多情况下,并非大学的类型是唯一的决定因素,还有其他许多影响这一结果的因素。为了分离这些因素,我们利用logit模型来对结果进行分析。

(一)模型选择

我们将以大学是否积极主动地从外部寻求资助(y_1)、近三年以来大学是否接受过国家基金的资助(y_2)、近三年来大学是否接受过省级基金的资助(y_3)和近三年来大学是否接受过私人团体的资助(y_4)4个变量为被解释变量;用于解释这些变量的指标我们分别选择了"大学的在校人数"、"大学的校史"、"是否是综合性的大学"和"大学的类型"4个变量。

容易看出,从4个被解释变量来看,它们仍仅取两个值:0和1,当取0时表示不满足某种要求,取1时则表示满足某种要求,于是我们利用logit模型来对变量之间的关系进行拟合,所用模型形式如下:

$$y_i = \frac{\exp(z_i)}{1+\exp(z_i)} + \varepsilon_i \qquad (1)$$

这里$y_i(i=1,2,3,4)$即表示前述的"大学是否积极主动从外部寻求资助"(y_1)、"近三年来大学是否接受过国家资助"(y_2)和"近三年来大学是否接受过省级基金资助"(y_3)、"近三年来大学是否接受过私人部门资助"(y_4)4个变量。$z_i = a + b_1 x_{1j} + b_2 x_{2j} + b_3 x_{3j} + b_4 x_{4j} + b_5 x_{5j} + b_6 x_{6j}$,这里$j$表示四种类型大学所用的总样本数目,$x_1$表示"大学的在校人数",$x_2$表示"大学的校史",$x_3$表示"大学是否是综合性大学"(若是为1,否则为0),x_4表示"大学类型1虚拟变量"(当为985大学时为1,否则为0),x_5表示"大学类型2虚拟变量"(当为211大学时为1,否则为0),x_6表示"大学类型3虚拟变量"(当为研究生院大学时为1,否则为0)。回归结果如下:

$$y_1 = \frac{\exp(0.23 + 0.001x_1 + 0.39x_2 + 0.002x_3 + 0.51x_4 + 0.32x_5 + 0.11x_6)}{1+\exp(z_i)}$$

(2)

$$y_2 = \frac{\exp(0.23 + 0.002x_1 + 0.23x_2 + 0.008x_3 + 0.33x_4 + 0.22x_5 + 0.12x_6)}{1 + \exp(z_i)}$$

(3)

$$y_3 = \frac{\exp(0.09 + 0.001x_1 + 0.19x_2 + 0.13x_3 + 0.16x_4 + 0.11x_5 + 0.09x_6)}{1 + \exp(z_i)}$$

(4)

$$y_4 = \frac{\exp(0.08 + 0.001x_1 + 0.21x_2 + 0.02x_3 + 0.23x_4 + 0.16x_5 + 0.03x_6)}{1 + \exp(z_i)}$$

(5)

（二）大学国际化项目所受资助程度决定因素的分析

我们来分析一下式（2）～（5）所得估计结果的含义。先来看当被解释变量是"大学是否积极主动地从外部寻求资金支持"时的回归结果。根据式（2），对大学是否会积极主动地向外部寻求资助的影响显著的因素有：大学的校史长度及大学是否是"985 大学"与"211 大学"。具体来看，如果大学的校史长度提高一个单位，那么它积极主动地向外部寻求资金支持的可能性就增加了大约 15 个百分点；而如果大学是"985 大学"，那么相对于一般大学，这种可能性将增加近 24 个百分点；如果大学是"211 大学"，那么这种可能性将增加约 14 个百分点。回顾前面的分析，这一实证结果与一般描述性分析是一致的。

再来看第二个指标。式（3）表明，影响大学近三年是否从国家获得国际项目资助的主要显著性因素有以下几个：大学的校史、大学是否是"985 大学"或"211 大学"，这与指标 1 的结果基本相似。但与指标 1 的情形不同的是，对于指标 2，大学的声誉起着更大的作用。具体来说，如果大学的校史长度增加一个单位，那么这将导致大学可从国家获得资助的可能性增加约 9 个百分点；而如果大学是"985 大学"，那么相对于一般性的大学，大学从国家获得资助的可能性将增加约 16％，而"211 大学"的这一增加的可能性是约 8％。这也与前面描述性统计结果是一致的。

式（4）是以第三个指标为因变量时的估计结果。根据结果，在我们所引入的各个解释变量当中，很难找出一个变量对因变量的影响是显著的。这其中的原因正如我们描述性统计所说，由于不同类型大学与所在省级相关部门的密切度的差异要远小于与国家相关部门的差异性，因而大学是否获得过省基金的资助就很难在不同类型大学间表现出显著的差异性。

最后来看第四个指标。由式(5),影响大学获得私人部门资金资助的较为显著的因素也是大学的校史长度、大学是否是"985大学"和大学是否是"211大学"。具体地,如果大学的校史长度增加1个单位,那么大学所获得私人部门资助的可能性将增加约7%;而如果大学是"985大学",那么这也将使这种可能性增加约7个百分点左右;如果所调查大学是"211大学",那么这种可能性将增加约5个百分点。应当说,这一估计结果与前面的描述性统计的结论并不完全一致。回顾前面的分析,我们的结果表明,不同类型大学间在是否从私人部门获取资助方面并无显著差异,但这里还是表现出了一定程度的差异性。产生这一结果的原因正如我们前面所说,由于各种影响因素相互叠加,因而描述性统计所显示的相关关系往往是不完善的。

三、结　　论

由于历史及其他方面的原因,不同类型大学在国际化过程中所受资助的水平是不一样的。从统计结果来看,"985大学"、"211大学"和仅有研究生院的大学积极寻求国际化资金支持的比率均为100%;而一般性大学则有约12.5%的大学没有积极主动地去寻求特定的资金支持。这一结果表明,对于具有一定研究实力的大学,他们对大学国际化项目的开展还是很重视的,因而会积极主动地去寻求一些资金支持。但是对于一些一般性的大学,或者是由于资历的原因,或者是由于没有这种国际化项目开展的意识,因而他们可能不会积极主动地去寻求专门用于国际化资金项目的支持。

学校是否接受过国家基金以专门用于国际项目的资助的研究结果,明显反映了受资助程度是与学校的科研实力或声誉是成正比的,即学校的科研实力越强、声誉越高,那么它在近三年中接受国家在国际化项目方面资助的比例就大。具体来看,对于"985大学",大约96%的大学接受过相应的资助;对于"211大学",这一比例大约是87.5%,仅有研究生院的大学为83%,而一般性大学则只有50%。

对大学国际化项目所受资助程度的决定因素的分析发现,大学的校史长度、大学是否是"985大学"以及大学是否是"211大学"这三个因素是显著影响因素。也就是说,大学是否积极主动地寻求外部资助来开展国际化活动,大学近三年是否从国家、从私人渠道获得国际项目的资助,其决定性因素都是大学的校史长度以及大学是否是"985大学"或"211大学"。但需要强调的是,对于近三年大学是否能从国家获得国际项目资助这一问题,大学的声誉则起着更大的作用。而对于大学接受省级基金资助的情况,回归模型中未能找出决定性的影响因素,这一结果的出现很大程度上与省里向省属院校倾斜的具体资助政策有关。

研究结果表明,国际化可以提升学校的学术地位和社会影响力,提高学校的知名度,促进学校科研教学水平的提高,更现实的是能使学校获得多渠道的资金支持。同样的,学校学术地位和社会影响力的提高又能进一步推动大学国际化的进程,两者是互为促进、共同发展的。因此,如何加快推动我国大学国际化的进程将成为我国大学未来发展的重要趋势之一。

参 考 文 献

1. De Wit Hans, 2002. Internationalization of Higher Education in the United States of America and Europe: A Historical, Comparative and Conceptual Analysis. Westport, Connecticut: Greenwood Press.
2. De Wit H & Callan H, 1995. "Internationalisation of Higher Education in Europe." In Strategies for Internationalisation of Higher Education: A Comparative Study of Australia, Canada, Europe and the United States of America, edited by De Wit H, Amsterdam: The EAIE.
3. De Wit H, 1999. Changing Rationales for the Internationalisation of Higher Education, International Higher Education 15 (Spring):2—3.
4. 刘自忍. 美国高等教育国际化初探[D]. 西南大学,2007.
5. 毕勇. 中国高等教育国际化的发展对策[D]. 华中师范大学,2003.
6. 夏辽源. 我国高等教育国际化问题研究[D]. 东北师范大学,2006.
7. 刘道玉. 大学教育国际化的选择与对策[J]. 高等教育研究,2007(04):6—10.
8. 穆旭. 关于推进高等教育国际化进程若干问题的思考[J]. 沈阳教育学院学报,2008(01):25—27.

(原载《高等工程教育研究》2008年第12期)

浅析国际交流合作对高校形象塑造的影响

徐　骏*

　　高等教育产生和发展的历史，在某种意义上讲就是教育国际合作与交流的历史。高等教育是一项国际性的事业，国际性是高等教育的一项恒常性价值，也是它的一个本质特征。随着全球化进程的加快，各类专业人员的国际意识、国际素养的培养越来越成为必要，高等教育越来越需要承担起培养国际性人才的任务。

　　同时，高等教育要不断发展，就必须走向国际化。现在，各国高等院校的跨国竞争不断升级，研究型院校和专业学院尤其如此。学校在国际高校排行中的名次竞争比与国内院校的竞争显得更为重要，参与国际的研究、教学、服务和校园网络是这种竞争的一个重要方面。开展国际交流使大学有理解、欣赏和接受国家之间相互依赖的现实能力，为教师、职员和学生能在国际的和跨文化的环境中发挥作用做准备。开展教育交流有利于提高一国高等教育的水平，弥补智力资源的不足，引进和传播先进的技术和经验，促进不同文化间的融合，拓宽视野，提高"国际化"的参与度。

　　从我国高等教育发展的现状来看，高等教育达到了15％的毛入学率，已进入大众化发展阶段。当量发展到一定程度时，如何寻求质的进一步提升？教育国际交流合作为我国学校教育改革与发展所带来的积极影响是显而易见的，尤其是一些高水平、高质量的教育国际交流项目或机构，以及合作办学中，外方比较先进的教育理念、教学方式和教育管理模式，给予我们极大的启发，促进我们的高等教育改革。

---

* 作者简介：徐骏，上海交通大学国际合作与交流处项目主管，助理研究员，公共管理硕士。

教育国际交流作为我国教育发展的一个重要组成部分，能够推进高等教育的国际化步伐。与其他形式的教育相比，它所培养的既能得到系统的思想道德教育和传统文化的熏陶，也能体现其"平民化"，以及其范围和内容的宽广性。尤其是中外合作办学，双方都参与办学的全程管理，推动了办学质量和管理水平的不断提高，这种办学全过程的全面合作和交流形式具有极高的系统性和整体性，往往能对交流单位的教育理念以及教学管理产生较大的影响。同时，教育国际交流的开展也具有辐射作用，可以加深和扩大对彼此的了解，也可能带来意想不到的新的合作与交流机会，能够加强院校所在的城市的国际交流和合作，并因此扩大高等院校在国际上的影响，提高我国高校在国际上的知名度和学术地位。

一、高校国际交流合作与形象塑造的关系

国际交流合作能够兼顾软硬实力，实现高校综合实力增长。它对外传播学校精神和文化，营造有利的国际舆论，塑造学校形象，这些无疑都会增强学校软实力和外部环境。通过与他国公众的沟通向他们传递学校的精神和信息，获得他们的理解与信任，这种理解与信任在全球相互依赖日益加剧的今天尤为重要，对于学校吸引国外优秀教师、留学生意义重大。国际交流合作正是通过这些成为学校发展的辅助器，促进学校硬实力的增长。

高校形象作为国内外公众对学校的综合评定是高校的一种无形资产，是学校实力、精神和文化的集中体现。国际交流合作作为一种手段通过多种渠道与他国公众沟通，其目的便在于传播学校信息、塑造对外形象。两者之间是一种相辅相成的关系。

（一）国际交流合作对学校形象的塑造功能

全球化时代学校形象作为软实力的重要构成部分日益受到重视，各大院校纷纷采取措施塑造自身形象。影响学校形象的因素主要有两个：学校的客观状况和形象的传播过程。因而在大力发展高校自身学术研究实力的同时，利用对外交往来塑造高校形象成为大家的共识。对外交往的对象为境外公众，包括境外组织和个人，方式有人员往来、项目往

来、组织往来、国际传播等,灵活多样,不拘一格。高校开展的国际交流活动会促进学校与境外学校、企业和其他机构之间的交流,加深境外公众对学校的认识和理解,拉近学校与境外公众之间的距离,从而有利于塑造与高校实际相符的形象。所以塑造良好的对外形象是国际交流合作的目标,而开展国际交流合作是高校塑造良好形象的重要方式。

(二) 学校形象对国际交流合作有反作用

高校形象的好坏会反作用于国际交流合作的开展。如果一个学校形象良好,享有较高的国际知名度和美誉度,自然会吸引更多的高水平外国院校、企业、组织、学术大师和留学生来到高校进行各类交流活动甚至来此就业、学习;相反,如果高校知名度不高,甚至拥有不良形象,就会失去广大境外组织和公众的兴趣,导致国际交流合作活动受限,长此以往形成恶性循环,最终致使学校形象无法得到良性上升,陷入险恶处境。

二、我国高校在利用国际交流合作塑造形象上的不足

随着全球化的不断深入,高校形象资源竞争日趋激烈,我国高校长久以来对形象塑造的不重视及突然醒悟带来的"急功近利"加剧了对高校形象的塑造需求。我国高校已经开始注意某些领域的对外宣传,积极开发高校的公共关系资源,但是与国外高校的先进经验对比,在利用国际交流合作工作塑造自身形象上还存在诸多不足之处,需要我们认真面对,挖掘根源,寻求正确的解决办法,以提升高校形象。

(一) 缺乏形象塑造机制,粗放式运作

总体来说,我国高校在对外形象塑造上还缺乏机制,呈现粗放式运作的特点。参与学校对境外人士和组织传播的学校部门主要有主管外事工作的国际交流处和主管留学生教育的国际教育学院(有些学校也称留学生办公室),这两个职能部门通常陷入大量事务性工作,疲于应付,对外宣传和传播的功能融于日常工作中,缺乏专业化和系统化。除此以外,学校的宣传工作集中于宣传部,这是一个以国内公众为主要对象的职能部门,尽管国际交流处、国际教育学院与宣传部存在一定的沟通与协作,但由于互相分工不同、学校内部组织体制的限制,相互之间的协作仅限于表面工作任务的完成,无法胜任高校形象塑造这样的系统化和专

业化任务,经常造成自顾自的尴尬局面,比如国际教育学院为了达到对外宣传留学生教育的效果,自己印制相应的宣传品、运用一定的宣传手段,其中个别过度商业化宣传手段可能于高校整体形象不利,却无法事先制止。

我国高校塑造形象粗放式运行的重要表现就是缺少指导整体形象塑造的战略和运行机制。我国高校对形象塑造缺乏经验,手段渠道不够多元,没有形成整体的战略指导和机制,还处于粗放式的、经验型的管理运作阶段,独立、完整、系统的对外宣传体系远没有形成。学校主体发展战略,包括科研策略、特色构建策略、名师支撑策略、国际化策略等,与形象传播策略不符,有些学校品牌理念与广告宣传前后不一,在不同时期推出的形象和定位混乱或矛盾,没有长效的形象策略。与国外高校校级委员会制定好学校整体形象战略,然后由各级校部职能部门执行甚至有专门的形象委员会协调学校相关操作相比,我国高校显然缺乏统一的形象战略指导,各部门的工作并未与学校形象塑造结合起来,不免会出现不同教职员工给不同外部公众留下的印象以致学校形象各不相同的窘境。

(二) 定位混乱

我们很多高校都提出建成世界一流大学的目标,冲着这个目标扩建校园、进行院校合并,以求一些统计数据上的庞大,纷纷认为研究型的综合大学才是好大学,因而统统向这个方向靠拢,不顾社会客观需要和学校实际情况,盲目追求"高层次、综合性、研究型和开放式"的办学模式。同时政府、社会的导向,以及各种有失偏颇的评价体系加剧了这种现象,使得许多学校逐渐丧失了自己独特的发展道路。事实上,国家各地经济发展不平衡,多元经济和产业结构多元化的格局,决定了我国高等教育应培养出适应不同区域、不同企业、不同技术岗位和不同生产力所需要的多种类型、层次、规格的专门人才,各种层次、各种类型的高等院校就应根据社会需求和自身实力,确定自己在高等教育系统中的位置,不能盲目追求"高、大、全"。

我国高校在自身形象定位上,经常犯过高定位的毛病,不实事求是,有些在国内还谈不上一流的高校也提出要建世界一流大学的目标。世界上哪里有那么多一流大学,时至今日前百名排行中也见不到国内高校的身影。世界一流大学应该在学术声望、知名学者、科研成就、学生质量等方面拥有整体的实力优势,这需要雄厚的基础和科学的发展。对于国内大部分高校而言,并不具备在综合实力上大幅度上升的潜力,此时品牌定位的成功与否并不一定取决于综合实力,而在于谁能将自己的优势有效融合到品牌定位的过程中,在高等教育市场上塑造符合消费者需求且能发挥自身特长的形象。只要能在明确的目标市场内通过特色办学形成本校的竞争优势,也是高校在教育市场中具有竞争力的表现,是高校吸引生源、形成社会地位的有效途径。

(三)忽视品牌管理与传播

品牌是高校创造持续、稳定、独有的有形与无形利益的竞争手段,只有提升品牌价值,提高品牌的认识度、忠诚度,才能扩大学校的影响。尽管我国高校已经开始意识到品牌的重要性,但是不重视品牌经营,没有将学校的品牌作为无形资产和资源来经营,上不了规模,办不出特色,形成不了品牌效应,也缺乏相应的理论来指导在品牌的建设、管理和传播中所遇到的问题。

在我国,高校一般只会在遇到诸如校庆或有市级以上领导参加的重大国际活动时才会主动联系媒体记者,报道方式也是由校方提供新闻稿、新闻媒体直接予以刊发,并未形成成熟、互动、深层的合作模式,对学校品牌专题性、系统化的宣传极度缺乏。有些学校甚至仍然抱有"酒香不怕巷子深"的老观念。这在当前开放和变革的社会条件下已不再适用。高校要突出它的价值,扩大其社会影响,应该学会借力。如果能够选择引起媒体关注和在媒体上较有人缘的事件或人物作为学校形象塑造的突破口,将会取得极大的正面效应。如上海交通大学与密歇根大学的联合办学尽管在国内高教领域已经有所名气,然而由于缺乏对外宣传,在广大社会公众中的知名度还较低,许多报考上海交大的高三学子及其家长对上海交通大学-密歇根联合学院的基本情况不甚了解或存误解,在一定程度上影响了该院的招生。

也有些高校借鉴运作较为成熟的海外教育市场,通过报刊、网络、电视等媒体手段,将学校的发展规划、办学特色、招生计划等原本属于内部资源的信息通过大众传媒进行传播,希望通过借助媒体扩大影响力,增进公众对学校的形象认知,这一举措的确在一定程度上让高校得到更广泛有效的展示。但是，一些高校没有把握好形象塑造的内涵，将之局限地曲解成一种"眼球效应"，把一些娱乐文化项目当做形象塑造的重点，这种舍本逐末的做法反而会将学校教育歪曲化和世俗化，损害高校在公众心目中的形象。

(四) 宣传色彩浓，缺乏人情味

在很长一段时间里，我国的形象传播以对外宣传的形式出现，我们所说的宣传是一个中性词，可在西方"propaganda"却是一个贬义词，带有煽动、造谣之意。对外宣传有极强的功利性，以灌输为主要方式去影响公众的思想、态度和行为。高校的对外宣传不免存在同样的问题，有"报喜不报忧"的倾向，将高校傲人的数据和优势大肆书写，大讲成绩、讲发展，而且讲得太多、太直白、过于生硬，似乎要向外人竭力表明自己是最好的高校，隐含"其他高校都不如我"的潜台词，这样反而会引起别人的反感，对高校形象塑造有消极作用。

我国高校在对待不同的外部公众进行传播时通常运用同样的宣传词汇和方式，那种以客观事实、数据为主的宣传方式对于与高校有合作或普通交流关系的外国组织来说是恰当的，但是对于希望来校留学的外国学生和在外校友而言是不妥的。外国留学生除了需要了解学校的基本情况之外，更希望得到关于在学校生活的信息，如业余文化活动、住宿氛围、餐饮条件等，这些通过包括在校留学生自身叙述、带领参观校园等多种形式的非官方沟通形式可能更能引起外国学生的共鸣和兴趣，达到更佳的宣传效果。对于海外校友而言，一味宣传学校的各种数据更显得枯燥乏味，校友与学校的情感联系是维系校友资源的最重要纽带，在与校友的沟通中如果能多添加一些实际案例，如校园哪里发生了什么变化、其他校友近期事迹等，着力打"人情牌"，必能增强校友对母校的思念。

(五) 客体针对性差，忽视效果研究

公共关系的客体针对性是公共关系工作根据自己的战略目标原则所制定的策略以及在具体实施中确定的内容、形式、方法、技巧、风格等，与受传播者自身的需要、特点、条件等诸多方面的契合性，我国高校在对国际公众进行传播时客体针对性差。

首先是国际传播内外无别，以内充外。对国际公众的传播是境外公众获得关于高校信息的主要渠道，对于高校国际形象的塑造具有重要意

义。可是我国高校往往忽视国际传播和国内传播的不同,甚至存在把国内传播资料直接用于国际传播的现象。国内传播面对的是本国公众,而国际传播面对的则是国外公众,国情、文化背景、理解方式的差异导致两种传播在目标、方式、内容上都有不同,直接"内宣外用"的做法必然无法适合国外公众的要求,损害宣传效果。

(六) 英文网页问题多

作为高校直接面向国外公众的门户,高校的英文网页可谓万分重要,可是纵观中国各大知名高校的英文首页,再点击进入各层级重要内容浏览,就会发现存在诸多问题。

首先,网页设计简单、粗糙。只要与高校自身的中文网页对比,我们就会立刻发现英文网页的设计大大逊色于中文网页。尽管有些院校学习国外高校主页设计模式,其英文主页的架构不同于中文主页,以求更契合外国阅者的爱好和习惯,但是在结构设计上却不注意细节,在下拉框、字体、页面布局等环节上缺乏美感,很容易给人一种简单拼凑、粗糙设计的感觉。更多的院校则是完全照搬中文网页的设计结构,英文网页只是中文网页的英文翻译版,由于中英文两种语言的文字特点和使用特点的不同以及国内、国外公众对高校信息需求偏好的不同,这种简单照搬显然是不适合的。

其次,英文网页信息量小,大量内容缺失。从英文主页点击一个个具体链接进去,我们就会发现,从学校历史背景、机构设置等学校基本概况到专业设置、学位授予、课程设置等教学内容,再到研究中心一览、科研项目等研究情况,基本都处于缺失状态,国外公众无法通过学校英文网页对学校得到一个具体详细的了解,各大高校内各学院的"二级"网页中有英文版的数量更是微乎其微,学院是学校办学的实体,这就直接关闭了国外公众了解我国高校办学情况的最便利渠道之一。

再次,英文网页更新不及时。我国高校英文网页上的数据大都更新不及时,不但无法做到与中文网页同步更新,慢上几日已算很快的更新了,而且很多院校半年多才更新一次英文网页上的数据和部分内容,更有甚者,有些院校的英文网页制作好后就再未更新过。

最后,英文网页错误多。主要是英文拼写和翻译上的错误,这在外国公众看来实在是不够专业的做法,也是对公众的不负责任和不尊敬,有损高校对外形象的塑造。

三、加强国内高校利用国际交流合作塑造形象的建议

（一）形象定位

定位的概念是由美国的营销专家里斯（Al Ries）与杰克·特劳特（Jack Trout）于20世纪70年代提出的，按照他们的观点，"定位是从商品开始，可以是一件商品、一项服务、一家公司、一个机构甚至一个个人，也可能是你自己。定位是你对产品在未来的潜在顾客的脑海里确定的一个合理的位置，也就是把产品定位在你未来潜在的顾客心目中"[1]。随着社会的发展，这一理论被应用到越来越多的领域，当然也包括一般组织形象领域。

高校形象定位就是对一个高校进行形象建构的过程，是通过信息传播，有效接触目标受众群，在受众心目中确立一个正面而明确的高校形象的过程。形象定位是保证高校信息有效传播的方式。在日趋激烈的高等教育国际竞争中，我国高校要想在世界高校之林占有一席之地，树立起自己的形象，首要任务就是要有明确的定位。定位是寻找形象与目标市场最佳结合的过程，它是形象塑造的基础，是形象塑造成功的前提。一所高校的定位是在其创办初始及发展过程中始终着力表达或培育的一种办学思想；是其在长期发展过程中积累起来的一种治学风格或学术传统；也是其在长期发展过程中传承下来的一种融合了社会文化与大学校园文化的人文精神。对于高校国际化而言，同样存在目标定位问题，即国际化的最终目标是什么，是建设世界一流大学还是将学校水平提升一个档次，是建设综合性大学、文理同发展还是偏科性大学、重点发展某个学科领域。

科学定位高校形象要遵循真实性和独特性原则，"一个成功的品牌化的过程以独特的概念为基础，它在潜在消费者的心目中创造出市场中并没有很像你对产品的那种认知。一个成功的品牌能够引起所有人的兴趣吗？不行。同样，独特的概念确定了没有一个品牌可以得到全世界的认同。"[2]

目标市场是定位的基点，高校目标定位的首要任务就是进行高等教

育国际市场的细分,确立本校的目标市场。目标市场确立的前提是进行市场细分,通过市场细分,掌握市场需求容量和种类。在市场细分的基础上,高校必须清楚了解自身的优势和劣势,客观地评价自己的资源基础和能力,结合自身的实力和竞争对手的状况与策略以及整个市场竞争状态,细分市场的目的在于最终确定高校定位的目标市场,为塑造自己理想的形象进行合理定位。前述的新加坡南洋理工大学在中国崛起的背景下开设许多与中国有关研究的国际课程的例子就说明该校对教育市场进行了充分的研究和细分,针对不同市场制定不同策略;从新加坡国立大学设立的6个海外分校选址也可以看出该校在对不同市场进行深入研究后选定了这6个发展状况不同(有发达国家,也有发展中国家,有老牌高等教育强国,也有新兴后起之秀),却又存在众多相似优势(具有发展活力,周边有成熟的工业园区)的地点。与新加坡高校相比,我国的高校对市场的理解和分析明显欠缺,大都不对市场进行细分,对世界上其他国家和地区采取统一的国际化措施。

要找准目标定位,在确立目标市场之后,还必须对自身实力有清醒认识和分析,找到自己的竞争优势,突出自己的办学特色。不是每一所大学都能建成世界一流大学,高校必须认清自己的实力,对能够达到的目标有清醒认识,防止盲目设立太高的定位。还要仔细分析自身的资源,对比竞争对手的优势,找出比较优势,将其确立为重点发展方向,形成独特的办学特色。需要注意的是,竞争优势并不一定是由于规模庞大、业务全面而产生的,它往往来自于某一项具体的细小的项目上。上海交通大学抓住了校友倪军这细小一点却带来了上海交通大学与密歇根大学全面合作这一大品牌的树立就是一个很好的例子。总之,对于高等院校而言,找出竞争优势,无论是中外合作办学,抑或留学生教育,或是某个国际化课程开发,或是更细小的项目,将其作为突破口重点发展,以带动学校其他方面建设,是一条顺畅有效地塑造高校形象的路径。

(二)改善形象塑造机制

高校形象塑造是一个复杂的形象体系,其塑造过程是一个长期庞大的工程。高校不同于企业,其"产品"与企业生产的实物产品有本质区别,是人力资源,人力资源培养的长期性、周期性和持续性决定了高校不能像企业那样通过广告在短时间内将产品在市场上推广、制造一定的知名度,只有通过长期的"练内功"、加强自身建设才能逐步树立起高校在公众眼中的形象。

社会环境又是不断变化的,相应的,高校的形象塑造也应根据外部环境的变化作适当调整,在坚持大方向不变和继承传统的前提下,适应社会发展对大学培养目标和科研任务提出的新要求,对形象塑造的各项子任务进行调整,与时俱进,紧跟时代发展脉搏,以使学校形象设计和塑造过程更加准确地突出学校整体特色。

因此,高校的国际交流和宣传必须加快机制建设,制定完整的国际形象塑造战略,从战略高度对学校的国际形象做好规划指导,统筹各相关部门的对外宣传和沟通工作。塑造组织形象的工作又是一项专业性的、技术性较强的工作,随着社会的发展,这项工作的职业化特点也越来越明显。对于一般企业来说,它们需要专门的组织机构来从事这些工作,因而纷纷在公司内部建立公共关系部或是寻求社会上的公共关系公司来专门从事沟通协调任务,进行有效的形象管理。高校作为教育机构,其形象塑造的要求和过程与商业企业存在差别,不一定需要像企业那样成立专门的公共关系部门,但是随着市场竞争的激烈,高校既然也认识到形象的重要性,就必须充分重视校内拥有相关公共关系职能的几个部门,以统一的形象塑造战略指导这几个部门之间的工作,协调它们之间的关系。

高校的宣传部、国际交流处和留学生院是拥有公关职能最多的三个部门,它们与境内外公众接触最多,能够获得第一手的关于外界公众对高校形象评价的信息,通过对这些信息的收集和整理,高校可以了解现状、预测趋势、适应变化。这三个部门在采集、整理、分析信息的基础上,还可以提供可供选择的塑造形象方案,协助学校决策层进行决策,如何进一步开展学校的对外形象塑造。同时,这三个部门又是学校的宣传和外交部,它们与外界交往密切,对外联络和应酬交际的任务很重,担负着获得公众的了解、理解和信任以及取得公众的支持与合作的重任,从一定意义上说,它们是高校的"喉舌"、"外交官"。

这些功能对于这三个部门都提出了更高的要求,要求它们在完成好日常工作的同时,增强对公共关系的理解和执行力,将塑造学校的对外形象视为自身工作的一部分。不能满足于普通的迎来送往、接待招收留学生、制作对外宣传资料等常规性工作，而是要积极策划、主动出击，可以审时度势地策划并推出具有轰动效应的专题活动，借此达成塑造和宣传高校形象的使命，也可以开发一系列的国际化项目以适应校内不同院系和学生的要求，将学校的良好形象通过学生和学者交流传播到世界各地。

新形势对高校的对外公共关系提出更专业化要求，无论是国际化办公室，抑或留学生办公室，还是党委宣传部，都需要将专业的公共关系理念融入工作中，以专业的态度和方式塑造起高校的对外形象。同时，公共关系职能又不局限于这三个部门，因为组织形象塑造是一项关系到组织每一个职工、涉及组织各方面的工作，因此必须制定统一的公共关系政策，遵照公共关系整体化的原则，按照组织的公关目标和计划来执行，将高校欲塑造的形象概念灌输入学校所有教职员工和学生的心中，逐渐树立起全员公关的意识。而各部门又必须协调开展公关活动、塑造学校形象，通过专门的定期检查和信息反馈来了解公关活动的效果，一定要避免各部门放任自流，这样不仅不能起到各自的公关职能，反而会互相扯皮，造成问题成堆，甚至自己损害高校的形象。

（三）运用品牌战略进行管理和传播

美国洛杉矶加州大学在亚洲开设品牌服饰专卖店的举措是西方高校将市场营销学运用于高校品牌塑造的典型案例，尽管略显极端，却揭示了市场经济条件下高校形象塑造的品牌化趋势，欧美各高校无不将市场营销策略发挥至极致，以图提升高校形象，这也正是我国高校需要借鉴的一点。菲利普·科特勒（Philip Kotler）曾说，品牌能使人想到某种属性是品牌的重要含义，这说明不同的品牌学校能使人们识别它所标定下的学校有别于其他品牌学校的质量、特色和文化等本质特征[3]。

在市场营销学中，品牌是某组织用于从竞争中将其名称、设计、符号或这三者的组合区别于其他组织的特质术语，品牌价值（即品牌名称上赋予的附加值）的创造在很大程度上是由消费者与特定品牌的心理维系所驱动的，品牌价值是一种真实的软性资产，如果不能增加消费者感受到的福利，那么利用这种资源的努力就全是白费。品牌价值随市场对品牌认知度和忠实度的提升而增强。

品牌认知度是塑造品牌价值感知度的过程中关键的一步，在消费者记忆中品牌被概念化为单个实体,这单个实体可以允许附加其它有关特定品牌的信息,没有品牌认知就形成不了品牌忠实度,这是被广泛接受的理论。而发展消费者对品牌的强烈忠实度又能帮助组织确立一个统一的消费群体基础,这一消费群体的基础又反过来帮助组织应对行业内竞争。组织如能成功发展消费者对品牌的忠实度,就能得到更多、更容易开发产品附件(衍生品)的机会,而衍生品的开发又带动组织或核心产品的整个品牌价值的提升。正如凯文·凯勒(Kevin Keller)所说,对品牌定位的分析"总是评价决定令人羡慕的品牌认知和品牌形象信息"[2]。

市场开发人员愿意花费数亿资金发展与消费的联系以创立一个有力品牌;大学则为进入大学的受教育者提供教育、人生发展以及制造记忆的那段时光,在这段时间里高校就在与"消费者"建立联系塑造其自身品牌形象。高校拥有令企业市场开发人员羡慕的优势,即大学经历所蕴含的学生对高校的内生、自然情感,将这种高校对学生的影响力与有效的市场授权营销项目结合起来就能够完美地倍乘高校优势,迅速提升高校形象。

所有高校都面临品牌塑造的艰难挑战,因而组织必须牢记有效规划品牌塑造的原则。鉴于教育作为"无形产品"的特性,将教育院校品牌化就比推广实物产品需要更多的创造力,很多院校互相竞争以吸引公众的眼球,他们互相竞争的内容却都是难以量化的。因此,对于高等院校而言,进行市场营销的主要目的就是两点:一是将无形变为有形;二是找出自己在市场中的比较优势。抓住这两点也就抓住了高校品牌化的命脉。

(四)打"人情牌"

我国高校在对外传播时,要注意减轻惯用的"宣传"心态,在陈述自身建设成就、值得自豪数据的同时,加大运用具体事例说服的比重,力图多通过形象化的案例打动外部公众。对于有意来留学的外国学生,多通过场景描述、学生自述、实地参观等多样化手段打动他们,建立起对高校的好感和向往之心,吸引他们来校就读。

"人情牌"更重要的运用是在对广大海外校友的传播和联络上。只要曾经在学校学习过的各种层次和各种类别的学生,以及在学校工作过的教授、兼职教授和教职员工等都是该校的校友。对一个人一生影响最大的应该就是母校,学校对每一个人的德、智、体、美的全面发展具有深远的影响，校友在学校生活和成长的历程一般都会使校友对母校产生深厚的感情，基于这种关系，校友自然会产生一种关心和支持母校发展的意识。正是这种母校意识的存在、传承和不断积累，使蕴藏在广大校友中的资源能够转化为现实的为母校发展所有的宝贵财富。所以说，校友资源是高等学校办学资源的一个组成部分，是高校的一笔宝贵财富。

高校必须着力保持校友与母校之间的广泛联系，尤其是与知名校友的密切联系，宣传他们的新业绩和学校的发展，既能起到提升学校形象的作用，同时也是学校形象在校友、在社会中的进一步深化和塑造，具有双向的作用和双重的效果。要规范学校校友会的管理职能，建立一套符合本校实际的开发校友资源的工作运行机制和管理办法，建立校友信息资源库，开发出先进的收集、检索、选择有价值校友信息功能的系统，构建广泛的校友网络。

（五）重视客体针对性

对海外公众的传播沟通与对国内公众的传播沟通对象不同，要求也不同，必须注意内外有别，不能把对内宣传的那一套用在对海外公众传播沟通上。现在普遍存在于国内高校的对内、对外宣传手册版本一致的情况要及早制止，应针对国外公众的思维习惯和文化背景制定专门的宣传手册、光盘乃至设计和建立英文网站，坚决摒弃过去的对外宣传就是国内宣传英文翻译版的观念。国内外公众对传播沟通手段的接受程度也不同，因而高校在选择对海外公众传播手段时，可以考虑到国外公众的接受程度，适当添加一定品牌商业宣传策略，用强大、深刻的第一印象打动国外公众，使其迅速对其本来不甚了解的中国高等教育得到大致认识，乃至萌生进一步了解的需求，这就为高校塑造海外形象、打开国外市场开通了一条敞亮的渠道。

在与校友联系沟通时也要注意客体针对性，恰当运用人际沟通的技巧。不同时期毕业的校友和毕业于不同专业的校友客观情况各自不同，毕业不久的校友经济情况有限，不可能对母校作出大笔捐款的贡献，可是三十年后他们将成为捐款的主力军，高校不应只顾眼前利益置这批校友于不顾，而是必须依据他们的特质对其进行必要的情感投资，维系他们与高校的联系，长期跟踪各位校友的最新个人发展，及时调整策略，以达到最佳的联络沟通效果。总之，高校应针对不同类型校友的特质制定相应的、长期一贯的策略,不偏废任何一类,同时也抓住侧重点,争取广大校友能为高校发展和形象塑造提供最大的支持。

(六)完善英文网页,注重网络媒介

电子传播媒介随着科学技术的进步在近几十年里才得到运用,特别是其中的网络技术更是在过去的十年里才刚刚得到全面发展和运用。尽管历史短暂,发展却迅猛无比,因特网只花了4年的时间便进入寻常百姓人家,2008年7月24日,中国互联网络信息中心(CNNIC)在京发布的《第22次中国互联网络发展状况统计报告》显示,截至2008年6月底,我国网民数量已达2.53亿[4],还有调查显示中国网民每周上网时间平均为17.9小时。面对拥有如此之好"群众基础"的网络媒介,高校又岂能忽视它的强大影响力和实际作用呢?

网络因其传播的快捷性、时效性、交互性、广泛性、海量性等特点,成为当代社会信息传播的一种主要工具,在高校形象塑造方面自然也可以大派用场。各大高校纷纷建立自己的官方网站,将学校最新新闻、公告定时发布,网站上列有关于高校各类信息,包括历史、机构组织、发展目标、院系设置、课程设置等。总之只要是和该校有关的信息都应能够从网站上获取。在这方面我国高校已经开始重视,但是和欧美知名院校相比,差距仍然不小,主要体现在网站建设内容陈旧、单一,更新时间过长,形式不够丰富,在功能开发上也需要做进一步的完善,英文网页过于简单,有些甚至错误百出。这对于立志成为世界级大学的众多中国高校而言是一个必须解决的顽疾,网站乃高校门户,是校内外公众,特别是海外公众了解高校信息的主要途径,信息更新不及时就不能使广大对高校有着深厚情感、可能为高校形象宣传做出贡献的海内外校友及时了解母校真实情况,英文网页内容简单更是使国外公众不能了解到高校的各类情况,直接切断了大量国际交流的潜在途径。加强高校网站的建设是急需的,特别是英文网页的建设,充分重视英文网页,将其与中文网页摆在同等地位对待,雇用专业人员对网站进行设计、建设和维护,充实内容、及时更新,使学校网站成为学校的公共信息平台,使公众在对学校的了解中监督高校行为。

建立网站、BBS论坛属于被动性提供信息的传播方式,高校还可以充分运用网络的互动性来传播信息,细分目标对象,主动给目标对象发

送他们感兴趣的信息,比如定期制作电子新闻通讯(E-mail Newsletters)发送给校友,主动将学校最新发展和重大新闻告知校友,建立与校友的密切联系。另外,还可以通过在一些网络门户网站和搜索引擎注册,以及通过其他院校和相关网站的相互链接来宣传学校网站,扩大高校网站的知名度。

总而言之,全球化给我国高等教育带来了日渐激烈的国内和国际市场竞争,面对这样的外部环境,我们应转变观念,主动面向市场,面向未来,树立起在全球化环境中的竞争观念。要认识到形象竞争是战略制高点,是一种整体性的战略竞争,是市场各方面竞争的集中体现。只要寻求适合自身的富有特色的国际化道路,与时俱进,开拓创新,立足于自身的教育实际,遵循高等教育的发展规律,按照国际化的价值取向,借鉴外国的先进经验,我国高校就能够合理有效地运用国际交流合作手段和国际化战略塑造自己的良好对外形象。

参 考 文 献

1. 里斯,杰克·特劳特. 定位[M]. 北京:中国财政经济出版社,2002.
2. 余明阳. 名牌战略[M]. 深圳:海天出版社,2007.
3. 欧亚梅. 论高职品牌战略实施中 UIS 系统的功能和导入[J]. 武汉职业技术学院学报,2007,(02).
4. http://news.xinhuanet.com/internet/2008-07/24/content_8761186.htm.

坚持特色发展,实现互惠共赢

梁 莉*

为了加快我国高校国际化步伐,实现国家中长期教育改革和发展纲要所确定的目标,学习和借鉴国外高等教育领域国际交流与合作的新理念、新措施和成功经验,提高我国高校外事管理干部的综合素质,由国家外国专家局精心组织,中国国际人才交流基金会具体承办的"高校国际交流与合作能力建设培训团"15人于2011年7月23日赴美学习考察21天。圆满完成了培训计划。

培训团采取专家授课、实地考察、座谈讨论、团员交流相结合的方式,点面结合,先后拜访和考察了乔治·梅森大学、美利坚大学、乔治城大学、宾夕法尼亚大学、哥伦比亚大学、耶鲁大学、哈佛大学、麻省理工学院(MIT)、南加州大学、尔湾加州大学、斯坦福大学、伯克利加州大学等12所美国高校,并与全美教育委员会(American Council on Education)、华盛顿中国驻美大使馆教育处以及旧金山总领馆教育组举行了座谈。

整个培训过程紧紧围绕美国高等教育体系以及美国大学国际化发展战略中的国际合作、人才培养、师资建设、联合科研等主题,培训现场互动热烈,气氛良好,成效显著。本人有幸参团培训,感受甚多。概括而言,主要有以下五个方面的思考。

一、鼓励多样发展,实现特色化领先

(一)实施学校特色化发展战略(尊重多样性和差别化)

经济全球化对高等教育国际化的重要影响就是带来了高等教育多样性的发展,为各个大学在不同层面上的专业化、差别化提供了空间,每

---

* 作者简介:梁莉,西安交通大学国际合作与交流处处长兼港澳台事务办公室主任。兼任中国国际交流学会理事,中国高教学会引智分会副会长,博士。

所大学都有自己的特色,关键是明确自己的定位和目标。例如:MIT 和哥伦比亚大学的高峰模式(Peak Pattern)是不求大而全,而是集中若干优势学科方向,集中资源,优先扶持,率先发展,力争国际领先,使得强的优势学科更强,从而带动整体办学实力的提升。为此,我们应进一步明晰办学目标和科学定位,在若干优势学科方面,加大资源投入和引智力度,形成高峰,实施特色化发展战略,实现国际领先。

(二)实施教师特色化发展战略

美国大学在经济全球化、高等教育国际化的激烈竞争中求发展,因此,非常注重师资聘用的人性化、多样化、国际化和精英化,尊重教师的自由学术精神,鼓励创新和科学探索。斯坦福大学崇尚"质量至上、精英培养"的理念,以优厚的待遇和宽松自由的学术环境遴选全球最杰出的师资,使他们能够潜心治学,专注于自由探索,培养具有创造力的学生,选择具有挑战性和改变世界的课题进行研究,彰显追求真理的科学精神,并产生重大的影响世界的原创性成果。对师资的考核注重同行评价,以及在教学、科研、社会服务和学术领域的创新成就。为此,建议在推进师资国际化进程中,根据学校特色化发展战略的需要,从全球引进一流师资,并营建良好的软硬件环境,尤其是要关注除薪酬待遇外,提供的研究条件、生活条件、对家眷的照顾条件等,尊重和理解高端人才的多样化需求,使得他们能够尽快与已有的学科团队融合和提升,尽快提升学科的国际化水平。

(三)实施人才特色化培养战略

借鉴美国人才培养的国际化和多样化特点,回归大学教育的本质(以人为本,因材施教,通识教育)。例如全美招收国际学生最多的南加州大学(USC)的策略就是理工与人文相结合的复合型人才模式(engineering plus),新任校长筹资 1.5 亿美金用于加强人文艺术和哲学、法学等学科的发展,吸引一流师资,结合自身理工优势,加强通识教育和国际化培养,注重培养学生的国际视野、领袖气质、人文素养、感恩心理、包容意识、合作精神、创新能力,提升了学生的综合素质和国际竞争力。为此,我们就应充分尊重和理解世界的多样性,致力于建设特色化、国际化课程体系和培养具有国际视野的复合型人才,加强通识教育和人文素养,扩大国际学生规模,拓宽学生双向交流和联合培养渠道,营建国际化校园。

（四）倡导行业协会，提升专业化水平

美国高等教育特点可概括为政府放权，鼓励竞争，公私并存，行业自治，机会均等。美国联邦政府不直接管理高校，高等教育由州政府和地方政府负责，美国高等教育评估和认证工作由行业协会完成，专业化水平高，评估可信度高，易于搭建起对等交流与合作的平台。例如西安交通大学管理学院于2011年4月通过美国AACSB商学院全球认证后，作为会员已迅速与MIT、哈佛大学、哥伦比亚大学等一流大学的商学院建立了实质性的对等合作关系。为此，我们也可以考虑参照美国行业协会的管理体制，发挥中国国际交流协会、中国国际人才交流基金会、引智分会等专业学会组织的行业指导作用，提升国际化和专业化水平。探讨与美国行业协会合作和对接的机制，为我国高校的国际化提供专业化的指导、支撑和服务。中国高校根据学科需要加入美国相关行业协会或相关大学联盟，使我国高校在国际合作中更加有的放矢，为我所用。

二、共享双方优势，开展实质性交流

美国知名大学的国际合作遵循"教授主体、学院主导、学校支持"的自下而上（bottom up）原则，学院有直接的资源分配权，教授则是国际合作与交流的主体和推动力量。而中国大学在推动国际合作方面有着自上而下（top down）的优势，在高端人才引进、资源协调方面，校际层面更有支配权和统筹权。将两者有效结合，优势互补，可以事半功倍，有利于开展双方的高水平、实质性合作。近些年来国家外专局的长短期专家项目及各类专项的成效明显，为各高校提供了强有力的智力和资金的支撑，搭建了与国外教授在人才培养和科学研究的实质性合作的桥梁。为此，建议进一步鼓励教授之间的实质性合作，拓展思路，拓宽渠道，多方争取办学资源，形成学校发展的人才和资金的"蓄水池"，在管理机制上优势互补，有效结合，发挥国际合作的效率和效益。

三、搭建研究平台,开展机构性合作

在与哥伦比亚大学、南加州大学、圣地亚哥加州大学、斯坦福大学、尔湾加州大学、伯克利加州大学等国际化大学的交流座谈中,他们都表达了愿意与中国高校建立不同形式的合作平台的强烈愿望。希望在教授之间紧密合作之上,建立诸如约翰·霍普金斯大学与南京大学合作合办的中美文化研究中心那样的实质性合作平台。近年来教育部和国家外专局联合支持的学科创新引智基地("111引智计划")敏锐地把握了这一趋势,收效显著,各大学在引进一流大学的学术带头人和团队的同时,创建了实质性、机构性的学术和科研合作平台,提升了优势学科的国际竞争力和影响力。西安交通大学在"111引智计划"的支持下于2010年底成立了"前沿技术研究院"(FIST),是环境宽松、学术自由、高度自治的国际化学术特区,探索了科研体制创新的新模式,成效显著。

总之,中国高校应根据自身的愿景、使命和总体战略目标,围绕学校的发展和核心任务,制定相应的国际化战略发展阶段目标与措施,发挥"统领、支撑、服务、协调"的作用,通过搭建科技合作与合作办学平台,成立联合实验室,联合研究中心等,在学科建设国际化,人才培养国际化,师资队伍国际化,科学研究国际化,办学资源国际化等方面实现跨越式的突破。

四、恪守互惠共赢,推进国际化进程

中美经济的强劲互动和发展,直接产生了中美大学之间合作的刚性需求,促进两国留学生规模不断扩大。美国需要培养起学生的国际意识和国际能力,需要培养通晓中国文化和市场的高级专业人才,因此需要向中国派遣留学生或交换留学生;美国的教授也需要拓展其科研能力和提升其科研水平,因此他们也需要和我们优秀的教授进行合作;美国更迫切需要输出其相对优质而过剩的高等教育产品,以补充其办学经费的不足。因此他们需要大量招收中国优质的学生或直接在中国本土与我们进行合作办学等。而中国的大学也迫切需要与美国的大学进行合作交流，以全面提升办学水平和国际化程度。因此，在对美大学交流与合作中，我们应该恪守"互惠共赢"原则，积极大胆地探索与美国大学交流合作的各种形式和渠道，实现长久、可持续的互利共赢的交流与合作。

目前虽然我国与美国的高等教育国际化程度相比还有较大的差距，但是在一些领域已有话语权和实力进行平等合作和交流。中国大学的国际化进程不能急功近利，急于求成，要遵循高等教育国际化的规律和发展趋势。中美大学需要在相互尊重、需求对接的前提下，在优势互补、强强联合的基础上实现包容发展，合作共赢。

总体上看，国际化是一个开放的，循序渐进的进程，需要开阔视野，兼收并蓄，才能有创新和发展。在新的历史机遇期，更需要以相互尊重，互利共赢的方针为指导，借助中美双方人文交流和高端合作平台，实现双方在人才培养、师资队伍和科学研究方面的全方位合作。同时国际合作与交流工作要为学校发展的核心要素即资金和人才服务，发挥引智、引资的重要作用，形成教师、学生、校友、大学、企业、基金会、政府的良性互动关系，为学校发展争取更多的办学资源。

五、坚持开放包容，拓展全球化视野

耶鲁大学的国际化战略具有独到的前瞻性和全球性。该校国际化战略围绕三个目标进行：一是为学生在日益相互依赖的世界中发挥领导和服务作用做好准备；二是把全世界最有才能的学生和学者吸引到耶鲁大学来；三是把耶鲁大学建成为全球大学。而全球性大学的精髓，不仅意味着耶鲁大学要为美国甚至要为全世界培育领袖人物并推进科学知识发现的前沿，而且意味着耶鲁大学毕业生要在全球拓展事业，他们对社会的贡献将超越美国国界。如此看来，耶鲁的全球化战略一方面显示了其"大学引领社会发展"的前瞻性发展雄心，另一方面也折射出其对大学"正史无前例地变成提升国家竞争力和维护世界和平的重要工具"的深层次考虑。

因此，中国的大学也需要思考如何为提升国家核心竞争力、文化软实力服务，需要以更加开放包容、海纳百川、自信从容的姿态放眼全球，走向世界，面向未来，尤其是拓宽中美两国高校之间的合作渠道，促进两国教育合作和人交流积极、稳健的发展。

实践篇

推动国际化培养体系建设,促进高水平创新人才成长

袁 驷[*]

随着经济全球化的深入发展和中国国际地位的不断提升,高等教育正面临前所未有的发展机遇与挑战。高等教育的根本任务是人才培养。国际化是高等教育发展的必然趋势,也是提高人才培养质量的内在需求。本文结合清华大学多年的探索与实践,重点介绍学校国际化人才培养体系的建设思路、主要举措和实施效果,以及贯穿其中的"顶天、立地、育人"之理念。

一、定位与思路

国际化培养自清华大学建校之初就已确立,并始终贯穿于各个时期的人才培养战略之中,逐渐形成了"中西融汇,古今贯通,文理渗透"的传统。1995年,学校明确了"综合性、研究型、开放式"的办学思路,继续秉承了这一传统。国际化培养既是实践开放式办学、提高人才培养质量的内在需求;又是顺应经济全球化和高等教育国际化发展趋势、面向人力资源强国建设的外在要求。站在清华新百年的起点,学校进一步明确国际化培养是清华大学人才培养不可或缺的重要组成部分。

基于上述定位,学校注重顶层设计,经过长期探索与实践,总结凝练了"顶天、立地、育人"的国际化人才培养理念,着眼于拔尖创新人才培养,着力推进高水平、高质量国际化人才培养项目建设,着重将国际化培养优势转化为本土人才培养的优势。在国际化培养体系建设过程中,学校重点形成了如下工作思路。

---

[*] 作者简介:袁驷,清华大学副校长兼教务长,教授。

(一)成体系建设

以学校多方办学优势为依托,构建包含综合学科、国际资源和管理保障的国际化人才培养支撑平台,面向本科生、硕士生、博士生、留学生四个群体,涵盖中外联合培养、综合素质拓展、国际学术交流、校园国际课程、多元文化交融五种培养途径的国际化人才培养体系。

(二)全学程覆盖

针对本、硕、博不同阶段的学生特点,目标明确、重点突出地实施各类国际化培养模式,通过境内、境外相结合的培养途径,使学生的国际化培养覆盖各年级、贯穿全学程。

(三)着眼于高端

以培养高水平创新人才为驱动,精心选择合作伙伴,积极开展与世界名校深层次合作;精心策划国际项目,有效利用中外优质教育资源;精心实施培养计划,力争取得最佳培养效果。

(四)立足于本土

把本国的高等教育置于国际背景下,培养具有中国情怀和国际视野的高水平创新人才。将国际化培养的优势,积极主动地转化为本土人才培养的优势,形成"世界一流、中国特色、清华风格"的国际化人才培养体系,逐步在世界高等教育格局中占有重要地位。

以上,第3点对应"顶天",目标着眼于高端;第4点对应"立地",立足于本土;而上述4点都是为了"育人"这一根本。

二、举措与实践

经过多年的探索与实践,清华大学已初步建成了以"一个平台"(即包含综合学科、国际资源和管理保障的国际化人才培养支撑平台)、"五种途径"(即中外联合培养、综合素质拓展、国际学术交流、校园国际课程、多元文化交融五种培养途径)、"四个群体"(即面向本科生、硕士生、博士生、留学生)为标志的国际化培养体系(图1)。

(一)支撑平台建设

学校通过开展学科国际评估、建立多元保障机制、拓展国际资源等举措,建设以综合学科为基础、国际资源为条件、制度机制为保障的国际

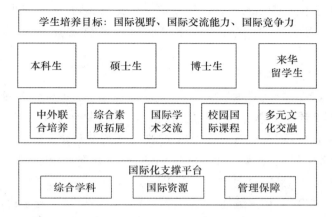

图 1　清华大学国际化人才培养体系示意

化培养支撑平台。

1. 学科国际评估

高水平的学科是国际化培养的基础。综合利用国际与国内评估,学校进一步明确了高水平创新人才培养的改革方向与发展计划,开辟全面提升学科建设、教师发展和人才培养国际化水平的新途径。

清华大学在国内率先开展了较大规模的学科国际评估。14 个学科共邀请国际专家 110 名,包括各国院士 30 余位,国际顶尖大学院长、系主任 20 余位以及图灵奖等各学科最高奖项获得者,其余专家也均为境外著名高校教授或研究机构的主要负责人,在本学科领域具有较大的国际影响力。专家组通过听取报告、走访实验室、察看档案、开展师生座谈等,广泛了解情况,重点关注人才培养。专家的反馈也为学校不断提升学科建设水平和人才培养质量提供了参考建议。

2. 多种国际资源

丰富的国际资源是国际化培养的条件。学校积极开拓伙伴资源、渠道资源和经费资源等多种国际资源,为开展学生国际化培养创造良好的环境。

学校已与 40 多个国家和地区的 200 余所大学签订了校际协议,逐步形成了战略合作伙伴、紧密合作伙伴和重点合作伙伴的国际合作战略布局,建立了长期稳定的合作关系;有重点地加入国际或区域性大学联盟或组织，积极探索与大学、政府、企业、机构广泛多样的合作渠道；努力争取海内外社会各界力量，设立学生国际化培养专项基金，提供经费支持。

3. 多元保障机制

科学规范的机制是国际化培养的保障。学校注重构建多部门协同工作、多环节质量控制、多渠道经费筹措、多方位服务支撑的多元保障机制，确保项目立项、运行、评估、管理、经费筹集的规范化。

学校教学管理、国际合作、学生事务、后勤保障等相关部门紧密合作，形成了分工明确、协同推进的工作机制；从项目开设、学生遴选、中期检查到项目完成各环节建立了诸如立项评审、学分互认、专家论证、总结评估等机制；建立国家、学校、导师、学生和社会多渠道的经费筹集和经费配套机制；建立包含英文环境、基础设施、后勤服务、安全保障在内的校园支撑机制，共同保障学生国际化培养的各个环节顺利进行。

（二）培养途径开拓

以培养学生国际视野、国际交流能力和国际竞争力为目标，学校重点开拓以下五种培养途径。

1. 中外联合培养

中外联合培养使学生有机会享用优质教育资源，融入并体验中外教育体系。

针对本科生，重点推进学生国际交换项目、双向互派、学分互认、学费互免，旨在开阔本科生国际视野；针对硕士生，重点开展双硕士联合学位项目，促进中外学生共同学习，学分互认，学位联授，并在培养环节中与企业紧密合作，旨在加强硕士生实践能力；针对博士生，积极推动以中外导师间合作研究为基础的联合培养，学校设立短期访学基金，每年资助近300名博士生赴国外知名大学和重点实验室进行合作研究，联合指导，旨在提升博士生的学术创新能力。

2. 综合素质拓展

学校充分利用国内外资源，通过国际暑期项目、海外实习、海外夏令营等不同形式的学习与交流活动，提高学生的综合素质。

学校重点实施了"海外实验室研修项目"，遴选具有科研潜力的本科学生进入海外一流大学或知名企业的实验室，师从知名导师参与课题研究。此外,还组织了包括"优秀新生海外研修项目"在内的各类素质拓展项目,前往英国牛津大学、美国斯坦福大学、哥伦比亚大学等著名高校学习交流。

与伯克利加州大学合作开设主要面向工科研究生的"清华－伯克利全球技术创业项目",两校教师共同授课,聘请知名企业人士担任创业导师,学生进行为期一年的创新创业课程学习和实践训练,提升学生的创新意识和创业技能。与英国帝国理工学院合作开设博士生暑期学校,开展学术规范、基金申请、论文答辩等相关训练,培养学生职业发展相关技能。

3. 国际学术交流

学校建立了类型多样的资助机制,例如设立"博士生出席国际会议基金",每年600余人次参加境外国际会议,促进博士生开展前沿性和创新性的论文研究工作,在国际学术舞台崭露头角;设立"清华大学学生国际重大赛事基金",鼓励和支持学生尤其是本科生参与足球机器人世界杯比赛、国际空中机器人大赛等国际重大竞赛并取得佳绩。

4. 校园国际课程

学校积极推进高水平英文课程和国际化培养公共课程建设,使学生不出国门即可获得海外优质教育资源。

面向全体学生开设"清华海外名师讲堂",整合高水平讲座资源,包含"全球领导力"和"学术前沿"两个系列,每年平均开设20余讲,参与学生可获选修课学分;面向硕士生和博士生每年开设约70门"海外学者短期讲学计划"课程,介绍学术前沿动态和最新科技进展,并纳入学生课程体系;面向留学生开设高水平全英文硕士学位项目,覆盖中国法、国际发展、全球制造、先进计算等12个学科方向,吸引大批海外名校毕业的本科生来清华继续攻读学位。

5. 多元文化交融

学校积极推动中外学生趋同管理和交流融合,为中外学生共同发展、培养高层次国际化人才创造良好的多元文化氛围。为此,学校着力开拓了以课程学习、论文研究为主以及以社团协会、中外学生"学伴计划"为主的两大类交流渠道,促进中外学生共同学习、共同成长。

三、成果与作用

清华大学坚持"开放式"办学的指导思想和"顶天、立地、育人"的国际化培养理念,经过近年来的探索实践,在国际化人才培养体系建设、人才培养质量提升和学校整体国际化办学水平等方面均取得明显进展。

(一)初步形成以"体系化、全程化、高端化、本土化"为特征的培养体系

学校明确了国际化培养是高水平创新人才成长的必要条件。在制定战略规划及教育实践中树立全球意识,把国际维度融入学校建设的方方面面,将国际化培养纳入学生培养计划,初步建立起以"体系化、全程化、高端化、本土化"为特征的学生国际化培养体系。

(1)体系化。即构建包含一个支撑平台,面向四个群体,涵盖五种培养途径的学生国际化人才培养体系。

(2)全程化。即形成以本科大一"新生海外访学"、高年级"海外交换与实验室研修"、硕士生"联合培养双授学位、创新创业训练"、博士生"联合指导、国际会议"等项目为代表的覆盖各年级、贯穿全学程的培养模式。

(3)高端化。即精心选择合作伙伴,精心策划国际项目,精心实施培养计划,以"双向互派、学分互认、联合指导、学位联授"为特色,与一批世界知名高校开展实质性合作。

(4)本土化。即通过实施学科国际评估、海外名师系列课程和全英文硕士学位项目等典型举措,整合优质教育资源,将多方的办学优势和国内外多种资源转化为本土人才培养的优势,提高学校自身国际化办学能力和水平。

(二)切实促进了高水平创新人才成长与发展

提升博士生学术创新水平。每年超过 1400 人次博士生赴海外交流或研修,约占每年入学博士新生的 80%;博士生在高水平学术期刊上发表研究论文数量不断增长,其中多人荣获"青年科学家奖"、"最佳学生论文奖"等奖项;计算机系博士生参加 PennySort 世界排序比赛获得 Daytona 类冠军,创造了世界纪录。我校培养的博士获得美国斯坦福大学、

日本东京大学等世界知名大学教职,进入国际学术界。

促进硕士培养模式改革。与8个国家的14所知名高校合作开展双硕士学位项目,突出人才培养应用型导向;采取模块化教学,建立学校、企业、学生多方共赢的机制。已有中外学生500余名参与项目。通过项目实施,借鉴国外先进模式,完善了相关院系课程体系,并藉此开设出系列英文课程,提升了学科水平。

拓宽本科生国际视野。本科生出境学习交流人数占当年入学新生比例由2004年的10%增至2012年的40%,2012年共计1402人次。本科生在国际重大赛事中屡创佳绩,例如,经管学院本科生代表队获CBS国际商业案例竞赛亚军,法学院本科生参加2011年"APEC未来之声"选拔赛并获得中国区冠军。上述经历培养了学生国际化视野和创新意识,激发了学术兴趣,坚定了未来的学术发展方向。

提高留学生培养质量。目前有来自近110个国家的3500余名留学生在校学习,具有国外名校学历的占30%以上。生源结构逐步优化,学位留学生达2600余人,其中研究生1200余人,其规模居国内高校首位。同时,留学生培养质量显著提高,荣获"清华大学优秀硕士学位论文"等奖项的留学生已占约7%。培养了一批了解中国国情的国际化复合型人才,其中部分留学生学成回国后在本国经济社会发展建设中发挥了重要作用,成为中外交流的桥梁和纽带。

(三)显著提升了学校国际化办学能力与水平

促进管理机制的创新。坚持以院系为主导、以学生为主体,学校更多地发挥资源、制度等方面的支持、协调与保障作用,在课程设置、学分转换、学科建设等方面建立更为灵活的机制。允许部分中国学生用英文撰写论文,试行国际专家论文评审制度;建立了将国际化培养学分较大幅度纳入本科教学计划的机制;将国际评估纳入学科建设制度化机制,每5~6年一个轮次,覆盖全部学科。

建设一批高水平英文授课课程。学校积极推动全英文课程建设,开设了300余门英文课程,覆盖22个专业,其中包括12个面向全球招生的英文硕士项目和14个双硕士学位项目。上述项目每年吸引了600余名学生到我校攻读硕士学位,包括剑桥大学、康奈尔大学、伯克利加州大学等世界一流大学的学生。

提升师资队伍国际化水平。学校在师资队伍国际化建设中坚持"培养与引进相结合"的原则，通过实施"百名人才引进计划"、"讲席教授制度"等项目，全面提升了学校师资队伍的国际化层次和水平，一批青年教师在国际项目的教学中发挥了重要作用。

提高学校国际影响力。全校已有14个学科完成了专家现场评估工作，得到了国外专家同行的高度评价。学校经济管理学院在国内率先通过 AACSB 和 EQUIS 全球管理教育顶级认证，建设管理系通过了项目管理协会全球认证委员会的认证。学校若干学科达到或接近世界一流水平，促进了人才培养质量的提升。

四、结　　语

国际化培养是提高人才培养质量的必要元素，也是提升本土国际化办学能力和水平的必由之路，更是建设世界一流大学的必然选择——通过教育对外开放，更新教育观念，丰富教育资源，充实教育内容，改进教育手段，培养学生国际视野，提升全球意识，强化国际竞争力，中国大学最终将实现提高人才培养质量、促进高水平创新人才成长的目标。

参 考 文 献

1. 袁驷，罗立胜，吴运新．发展高层次留学生教育，推进世界一流大学建设——清华大学培养外国留学生 60 年之探索与实践．播种友谊 桃李五洲——新中国来华留学教育 60 年纪念文集，2010．
2. 杨庆梅，张毅，骆淑萍，石翠芳．高水平大学学生国际化培养模式研究与实践．国际化人才培养战略研究与实践，2012．
3. 张毅，陈垦，杨庆梅．世界部分国家或地区学生国际化培养目标分析与思考．国际化人才培养战略研究与实践，2012．
4. 提高博士生国际竞争力，培养拔尖创新人才——清华大学国家公派研究生项目工作总结，2010．
5. 提高创业创新技能，培养创新人才——"清华-伯克利全球技术创业项目"一期建设成果，2010．
6. 整合资源积极开拓，培养面向世界的拔尖创新人才．国际·教育·动态，2007．

上海纽约大学：做高教改革的"鲇鱼"？

俞立中*

上海第一所"中美混血"大学——由华东师范大学和美国纽约大学"联姻"的上海纽约大学终于结束了人们长长的好奇与等待，在浦东新区陆家嘴金融核心区启动筹建。2011年3月28日下午，在教育部、上海市、浦东新区的领导和社会各界的共同见证下，双方校长在这片热土上联手为新学校奠基。从此，坐落于中国上海陆家嘴的上海纽约大学将与美国曼哈顿华尔街上的纽约大学遥相辉映，开启一个中外合作办学的新时代。

上海纽约大学的筹建既是落实教育规划纲要中所提出的"探索高水平中外合作办学模式"的重要举措之一，也是自去年教育部和上海市共建国家教育综合改革试验区以来的第一项实质性工作，具有重要的突破性意义。在上海纽约大学奠基之际，华东师范大学校长俞立中接受了《中国教育报》专访。

一、用胸怀和境界办高水平大学

中国探索中外合作办学的目的非常清楚，就是要引进优质教育资源，并不是多办几所大学。

记者：教育规划纲要中提出"探索高水平中外合作办学模式"，作为一所中外合作办学的大学，上海纽约大学的筹建是否就是一种"高水平"的探索？双方学校是如何进行顶层设计的？

俞立中：探索中外合作办学的目的非常清楚，就是要引进优质教育资源，推动中国教育的改革和发展，并不是为了多办几所大学，其关键词是

---

* 作者简介：俞立中，华东师范大学校长。

高质量、有特色。教育的开放和探索只有在这样的前提下才能走向高水平。合作的成效要拿到世界上去比拼仍具有显示度和示范性。从这个立意出发,华东师范大学和美国纽约大学依据中外合作办学条例合作举办的上海纽约大学,具有独立法人资格,希望能成为一所按照现代大学制度运行的一流研究型大学。我们要用胸怀和境界办一所高水平大学。

上海与纽约同为国际化大都市,浦东陆家嘴与曼哈顿华尔街同属金融贸易区,彼此存在高度契合。上海纽约大学之所以选址于此,正是直接服务于上海建设国际金融中心以及贸易与经济中心的战略需求,尤其是对高端国际人才的战略需求。纽约大学是一座没有围墙的大学,与纽约市金融中心区域在教育和研究上的日常交往频繁。上海纽约大学也具有相似的区位优势,也将充分融合来自上海金融中心的人才资源,甚至共用其他资源,比如图书馆、体育馆等,师生校舍也将利用当地人才公寓。因此,上海纽约大学是一所与城市社区相互滋养的大学。

记者:我们知道,华东师大早就已经与美国纽约大学展开合作,成立了中心,有了促进教师、学生和课程发展的教学点。从局部合作到整体建一所学校,这个过程是如何实现的?

俞立中:我们两所学校"谈恋爱结婚",不是传统的门当户对或是谁高攀谁的问题,而是志趣相同。我认为校与校之间的合作一定是理念对接,立足共赢,要寻找到发展理念上的共同点,才可能坦诚对话,才可以持续合作。

我们两校的合作,已有近 10 年历史。在多年的合作中,我们感受到纽约大学之所以成为近年来美国最具成长性的一所私立大学,原因就在于高度重视教育的国际化,重视学生的海外学习经历。为此,学校已在世界的一些重要城市设立了 10 多个海外教育中心,包括巴黎、伦敦、佛罗伦萨等。纽约大学阿布扎比分校去年 9 月开学。在派送赴海外学习的在校生数量上,纽约大学已连续多年在全美所有高校中排名第一,其接受国际学生的排名也在前五六名。

经过一年多的协商,筹建上海纽约大学成了我们双方进一步深化合作的新开端。对华东师大而言,这也是我们借鉴世界一流大学的办学理念和实践经验,促进学校在人才培养、科学研究、社会服务、大学管理等方面改革的积极探索。

二、通过国际合作实现跨越发展

建设一所高水平大学，一定要站在一个国际大舞台上来审视自己。战略眼光和战略高度对学校发展会起实质性的影响。

记者：请您概括地提炼一下筹建上海纽约大学的战略意义？

俞立中：上海纽约大学的建设是中美两个大国在高等教育领域的一项高层次的全面的合作，对于中国高等教育的改革与发展具有突破性意义。筹办这所大学也对上海高等教育国际化具有标志性意义是提高上海高等教育国际化水平和城市综合竞争力的一项重要举措。上海纽约大学将是上海和纽约这两个国际大都市间的一项高品位的合作，对提升上海，特别是浦东的国际形象具有积极意义。上海纽约大学会增强上海对国际学生的吸引力，这对中国成为留学目的国将有很好的推动作用。学校的筹建将大大增加上海，特别是浦东对高端人才，尤其是高端金融人才的吸引力，有助于吸引更多国际一流的专家学者来华从事教学、科研和管理工作。上海纽约大学将是高校管理体制机制改革和人才培养模式创新的一种尝试，其运作管理、课程设置和人才培养模式会有一定的借鉴和示范作用。

华东师大将通过近距离合作，体验和借鉴纽约大学教学、科研和管理经验，并逐步引进对方的课程体系，通过双聘方式更好地吸引优秀人才来校服务，通过合作研究和学生的联合培养提高科研水平和人才培养质量，从而开拓一条通过国际合作而实现自身跨越发展的道路。

记者：在许多媒体的报道中都提到国际化三个字，我想，字面上同样是国际化，但两所学校对这三个字本身的理解、期待通过国际化所要达到的目的，以及各自的利益或共赢的诉求点都是不同的。您能否再详细地谈一下华东师大追求的国际化的内涵要义是什么？

俞立中：建设一所高水平大学，一定要站在一个国际大舞台上来审视自己，在世界版图中找到参照系。尽管我们和世界一流大学的差距还很大，但是你要看清将来应该是什么样的。有没有国际视野和高度，是完全不一样的。战略眼光和战略高度对学校发展会起实质性的影响。

华东师大鼓励院系加强与国际一流实验室、研究机构建立长期合作关系，实现重点突破。学校提出了从全球招聘教师，把教师队伍之门向世界打开，也把青年教师送到国际一流大学去研修和合作研究。实际上，青年教师出去一年在学术上能提高多少，我觉得这是第二位的事情，更重要的是要让他们了解一流大学是什么样的，了解多元化的教育，看看不同的教育理念、培养模式、教学方法和科学研究，建立合作关系，等等。这对教师未来发展很重要。站在低起点上，看到的是低水平；站在高起点上，至少知道高水平是什么样的。

在人才培养方面，我们也在不断加大学校内部双语课程建设力度，增加本科生和研究生的海外研修机会，目的就是要让学生适应全球化发展。与此同时，学校建立了一个国际教育园区，吸引国外一流大学在华东师大设立海外校区和教学中心，把学生、优质课程资源引到我们校园里来。此外，国际化这条线也纳入了学校管理的方方面面，包括技术人员的出国培训、管理人员国外挂职等，通过拓展视野，瞄准世界高水平大学的建设目标，推进学校改革和发展。

记者：华东师大在推进国际化进程中的力度是很大的，您也总是说"眼界决定境界"，近年来，学校在与国际组织的合作交往也日益频繁，是吗？

俞立中：学校国际化的一个重要环节和措施就是加强与国际组织的合作。我们感到，中国教育要走出去，要在国际教育领域发挥好作用，加强与联合国教科文组织等国际组织的合作是高水平大学的一个很重要的使命。随着国家的发展，我们的教育应该走向世界，这是毫无疑义的。我们要在高等教育、基础教育领域有话语权，而且要让别人听到我们的声音，同时声音还要能够引领国际教育的发展。中国现在的很多声音，大家都愿意听，比如我国高等教育怎么在这么短的时间内从精英化阶段走到大众化阶段。我国高等教育的一些改革，大家都很感兴趣，都很想学习，虽然我们还一直在反思和批评自己。

三、更多"一元"带来"多元"气象

希望上海纽约大学的人才培养模式能成为"多元化"中的"一元"，对我们中国高校产生一定的借鉴意义。

记者：近一段时间以来，谈起上海纽约大学的筹建，总是会让人将其与南方科技大学和自主招生等热点"捆绑"在一起讨论，这样的热议在您看来说明了什么？

俞立中：新大学的创办意味着探索。人们关注南方科技大学和上海纽约大学，恰恰说明了社会对中国高等教育多元化的期待。现在中国高校趋同化比较严重，不管什么类型的大学，都是一样的目标、一样的评价标准，缺少各自的特色。大家盼望更加多样的形式，形成"鲇鱼效应"，激活原本有些沉闷的局面。中国高等教育的出路在于多元化。这些探索对大一统模式是一种颠覆，为高等教育发展带来了新的可能，所以受到了广泛的关注。我始终认为，上海乃至中国的高等教育应该强调多元化，以不拘一格培养适应各种需求的优秀人才。我希望上海纽约大学的人才培养模式能成为"多元化"中的"一元"，对我们中国高校产生一定的借鉴意义。

记者：高校间的中外合作办学对中国国内高等教育的改革与发展将产生哪些影响？质量是办学的生命线，对于完善中外合作办学质量保障机制，您有何建议？

俞立中：高等教育国际化是当今世界的潮流，也是经济全球化的必然要求。大学需要以全球的视野来审视自身的价值，需要以世界的目光来谋划未来发展。中国需要了解世界，促进多元文化理解；世界也需要了解中国，共享中国文化传统。高校间的中外合作办学是能够对我国高等教育的自身改革起到促进作用的。对于中外合作办学，我始终认为其目的是引进优质教育资源，也始终坚持"理念对接，立足共赢；内涵为先，形式多样；搭建平台，持续发展"的原则。

办学质量的保障首先取决于办学定位的明确，为什么要办？要办成什么样的学校？同时，我感到要办成高水平大学必须要有高质量的师资保障，并且在学校架构中充分体现学生为本，保证学校的管理架构、课程设置和教学计划很好地促进学生的发展。比如，上海纽约大学1∶8的师生比对于外方学校来说是必须确保，没有商量余地的。因此，从学校管理角度看，我们也很想通过上海纽约大学的筹建，能在严格的质量保障机制上带来借鉴，从而将自身学校发展推向真正的"高质量，高水平，有特色"。

记者：您曾一再强调，上海纽约大学的筹建不是多一所大学的问题，也不是完全代表了一种合作办学的趋势，而是"多元"中的"一元"，要让这"一元"带来更好的"多元"，这就是一所新学校对中国高等教育的影响吗？

俞立中：上海纽约大学是中国高等教育改革的一块试验田，我们正在探路。从一般道理上来说，它的牵涉面很小，不管成功还是失败，对总体的局势不会有太大的影响。但是办好上海纽约大学是我们肩负的重要责任，我们给自己施加了很大的压力，只能成功不能失败。如果因为运作不好而没有实现理想，我们就会把中外合作办学的一条路堵了。也许有人会说，中外合作办大学是不成功的。那样的话就会延迟中国高等教育进一步改革与发展的进程，耽误大好时机，对中国高等教育发展将是很大的损失。华东师大积极推动上海纽约大学的建设，在一定程度上是先行者，这是在为整个高等教育改革探路，积累经验探索成功了，就将成为中国高等教育改革与发展的财富。办好上海纽约大学责任重大，创办过程很艰苦，而这又是先行者所必须面对的。不管怎样，我们都将全力以赴。

（原载 2011 年 4 月 4 日《中国教育报》）

树立"三主意识",开创外事工作新局面

范捷平　潘凤鸣[*]

浙江大学外事工作在国家教育部的指导下,坚持自觉服务服从国家外交战略,自觉服务服从世界一流大学建设目标,坚持统筹国际国内两个大局,积极贯彻国家人文外交、公共外交的战略思想,认真贯彻"科技是关键,人才是核心,教育是基础"的发展理念;深刻领会"建设世界一流大学不只是个里程碑,而是一个持续发展的过程"的重要内涵,围绕高校"人才培养"、"科学研究"、"社会服务"和"文化传承"四大职能,不断创新国际交流合作的理念与机制体制,逐步形成以重点学科和重大项目为向导,以引智引才为重心,以全面提升办学质量为宗旨的外事工作新局面。

一、与时俱进,创新理念,树立"三主意识"

21世纪以来,随着中国经济的迅速崛起,中国被推向国际舞台的中央,国际社会的经济政治格局出现结构性变化。中国建设世界一流大学是中华民族伟大复兴赋予中国高等教育的要求。高校外事部门作为"走向世界"的前沿阵地,承载着前所未有的时代重任。在这一背景下,高校外事工作须与时俱进,不断创新机制体制,以服从中央统筹国际国内两个大局的要求,服从中国的国际地位和经济社会的快速发展需要。我们需要在观念上树立"主权意识"、"主体意识"、"主动意识",树立我国在政治上更有影响力、经济上更有竞争力、形象上更有亲和力和道义上更有

---

[*] 作者简介:范捷平,时任浙江大学副秘书长,外事处处长,教授。现任浙江大学德国学研究所所长,"985工程"三期跨文化研究基地首席科学家,教授,博导。潘凤鸣,浙江大学外事处综合办公室副主任。

感召力的国际形象。

"主权意识"是基本原则。高校外事工作必须坚定不移地维护国家和学校的核心利益,坚持自觉服务服从国家外交战略,自觉服务服从世界一流大学建设目标。

"主体意识"是基本定位。高校外事工作不能只限于"迎来送往"、"接待陪同"、"出国办证"等具体事务性工作,而应该明目扩胸、开阔视野,服务全校的人才战略和学科建设需求,坚持以我为主、合作共赢的外事工作原则,坚持"借船出海"、"筑巢引凤"、"为我所用"的外事工作策略。

"主动意识"是基本态度。高校外事工作不应是"有呼必应、顺其自然、墨守成规",而需要在实事求是的原则下锐意创新、致力开拓、积极谋划、无中生有、主动出击,充分发挥高校外事部门的主观能动性和开拓创新能力。

二、以重点学科为导向,致力推进一流学科伙伴计划

2010年起,学校聚焦农生、医学、工学、理学、信息和社会科学等国家重点学科,面向欧美和东南亚高水平大学,成功开展6项伙伴计划:农业生命环境学部美国康奈尔大学、戴维斯加州大学伙伴计划;医学部洛杉矶加州大学(UCLA)伙伴计划;工学院部美国伊利诺伊大学·香槟分校、西北大学等伙伴计划;理学部美国莱斯大学、密歇根州立大学等伙伴计划;社科学部与美国威斯康星大学麦迪逊分校、密歇根州立大学等伙伴计划;信息学部与威斯康星大学麦迪逊分校等伙伴计划。一流学科伙伴计划重点开展合作研究、本硕博合作培养、学科建设、师资队伍建设等合作内容,并取得了丰硕成果。浙江大学将继续整合资源,集中力量,瞄准一流、聚焦重点、滚动发展,持续推动一流学科伙伴计划。

浙江大学医学部一流学科伙伴计划取得重大进展。通过资源共享、优势互补,该学部在与美国洛杉矶加州大学医学院在多年合作基础上,先后合作成立了浙江大学-UCLA联合医学研究和教学中心,浙一医院-UCLA肝肾移植联合中心,浙二医院-UCLA联合诊断中心等。联合医学研究和教学中心已成为国际化医学创新人才培养基地;肝肾移植联合

中心在肝移植领域提出"杭州标准",得到国际认可;联合诊断中心是诊治和学术研究国际一体化的医学中心,将打造成为国内最大、最先进的国际化医学诊疗中心。

三、中、新、美合建"新加坡科技设计院",缔结多方战略合作伙伴

拓展与世界一流大学的战略合作关系,布局并实施一批高水平的教育和科研项目。2009年11月12日,胡锦涛主席访问新加坡,达成中新共建新加坡科技设计大学的合作意向。2010年3月,浙江大学根据中央和教育部指示,与美国麻省理工学院联袂支持新加坡教育事业建设,三方合作建立新加坡科技设计大学。一年来,中、新、美三方合作顺畅,进展顺利,成效显著。首批课程包括"中国商业文化和企业文化"、"21世纪现代中国发展中技术与设计所承担的角色"、"中国城市发展和规划史"、"中国古代建筑设计沿革及应用"、"文化形成与创新性产品设计"已陆续开设。浙江大学、美国麻省理工学院还在中、新、美三地不定期举办学生创新创意设计比赛竞赛,为学生提供国际创新创意设计交流平台。2011年9月,浙江大学-新加坡科技设计大学联合学生设计作品荣获德国红点设计大奖。

四、搭建重大国际合作科研平台,推动中国科研走出去

以重大项目为导向,2012年将集中力量建设海洋科学和老龄化社会设计两个重大科研引智平台。

(一)搭建海洋科学重大科研平台

学校将整合与海洋有关的机械、能源、信息与电子、建筑、地球科学、生命科学、医学、动物科学、材料、环境、食品、工业设计、经济、法律、人文等15个领域的资源和力量,通过学科交叉互补,打造海洋科学重大研究平台,瞄准国际海洋科学前沿,聚焦国家海洋发展战略和浙江省海洋经济发展需求,对接国际海洋学科领头羊(如德国基尔大学),组织开展国内外海洋领域学科建设和研究开发,加强与浙江省、舟山市的全面战略

合作,推动浙江省海洋经济建设示范区的快速发展。

(二)构筑老龄化社会设计重大科研平台

在浙江大学、美国麻省理工学院联合新美项目初见成效的基础上,提出"借船出海,筑巢引凤",推进中国科技走出去。在外事处的引领下,工学部正与新加坡国立研究基金会申请建立浙大-新加坡研究中心,中新双方联合向新加坡政府申请"老龄化社会设计"重大科研项目,项目资助约2亿人民币,联合多方优势攻克国际社会未来重大科技攻关难题。此外,浙江大学与新加坡科技设计大学合作的其他科研合作项目正在向新方政府申报中,开拓中国科技项目走出去。

五、依托重大科研项目,筑高地,引高人,攀高峰

在《国家中长期人才发展规划纲要》的战略指导和国家引智引才政策的支持下,以重大项目为导向打造高端引智引才重要基地。

自2006年起,先后构筑国家"千人计划"、"111创新引智基地"3个:"农业生物与环境学科"、"信息与控制学科"和"能源清洁利用科学与技术学科";国家"学科创新引智综合试点"1个。瞄准国家战略发展方向,围绕经济社会发展重大需求,引进学科领军人才,建设创新科研团队,打造具有国际影响力的创新科学研究平台,开展国家战略研究,取得一批富有特色的科研成果。

学校依托重大科研平台,设立学校特色重点引智项目,促进优长学科交叉融合,重点支持海洋、能源、生命、材料、医学等大学科领域,以及科技设计与老龄化社会、世界文明与遗产、当代中国与跨文化、世界变化等创新学科领域的国际合作和引智引才,充分利用政府、高校等多种国际合作形式,服务区域经济发展和科研成果产业化。

六、发挥区域优势,开拓超常规引智引才渠道

与港台主要高校联袂合作,联合聘请世界顶尖学者。借助与香港科技大学、香港中文大学、香港新鸿基地产等知名高校和企业国际关系,联合聘请诺贝尔奖学者、邵逸夫奖学者、普利策奖等世界顶尖学者来校讲

学,分享诺贝尔奖学者的学术成果、成功人生、科学精神、创新精神,启发思维,推动知识开发与传播,促进经济社会发展。

与浙江省建立战略合作规划,省校共建"海外引智引才前沿平台"和"海外高层次人才浙江大学工作驿站"。2010年,由外事处牵头,在人事处、组织部、发展联络办公室等相关部门的全力合作下,积极有序地推动浙江大学海外工作机构的建设工作。首批设立香港、美国(纽约、洛杉矶、旧金山)、德国、新加坡、日本等7个,构筑省校联合"海外引智引才前沿平台"。依托浙江大学国家海外高层次人才创新创业基地,建立"海外高层次人才浙江大学工作驿站",旨在为海外高层次人才来浙江省创业创新初创期提供服务,构建"政产学研"的多赢创新合作模式,为浙江经济转型提供保障,服务地方经济发展和世界一流大学建设的人才需求。

七、统筹国际国内两个大局,积极推动"中国文化走出去"

发挥高校的文化传承与创新功能,积极贯彻国家人文外交、公共外交的战略思想,在引进国际一流先进理念促进自身发展的同时,积极推动中国文化的国际传播,推动中国文化走出去。

(一)举办重大国际交流活动

如举办德国"浙大周"、加拿大"浙大日"等重大国际交流活动,在国外打造国外中国文化宣传推广品牌,提升中国文化的影响力和浙江大学的知名度。

(二)建设"中国学"留学生课程

此举旨在弘扬东方文明、中华文化和当代中国社会为核心内容,打造一流留学目的地,吸引欧美主要国家、地区国际一流大学的留学生源;通过英语授课,使学生全面透彻学习和领悟中国文化的传统精髓和时代特色,了解现代中国的政治、经济和文化;并通过理论学习和身体感知相结合的教育模式,使其留下中国文化的深刻记忆,培养知华、爱华、友华的外国人士,服务国家长远外交战略和发展利益。2008年设立"中国学"硕士课程,深受海外留学生青睐。2009年在读硕士17人,2011年在读硕士增加到40人。

（三）通过 APRU 国际学生暑期交流项目，传播中国文化

2011年7月6日至17日，浙江大学成功举办第六届 APRU 本科生暑期班，66名 APRU 成员学校学生（含浙大20名）参加本次交流活动。作为中国文化走出去的重要战略举措，暑期班以"培育21世纪的创业创新型人才"为主题，结合中国文化特色、中国国情及浙江经济特点，精心策划并举办"创新创业"专业讲座9次，汉语课程4次，中国武术、戏剧、书画文化体验课程3次，以及杭州、乌镇等文化考察活动2次。本次活动使国际学生亲身见证了中国现代社会经济的飞速发展，切身感受了中国深厚的历史文化底蕴。

八、"政产学研一体"推进地方国际合作与交流

"十一五"期间，浙江大学社会服务工作硕果累累，与地方政府共建"和谐杭州示范区"、"湖州新农村实验示范区"、"舟山海上浙江"、全国第一个"中国西部发展研究院"、"浙江大学海外工作站"以及"海外高层次人才浙江大学工作驿站"等。初步构建"政产学研"四轮驱动的"浙大模式"，聚焦海洋、能源、医学、农业生物等区域经济重要发展领域，致力拓展国际合作与人才引进，重点推进浙江省与东盟、德国基尔大学在发展海洋科技、海洋经济、完善海事法律等方面的合作，促进浙江海洋经济发展示范区的建设。

九、创新机制体制，构建"点面结合、辐射学科"的外事工作大格局

创新外事工作机制体制，全面推进基层外事创新，构建以学校外事部门为点，以学校各行政管理部门为面，以学科建设为导向的学校、学部、院（系）延伸的网状体系，构建学校外事工作大格局，创新外事工作的机制体制。

在外事大格局中，学校外事处是全校外事工作的牵头单位，其职能是以"服务"为基本出发点，具体实施"内外积极开拓"、"对内服务管理"、"对上出谋划策、对下推动支持"的工作机制；创建国际一流，是从人才培

养、科学研究、服务社会到文化传承的全面发展；不只是一个里程碑，而是一个持续发展的建设过程。与国际接轨，不能只靠外事处单打独斗，应该构建全校上下的协同创新、交叉辐射、良性互动的外事工作机制和体制，做到顶层设计与激发基层活力相结合。浙江大学外事工作的重点是积极倡导和支持学科、院系和各类平台、中心的国际合作与交流工作的基层创新，基层创新是外事大格局的生命力所在，也是高校外事工作的重点所在，高校外事部门应采取各种办法和措施培育基层创新能力，开展有组织、成建制、大规模的高校国际合作与交流，全面、有效提高高校的办学质量和一流学科国际竞争力。

植根华夏大地，传承中华文明的中国高校，其建设世界一流目标，不应简单照搬西方办学模式，而应立足本国特色。浙江大学的世界一流建设目标是"世界水平，中国特色，浙大特点"。在瞬息万变的当今世界，浙江大学外事工作将围绕学校国际一流建设目标，不断创新理念和机制体制，构建和完善外事工作大格局，以学科为导向，全力推动重点学科和重大研究平台的国际合作交流与引智引才，并在学校建设国际一流大学的过程中，不断摸索，不断发展。

传承,创新,主动
——打造具有"同济特色"的国际合作与交流模式

董 琦 李振宇 卜恒春[*]

一、继承同济国际合作传统

"同济特色"的形成首先源于学校深厚的历史渊源和良好的传统。我校的前身是 1907 年创建的同济大学德文医学堂,有用德语教学进行专业教学的历史,有对德国合作的传统。改革开放之后的 1979 年,李国豪老校长倡导学校恢复对德合作,与德国达姆施达特工大、波鸿鲁尔大学等建立校际合作,是国内最早建立对外合作的高校之一,由此同济大学逐步成为中德两国高教和科技文化交流与合作的重要窗口。

进入 21 世纪,学校继承国际合作传统,不断探索和开拓中外教育合作交流的新领域。十多年来,同济以对德合作为基础,大力拓展对欧洲主要国家的合作,努力发展对北美、亚太等地区和联合国机构的合作,形成了较丰满的国际合作布局;已形成中德学院、中法学院、中意学院、中德工程学院、中芬中心、中西学院、同济-联合国环境署环境与可持续发展学院、同济-联合国教科文组织亚太地区世界遗产研究与培训中心等 8 个合作平台;学校在双学位规模化培养、中外合作科研、留学生教育、引进国外专家、英语课程平台建设等方面取得了可喜的成绩。

我校的发展目标是建设成为一所"研究型、综合性、国际化的高水平大学",人才培养,科学研究,社会服务与国际合作被确立为学校的四大任务。这一目标的确立正是学校历任领导基于对教育国际化的理解以

---

[*] 作者简介:董琦,同济大学副校长,研究员。李振宇,同济大学外事办公室主任,教授、博士生导师。卜恒春,同济大学外事办公室项目主管。

及对学校发展的战略思考。从改革开放以来,同济大学历任主要领导都特别重视国际合作,他们有海外学习或工作经历,有宏阔的国际视野,又有亲身实践的经验,对国际合作工作非常重视。多位校级领导有分管的国家或地区,或在平台学院兼任院长,对国际合作工作给予充分的理解、正确的指导和大力的支持。

二、新形势下不断创新

近年来,同济大学紧紧围绕学校教育发展与改革这个中心,不断探索创新工作思路、创新工作方式,努力为学校教学和科研服务。各职能部门通力合作,形成了国际合作的"大团队"协同工作的良好局面。外事办公室、教务处、研究生院、科技处、人事处和人才办、学生处、研工办、教改办、发展办、学科办、信息中心等部门沟通密切,联手出台特色项目计划,平台学院和国际文化交流学院以及各国际合作重点学院积极配合推进实施。学校推出了"卓越计划"、"模块化专家"、"英语课程建设"等一系列创新举措,结合学校的特点和条件,形成了较鲜明的特色。

(一)"模块化专家":引智的创新方式

为了进一步引进海外高层次人才,我校在全国高校中率先提出了"模块化专家"的聘请办法:邀请对象主要是欧美著名大学享受"学术休假"的一线教授,具有丰富教学科研经验的刚退休的名师,以及利用错时工作安排参加各类交流项目的学者。他们来校进行为期4周(1/4学期)到9周(半个学期)的专业教学。为此,学校教务处、研究生院推出了"模块化"课程设置试点,在保证完成现行教学大纲规定总学时的前提下,将专业课程的教学周期进行灵活设置,从通常的18周,调整为9+9周等,以方便"模块化专家"能在相对集中的时段内完成一门专业课程的教学工作。经过试点,2011年春季,我校正式推出"模块化专家"授课制度,共有24个学院聘请了150名专家,由"985"专项经费支持。迄今为止,共聘请"模块化专家"500多人次。模块化专家带来了新的教学理念、教学方法和科研手段,与相关专业的学科团队深度合作,参与教学计划的制定以及青年教师的培养,促进了一批高质量的双语(或全外语)课程建设,培养了一支专业课程双语(全外语)教学的教师队伍。这个创新尝试,得到国家有关部门和同行的充分肯定和赞赏。

(二)"3个600":服务学校"卓越人才培养计划"

2010年,教育部实行"卓越工程师培养计划",我校积极响应参加。为培养具有国际视野、通晓国际规则、能够参与国际合作与竞争的高质量各类型工程技术人才,学校在实行"卓越计划"的15个专业中,提出"3个600"学生交流计划。在参加学校"卓越工程师培养计划"的学生中,每年有1800名学生有机会参与国际交流。其中,600名参加双学位培养,600名参与学分互认的海外访学活动,600名参加暑期学校、联合设计、项目参访等多种形式的国际交流学习。"卓越计划"已成为我校学生对外交流工作的抓手,并促进了我校国际合作与交流的全面提高。凭借学校良好的对外合作条件,依靠平台学院和重点国际合作学院(如经济与管理学院、建筑与城市规划学院等)的69个双学位项目的扎实工作,在实施当年,就基本实现了最具挑战性的双学位学生培养计划。2010年,我校申报的"国家教育体制改革试点项目"项目《形成双学位培养规模,提高联合培养人才质量和水平》获得批准。2011年,与法国十多所高校合作的"卓越工程师培养"合作项目开始启动,涉及我校7个专业,进行宽平台联合培养。至2013年,我校双学位项目已达90个,其中硕士项目78个,本科项目12个。

(三)"中芬中心":搭建人才培养创新平台

2010年11月,我校第七个平台学院——"同济大学中芬中心"成立,为跨学科人才培养提供了新的模式。这是学校与芬兰阿尔托大学的合作,旨在融合两国尖端创新人才及理念,成为国际创新的重要中心和引擎,为全校的中外学生搭建创新实践平台。成立当年,中心就成功组织了6个国际跨学科工作坊;共举办以设计、教育、商业、人文等为主题的40余场讲座;还开设了理论与实践相结合、独具特色的产品开发课程。2011年5月4日,首届"同济大学创新移动课堂"——"上海-赫尔辛基创新快车"从北京出发。来自哈尔滨工业大学、天津大学、北京理工大学、同济大学和华南理工大学等5所高校,30个不同专业的72名学生,历时7天,辗转3趟列车,抵达芬兰首都赫尔辛基,参加阿尔托大学"上海周"等活动,举办"同济大学移动课堂创意轨迹展"。通过举办这次打破传统教学方式的跨国、跨校、跨学科的短期交流,让学生从实践中寻找问题,学会运用书本知识，学会独立学习，开创了人才培养的新模式。中芬中心将为双学位培养、学分互认交流学习、短期访问和专业培训提供更多的可能。

三、主动积极，服务全局

在新的形势下，我校国际交流与合作进入主动积极，服务全局的新阶段，直接为学校的人才培养，科学研究和改革举措服务。为此，国际合作团队积极寻找机会，主动"发球"，开展了一系列有战略意义的工作，形成了奋发向上、积极主动的工作氛围，主动为学校领导决策提供依据，主动为全校师生提供优质服务，主动为扩大学校国际影响不懈努力。

（一）制定规划，拓展布局，服务学校的未来

结合"十二五规划"和"985三期"建设，学校对国际合作的总体方向进行了整体规划，确定了工作思路，明确了重点建设内容，即进一步形成"有特色、全方位、主动型、高水平"的学校国际合作体系，完善国际合作战略布局，继续强化对德、法、意等欧洲国家和欧盟的合作，着力拓展对美、英、澳、加的合作，积极开展与亚太和非洲、拉美的交流，深入发展与联合国环境署、教科文组织、人居署等国际组织的合作；同时，加强推进与我国台湾、香港、澳门地区的合作，提出与"3个600"相应的"3个300"计划。

在不断加强与欧洲高校合作的同时，我校重点拓宽对美国大学和联合国机构的合作。裴钢校长亲自率代表团赴美国东西部，与伯克利加州大学签订工程教育科研合作备忘录，与乔治亚理工大学确定双学位联合培养项目；原党委书记周家伦于2011年率团访问联合国环境署、联合国人居署、非盟，进一步深化与这些机构在可持续发展、城市建设等方面的合作机构建设与合作项目发展。党委书记周祖翼2013年率团在英国谢菲尔德大学举办"同济大学日"，拓展与英国大学的合作。

为顺利推进"卓越计划"、"留学同济计划"和其他国际化办学计划，我校本着以我为主、为我所用、结合实际的原则进行统筹和谋划，以发达国家知名大学为主要合作对象的原则，主动确定100所重点合作高校，并从中选择若干所战略合作伙伴开展全方位、深层次、多领域的国际教育合作。在德国，重点加强与以德国工科大学联盟（TU9）以及波鸿鲁尔

大学等开展长期深入合作;在法国,以巴黎高科集团为核心,开展与10多所大学的深入合作;在意大利,以米兰理工、都灵理工、博洛尼亚大学为主进行双学位培养;在芬兰,以阿尔托大学为紧密合作伙伴;在西班牙,以马德里理工和加泰罗尼亚理工为重点合作院校;在美国,以乔治亚理工、莱斯大学、里海大学、科罗拉多大学等十几所大学为主要合作对象;在日本,以东京工业大学、东北大学等作为重点合作伙伴。2011年、2012年,学校先后举办了"柏林工大日"、"达姆施达特工大日"、"波鸿鲁尔日"。学校也在德国、意大利、英国先后举办5次"同济大学日"。

(二) 推出"留学同济"计划

为响应教育部"留学中国"计划,我校外办留办会同其他部门适时制定了"留学同济"计划。该计划以"扩大规模、优化结构、加强管理、保证质量"为方针,着力打造"留学同济"品牌,计划到2015年,学校留学生培养达到国内领先、国际知名,成为中国最有吸引力的留学目标学校之一;计划全年在校留学生将达到5500人次,占全校在校生总数10%~15%,其中学位生55%(本科生50%、硕士生40%、博士生10%)。2012年,我校全年在校留学生已达3975名;其中,学位生2180名。

为此,我校针对留学生教育,加强外语专业课程建设。我校以"985工程二期"为契机,三年共投入400万元人民币用于英语课程建设。到2010年,开设的英语课程总门数每年已超过250门,包括5个硕士层次的课程包和4个本科层次的课程包,以及9门通识课程。开设门数和层次全国领先。2011年,学校结合"985工程三期"建设,通过全英语课程、外语教学团队建设等形式,支持300门左右的全英语、双语等授课形式的外语课程建设工作。

此外,2009年我校还积极设立"教育部同济大学外国留学生预科部",成为全国七所开展留学生预科教育的大学之一,同时也是教育部在上海设立的唯一一个外国留学生预科部。2009年该部招收预科留学生146名,2010年招收270名,2011年招收288名。预科教育成绩在全国名列前茅;预科部为来华留学生日后顺利进入我国高校完成专业学习做好准备,为实现"留学中国"计划作出了应有的贡献。同时也为我校实现"留学同济"计划培育了优质和充足的留学生生源,为增强了我校对国外优秀学生的吸引力赢得了先机。

（三）积极组织"中欧工程教育联盟"和"卓越联盟9校外事处长联席会议"

2010年9月，教育部与欧洲工程大学教育研究联盟（Cluster 12）共同成立"中欧工程教育联盟"（SEEEP），以此推动中欧工程类院校在各学历层次工程人才联合培养、教师培训、教材开发、科学研究等方面开展广泛深入的合作，共同致力于高素质高级工程人才的培养，并促进中欧工程教育专业互认。参加的学校有中方18所大学（同济大学、哈尔滨工业大学、天津大学、清华大学、西安交通大学、大连理工大学、华中科技大学、东南大学、浙江大学、上海交通大学、华南理工大学、北京科技大学、北京交通大学、中国石油大学、中国矿业大学、北京邮电大学、华东理工大学、四川大学）和欧方12所大学（瑞典皇家工学院、芬兰阿尔托大学、瑞士洛桑高工、德国卡尔斯鲁尔大学、德国达姆施达特理工大学、荷兰爱英特霍芬理工学院、比利时鲁汶大学、爱尔兰都柏林圣三一大学、西班牙加泰罗尼亚理工大学、葡萄牙里斯本理工大学、法国格勒诺布尔理工学院、意大利都灵理工大学）。我校积极申办，在教育部国际合作司的指导下进行了大量组织工作，2010年在上海、2011年在里斯本分别召开了两次大会，我校担任中方第一任主席单位和秘书单位。

2010年、2011年，我校两次组织召开"卓越联盟9校外事处长联席会议"，参加的学校有：北京理工大学、重庆大学、大连理工大学、东南大学、哈尔滨工业大学、华南理工大学、天津大学、同济大学和西北工业大学，并形成制度，与"卓越联盟"的兄弟院校在国际合作中实现资源共享，相互支持，共同发展。

（四）积极主动，争取更多机会和资源

在平时的工作中，主动获取信息，用创造性思维，抓住许多稍纵即逝的时机，为学校国际合作争取更多的机会。例如，在世博会期间依靠同济大学参与世博会建设的优势，形成了同济大学国际合作的"世博年高峰"；及时参加联合国人居署伙伴大学圆桌会议；在德国新总统上任伊始，促成了裴钢校长在德国总统府拜会沃尔夫总统；争取到2010年"太阳能十项全能"参赛权，并作为唯一一支中国队参加2011在美国举行的"太阳能十项全能"竞赛，两项参赛作品"太阳能竹屋"和"Y-Container"获得了一致好评；举办"2011世界大学生环境论坛"等一系列有较大影响的

国际合作项目和活动,扩大了同济在全国高校国际合作工作中的影响。

国际合作与交流是现代大学的重要任务,大学是国际交往的最重要平台之一,大学理应代表社会先进的理念和思维,大学国际交流是国家软实力的体现。我们的国际合作必须在现有的基础上加以深化,加以创新。在实践过程中,我们也深切体会到必须树立科学和开放的理念,以求真务实的精神、踏踏实实的工作态度,发扬积极进取的创造性思维,抢抓机遇,不断探索国际合作与交流的新模式、新途径,采取多种方式积极主动地迎接挑战。只有这样,才能为学校实现建设国际知名高水平大学的目标服务,在国际舞台上展示中国高等教育的风采。

清华大学国际合作与交流的实践及展望

张　毅　陈　垦　丛东明*

新世纪以来,全球经历了快速发展和深刻变革,世界多极化和高等教育国际化已成为不可阻挡的发展趋势。纵观当今世界大国的崛起,人才资源和自主创新是其发展的不竭动力和源泉。高水平大学作为人才培养和科技创新的摇篮,不仅是一个国家综合实力和高等教育发展水平的集中体现,而且是现代化建设和走向持续繁荣的战略资源。在2011年清华召开的大学校长全球峰会上,国务委员刘延东明确提出"大学应该责无旁贷地担负起引领发展、创造未来的崇高使命"。要承担起这一使命,大学需要着重把握好五个方面,其中之一即强调"大学应该始终以国际交流合作为桥梁",因为"合作才能共享,共享才能共赢",开放包容、合作互补应成为各国大学的共同选择,这将为大学造福人类社会开辟更为广阔的空间。这一观点得到了海内外百余名与会大学校长的强烈共鸣,大家纷纷认为高等教育在未来社会经济发展和人类多样文明和谐共生方面应该也必将发挥更加积极的作用。

国际合作与交流在不同的历史时期有着不同的内涵和工作重点,高等院校应该紧跟时代步伐做出相应的调整和变化。走过百年历史的清华大学,在国家"十二五"开局之年和新百年伊始之际,也在不断探索和思考,如何更加积极主动地适应高等教育全球化的要求,推动国际合作与交流向纵深发展,促进学校人才培养、学科建设和科学研究,从而更好地服务国家发展战略和世界一流大学建设。

---

*　作者简介:张毅,清华大学副教务长、国际合作与交流处处长,博士,教授。陈垦,清华大学国际合作与交流处项目主管。丛东明,清华大学国际合作与交流处项目主管。

一、国际合作与交流的探索与实践

清华大学国际合作与交流的历史源远流长。1911年开办的清华学堂,是清政府用美国"退还"的部分"庚子赔款"建立的一所留美预备学校。清华早期倡导兼容并蓄,融合中西,其建校初期的快速发展,一个重要的推动力就是师生的国际学术交流。新中国成立后,清华大学启动实施了与苏联、东欧国家为主的国际交流与合作,开展了以"学习苏联教育先进经验"为主要内容的教育改革,促进了人才培养和学科建设。改革开放以来,通过学习和借鉴世界各国教育发展和管理的成功经验,学校逐步明确了"中国特色、世界一流"的建设目标。从清华的实践经验来看,国际合作与交流对推动学校人才培养、师资队伍建设、科研创新和海外形象提升都发挥了重要作用。

(一)实施优势转化战略,助推国际化人才培养

新时期清华大学人才培养目标是培养"高素质、高层次、多样化、创造性"的拔尖创新人才,其中很重要的一个方面就是清华培养出的学生应该具有国际视野、通晓国际规则、能够参与国际事务和国际竞争。近年来,学校提出了"优势转化"战略,将学校多方面的办学优势和国际合作与交流的优势转化为人才培养的优势。为了让学生感受国外先进的教学理念,学校组织实施了"海外学者短期讲学计划",引导知名海外专家融入教学第一线。为了给本科低年级同学更多开阔国际视野的机会,学校相继策划实施了"拔尖创新人才暑期实验室研修项目"、"优秀新生海外研修计划"等特色项目,使学生从一年级开始就有机会赴海外知名院校和重点实验室学习研修。通过广开渠道,学生出国人次(数)从90年代的百余人到现在超过3000人的规模。从派出学生的比例来看,目前40%博士生、30%的本科生以及相当数量的硕士生在校期间具有海外教育经历。

来华留学生培养也是国际化人才培养的重要组成部分。清华大学在留学生招生、培养和管理等方面采取了一系列新举措,扩大规模,优化结构、提高层次,留学生教育取得了重大突破。2010年,有来自122个国家的3200多名留学生在清华园中学习。新中国成立以来,清华大学累

计培养各类外国留学生18000余名,为国家的对外开放和学校的国际化发展作出了重要贡献。

(二)坚持培养与引进并重,提升师资队伍国际化水平

清华大学始终坚持培养与引进相结合的方针,积极支持中青年领军人才和基础科学研究青年人才赴海外研修,相继组织实施了"百名教师出国进修计划"、"中青年骨干教师派出项目"、"重点实验室人才梯队建设派出计划"、"行政管理骨干人员海外研修"等百余个派出项目,半年以上派出人员中有95%以上被派往世界名校或本专业一流院校学习合作研究,有效提升了清华大学师资队伍的国际化水平。他们学成回国后,在各自研究领域取得了大量自主创新成果,对科技进步作出了贡献。

在提升本土教师队伍国际化水平的同时,清华大学还积极引进国外优秀的教育资源和智力资源。先后邀请了近万人次的外国著名专家和近百位诺贝尔奖、图灵奖、菲尔兹奖获得者等学术大师来校进行讲学、学术交流和合作研究。不仅如此,学校还大胆聘请外国专家担任系主任等行政管理职务,促进重点学科的建设和科研水平的提高。据统计,从1978年至今,清华共聘请了来自50多个国家和地区的海外专家9000余人。其中,杨振宁、姚期智、萨文迪等九位专家因为贡献突出,荣获了中国政府授予来华外国专家的最高荣誉奖项"国家友谊奖"。

(三)拓展渠道搭建平台,推进国际学术交流与科研合作

清华大学积极与国外大学拓展联系,促进学术交流和科研合作,目前已与40多个国家和地区的200多所大学签订了合作协议。通过长期以来坚持的开放式办学理念和富有成效的国际合作,工业工程系、经管学院、建筑学院等院系均成功开展了国际学科评估,部分学科和专业被认定已达到或接近国际领先水平。围绕国家重大战略需求,学校积极推进与世界名校和科研单位建立研究中心,开展合作研究。例如,2008年,清华与美国约翰·霍普金斯大学成立了生物医学工程联合研究中心,与MIT脑研究中心签署了合作协议;与伯克利加州大学成立了伯克利-清华心理学研究中心等。2009年,清华大学-剑桥大学-麻省理工学院低碳能源大学联盟成立,为发展低碳经济和低碳社会,应对全球气候变化,提供先进能源技术和政策选择。

在扩大与国际教育、学术机构交流的同时,清华也与国外知名企业建立紧密的合作关系,分享知识创新和技术创新的成功经验,并与其合作为学生开设系列创新与创业课程,最有代表性的是清华-微软联合开设的"未来企业家之路"课程,吸引了全校28个院系的近200名学生选课,并组成37个创业团队,开展创业大赛。校企合作大大促进了科研水平的提高和科技成果的转化,也为培养学生的创新思维和实践能力提供了平台。

(四)加强交流扩大宣传,提升学校国际化氛围和海外知名度

国际合作与交流是世界了解清华的重要窗口,也是清华融入世界高等教育的重要途径。据不完全统计,我国从新中国成立后到改革开放前约30年间接待的校级海外专家、学者、友人共计25000余人次,现在清华一年接待的海外来宾就有26000余人次,来访人数与日俱增,其中有众多外国元首政要、国际组织的高级官员、诺贝尔奖得主、图灵奖获得者、国外知名大学校长和外企总裁等。此外,依托院系、教师、学生团体组织,清华大学每年举办近百场国际会议及数百次涉外学术交流活动,促进了校园国际化环境建设,营造多元文化氛围。

结合学校战略发展和国际形象建设的需要,2005年起,学校策划了一系列重点海外交流活动,如"海外学位授予仪式"、海外"大学周"、"大学日"、"系列学术研讨会"、"学生艺术团海外巡演"等,加强了清华与一批战略伙伴院校的紧密合作与交流,提升学校的国际声誉。同时,清华积极与世界一流大学和全球知名企业高层建立互访机制,有重点地参与国际和区域性大学联盟和组织,并在其中发挥积极的作用,宣传中国高等教育改革和发展成果。例如,2010年清华承办了东亚研究型大学协会第16次年会,来自东亚地区17所研究型大学的校长和代表就未来科研方向及人才培养等主题进行交流;2011年百年校庆之际,清华又主办了"2011大学校长全球峰会暨环太平洋大学联盟第15届校长年会",来自五大洲近40个国家的130余所大学校长齐聚清华,探讨全球化背景下大学所面临的历史责任、时代使命和现实挑战。会后形成的"清华共识"从促进大学间交流、培养高素质人才、承担社会责任和加强知识创造与文化传承四方面对未来高等教育在全球经济社会发展中的作用提出了倡议。

二、国际合作与交流面临的发展机遇

科学技术的突飞猛进推动了全球产业结构和人类生活方式的变革,交通、通讯和互联网的发达便利将人们带入了密切交流的新阶段。从国际国内环境和学校发展的历史时期来看,清华大学的国际合作与交流都面临着最佳发展机遇。

从国际环境来看,随着经济和科技全球化发展,人才资源越来越成为国际竞争格局中的关键性、战略性资源,全球性的劳动力市场正在形成,尤其是高端人才的国际流动日益频繁,各国对人才资源的争夺异常激烈。大学作为人才的聚集地,对国家的发展起着重要的智力支撑和保障作用。此外,受全球金融危机、欧债危机的影响,以及发展中国家的迅速崛起,全球经济治理结构正在发生变化与调整。虽然在一段时期内美国的经济、科技、教育优势仍保持在领先地位,但中国、印度等发展中国家也在越来越受到世界的瞩目,在全球经济体系中发挥着日益重要的作用。

从国家发展战略来看,改革开放特别是20世纪90年代以来,中国政府实施科教兴国、人才强国战略和可持续发展战略,先后启动了"211工程"、"985工程"和创新人才培养试点项目,加快创建一流大学和高水平大学的步伐,高等教育事业实现了历史性跨越,建成了世界最大规模的高等教育体系,但高等教育质量仍有待全面提升。2010年,中国政府颁布了《国家中长期教育改革和发展规划纲要(2010—2020)》,把提高教育质量作为核心任务,提出到2020年,高等教育结构更加合理,特色更加鲜明,人才培养、科学研究和社会服务整体水平全面提升,若干所大学达到或接近世界一流大学水平。纲要将"扩大教育开放"作为推动我国教育改革和发展的重要战略举措,明确指出应加强国际交流与合作,提高我国教育国际化水平;借鉴国际上先进的教育理念和教育经验,促进我国教育改革发展,提升我国教育的国际地位、影响力和竞争力。纲要还分别从合作办学、智力引进、公派出国、来华留学生培养等方面提出了具体的要求。

从清华自身发展来看,1993年,清华大学明确提出创建世界一流大学的奋斗目标,并确立了综合性、研究型、开放式的办学模式,制定了"三个九年,分三步走"的战略发展规划。2000年12月,清华大学2000—2001学年度第7次校务会讨论通过了《关于当前加强国际合作与交流工作的若干意见》,提出为实现建设综合性、研究型、开放式世界一流大学这一目标,必须进一步加强国际合作与交流,计划三年内在"建设若干个国际合作与交流示范点"、"与10所左右世界名校密切交往"、"聘请高水平外籍讲座教授"、"增开英语授课课程"、"扩大来华留学生规模和提高留学生层次"、"增加国际科研合作经费收入"等方面有实质性进展。这是学校第一次明确提出"加大对国际合作与交流的投入,列入'985工程'二期计划";在学校的"十五"规划、"十一五"规划中,国际合作与交流工作也被列入学校跻身世界一流大学战略的重要组成部分。2009年,顾秉林校长在学校"国际合作与交流暨港澳台工作研讨会"上强调要"举全校之力建一流,借国际合作促发展",因为"没有国际合作与交流工作的成功,就没有世界一流大学的成果"。近期,以百年校庆为契机,学校主动策划和组织了一系列亮点突出的海外宣传与交流活动,如清华百名师生访美交流,"东大-清华周"、"海外校友庆祝会"、"达沃斯招待会"等,有力提升了清华影响力,为今后进一步拓展国际合作与交流开创了良好的工作局面。

三、国际合作与交流的未来规划与展望

进入新世纪以来,国际形势继续发生深刻复杂变化。中国坚持走和平发展道路,广泛开展友好交往和互利合作,积极参与国际事务,国际地位和影响力显著提高,这既为高校的国际合作与交流提供了前所未有的发展机遇,也提出了新的挑战和更高的要求。高等院校必须充分利用国内国际两种资源,借鉴国外先进教育理念和经验,结合自身优势和需求,在教育观念、教学科研、人才培养和管理能力、体制机制等方面加强改革与创新,全面提高教育质量,为国家的经济社会建设和中华民族的伟大复兴作出应有的贡献。

根据清华大学创建世界一流大学"三个九年,分三步走"的总体战略,目前学校发展即将进入第三个九年(2012—2020),即实现整体推进,

全面提高,努力在总体上达到世界一流大学水平的目标。新百年伊始,清华大学继续把加强国际合作作为建设世界一流大学的一项重要战略,在学校"985三期"和"十二五"规划中都独立成篇,进行统筹安排,力争在2020年前完成学校软、硬件国际化建设,基本满足世界一流大学对国际化的要求。

面向未来,清华大学国际合作与交流工作将在长期积累的国际资源及培育的合作伙伴的基础上,进一步推进国际影响力提升和六大体系建设,即国际化人才培养体系、国际化师资队伍体系、国际化学术交流体系、国际化合作研究体系、国际化校园支撑体系以及国际化资源拓展体系。

在国际影响力提升方面,力求形成一套符合国际惯例、满足学校长期发展需要的海外形象建设体系。突出重点、打造特色,深入开展富有影响的海外重点活动。充分发挥学校的统筹、引导作用和院系、国际知名学者与全体师生的主体作用,以多种形式参与国际事务和交流活动,进入重要国际组织和学术团体任职。

在人才培养方面,积极创建高层次学生国际化培养平台,努力创造充足的学生国际化培养机会,科学引导学生在国际社会中迅速成长,形成系统规范的国际化人才培养体系,达到40%的本科生、90%以上的博士生在读期间具有海外学习交流经历。进一步扩大留学生招生规模,逐步达到外国留学生学位生占在校学生总数的10%;尽快建立包括招生、课程建设、学位教育、学籍管理和就业指导在内的完整的留学生教育体系。

在师资队伍建设方面,进一步完善教师全球招聘制度,同时加强在校师资队伍的国际化能力建设,分批次、有针对性地遴选学校中青年教学领军人物,行政管理骨干,重点实验室、系主任等前往世界一流大学学习培训。依托国家"千人计划"和"高端外国专家项目",以及学校"高水平人才引进项目"等,聘请世界著名学者来校任教,争取长期外籍教师人数占教师总数的10%左右。

在学术交流和合作研究方面,建立与世界一流大学和研究单位的定期学术交流机制,积极支持和鼓励教师和院系承担国际重大研究项目。推出"名师海外讲堂"计划,组织相关领域的著名专家和学者赴海外举办学术报告。支持与国际一流学科和顶尖学者开展高水平科研合作平台或建立联合机构。

在支撑体系方面，构建专业化的外事工作队伍和运行机制；建设全面适应和促进国际化发展的教学、科研管理和服务机制，实现信息发布、校园标识、教学管理的"双语制"。在学校整体基础建设、校园文化建设、后勤服务保障等方面，充分体现国际化元素，构建国际化的校园氛围和服务支撑体系。

在资源拓展方面，继续推进分层次、有重点的国际合作布局，密切战略合作伙伴关系，注重国际合作的实效性、创新性、高端性、协调性和可持续性。有规划地整合和开发国际教学、科研和人才培养等方面的资源，建设符合学校战略和发展需要的各类平台和基地，全面促进学校一流大学建设。

综上所述，清华大学的实践经验证明，坚持对外开放、加强国际合作与交流是建设世界一流大学的重要战略。在新百年开端之际，清华大学将以更大的魄力、更开阔的视野、更扎实的举措，切实推进高质量、实质性、全方位的国际合作与交流，为实现跻身世界一流大学前列的奋斗目标作出贡献。

参 考 文 献

1. 王大中．建设世界一流大学的战略思考与实践[A]．谋划发展规划未来[C]．福建：厦门大学出版社，2003.4，121．
2. 李仙飞．中国建设世界一流大学研究综述[J]．清华大学教育研究，2005，(2)：82—83．
3. 刘承波．从国家战略高度加快建设世界一流大学[J]．清华大学教育研究，2005，(6)：27．
4. 陈垦、陈红、罗立胜．在改革开放中走向国际化[A]．行胜于言——清华大学改革与发展纪实[C]．2011.4，406—411．

南开大学以四项举措切实推进国际化战略

高海燕 李 莉[*]

国际化是南开大学(以下简称南开)近年来重点实施的发展战略之一。通过紧密围绕教学科研中心工作,树立真正的国际化意识,大力加强外事领域的制度化建设,构建全方位的国际交流工作新格局,南开的国际化发展取得了明显成效。

一、抓住根本点,外事工作紧密围绕学校中心工作和任务

高校国际学术交流等外事工作,是学校中心工作与主要任务的重要组成部分,在实现学校国际化发展中具有举足轻重的地位。然而,长期以来,有一种观点认为高校外事工作主要是迎来送往,尽管重要但只是学校中心工作的点缀。针对这种明显的误解,南开大学外事部门提出"有为才能有位"的思路,紧密围绕学校教学科研工作和人才培养的任务,采取富有时代气息和实际成效的措施,扎实做好学校国际学术交流等外事工作。

据统计,2009 年,共有 106 位国(境)外大学校长和副校长访问南开;世界经济论坛主席施瓦布、德国前总理施罗德、法国前总理法比尤斯、联合国前秘书长安南、诺贝尔奖获得者彼得·杜赫提参加我校主办的国际会议,或受聘为我校名誉博士或名誉教授。2009 年全年累计接收长、短期留学生共计 2381 人。目前,南开已与 300 多所国外知名院校和科研机构建立了友好交流关系,涵盖教师互访、学生交换、联合办学、合作科研、共同举办学术会议等诸多方面。

---

[*] 作者简介:高海燕,南开大学国际学术交流处处长,孔子学院办公室主任,研究员。李莉,南开大学孔子学院办公室副主任。

近年来，南开大学启动了"百人计划"，即百名后备师资培养计划。主要内容是，以国家建设高水平公派研究生项目为依托，以培养高层次创造性人才为重点，每年选拔100名优秀本科生作为后备师资到国外一流大学和专业师从一流导师攻读博士学位，待学成后回校任教。目前，216人已经成功派出。近两年，学校领导访美期间又与普林斯顿大学等世界著名一流高校达成协议，每年派数十名南开学生赴美攻读博士学位。这样，"百人计划"更加紧密地融入了学校师资培养、教学科研等中心工作，两方面相互推动、相互促进，在校内外产生了良好影响。

二、把握基本点，树立真正的国际化意识

现代大学只有加强同世界所有优秀大学的交流合作，才能真正拓宽师生的国际视野、提升办学的整体水平、扩大学校的世界影响，这是高校国际化发展的一个基本立足点。但是，当前一些人每说起高等教育的国际化，就倾向于只同美国、欧洲、日本的大学进行交流合作，自觉不自觉地发生一种情感和选择上的偏向。

针对这种"西方中心主义"倾向，南开大学党委书记薛进文明确提出：国际化并不等同于欧美化，国际化应该是全面的、多元的。从学科建设和师资队伍建设的角度来看，应该关注非洲、南美地区的高等教育，关注俄罗斯、东欧地区和阿拉伯世界的高校发展，积极汲取经验、开展合作。对一所立志成为世界一流大学的高校而言，应该有一定数量的研究这些欧美之外的国家和地区的经济、历史、文化的学者，否则其国际学术交流和国际化就是不完整的。

正是因此，南开大学在推进国际化过程中，强调既要学习欧美前沿的东西，还要全面了解世界，拥有真正国际化的视野和胸怀，与世界上绝大多数国家和地区的名校建立实质性的联系。学校代表团曾访问俄罗斯，与俄罗斯科学院、俄罗斯联合核研究院、圣彼得堡大学等著名高校和科研机构在教师互访、学生交换、合作研究等方面达成诸多合作意向。中国驻俄罗斯大使馆和驻圣彼得堡总领事馆负责人都高度评价南开访问俄罗斯的成果，认为南开大学主要领导率团访问俄罗斯，与俄罗斯一流高校和科研机构开展学术交流和合作符合国家利益，富有远见卓识，

值得国内其他高校在国际化进程中借鉴和学习。

三、突出关键点，加强外事工作的制度化、规范化建设

制度化建设是高校国际交流工作的关键环节。近年来，南开大学召开国际交流工作会议，形成对国际化发展的战略共识，提出推动国际化发展的实施路径，确立了国际化战略的组织保障，制定了一系列规章制度，促进了外事工作的制度化、规范化。目前，已先后出台了《关于加强国际合作与交流工作的若干意见》、《关于举办国际学术会议的管理办法》、《外国留学生管理暂行规定》、《学科创新引智计划实施办法》、《公派博士研究生出国留学培养实施办法》、《出国（境）人员管理办法》等涉及国际交流诸领域的一系列外事工作制度文件，避免了一事一议的短期行为，逐步走上制度化、规范化轨道，为长远发展进步奠定了坚实基础。

为进一步加强管理，学校提出从各个方面促进外事工作进一步规范化。一是强化外事部门的内部管理，明确岗位职责，注重内部的沟通和协调，切实提高管理水平；二是建立学校与专业院系之间的两级沟通机制，定期召开主管副校长、国际学术交流部门负责人、专业院系负责外事工作的领导干部参加的工作会议，研讨新形势，解决新问题；三是对于新时期以来全校国际交流状况进行全面梳理，实行"一校一档"，建立较为完备的文字和电子档案系统。

四、选准结合点，构建全方位的高校外事工作新格局

随着国际化程度的不断提升，南开对高校国际化的内涵有了更加深刻的认识，学校外事管理部门积极选准结合点，在既有工作成效的基础上，努力构建全方位、多层面、立体化的国际交流工作新格局。

（一）外事工作与人才招聘引进紧密结合

大力推进"人才强校"战略，努力与国际接轨，以开放的姿态和胸怀从海外延揽各类杰出人才，已成功吸引了大批专家、学者和学术带头人归国加盟南开。南开曾在美国《科学》杂志刊发信息，面向海内外公开选聘学术骨干和部分专业学院的院长。经过公开选拔，9名来自国外一流

大学的专家成功受聘南开。

(二) 外事工作与干部培养紧密结合

国际化不仅要"请进来",还应当"送出去"。近几年,学校先后派遣53名专职中青年管理骨干赴香港中文大学、美国密歇根大学、英国利兹大学、澳大利亚墨尔本大学进行为期2~6个月的学习培训,吸收借鉴这些高校的先进管理经验。目前,他们多已成为学校各项管理工作中的骨干力量,有力推动了学校管理的国际化、现代化、科学化。

(三) 外事工作与汉语国际推广工作相结合

自2009年7月至今,我校依托国家汉办-南开大学跨文化交流研究与培训基地,共承办了11期不同层次的汉语国际教育与传播师资人才培训项目,其中包括国家公派汉语教师培训、海外志愿者培训、孔子学院中方院长岗前培训、孔子学院在职中方院长高级研修、孔子学院在职外方院长高级研修、国外汉语教师教材培训等,总计培训学员1662人,分布在全球近100个国家和地区,培训时间超过6000课时。我校高度重视培训工作,认真研究汉语国际教育人才培训规律,科学设计培训方案,逐渐形成了一套体系完备的汉语国际教育人才培训的"南开模式"。通过培训,增强了学校的影响力,提升了学校的国际化战略。

(四) 外事工作与学生综合素质提升紧密结合

2007年11月,南开承办的第十届"挑战杯"全国大学生课外学术科技作品竞赛首度邀请国外高校参加。据统计,共有31所国(境)外大学的200多名师生携带近百件作品来南开观摩或参赛,使"国际化"成为"挑战杯"这一"老"赛事的"新"特点。南开每年还接待许多国外高校学生艺术团来校演出,同时积极选派各种学生文艺团体赴国(境)外交流。近年来,南开的学生合唱团、学生交响乐团、外国语学院京剧团等学生文艺团体多次赴美国、欧洲、日本等国家和地区(包括中国的港澳台地区)进行演出交流。2010年4月薛进文书记率领南开大学学生艺术团代表国家参加"西班牙汉语年"演出,引起轰动,受到广泛好评。所有这些,既促进了跨国校际交流,又有利于学生综合素质的提升,为完成高校"培养人"的根本任务夯实了基础。

(原载《高校领导参考》2009年第2期,本次有较大修改)

关于加强中国高校国际合作能力建设的思考
——兼谈武汉大学的国际化办学实践

李晓述*

改革开放三十余年后的今天,尽管关于"高等教育国际化"的理论争议依然存在,国际化办学却已是我国高校广泛倡行的教育实践。尤为重要的是,加强高等教育的国际合作与交流已成为世界各国高校的普遍共识,高等教育的国际合作也因此成为当今世界教育发展的时代特征之一。中国高校的国际合作与交流,大致上经历了4个发展阶段或4种主要形态,从改革开放初期政府引导下的高校人员互访,到其后的教师互派,到后来的学生交流,到现在的国际合作。当然这四种形态是长期并存的,只是不同时期不同重点而已。也就是说,从最初的"交流"发展到一定程度的"交融"。而中国高校要真正达到国际合作的"交融"境界还面临着诸多的挑战和困难。笔者认为,制约我国高校国际合作的瓶颈因素之一即是能力建设问题。

一、交流能力不足:中国高校国际合作的制约因素

20世纪90年代以来,在联合国教科文组织(UNESCO)等国际组织的文献中和各种国际教育大会上,"能力建设"(capacity building)一词的使用频率越来越高,可见其重要性。我们可以引用一句中国古代谚语,给"能力建设"一个通俗的诠释,即"授人以鱼,不如授人以渔"。

胡锦涛总书记在2010年7月全国教育工作会议上的讲话中指出,

---

* 作者简介:李晓述,武汉大学国际交流部副部长,武汉大学教育法学研究中心研究员,法学博士。

要借鉴国外先进教育理念和有益教育经验,引进优质教育资源,提升我国教育的国际地位和影响力、竞争力。这一重要指示的核心含义即是要通过广泛的国际合作与交流,着力提升中国教育界自身的能力。《国家中长期教育改革和发展规划纲要(2010—2020)》第十六章中也明确提出了"提高交流合作水平"的要求,其实质也是希望我国高校加强对外交流与合作的能力建设。

中国高校的国际合作与交流在过去的三十年间实现了跨越式的发展,但当前依然需要进一步扩大规模、提高层次、深化内涵、增强效益。而困扰中国高校国际交流的突出问题之一即是交流能力的不足。我们不妨从高等学校的核心功能的角度来分析高校对外交流能力不足的表现形式。

高等学校的核心功能主要是人才培养、科学研究和社会服务。高等学校开展国际交流与合作的中心任务首先是服务于人才培养。培养具有国际视野、通晓国际规则、能够参与国际事务和国际竞争的国际化人才的先决条件之一是广泛而活跃的国际交流与合作。而人才培养的理念、模式、体系、环境等因素又对高校国际交流的提升有一定的制约作用。例如,中国高校目前的人才培养环境就反映出高校国际交流的能力不足。一般认为,国际化的人才培养环境主要包括三个方面,即师资队伍的国际化、学生构成的国际化和学生交流的国际化。中国香港地区各大学的外籍教师比例已逾40%,英国剑桥大学50%的研究生来自世界各国,挪威奥斯陆大学60多年前就开办了以促进学生跨文化交流而举办的全英语授课的"国际暑期学校"。而中国内地绝大部分高校尚不能完整地开设全英文授课的专业课程,国际学生交流只能停滞不前。而期冀所有外国学生来中国只是为了修习中文和中国文化肯定是不切实际的想法。

从科学研究和社会服务的角度看,中国高校国际合作的能力不足的问题更为凸显。科学没有国界,科学研究更需要国际交流。而目前能够积极主动地开展实质性、深层次的国际科研合作的中国高校寥寥无几。在某些高校甚至存在国家级重点实验室或科研基地的教授很少与国外同行交流的现象,即使有,也是作为锦上添花似的点缀。究其原因，可以肯定地说，某些教授主观上缺乏国际科研合作的意识，客观上还不具备开展国际科研合作的能力。至于将社会服务与国际交流相结合，则是更高层次的要求了。

此外，高校的国际影响力和国际竞争力也与高校的国际交流密切相关。最近公布的 2010 TIMES 世界大学排名榜上，与往常相似，中国内地高校能跻身一百强的，依然只有清华大学和北京大学。大学排名的主要指标包括同行评议（Peer Review）、国际师资（International Staff）、国际学生（International Student）等。毫无疑问，中国内地高校的国际排名偏低、国际影响力偏小，实际上也说明中国内地高校开展国际交流的能力有限。可以说，中国内地高校国际地位的提升，在相当程度上要依赖于国际合作与交流能力的提升。因此，能力建设是中国高校实施国际化办学、参与国际教育竞争的迫切需求。

二、加强能力建设：中国高校国际合作的目标与手段

经济合作与发展组织（OECD）与联合国教科文组织在 2005 年联合发表的《关于跨境高等教育质量保障指南》一文中指出，各国发展跨境教育（cross-border education），包括国际教育交流活动，其价值取向主要有 4 种，即相互理解、技术移民、经济收益和能力建设。中国高校开展国际合作与交流的战略目标主要是为了加强学校的能力建设，并最终加强整个国家的能力建设；而实现这一战略目标的具体手段就是深化国际合作与交流。我们可以从以下三个层面来理解。

其一，从中国高校自身的能力建设的层面看，中国高校开展国际合作与交流，主要是为了吸收、借鉴国外同行先进的办学理念和成功的办学模式，同时通过引进国外优质教育教学资源，包括教师、教材和教学方法，提高自身的发展水平。

其二，从中国高等教育的能力建设的层面看，通过国际合作与交流，中国高校的国际地位不断提升，中国高等教育的国际影响力和国际竞争力才会不断增强，中国才能真正实现从高等教育大国向高等教育强国的转变。

其三，从整个国家的能力建设的层面看，中国高校努力开展国际合

作与交流，提升中国高等教育的整体水平，培养大量符合国家现代化建设需要的有用人才，从而促进中国从"人口大国"向"人力资源强国"和"人才资源强国"转变，最终提高国家的综合国力。

中国高校开展国际合作的能力建设包含诸多方面的内容。例如，中国高校的战略规划能力建设，就是一个决定高校能否科学定位，科学发展的关键因素。2004年，中国教育部组织一批中国重点大学校长前往美国耶鲁大学参加"耶鲁-中国大学领导高级培训班"，其预期目的就是为了提高中国大学的战略管理能力。此外，中国高校的教师团队建设，管理人员的素质建设，人才培养体系建设，国际化的人才培养环境建设，等等，都是需要通过多层次、多领域的国际合作与交流，从而不断加强的"能力建设"的重要内容。

随着中国经济影响力和文化"软实力"的提升，中国正成为世界留学生教育的新热点，中国高校通过"开放式办学"，开始在世界高等教育领域占据一席之地。面对时代挑战，中国高校更需要与时俱进，加强开展国际合作的能力建设，最终促进国家的能力建设。

三、立足国情校情：武汉大学国际化办学的积极探索

在讨论和确定武汉大学未来五年的工作重点时，学校高层明确提出，今后一段时期，学校国际合作与交流的工作重点就是要加强能力建设，主要采取以下三个方面的手段。

第一，建立"国际伙伴大学网络"，促进实质性的国际科研合作。武汉大学与30多个国家和地区的200多所大学及科研机构建立了合作关系。通过这种遍布全球的"国际伙伴大学网络"，武汉大学参与了国际上许多重要的科研合作计划，例如欧盟的"第七框架计划"和欧洲航天局的"伽利略计划"；而且，武汉大学还分别与美国耶鲁大学、德国耶拿大学、法国健康医学研究院、泰国科技部等机构合作共建了联合科研中心。2009年，德国"精英大学"之一的柏林自由大学，邀请武汉大学等3所中国名校，还有日本东京大学、韩国首尔国立大学等4所著名大学，合作创建"德国-亚洲人文科学研究生院"。该机构将是促进这8所伙伴大学之

间科研合作的重要平台。

第二，创新人才培养模式，培养适应全球化时代需要的人才。教学改革与创新是武汉大学的中心工作之一，学校每年召开本科教学改革研讨会，探索"创造、创新、创业"教育的最佳模式。其中，学生"海外第二校园"经历的获取和跨文化交流能力的培养是人才培养模式创新的重点。欧盟高校通过"伊拉斯莫计划"，推行人才培养的"双校园"模式，甚至是"多校园"模式，这一点值得武汉大学借鉴。2009 年，武汉大学出国学习交流的学生达 1500 余人，尽管占 5 万名学生总数的比例不大，但这毕竟是一个可喜的进步，也是武汉大学今后继续努力的方向。

第三，营造国际化的人才培养环境，促进跨境双向交流。国际化的人才培养环境的要素之一是学生构成的国际化。在英语成为世界通用语言的今天，世界各地许多大学都在积极开设英语授课的课程。例如，据最近来访武汉大学的匈牙利德布勒森大学校长费瑟斯教授介绍，该校从 25 年前就开始提供全英文授课课程。我们当然不可能强求外国留学生都到中国学习汉语或用汉语听课。因此，中国少数实力较强的大学，例如清华大学、同济大学等，都开始尝试提供全英文授课的课程，武汉大学为此也做了一些积极的探索。学校一方面鼓励有能力的"海归"教师勇于实践；另一方面，学校计划在部分优势学科领域与国外一流大学合作举办全英文授课的专业，既面向国际学生，也面向本校学生。例如，武汉大学的"地球空间信息科学"在中国乃至整个亚洲地区都是首屈一指的，学校已与德国顶尖大学慕尼黑工业大学签署合作项目协议，合作举办"地球空间信息科学专业"双硕士学位项目。该项目将采用"中德双校园"学习模式，同时招收中国和德国的硕士研究生，并将向全世界开放。

当然，国际合作的模式是多元的，国际化办学的模式也不是单一的。欧洲高等教育的特色之一是在高等教育"一体化"的进程中较好地保持了各民族高等教育的"多元化"。中国高等教育有自身的国情，武汉大学也有自身的校情，我们将广泛学习，大胆探索，寻求一条符合中国国情和武汉大学校情的、独特的国际化办学之路。

参 考 文 献

1. 胡锦涛.在全国教育工作会议上的讲话[N].人民日报海外版,2010-07-15.
2. 国家中长期教育改革和发展规划纲要(2010—2020年)[M].北京:人民出版社,2010.
3. 岑建君等.着力提升高等教育跨境服务能力[J].中国高等教育,2005(5).
4. 黄进,李晓述.主动应对、积极开展国际化教育实践[J].中国高等教育,2009(5).
5. 邱均平等.世界一流大学及学科竞争力评价研究报告[M].北京:科学出版社,2007.

拓展全面国际合作,服务区域社会发展
——兰州大学国际交流与合作发展纪实

余亚佳 韩艳梅 郑晓梅[*]

卅载披荆斩棘,方闻花香浓郁。三十余年来,兰州大学(以下简称兰大)始终贯彻国家在高等教育国际交流与合作方面所提出的战略方针,紧密围绕学校"在经济欠发达地区建设国际知名、高水平研究型大学"的目标开展各项工作。我校国际交流与合作工作历经"起步探索、稳步开拓和全面发展"三个阶段,逐步明晰了"搭建平台、扩大规模、提升层次、服务院所"的工作思路,充分利用我校的地缘、学缘优势,迎难而上,锐意进取,在国际合作伙伴拓展、国际合作平台搭建、国际人才引进、教职工派出、国际合作项目拓展、学生互派交流、港澳台交流与合作、留学生教育、对外汉语教学等方面取得了良好的成绩,初步形成了开放性、国际化办学格局的雏形。国家外国专家局李兵副局长2009年10月来我校考察时就曾指出"兰州大学虽地处偏远,但在外事方面很有作为"。

一、搭建全球性合作网络,开展实质性合作交流

虽地处祖国西北边陲,兰大傲然面向世界。依托地缘与学缘特色,我校主动探索与国际各高校的合作点。三十余年来,我校拓展战略合作伙伴143个,遍布29个国家和地区,初步搭建了全球性的合作网络。我校国际合作伙伴拓展亦根据"学校是舞台,院所为主体"的原则,引导、激励、协助各院所在校级协议的框架内拓展各学科的具体合作。草地农业科技学院先后与澳大利亚、美国、新西兰等10多个国家的科研机构、高

---

[*] 作者简介:余亚佳,兰州大学国际合作与交流处原处长,2012年退休。韩艳梅,兰州大学国际合作与交流处副处长。郑晓梅,兰州大学国际合作与交流处国际合作科项目主管。

校和公司签署了协议,广泛开展国际科技合作与学术交流。管理学院,仅 2009 至 2010 年两年间,就与德国莱比锡商学院、荷兰伊拉斯姆斯大学鹿特丹管理学院、法国国家电信学院管理学院、丹麦哥本哈根商学院、荷兰莱顿大学公共管理系等多所机构签署合作协议,并依托协议开展了研究生交换项目行动、MBA 学生交换、教师交流、国际管理科学硕士项目等合作项目。

此外,我校也积极申请加入世界性或区域性的合作组织。2009 年,我校被教育部批准为中国 15 所上海合作组织大学项目院校之一,且是生态学方向的牵头院校,此举大大推动了我校与其他 61 所项目院校在区域学、生态学、纳米科技、信息技术与能源科学 5 个方向的人才培养和科研合作,也必将促进我校与项目院校在其他学科领域的合作。

随着工作的深入与拓展,我校国际交流与合作逐渐强调对接跟踪,注重监管评估,依托各协议开展学生互派交流,联合培养,学者互访,合作研究,联合建立虚、实体科研机构等形式的实质性合作,确保合作内容具体有效。

二、搭建双边和多边合作平台,成立区域研究中心

双边和多边合作平台是国际交流与合作的重要载体,亦是国际交流与合作持续稳定发展的重要保障。我校支持鼓励各院所依托重点和特色学科与相关领域的国(境)外研究机构强强联合,共建实体和(或)虚体合作平台,资源共享,优势互补。

2001 年,经国家自然科学基金委和中德科学中心正式批准,我校西部环境教育部重点实验室与柏林自由大学中亚生态与多学科中心共同成立了"中德干旱环境联合研究中心"。成立后,该中心多次举办中德大学生联合实习、中德蒙自然地理学研究生联合野外实习,并广泛开展了人员互访、国际科研合作、联合举办国际会议和人才培养等工作。2006 年,由我校与耶鲁大学联合共建的"国际佛教艺术与文化研究中心"挂牌成立。运行以来,双方多次互派教师讲学。2007 年,我校和英国斯特莱斯克莱德大学共建的"中英生物分子及材料网上合作研究中心"正式启动,象征着我校正式在化学和医学领域搭建起了高水平的国际科研合作

平台。2007年,我校与新加坡国立大学共同建立了先进功能材料实验室。运行以来,实验室在基础平台建设、项目申请、成果发表及人才培养方面取得显著成果。2010年,由我校与香港地区文化更新研究中心共同成立的西北首个以中意文化为研究课题的兰州大学意大利文化研究中心正式揭牌成立,开展"早期中国罗马兵团后裔研究"和"马可波罗时代的中西文化交流"两项学术课题的研究。2012年初,教育部区域与国别研究培育基地——中亚研究中心在我校正式成立,此中心必将进一步活跃我校与哈萨克斯坦国立大学、乌兹别克斯坦经济与外交大学、俄罗斯远东研究所、哈萨克斯坦总统战略研究所、吉尔吉斯斯坦外交学院、塔吉克斯坦总统战略研究所、阿塞拜疆总统战略研究所等中亚地区高校及科研机构的师生交流、资源共享及科研合作。

目前,我校草地农业生态系统国家重点实验室正积极与西澳大学、国际干旱地区农业研究中心、世界农用林研究中心协商成立四方"干旱农业生态联合研究中心",有望在2012年8月正式成立。我校联合澳大利亚悉尼大学、中国科学院大连化学物理研究所、北京大学共同合作建立的"可再生能源联合实验室"也在筹建中。

三、建立健全引智机制,建设引智实体机构

为引进国际高层次人才,我校因地制宜,建立并逐步健全了引智机制,通过在海内外公开招聘高层次管理人才、千人计划特聘教授聘请、萃英讲席教授聘任、客座教授聘任、长江学者特聘教授聘任、名誉教授聘任、名誉博士授予等途径,依托获批的170余项引智项目,包括国家外专局"111学科创新引智基地项目"、引进海外高层次外国专家重点支持计划、教育部聘请外籍教师重点资助项目、教育部美大处项目、教育部"春晖计划"科研合作项目等,辅之以校内"985工程"国际交流与合作"国(境)外高层次人才引进项目"、长期语言专家教学项目、各院所的国际合作项目等项目与政策引进了一大批活跃在国际学术前沿和国家战略领域的国际高层次人才,不仅形成了一批具有国际竞争力的创新团队,有力地促进了师资国际化,引进的学科建设、人才培养、行政管理、科学研究的先进理念和方法也能有效服务于学校"建设国际化一流大学"的长

期发展目标。

以 2006 年至 2011 年这个时间段为例,据不完全统计,来我校进行访问、交流、讲学、合作研究、参加国际会议等学术活动的长、短期国(境)外学者的数量翻了一番,2011 年总人数达 1029 人次。其中,我校 30 余年来举办的约 70 个国际会议是吸引国(境)外学者的重要途径之一。来访国(境)外学者中不乏多位诺贝尔奖获得者,如 1986 年诺贝尔物理学奖获得者海因里希·罗勒(Heinrich Rohrer)教授及 1998 年诺贝尔生理医学奖获得者费里德·穆拉德(Ferid Murad)博士等。近年来,我校聘请的长期外国专家中,先后有 3 人次获国家外专局"国家友谊奖",5 人次获甘肃省外国专家"敦煌奖"。

依托国家外专局"111 学科创新引智基地"项目,我校先后孵育建成了旱寒生态学与农牧业发展创新引智基地、西部环境变化学科创新引智基地、药物化学创新引智基地以及草地农业创新引智基地 4 个"111 计划"创新引智基地,拥有基地数量在全国高校名列前茅。各基地已成为我校特色优势学科引进国际人才、青年骨干教师赴外培训、联合开展国际合作项目、联合培养学生、共同举办国际会议的长期、稳定平台。

在有关主管部门的支持与指导下,我校自 2011 年 1 月 1 日起被正式授予一定的来华任务审批权。在授权范围内,我校可自行审批邀请外国相关人员来华事项。外事审批权的下放,大大简化了国(境)外人员来华手续的办理,提高了我校国际交流与合作的自主性,有利于我校引智工作的快速推进。

四、健全教职工派出制度,提升教职工派出量质

做为国际交流与合作的两个有机组成部分,我校"引进来"与"走出去"的战略相辅相成,相互促进。三十余年来,我校逐步增加了对教职工赴外交流的经济支持和政策支持,鼓励教职工赴外进行多样化、高层次的国际交流与合作。2011 年 1 月 1 日起,我校被正式授予一定的出国(境)任务审批权,大大简化了出国(境)手续,方便了教职工出国(境)交流。此外,我校主动开辟各种派遣渠道,充分利用国家留学基金委项目、青年骨干教师出国研修项目、兰州大学中外联合培养师资博士生项目、

中外科研合作项目、国际合作院校提供的合作项目等，以人才培养和科研合作为导向，派出一大批教职工赴外参加国际会议、进行学术访问、考察交流、进修培训、在国外攻读学位等。教职工派出量 2006 年时仅为 201 人次，2011 年增长至 639 人次，翻了两番。

"走出去"不仅有利于提升教职工自身学术素养，优化教职工结构组成，且能形成教职工派出与学生培养质量提高的良性循环。同时，教职工派出可广泛宣传兰大，为学校寻求新的国际合作机会。2007 年，中国工程院院士、我校校长周绪红教授应邀赴韩国庆北大学参加了第三届"建筑结构安全改进：安全城市生活的实现"国际研讨会，与中日韩三国近 100 位专家、教授齐聚韩国庆北大学，就建筑结构安全改进等工程力学领域的学术问题进行了广泛而深入的讨论。作为大会特邀代表，周绪红主持了第一场学术研讨会并做主题报告，同时在大会结束时做总结性发言。利用此次出访，周绪红校长与韩国庆北大学、岭南大学、成均馆大学及韩国科学技术研究院达成一系列合作意向，极大地推动了我校与韩国高校的合作。我校南志标教授作为我国 3 位代表之一参加第 19 届国际草地大会（IGC），并做大会特邀报告；应邀出席中国-澳大利亚国际合作研讨会，并做特邀报告；出席在南非举行的第 7 届国际天然草地大会；出席在日本召开的中-日-韩草地大会，做特邀报告并担任会议主席。这些充分说明了我校草业科学的实力。南志标院士的一系列报告也进一步扩大了我校草业研究在国际学术界的影响力。

五、推动国际合作项目参与度，提升国际学术影响力

得益于我校引进派出工作的巨大进展，我校教职工加强了与国际学术界的交流与合作，与国际高等教育机构和科研机构联合申请、联合执行国际合作项目已成为我校科研合作项目的重要组成部分。由我校干旱农业生态实验室与加拿大渥太华大学牵头，联合西北民族大学、甘肃农业大学、加拿大农业部和环境部共同申报的"生态系统评估管理（EAM）和农村发展"项目（即 CIDA 项目），我校与加拿大曼尼托巴大学合作开展的"中加面向 21 世纪高等教育发展战略"项目，我校与伦敦大学学院合作开展的"民勤地下水可持续利用"项目，以及我校与德国柏林

自由大学在西部古环境重建方面开展的合作项目均取得了显著的成绩。近几年来,我校中科院院士南志标教授率领的研究团队与澳大利亚国际农业中心(ACIAR)共同执行的中澳农业科技合作项目——"提高农牧业系统资源利用效率,改善西部农民生计"顺利验收。项目针对庆阳黄土高原草畜产业发展、减少水土流失、提高农民收入等现实需求,重点围绕优质饲草短缺、开辟自然资源利用效率等关键问题,提出了苜蓿收获管理、绒山羊冬季补饲、冬小麦粮饲两用模式、季节饲草料平衡及系统能量平衡等技术与模式。项目共举办了三期学习班,走访了500户农户,培养博士、硕士研究生37名,接受三批澳大利亚青年大使来我校学习工作24个月。我校中科院院士郑晓静教授、土木工程与力学学院院长周又和教授所率的研究团队与德国弗莱贝格工业大学岩土工程研究所共同执行受德国联邦教育与科研部支持的国际交流与合作研究项目。我校干旱与草地生态教育部重点实验室作为第一牵头单位参与了由中国科技部、联合国粮农组织以及非洲典型干旱国家共同合作执行的"非洲水行动计划"。在此合作框架下,我校将与肯尼亚和埃塞俄比亚相关单位合作,负责旱地节水农业方面的合作项目。我校基础医学院结核病研究中心长期以来与约翰·霍普金斯大学教授在结核病耐药、结核免疫病理、肿瘤干细胞等方面开展合作,共同承担了国家科技重大专项结核免疫病理的课题。我校物理科学与技术学院教授主持参与了中国-斯洛伐克政府间科技合作项目——"红外光敏有机场效应管研制",合作单位为斯洛伐克技术大学电子工程与信息技术学院等。以国际合作项目为途径,我校学科建设、人才培养等工作得到了同步推进。

　　随着国际合作项目参与度的提高,我校教职工的国际学术影响力逐步提升。在国际学术机构职位担任方面:2008年,我校陈发虎教授担任国际古湖沼学会(IPA:International Paleolimnology Association)新一届国际咨询委员会(International Advisory Committee)委员,成为该委员会中来自中国的唯一委员。2010年,我校中科院院士郑晓静教授因在力学科学中所作出的杰出贡献当选为发展中国家科学院院士,是我校首位获得此项殊荣的学者。在国际学术期刊编委担任方面:2011年,郑晓静教授担任国际学术期刊《国际应用力学学报》(*International Journal of Applied Mechanics*)和《计算材料与连续介质》(*Computers,Materi-*

als & Continua)的编委;我校教育部长江学者奖励计划特聘教授、国家杰出青年科学基金获得者、国家教学名师奖获得者周又和教授担任《全球物理快报》(Global Journal of Physics Express)和《计算材料与连续介质》(Computers, Materials & Continua)的编委。

在国际期刊文章发表方面,我校科研成果多次在国际高端学术期刊上发表,彰显了科研水平的提高。2008年,西部环境教育部重点实验室张平中教授与美国明尼苏达大学的程海博士首次以兰州大学为第一单位在《科学》(Science)上发表学术论文"一个1810年长度中国石笋记录对气候变化、太阳活动和文化关系的检验"。同年,物理科学与技术学院青年教师秦勇博士在美国佐治亚理工学院王中林教授的研究小组学习期间,以第一作者在《自然》(Nature)上发表了题为"纤维基纳米发电机"(Microfibre-nanowire hybrid structure for energy scavenging)的论文。2009年,我校循证医学中心陈耀龙、杨克虎老师(通讯作者)在国际权威医学期刊《柳叶刀》(The Lancet)上发表一篇通信,针对该期刊发表的"证据生产和报道中可避免的浪费"(Avoidable waste in the production and reporting of evidence)一文中所构建的研究中被浪费的模型提出了自己的见解,补充了其中的关键环节。此文章开启了该中心与国际循证医学先驱依恩·查莫斯(Iain Chalmers)爵士的交流与合作。2011年,我校高寒草甸与湿地生态系统定位研究站研究团队在《科学》(Science)上发表其研究成果,这是亚洲地区唯一一所被纳入犹他州立大学彼德·阿德勒(Peter B. Adler)教授及其合作伙伴发起的营养物研究网络的研究机构。

六、扩大学生交流规模,提高学生国际竞争力

一定比例的学生参与国际交流是衡量一所高校办学水平的重要指标。2001年之前,我校学生交流互换项目较少。近十余年来,我校依托与世界各机构建立的合作伙伴关系,积极拓展学生互换交流项目,目前与亚洲、欧洲、北美以及中国台湾、香港等16个国家和地区的54所高校开展多样化的学生交流项目:如学期制交流学习、依托留学基金委的各类公派项目进行本科插班学习、研究生联合培养学习、攻读硕士或博士

学位、暑期班、冬令营、实习项目等。鉴于我校地处西北,贫困学生比例较高的办学实际,我校着重拓展双方互免学费以及(或者)互免住宿费的交流项目,以保证项目惠优而非惠富。特别值得一提的是,2011年7月,由我校联合欧亚16所院校共同申请的欧洲委员会"伊拉斯姆斯·蒙德斯"(Erasmus Mundus MOVER)项目获欧洲委员会教育、视听和文化执行署批准立项,此项目为我校学生参与多边学生交流项目提供了新的平台。

依托我校与合作院校的学生互换交流项目,结合"国家留学基金委公派留学项目"、"基础学科拔尖学生培养试验计划"、"兰州大学研究生国际竞争力提升计划",以及各院所、教师与国外合作院校的合作项目,近6年来,全校共派出1500余名本科生、研究生出国(境)交流学习。2011年与2007年相比,交流学生的人数增长了3.5倍多。

除加大学生派出力度外,我校努力建设并完善英文课程体系,改善留学生生活条件,以吸引更多国际学生来校交流,以确保互派交流项目的长期开展。

七、依托西北文化底蕴,开展特色港澳台交流

三十余年来,受益于国家对港澳台政策的支持以及与港澳台地区交流语言无障碍的优势,我校与港澳台高校的交流与合作积极活跃,呈现良好发展势头。截至目前,我校与港澳台高校共签署各类合作协议33份,港澳台来访人员从2006年的220人次增至2011年的545人次,来访人数已翻番。赴港澳台人数从2006年的95人次增至2011年的226人次,增幅达138%。我校与港澳台的合作尤以与台湾的合作突出,在台湾合作院校达到23个,覆盖了台湾主流高校,形成对台交流全方位、多领域、多层次的战略合作格局。

在对港澳台交流中,凭借以敦煌莫高窟、古丝绸之路、多民族和谐共生发展为表征的丰厚历史文化积淀,依托我校敦煌学、民族学、区域经济学、宗教学、历史学、自然地理学等学科优势和特色,6年来我校连续举办了50次港澳台重点教育交流活动。其中,"感受西部,海峡两岸学子牵手丝绸之路行活动"、"海峡两岸大学生区域经济学实习活动"、"暑期香

港内地大学生地学联合实习"、"海峡两岸拜谒伏羲、陇西李氏寻根暨丝绸之路学术考察活动"、"陇上行——暑期香港内地学子文化考察活动"、"香港内地学子陇上游学联谊活动"等活动影响深远,成为全国高校对港澳台重点精品交流项目,受到国台办、教育部等部门的积极评价和高度赞扬。

与港澳台的交流合作为我校各学科,尤其是国际合作与交流较弱的人文社会科学及医学领域提供了全新的途径与平台。通过组团访问、邀请团组来访、鼓励师生赴港澳台交流等途径,人文社会科学及医学领域与港澳台的交流已初见成效。2011年11月,教育部人文社会科学重点研究基地——兰州大学敦煌学研究所所长在赴台学术交流期间,与台湾嘉义大学中国文学系、台湾南华大学文学系暨敦煌学研究中心签署了学术合作意向书,旨在学生互换、专业教师交流、联合举办国际学术研讨会、刊物及书籍出版、学术互访、科研与教学资源交流等方面开展合作,此举必将推动我校敦煌学与台湾高校的全面、深层次合作。

八、加大政策与基础建设,推动留学生教育

留学生比例是衡量一所高校国际化的重要指标之一。2002年,我校就专门成立了国际文化交流学院,全面负责留学生的招生、教学、管理工作。2008年4月,我校被授予自主招收留学生本科生及研究生的资格。2009年6月,我校又争取到国家汉办的"孔子学院奖学金"项目及"外国本土汉语教师培养"项目,即"汉语国际教育硕士专业学位研究生"项目。除国家政策支持外,我校各单位积极进行留学生招生宣传、改善留学生教学及居住环境、完善留学生培养计划、制定留学生管理制度、积极推进英文课程建设、拓展面向留学生的专业教学体系,并设立"985工程"国际交流与合作"兰州大学优秀博士、硕士留学生奖学金",以各种措施吸引留学生来校学习。留学生培养工作初显成效,近五年来,我校留学生人数增长迅速,从2006年的120人增至2011年的403人,增幅达236%,留学生生源地覆盖全球五大洲的34个国家。留学生教育格局也从以汉语进修生为主体逐步向语言进修生、学历生并重的多元组成转变。截止到2011年11月,我校有在册国际本科生106名,硕士研究生195名,博

士研究生 13 名。其规模虽尚小,但对于一个地处自然环境、经济条件较差的高校来说实属不易。

九、长短期对外汉语教学并重,服务国家影响力提升战略

2001 年,我校被国家汉办确定为 10 所支持周边国家开展汉语教学重点院校之一,具体负责中亚五国的汉语教学。2004 年 6 月,胡锦涛主席出席了由兰州大学负责筹办的中国海外第一所孔子学院——乌兹别克斯坦塔什干孔子学院的协议签字仪式。2005 年 5 月,由我校与乌兹别克斯坦塔什干国立东方学院共建的"塔什干孔子学院"正式挂牌成立,标志着兰州大学对外汉语教学又迈上了一个崭新的台阶。随后,在国家汉办与孔子学院总部的支持和帮助下,我校又先后在境外建立哈萨克斯坦国立民族大学孔子学院、格鲁吉亚第比利斯自由大学孔子学院。三所孔子学院成为我国对中亚汉语教学的重要基地,为当地社区了解中国文化提供了窗口。其中,塔什干孔子学院曾因其卓著的成绩连续两年被评为"全球最佳孔子学院"。

在坚持长期汉语教育的同时,我校短期汉语培训也取得了可喜的成绩。2004 年以来,我校先后成功举办了 4 届中亚汉语教师培训班、承办了 5 届"甘肃省国际友好城市交流员研习班"培训项目。通过积极努力,我校也被国家汉办批准为留学生汉语水平(HSK)考点和对外汉语教学能力考试考点。

短期汉语培训和长期汉语教学构成了我校汉语国际推广的两翼,共同推动和提升我校的国际影响力。

十、加强国(境)外联系,多渠道筹措办学经费

三十年来,我校一直注重与海外基金会、财团及校友的广泛联系,争取社会各界的支持和帮助,多渠道筹措办学经费。国(境)外资助已经成为我校办学资源的重要组成部分,为我校软硬件设施建设、科研机构建设、学科建设、人才培养、国际交流、学生资助等方面起到了不可小觑的重要作用。

据不完全统计,1985 年以来,我校共接收国(境)外资助约 2000 万人

民币、1500万港币、245万美元、600万日元、31万马克、161万加元。利用这些资助,我校进行了一系列软硬件建设:如邵氏基金共资助我校1500万港币,用于修建逸夫科学馆、逸夫文科楼、图书馆等硬件设施;香港方润华基金会资助我校100万人民币,用于建设我校信息学院的"树华电子智源中心";香港李嘉诚基金会资助我校690万人民币,用于我校的网络建设基建项目;美国IBM公司捐赠价值97万美元IBM计算机设备,用于建立"兰州大学计算机技术中心"。同时,各项捐赠亦用于资助我校学科建设、重点课题扶植、师生出国参加国际会议、学生出国交流学习等,如:敦煌学研究利用亚洲基督教高等教育联合董事会及德国特立尔大学的资助,著书立说,先后出版敦煌研究方面的著作和译作20种,并主编了《敦煌学辑刊》杂志,提高了在国内外的影响力;日本应用电磁学和力学会捐款300万日元,用于奖励优秀理科研究生进行科研;香港王宽诚基金会从20世纪90年代开始资助我校师生出国参加国际会议等。此外,各捐赠方亦设立了里昂证券教育奖助学金、胡氏教育奖助学金、兰州大学在美基金会奖助学金、日本笹川良一奖学金、日本宫键三奖学金、文化中国奖助学金等本科生、研究生奖助学金,奖励优秀学生,帮助贫困学生完成学业。各国(境)外奖助学金累计捐助人民币约500万元。

结　　语

2012年,是我校实施"十二五"建设与发展的第二年。站在新的历史起点上,我们深感任重而道远,但展望未来,我们信心满怀。我们将以《国家中长期教育改革和发展规划纲要(2010—2020年)》、《国家中长期科学和技术发展规划纲要(2006—2020年)》、《高等教育专题规划》以及《兰州大学"十二五"建设与发展总体规划》为指导,紧密结合国家发展战略,深化国际交流与合作,提高国际化水平,努力创造出无愧于历史、无愧于当代、无愧于后人的业绩,为使兰州大学早日成为国家特别是西部地区高层次人才汇聚中更加重要的"人才高地"、国家和区域创新体系中更具活力的"创新基地"、国家高等教育格局中更为突出的"战略要地"而努力奋斗!

战略开启国际合作与交流新篇章[*]
——西北工业大学全面推进国际化进程纪实

孙 瑜 苟兴旺[**]

高等教育国际化已经进入到一个前所未有的时期。实施国际化发展战略是高水平研究型大学的必然选择,培养具有国际竞争力的创新人才更是一流大学得以引领未来的关键。

构筑国际平台,争创世界一流。在经济全球化发展的情势下,在高等教育国际化发展的浪潮中,拥有七十余年辉煌历史和独具三航特色的西北工业大学(以下简称"西工大"),充分挖掘和利用自身蕴含着的国际资源,坚持"请进来"和"走出去",不断推进国际化进程,努力探索符合本校实际的国际化道路。跨入新世纪,西工大紧密结合自身宏观发展"三步走"战略,即:2010年,基本建成国际知名高水平研究型大学;到2020年,全面建成国际知名高水平研究型大学;到2038年(建校100周年),在国际知名高水平研究型大学的基础上,向世界一流大学冲刺,继续推行"强强合作"战略,国际合作与交流进一步向纵深发展——从完全依赖国外力量到合作再到竞争与合作并存,从单一的、零散的学术交流、师生互换等开始向构建实质平台、进行深度的产学研合作发展,国际合作与交流取得了重大进展和突破。

一、实施国际化发展战略,全面推进国际化进程

高等教育国际化是经济全球化的必然要求,也是中国高等教育高速

---

[*] 该文章受西北工业大学政策研究基金项目资助,项目编号ZYY201112。
[**] 作者简介:孙瑜,西北工业大学国际合作处副处长。苟兴旺,西北工业大学国际合作处外国专家科科长。

成长的必由之路。国际合作与交流的深度和广度已成为衡量研究型大学办学水平的一个重要标准。学校历次召开的党代会都明确提出要把西工大建设成为"国际知名高水平研究型大学"的战略目标,"国际合作与交流"成为在新的机遇下学校实现跨越式发展的"加速器"。

结合教育中长期规划纲要中高等教育国际化的目标,以及学校的"十二五"规划纲要,确立了"以教授为主体、以项目为依托、以学科建设为导向,构建校院两级工作平台,抓住重点,全面推进"的总体工作思路。制定了《关于加强国际合作与交流工作的若干意见》,设立了"西北工业大学国际化基金"(包括西北工业大学引智基金、国际学术交流支持计划基金、青年教师出国进修专项经费、聘请世界知名学者基金、国际联合研究机构配套经费、外国留学生奖学金、学生国际交流基金等),构建了校院两级工作平台,加强了对国际合作工作的考核与管理。在随后进行的"985工程"二期建设和"十一五规划"时,又不断加大对国际合作与交流工作的经费投入和政策引导力度,加强与国外一流大学、著名研究机构和企业的合作与交流,进一步提高合作的层次和水平。

西工大的国际交流与合作蓬勃发展。目前,西工大拥有3个"国家高等院校学科创新引智基地"和1个"国家软件人才国际培训基地",是"国家建设高水平大学公派研究生"项目、"中国政府奖学金"项目建设院校;留学生教育经过多年努力和发展,逐渐形成了以学位生为主体、兼顾汉语生,以学校优势学科为支撑、多类别学生共同发展,以高层次研究生为特点、多层次留学生并重的多学科、多层次、多类别的国际教育体系。

"十一五"以来,西工大实施国际化发展战略,建立更加开放的办学模式,国际化理念和氛围逐渐深入人心,国际化人才引进和培养力度不断加强,留学生规模逐年扩大,师生的国际交流能力显著提高,今天的西工大校园正逐步成为一座"国际化社区"。与此同时,西工大凝聚全校资源,通过引智、引资、合作,促成32个国际联合研究机构(包括联合实验室)的建立,提升了学科竞争力,加速学科与国际接轨;在与教学科研的互动中,国际及区域合作的平台不断涌现,有力推动了国际交流向深层次、高水平发展,并取得一批有国际影响力的成果。今日的西工大已经形成了"国际会议有声音,国际组织有地位,国际期刊有文章,国际合作有伙伴"的良好局面。

二、打造引智基地和平台，加速一流学科与国际接轨

加强引智工作是新世纪迎接知识经济挑战的迫切需要，同样是21世纪中国高等教育实现战略机遇期快速发展的迫切需要。西北工业大学"以引智工作为龙头，全面开展国际合作与交流"，以强有力的政策导向和灵活有效的工作措施最大限度地吸引国外智力为学校所用，不断推进强强合作和强项合作，借国际舞台锻造科技帅才，努力营造人才智力新优势，逐步构建多渠道、宽领域、全方位引进国外智力的创新体系和工作格局，为西北工业大学重点学科和我国重大工程建设项目提供重要的智力支撑。

根据学校教学科研工作的实际需求，2011年，我校引智工作思路开始转向"培育校内引智基地，搞活联合研究机构，引进高层次重点专家"。遴选和培育了3个校内引智平台，学校每年从"985工程"专项经费中拿出90万元，用于资助引智平台开展工作。引智经费向重点项目和重点工程倾斜，为学校的重点学科冲击国内一流学科提供智力支持，为重点专业的发展提供稳定的智力保障，为重大科研项目的开展提供国际一流的技术和智力支持，效益突出。

（一）为西工大陶瓷基复合材料产业化提供智力支持

通过邀请法国波尔多大学的罗杰·纳兰（R. Naslain）教授来校访问工作，为学校从事超高温复合材料研究的教师带来了该领域世界最前沿的研究发展信息，坚定了研究团队按照既定的研究方向继续探索的决心，使西工大在该领域的研究始终走在世界前列。中国工程院院士、西工大教授张立同率领团队，经过近10年的艰苦努力和科研攻关，在碳化硅陶瓷基复合材料领域的研究取得重大突破，2004年荣获连续六年空缺的"国家技术发明一等奖"，相关成果获10项国家发明专利。

（二）为我国新能源技术发展提供了重要的智力支撑

引进海外专家为我国风力发电技术培训人才。西工大通过国家外专局引智项目的支持，与德国柏林工业大学、德国国际继续教育与发展基金会开展合作，进行风力发电技术的相关研究与培训工作。培训风电行业技术人员1000余人次，为我国风电行业的发展作出了突出贡献。

依托该项目开设了风力发电专业,已培养本科、硕士、博士280多名和23名德国留学生。此项工作获得陕西省优秀教学成果二等奖。该项目的两位德国专家荣获"中国政府友谊奖"。西工大与柏林工业大学长达27年的合作,被德方赞誉为"中德高等教育合作的成功典范"。

(三) 加快学校学科建设和发展

围绕学校重点学科建设需求,西工大积极申报国家重大引智项目,重点在人才培养和科学研究领域引进世界一流的智力资源,旨在为学校培养一批具有国际视野和国际合作能力的骨干教师,产出一批具有国际影响的科技成果,培育学校强势学科,提升学科自身的国际竞争力,加快学校优势学科跨进世界一流学科行列的步伐。

西工大目前拥有3个国家高等学校学科创新引智基地,即"结构力学行为科学与技术学科创新引智基地"、"先进材料及其成形技术学科创新引智基地"和"航空宇航先进制造技术创新引智基地",其中"航空宇航先进制造技术创新引智基地"2012年立项,2013年启动建设。通过"111引智基地"的支持和建设,有力地推动了学校国际合作与交流工作的深入开展,为学科发展引进了急需的国外高级智力人才,为学校的固体力学学科和材料学科快速发展,跨入世界一流学科行列提供了强有力的支撑。仅2011年,两个引智基地就邀请美、日、英、法、比利时等国的30余位专家、学者来校讲学、指导并开展合作研究;基地国内骨干有37人次赴国外合作单位开展合作研究、进行学术交流,在国内外著名期刊发表科技论文150余篇。多年来的引智早已让两个学科与国际接轨,"111计划"的实施无异于为它们插上了翅膀。引智基地搭建了人才集聚的平台,大大促进了学科建设、人才培养,从整体上推动了学校的国际化进程,让西工大的国际合作道路越走越宽。

学校先后荣获"国防科技工业国际合作先进集体"、国家外专局"教科文卫引智工作先进集体"、"陕西省外国文教专家管理工作先进单位"、"陕西省引智工作先进单位"、"西安市工业引进国外智力成果示范单位"等多项荣誉称号;6位外国专家荣获"中国政府友谊奖",8位外国专家荣获"三秦友谊奖"——这分别是中国政府和陕西省政府授予在华工作外国专家的最高荣誉。

三、拓展国际合作办学渠道，加速国际化人才的培养

从"与世界握手"到"与世界牵手"，西北工业大学在探索快速培养国际化人才的路径中逐渐构建开放办学格局，着力推进人才培养的国际化模式，不断拓展国际合作办学渠道，与国际一流高校联手，利用国际资源来实现拔尖人才的快速培养。"国家建设高水平大学公派研究生项目"在西工大的实施，产生了良好的示范带动效应，培养了一批能够提升自主创新能力、具有国际视野的拔尖创新人才。五届的选拔，学校留学攻读博士学位人员的比例大幅度提高，为学校高水平师资队伍建设提供了一支生力军。

国家公派留学生人数六年跃上新台阶，西工大被录取人数始终位居全国高校前五名。2006年，学校先后成为"中法博士生学院"和"国家建设高水平大学公派研究生项目"创始签约院校。"国家建设高水平大学公派留学生项目"实施六年来，我校连年超额完成选派计划，共有696名学生被世界20多个国家的百余所高校和科研机构录取，其中不乏哈佛大学、帝国理工学院、剑桥大学、东京大学等国际知名高校。

西工大创造性采用的学院初审、学校复审的两级选拔模式，有效保障了国家公派留学项目选派学生的质量和数量，得到国家教育部留学基金管理委员会的高度肯定，并在2009年的"国家建设高水平大学公派研究生项目"实施中向全国高校推广。为规范公派留学工作的管理，学校制定了《西北工业大学学生公派出国（境）留学管理办法（试行）》、《西北工业大学学生出国（境）留学协议书》，规范了项目选拔、评审、派出和在外管理的全过程；与派出学生签订《西北工业大学学生出国（境）留学协议书》，明确学校及学生的各自权利与义务，确保学生按期归国服务。

西工大学子基础扎实、学习踏实、作风朴实，西工大学子聪慧勤奋、努力拼搏的优秀品质给世界名校的导师们留下了深刻而美好的印象。西工大赴法留学学生曾多次在《人民日报海外版》发表文章，如《一群留法博士的情与思》、《当代留学生的新使命》等，抒发了赴法留学生的心声，促进了中法文化交流，为中国树立了良好的形象。

通过公派研究生项目,学校打造了国际人才培养新平台,建立了稳定的校际交流新渠道,为重点支持的科研团队和学科专业提供了有力的人才支撑和智力保障。目前,已有40多名学生获得我校和国外高校的双博士学位。通过学生交流带动国际科研合作和深度交流,学校因此先后与德国慕尼黑联邦国防军大学、法国巴黎六大、法国斯特拉斯堡大学等数十所世界名校建立了校际合作关系和联合实验室,签署并开展了10余项联合培养项目。

积极搭建高水平留学平台,开展国际化合作培养。学校先后与澳大利亚悉尼大学等20余所国外知名高校开展了23项合作培养项目。其中2009年与法国国立应用科学学院(INSA-Lyon)开展的"3+2本科+工程师"的合作培养,首开先河,真正实现了与国外一流大学的同步培养。

强强握手,迈向新高度。伊拉斯谟(Erasmus Mundus)项目的实施,为学校对欧交流工作提供了宝贵的渠道和经费支持,加快了西工大国际化人才培养和师资队伍建设的步伐。西工大已派出30余名师生前往欧盟合作高校攻读学位或者进修学习,总资助经费约为100万欧元。

四、营造氛围,加速国际化校园的建设

在经济全球化和高等教育国际化的时代,一个一流的大学首先必须是一个国际化的大学。高校怎样推进国际化?西北工业大学的战术是"请进来"与"走出去"齐头并进,在实施全方位对接、实现跨越式发展中全面提升教育(教学、科研与人才培养)的国际化进程,加速国际化校园的建设。

只有管理人员和教师首先国际化,才能保证大学的国际化。首先是引进和吸收国外先进的办学理念、管理经验和优质师资。因此,学校着力打造一支高水平管理人才队伍。学校分别在2005年和2010年,两次把时任正处级的管理干部送到国外合作院校进行了为期3周的高等教育管理培训,使他们了解欧美发达国家的高等教育体系和高等院校的运作及管理模式,提升了管理者的国际化意识和对国际化的认知度。

近年来,学校不断加强校园文化的国际化氛围营造。学校国际合作

处面向全校师生相继举办了"世界文化之旅"系列外教英语讲座、"法国文化周"、"荷兰留学活动日"、"德国留学活动日"等特色鲜明的国际文化活动,大大推动了国际合作与交流工作的发展。

学校还先后邀请了5位诺贝尔奖得主来校进行学术访问,并对全校师生做有关科学人生的讲座。诺奖得主的到来及其为全校师生所作的学术演讲,受到西工大师生的热烈欢迎。西工大学子通过与学术大师零距离接触和互动,开阔了他们的学术视野,对他们树立正确的人生观、价值观和献身科学事业的远大理想有着重要意义。

"走出去"就是让西工大人走向世界,让世界了解今日的西工大。学校采用互派校际交流学生、短期国外学习、参与国际科研合作、学术会议、科技竞赛、文化交流等多种方式,鼓励学生在学期间出国(境)访问、考察、交流、实习,扩展学生国际视野,提升学生国际交往能力。学校顺应高等教育国际化的趋势,积极开拓创新,在学术交流、学分互认、课程接轨、教材互译、学生互换、教师互派、师资培养、人才引进等方面进行了全方位的探索,初步构建了多层次、多类型的中外合作办学体系,极大地提升了学校的国际化水平和综合竞争力。

开启区域合作大门,拓展学校发展空间
——论云南大学国际化发展的区域性定位与区域化战略[*]

于欣力　郑　蔚[*]

一、引　言

在不同的历史发展阶段,每所大学都会根据自身的建设和发展需要对学校的总体发展目标做出适当的调整。近十年来,云南大学的发展定位和目标发生了一些战略性的调整。2008年,我校建设发展的总目标是:"经过五年的努力,主要发展指标进入全国高校50强,再经过五年的努力,综合实力进入全国高校50强,把云大办成西部一流、国内先进、国际知名的高水平研究教学型综合大学。"2010年初,学校又重新确立了近期的发展目标,即:"建设区域性高水平研究型综合大学,挺进全国高校50强"。

本文拟对云南大学的"区域性"加以探讨,定位其内涵和外延,以便开启区域合作大门,拓展学校发展空间,明确我校在未来一段时间内需要开展的几项国际合作重点。

二、云南大学发展目标中的"区域性"范畴定位

云南大学的"区域性"指的是其所处的云南省位于中国西南内陆,历史上却是中国通向东南亚、南亚的传统陆上门户,与印度洋沿岸的东南

---

[*]　作者简介:于欣力,云南大学国际合作与交流处处长。郑蔚,云南大学国际合作与交流处副处长。

亚、南亚、西亚和非洲地区一直有着密切的经济文化联系。因此,"区域性"的内涵指中国西部,这一点反映在我校早先提出的发展目标之中,即"西部一流、国内先进、国际知名"。而就更广泛的意义上来说,"区域性"主要指在新一轮西部大开发战略和"桥头堡"建设的背景下,云南省位于中国西部,从历史遗产、地缘优势和现实发展几方面与东南亚、南亚、西亚和非洲地区进行经济文化交往具备自然条件和社会文化资源。

高等教育机构必须服务于国家民族利益,而高等教育国际化与实现国家的社会经济教育发展目标日益密切地结合[1]。云南大学的区域性定位正是基于云南省的地理、历史、文化、经济、政治等各方面的分析基础上,服务于国家区域经济合作的一个选择。众所周知,云南省与越南、缅甸、老挝三国接壤,陆地边界线很长;云南省又处于中华文化圈与东南亚文化圈、南亚文化圈最前沿的地方,与西亚和非洲文化圈邻近,有相似的文化底蕴,云南省自古就与东南亚、南亚、西亚、东非的国家有着较为密切的经济文化联系。中国作为中国—东盟自由贸易区、东亚区域以及所面临的南亚和东南亚区域的一个大国,是推动区域合作发展的中坚力量。而教育合作是区域人力资源开发计划的重要内容,是增进区域理解、提升认同的重要基础,推动这些区域的教育合作符合中国的经济政治利益,有利于地区稳定和发展。欧盟、北美自由贸易区、非洲等世界很多区域性教育合作都为其区域经济一体化的发展起到了重要的推动作用[2]。

云南大学的"区域性"定位反映出作为一所区域性的高等学府所应当发挥的作用。而在这种作用中,国际化发展的维度是一个重要组成部分。随着学校国际化发展的不断深入,我们逐步认识到自身的优势所在,一方面要力争跻身全国高水平大学之列,一方面也要为一定地理区域之内发挥重要的作用。与"国际知名"的目标相比较而言,"区域性高水平研究型综合大学"的概念是我校的国际化发展战略的具体表述,即要在云南省作为东南亚"桥头堡"的背景下,以我校面对周边国家高校的相对优势为基础,充分利用我们的地缘优势,使我校发展成为东南亚地区高等教育领域内的领军高校之一。

就我校的国际化发展战略而言,"区域化"应当包含两个层次:其一,在本校所处地理区域内实施广泛而富有实际成效的国际交流与合作,充分利用区域性的地缘优势提升自身水平,带动周边地区的高等教育发展,乃至为整个地区的社会经济发展和区域和平作出贡献;其二,在大力实施国际化发展战略的过程中,广泛开展多层次、全方位的国际学术交流与合作,按地理范畴和地域文化的区域性,与我校的战略合作伙伴开展不同层次的合作。因此我校区域性战略发展的目标应当以中国的西南部地区和东南亚 10 国为核心,以南亚次大陆的印度和孟加拉重要支撑,辐射西亚和东部非洲等国家。

三、关于"区域性"教育交流带来的机遇和国际化战略的再思考

(一)相对于国内高水平大学的比较优势

云南大学与国内高水平大学相比综合实力还存在很大差距,但是综合考虑和充分运用国内和国外两个平台的特点,就会发现,云南大学具备以下一些比较优势。一是地缘优势,云南省与东南亚、南亚、西亚各国地域上山水相连,文化宗教传承相通,便利的交通和人文环境使我们与南亚和东南亚各国进行合作与交流具有其他地区无法比拟的区位优势。我们应该依托这样的地缘优势,以全球化的视野去思索、谋划,输出我们优势的教育资源(如孔子学院等),进而在国际教育市场上占有一席之地,让世界更多的人了解我校的优秀学科。二是地理优势:云南省地形地貌复杂、气候多样、物产丰富,素有"植物王国"、"动物王国"、"有色金属王国"之美誉,这使我校学科发展占据得天独厚的优势条件,例如我校生物多样性研究在全国名列前茅。三是人文优势:云南省有 26 个少数民族在这里世代栖居、繁衍,形成了具有丰富、独特少数民族文化,借助我省制定的"民族文化大省"战略与我校的民族学研究在全国首屈一指地位相结合。以上三个方面的优势不仅是我校实施区域化发展战略的重要支撑,同时也是我们与国内高水平大学的相对优势。

(二)相对于周边国家高校的比较优势

同周边国家的高校相比,我们也具备了一定的比较优势。第一,云南大学历史悠久,具有一定的国际知名度。作为云南省最早建立的高

校,我们曾经有过位列全国高校前 15 位的辉煌(1946 年《大英简明百科全书》)。1996 年列入国家首批"211 工程"重点建设大学,2001 年成为西部大开发重点建设院校,2004 年成为教育部和云南省政府重点共建高校。目前,云南大学已成为西南地区乃至大湄公河次区域都具有一定知名度的高等学府,近年来周边国家学生都希望到我校留学深造。

第二,中国经济近年来的迅猛发展,以及在教育部的指导下与国内高水平大学的全方位合作也是我们同周边国家高校的比较优势。如复旦大学为我校提供对口支援,以及教育部提供的教育援外培训、亚洲区域合作专项资金项目等平台与国内各层次高校分享国际合作与交流的经验。

第三,在国际关系研究方面的优势使我们知己知彼。云南大学的国际关系研究,尤其是针对东南亚、南亚、西亚和非洲的研究在全国起步较早,成果卓著。中缅油气管道在昆明正式开工,是我校东南亚研究的学者近年来研究成果上升为国家战略的一个显著例证。就云南大学自身而言,民族学、高原山地生态学是我们传统的优势学科,近年来上述学科对外交流非常活跃。特别是我校成为教育部教育援外基地后,针对东南亚和非洲积极开展了生态保护的援外培训项目,为上述国家培训了一批专家和高级官员。

(三)中国—东盟自由贸易区的发展带来的先机与便利

中国—东盟自由贸易区的迅速发展使云南省从原来的西南边缘经济体上升为国际经贸前沿,意味着云南省在国家经济和国家战略中的地位凸现,为云南省进一步扩大教育开放提供了合作平台[3]。这一历史先机不仅能给云南省带来丰厚的经济效益,也将为云南省与东盟高校的教育合作创造巨大的发展空间。

另外,配合中国—东盟自由贸易区建设,云南省与东盟国家之间的交通、信息通道等硬件建设已初见规模:正在修建的泛亚铁路连接昆明和新加坡,途经马来西亚、泰国、柬埔寨、越南、老挝、缅甸,云南-老挝-缅甸-泰国-新加坡-印度尼西亚国际光缆传输干线也在加快落实,云南省已与东盟 7 个国家实现了直航,并已成全国拥有国家级一类口岸数第四多的省份。这些硬件设施为云南大学参与东盟各国的教育交流与合作提供了便利的通道和平台[4]。

（四）"桥头堡"建设带来的政策优势

2009 年 7 月，胡锦涛总书记视察云南省时提出要"把云南建设成为中国面向西南开放的重要桥头堡"。2009 年 12 月，云南省委八届八次全会确定将"桥头堡"建设作为未来云南发展的三大战略目标之一。2011 年 5 月，《国务院关于支持云南省加快建设面向西南开放重要桥头堡的意见》正式出台，从基础设施建设、产业体系完善、开放型经济发展、对外交流合作等方面确立了云南省 2015—2020 年的发展目标，并且从财税、金融、资源共享与产业、价格和生态补偿、人才和体制机制改革等方面提出了一系列支持桥头堡建设的政策措施。在桥头堡建设中，除了经济、政治、安全等内容外，文化教育也是不可或缺的一个重要方面。作为云南省的最高学府，云南大学也将利用"桥头堡"建设带来的机遇和政策优势，致力于开放型文化、教育和社会交流的中心、平台、基地、窗口建设，经过若干年的努力，成为云南省建成中国面向东南亚、南亚、西亚和东非开放的文化教育桥头堡的重要力量。

四、"区域性"合作框架下的重点工作

以我校的区域化定位为基础，以我校的区域化战略为导向，这就需要我们在未来三至五年内实现纵深发展方向和工作重点。我们认为我校在未来一段时间区域合作的重中之重主要有以下几方面。

（一）大力发展来华留学生教育，把我校建设成为区域性国际人才培养和培训基地

自我校 2007 年被列为接受中国政府奖学金留学生的院校以来，留学生工作出现了突飞猛进的势头，一方面招生人数逐年增加，另一方面生源结构得到极大优化。学校招收留学生人数由 2006 年的不足 800 人次上升到 2009 年的 1700 多人次（其中学历生 224 人次，含本科生、硕士生、博士生三个层次，约占总数的 14%）。2009 年，我校被教育部授予"来华留学生教育先进集体"称号（全国仅 58 所院校获此殊荣）。

作为教育部在全国的 10 个"援外培训基地"之一、国家外专局在全国的 11 个"软件国际人才培养基地"之一，以及云南省 11 个"国际人才

培养基地"之一,在未来一个时期内,我校将充分利用我校的地缘优势和学科优势,继续扩大来华留学教育的规模,不断优化学生结构,把我校建设成为区域性国际人才培养基地。这个基地主要是为南亚、东南亚发展培养和培训通晓汉语语言文化的应用型人才和高级管理人才,同时培养服务于我国面向南亚、东南亚以及中国—东盟自由贸易区合作所需要的国际人才。

(二)着力推进孔子学院建设和其他汉语国际推广项目,创建"走出去"办学的区域性支点

近年来我国高校在国家汉办支持下在海外设立的孔子学院已成为海外了解当代中国信息的窗口,与中国进行教育、文化、经济、贸易等交流合作的平台。我校自2005年开始筹备第一所孔子学院以来,目前共在伊朗、孟加拉、缅甸开设了三所孔子学院(课堂)。这三所孔子学院分别位于西亚、南亚和东南亚,是我们区域合作重点区域,也是我们今后对外联合办学的重点,我们走出去办学的支点。我们争取用几年的时间将我校孔子学院的总数增加到5所。

除孔子学院建设之外,我校还积极拓展其他形式的汉语国际推广项目,如在孟加拉南北大学孔子学院的基础上成立了中国研究中心,2010年在韩国淑明女子大学成立了"韩国淑明女子大学与云南大学韩中文化交流研究中心"2010年启动了与印度国际大学合作共建其中国学院的工作,目前还准备与印度巴特那大学合作在该校建立中国研究中心。

今后我校将着力推进孔子学院建设和其他汉语国际推广项目,使这些孔子学院和汉语国际推广项目成为我校面向南亚和东南亚"走出去"办学的支点。然后进一步利用这些支点,与南亚和东南亚国家的政府、高校及民间力量相结合,积极探索职业培训、专题培训、学历学位教育等多种形式的办学路子;针对当地的人才需求,设置一批特色专业,帮助当地培养汉语和专业人才。另外,我们将以孔子学院建设为依托,进一步拓展与孔子学院(课堂)周边高校的合作关系,以汉语国际推广为龙头,协助条件成熟和合作意愿较强的高校建立中国文化中心或中国汉语中心,帮助大学筹建中文系。

（三）争取把"东亚峰会高等教育合作论坛"发展成为一个长效的区域性合作机制

2010年10月，由教育部和云南省政府联合主办、云南省教育厅和我校共同承办的"东亚峰会高等教育合作论坛"在昆明召开。该论坛是我校在教育部推荐下申请并获得外交部2009年度"亚洲区域合作专项资金"资助项目，于2009年作为在泰国举行的第四届东亚峰会（10＋6）上的中方参会，成果由温家宝总理对外宣布。东亚10＋6国高层教育官员和一流大学校长约150余名代表参加了论坛，刘延东国务委员致信祝贺，与会的教育官员和大学校长就"东亚峰会框架下的高等教育合作与发展"这一主题展开了热烈而富有成效的讨论。我校何天淳校长在发言中倡议将"东亚峰会高等教育论坛"确立为一个长效机制，为东盟＋N框架内的各国高校提供长期交流与合作的平台。何校长的倡议得到了与会代表的热烈响应，很多代表认为这是一个积极而富有建设性的建议，希望各国教育主管部门共同协作，为这一目标的实现提供制度保障。目前，由教育部郝平副部长作序，我校负责主要编写、翻译工作的论坛文集《东亚峰会框架下的高等教育合作》一书已出版发行。

举办此次会议使我们有了跟上述国家的一流高校进一步合作的机会，同时这也与我们提出区域性的概念基本吻合。

在这一前提和背景之下，我校将积极配合各国教育部和国内外各相关高校、驻华使领馆通力合作，共襄盛举，及早实现这一目标。同时，我校也将尽力争取担任"东亚峰会高等教育论坛"秘书处单位，为该论坛的长期举办贡献一份力量。

总之，从我校的区域性定位出发，大力实施我校的区域性发展战略是推进我校国际化发展的一条重要途径。众所周知，教育国际交流合作是中外人文交流、公共外交的重要领域，在国家总体外交中具有重要战略作用。在"区域性"高水平研究型大学的建设过程中，如何紧紧围绕"大国是关键，周边是首要，发展中国家是基础，多边是重要舞台"的战略部署，积极开展全方位、多层次、宽领域的教育交流合作，将是我们未来一段时期内的重要奋斗目标。

参 考 文 献

1. 杨启光.高等教育国际化中的区域院校联盟发展[J].清华大学教育研究,2009(6):32—35.
2. 赵晓冬等.高等教育国际合作的大学共同体模式[J].学术交流,2008(4):182—185.
3. 陈丹妮.东盟自由贸易区与云南高等教育价值最大化[J].学术探索,2003(6):75—76.
4. 成文章等.云南省高等教育国际化战略研究.[M].北京:科学出版社,2008:143.
5. 马健.孔子学院:中国与世界全方位交流的平台.[J].国际人才交流,2006(10):49.

苏州大学积极实施教育国际化战略的实践与思考

黄 兴[*]

近年来,苏州大学以创建"国内一流、国际知名"综合性大学为目标,积极实施教育国际化战略,通过从海外引进高层次人才及与国外大学和教育机构开展学者互访、学生互派、合作研究、联合办学、共同举办国际学术活动等形式,使学校的国际合作交流呈现出前所未有的活跃局面,开放的国际化办学在学校学科建设、师资队伍建设、人才培养、科学研究等各方面产生了积极的影响,学校的对外知名度和影响力得到了快速提升。

一、切实加强对实施教育国际化战略重要性的认识,认真制订教育国际化发展规划

苏州大学的主体,其前身是创建于1900年的东吴大学。经过一百多年的建设和发展,尤其是经过近几十年的建设,我校已拥有20个博士后流动站、6个一级学科博士学位授权点、85个博士学位授权点、209个硕士点、108个本科专业、4个国家级重点学科、1个国家工程实验室、1个国家级重点实验室培育建设点、2个国家级公共服务平台、2个国家实验教学示范中心、1个国家文科基础学科人才培养基地、1个国家理科基础科学研究和教学人才培养基地及一大批省部级重点基地、中心等。目前,我校已经成为一所学科门类齐全、具有相当规模、基础较为雄厚、办学效果显著、在国内外享有一定知名度的省属重点综合性大学,在全国地方类院校中处于领先地位,同时也是国家"211工程"重点建设的高校。

---

[*] 作者简介:黄兴,苏州大学国际合作交流处处长。

但是，我校领导清楚地认识到，在教育日趋国际化的今天，在国内高校争先进位、相互竞争越发激烈的势态面前，学校要取得进一步发展，就必须实施对外开放和教育国际化战略，通过广泛的国际合作交流来带动学科建设、师资队伍建设、科学研究、人才培养和服务社会等各项事业又快又好的发展。为了统一认识，学校于 2006 年 10 月召开了全校性国际合作与交流工作会议，会议全面总结了学校在国际合作交流方面所做的工作，并着重指出了在国际合作交流工作中存在的缺点、难点和问题，此次会议提出了进一步扩大对外开放，全方位、高层次、宽领域开展国际合作与交流及"以国际知名带动国内一流"的发展思路。

2009 年 1 月，我校又召开了教育国际化战略研讨暨工作会议，邀请了时任教育部副部长章新胜为全校干部做了教育国际化的专场报告，讨论制订了加快推进教育国际化的实施意见。此次会议把实施教育国际化战略正式列为学校未来六大发展战略之一。

2009 年上半年，我校启动了"十二五"和至 2020 年中长期改革与发展规划的编制工作。在对学校未来发展作总体规划的同时，学校还专门制订了国际合作交流分项规划，该规划对学校"十二五"和至 2020 年期间国际合作交流的主要任务、发展目标、实施举措及保障体系等作了详细描述。

二、创新举措，大胆实践，全方位、宽领域开展国际合作交流活动

近年来，围绕创建"国内一流、国际知名"高水平大学目标，我校全方位、宽领域地开展国际合作交流，通过推进人才队伍国际化进程、扩大校际交流、实施学生国际化培养、发展来华留学生教育、推进学术和科研国际合作等多种手段积极推进教育国际化战略，一个开放的、充满活力的国际合作交流体系初步建立，国际化的校园氛围和多元化的校园文化逐步形成。

（一）大力推进人才队伍的国际化进程

我校把国际化人才队伍建设作为学校建设的重点，加大投入力度，引进、培养并重，全力打造一流的师资队伍、管理队伍和科研支撑队伍。

学校先后制订了"柔性"引进政策和"特聘教授"制度,面向海外公开招聘在相关学科领域有影响的学科带头人、学术带头人来校工作,以迅速提升学校的整体学术水平,增强学校的综合竞争实力。为了能招聘到更多的海外优秀人才,学校多次在全球顶尖杂志《科学》($Science$)上刊登开放式广告,吸引了大批海外高层次人才对学校的关注,据不完全统计,自2009年以来先后有400多名海外学者应聘我校,学校直接从海外引进各类人才130余人。与此同时,学校先后聘任了180余名具有较高科研和学术声誉的外籍知名学者、科学家为客座教授或兼职教授。

在积极引进的同时,学校十分重视现有人才队伍的培养,鼓励教师出国交流、访学、进修或开展学术和科研活动。近三年来,通过国家公派、省公派、中美富布莱特项目、校际交流及自费公派等渠道先后选派了113名教师赴国外著名高校或科研机构从事为期半年以上的访学或合作研究,其中有30余人获得了教育部留学回国人员科研启动基金。同时,学校鼓励教师短期出国讲学、参加国际学术会议和开展科研合作活动,近年来,每年因公短期出国教师达五百多人次。

学校还拨专款资助教师、管理干部赴国外学习培训。自2008年起,先后分三批组织了70多名大学英语部教师赴美国开展英语教学法的培训,先后多次举办管理干部海外研修班,组织机关部门处级、科级干部及学院(学部)负责人赴美国、日本、韩国等国家的高校集中学习研修。

(二)广泛开展校际交流合作

我校积极拓展与国外大学的交流合作,先后与20多个国家的近百所大学签订了校际交流合作协议,我校与其中的大部分大学保持着密切的交流往来和教学、科研等领域的合作关系。近年来学校特别注重与国际知名大学开展富有实质性内容的交流,先后与新加坡国立大学、加拿大多伦多大学和滑铁卢大学、英国曼彻斯特大学、比利时鲁文大学等一批优秀大学建立了交流关系。

在不断发展校际交流的同时,我校要求各学院(学部)至少与一所国外大学相关院系建立固定的、有实质性内容的交流合作关系。目前大部分学院(学部)都已建立了各自的国际交流合作伙伴。例如:材料与化学化工学部与新加坡国立大学理学院共建了"中新联合开放实验室"和"功能高分子研究所",双方定期召开中国-新加坡化学双边合作学术会议,开展研究生共同培养等项目。纺织与服装工程学院与日本信州大学纤维学部开展互派教授到对方作学术讲座、联合举办学术研讨会、互赠图书资料等活动。信州大学纤维学部还每年接收我校纺织与服装工程学院青年教师和毕业生前往进修或攻读学位等。

(三)着力实施学生国际化培养

为了培养出通晓国际规则、熟练掌握外语、能够参与国际事务和国际竞争的国际化人才,我校先后在法学院、商学院、材料与化学化工学部等学院开设强化班,实行全英语教学。目前全校共开设英语或英汉双语授课课程近一百门。为了增加学生的海外学习经历,学校积极为学生创造出国学习渠道。我校自2003年参加了由中国教育国际交流协会和美国州立大学与学院协会联合举办的《1+2+1中美人才培养计划》项目,是首批参加该项目的中方院校之一,至今先后有160名学生参加该项目赴美国大学学习。我校还与加拿大、日本、韩国的多所大学开展"2+2"双学位学生共同培养项目,与新加坡国立大学、加拿大劳伦森大学开展"3+2"本硕连读共同培养项目,与美国、法国、德国、日本、韩国等国家共十余所大学开展课程和学分互认学生交流项目。2009年开始我校参加了"江苏-安大略学生交流项目",选送学生赴加拿大多伦多大学、滑铁卢大学、约克大学、卡尔顿大学等学校学习。为了使更多的学生有机会出国学习、体验,近几年学校举办了暑期学生海外学习研修项目,组织学生赴美国、加拿大、澳大利亚、日本、韩国等国家短期学习研修。这两年学校又积极实施"国家建设高水平大学公派研究生留学项目",认真组织并积极推荐优秀研究生赴国外一流大学学习深造。

(四)大力发展来华留学生教育

我校一直十分重视来华留学生教育,经过学校自身努力并依托苏州的经济文化地理优势,我校的留学生规模从小到大,层次由低到高,取得不断发展。近几年学校在发展来华留学生教育方面又有了新的探索。

2004年开始,我校通过向国外教育服务机构委托招生的形式,先后从印度、尼泊尔、巴基斯坦、斯里兰卡等国家招收医学专业本科留学生,至今,已招收来自近10个国家的近千名外国留学生来校攻读医学学位,我校也成为教育部指定的首批接受外国医学留学生的医学院校之一。

2005年,我校积极争取并成功与韩国大真大学合作设立大真大学苏州分校,每年接受数百名大真大学学生来校学习汉语和中国文化课程。五年来,先后有2000余名大真大学学生来苏州分校学习。

2008年,我校与老挝教育部及老挝国立大学合作,以设立奖学金的形式吸引老挝学生来校留学。至今共招收老挝留学生80多名,成为国内招收老挝留学生最多的高校之一。

2009年我校获国家汉办批准招收国际汉语教育专业硕士留学生,并于当年成功招收学生30名。同年,又获得教育部批准成为接受国家奖学金来华留学生院校。

2010年9月,我校首次接受加拿大滑铁卢大学14名CO-OP项目学生来校开展实习研究。这是我校首次与国外高校进行本科生实习阶段的联合培养,为进一步扩大留学生规模、提高留学生教育层次开辟了新路径。

多年来,我校每年接受各类别长期留学生人数稳定在1500名左右,其中本科及本科以上学历教育留学生占50%以上。此外,我校每年通过举办汉语语言和中国经济、中国文化短期研修班等形式接受数百名外国留学生前来短期学习研修。全校外国留学生总规模超过2000人。

(五)积极推进学术和科研国际交流与合作

为了营造浓厚的学术氛围,推动学术国际交流,我校经常邀请国外著名专家、教授来校做学术报告,经常主办或承办国际学术论坛、学术会议等。据统计,近年来我校每年主办或承办各类国际性会议达数十场次,其中很多会议在国际上具有较高影响。如:"第四届亚太地区血栓与止血大会(APCTH)"是近年来在中国举办的唯一一次血栓与止血领域的国际性会议。"第十六届IPFA国际会议"是集成电路FA(Failure Analysis)和RE(Reliability Engineering)领域世界上学术水平最高、最具影响力的高水平国际学术会议之一,也是这一高水平国际学术会议首次在中国内地举办。近期召开的"第四届新金刚石和纳米碳材料国际学术研讨会"和"首届新型高分子材料与控制释放国际会议"均被认为是专业领域内规模最大、水平最高的国际会议,汇聚了大批国内外的顶尖专家学者。而"中国国际丝绸会议"作为我国在世界丝绸界最有影响力的理论论坛之一,已在我校成功举办了七次。

学校还出台相关政策,支持和鼓励开展科研国际合作。近年来,我校血液学研究中心与美国俄克拉荷马医学研究所合作开展的"血小板糖蛋白糖基化异常在特发性血小板减少性紫癜发病机理方面的作用"项目、免疫学研究所与美国洛杉矶加州大学合作开展的"免疫磁珠流式液相芯片技术在肾移植领域中的应用"项目、公共卫生学科与世界卫生组织合作开展的"老年健康公平性研究"项目等一大批国际科研合作项目先后启动并获得成功。更值得一提的是我校医学部童建教授领衔的科研团队与美国哥伦比亚大学汤姆 K.海（Tom K. Hei）教授领衔的科研团队 2010 年度联合申报国家自然科学基金重大国际合作项目"线粒体介导的遗传损伤在氡致肺癌中的作用机制"已经获批立项。2010 年 11 月 26 日中国科学技术信息研究所发布了 2009 年"中国百篇最具影响国际学术论文"，由我校材料与化学化工学部孟凤华教授和钟志远教授与荷兰特温特大学教授共同完成的一篇科技论文入选 2009 年"中国百篇最具影响国际学术论文"。

我校 2010 年 5 月成立的"绿色高分子工程与催化技术实验室（GPACT）"更是国际科研合作的平台，该实验室聘请了加拿大皇家科学院院士、滑铁卢大学特级教授盖瑞·伦佩尔（Garry Rempel）担任主任。

除上述举措以外，我校还在孔子学院建设、教育援非及中外合作办学等方面迈出了可喜的一步，开始了有效的实践和探索。特别是为了贯彻《国家中长期教育改革和发展规划纲要（2010—2020 年）》，我校大胆尝试境外办学，目前正在积极筹建"老挝苏州大学"。

三、关于积极推进教育国际化的思考

我校在实施进一步对外开放和推进教育国际化战略方面虽然已经采取了一些措施，也取得了一定成效。但是，应该说我校在这方面的工作还处于起步阶段，离学校的建设目标还有很大距离。刚刚颁布的《国家中长期教育改革和发展规划纲要（2010—2020 年）》对扩大教育对外开放，不断提高教育国际化水平提出了明确的目标和要求，当前国内各高校纷纷喊出国际化口号，把办学国际化建设放在十分重要的位置。我认为，无论是苏州大学也好，其他大学也好，要真正实施教育国际化战略，全面提高教育国际化水平，还应在下列几方面做更大的努力。

（一）解放思想，更新观念

学校的各级领导和广大教职员工要切实解放思想，转变观念，把高等教育置身于全世界的大背景中，用全球性的眼光来分析、判断、决策，并将它与整个国际社会联系起来。学习和借鉴外国高校的做法，牢固树立高等教育国际化的观念。学校领导尤其要树立国际化的办学理念，善于以国际化的标准要求自己、以国际视野来指导学校的教学和科研等各项工作。学校领导还要改变传统的思维方式，从大学的管理者成为大学的经营者，在学校办学自主权、教育教学资源和资金资源相对不足的情况下，学习国外先进做法和成功经验把学校经营好，使学校得到又好、又快的发展。

（二）广泛发动，调动全校各单位、部门和广大师生参与国际合作交流的积极性，积极营造国际化的校园氛围

要形成"以院系为主体，教师为主角，教学、科研为主线"的国际化发展机制，鼓励全校师生关心国际合作交流并把积极参与国际合作交流变成自己的自觉行动。应建立一套完善的教育国际化管理体系，通过各相关职能部门的协调配合，统一部署学校的国际化发展战略和制订规划，从而使各项国际化政策得以有效实施。

（三）拓展"市场"，争取更多国际合作交流资源

学校要采取积极有效措施，拓展对外开放市场，赢得国际交流合作资源。要主动加强与国外大学、尤其是高水平大学交流联系，主动开发国际合作交流项目；要积极把学校的教师和研究人员送出国门，使他们有机会与国外同行切磋交流；要加大智力引进的力度，争取更多的国际知名专家、学者参与学校的管理、教学和研究；要鼓励学生出国学习交流，帮助学生拓展国际视野；要积极探索中外合作办学，提升自己的教育教学水平，扩大学校的对外影响。

（四）苦练内功，增强参与国际交流合作的能力，提高学校的国际竞争力

要重视教师和管理、服务人员外语能力的培养，使他们具备对外交流的能力；要不断提高学校的学术水平和科研实力，使自己具备更强的国际合作能力；要努力开设更多的国际化课程，争取培养出真正的国际化人才；要积极推进外语教学，使学校具备接受更多外国留学生的能力；等等。总之，只有自己强大了，才能受人关注；只有自己有能力了，才能

获得更多国际交流合作的机会。

（五）加大投入，为扩大对外开放和实施国际化战略提供充足的经济支持

如学校要增加外教外专经费，聘请更多的外籍专家、学者来校任教、讲学或从事科研活动；设立国际科研学术基金，鼓励或奖励教师参与国际学术活动或开展国际科研合作；设立学生交流基金，资助优秀学生赴国外一流大学学习交流；设立来华留学生奖学金，吸引高层次留学生来校留学；等等。

总之，高等教育国际化已经成为我国促进高等教育发展的一大趋势，我们必须以积极的姿态顺应这个发展趋势。只有更新理念，明确目标，并采取切实有效的应对策略，我们才能在实施教育国际化的过程中有所收获，才能通过实施国际化战略使学校的各项事业真正得到跨越式发展。

产学研一体支撑发展国际化办学的模式研究
——应用性高校构建多元化国际办学环境的一种思考与行动方式

赵 鹏 汤利华[*]

一、问题的提出

大学国际化是大势所趋,但发展不平衡,取向上存在差异:国际层面上,从教育资源的流向看,发达国家是教育过剩的"输出国",广大发展中国家是教育短缺的"输入国";从各国推动或参与教育国际化的取向(价值目标)看,有人认为存在经济利益、加强能力建设、发展人力资源和增进国际理解等四个维度(取向)[1],或概括为有意识形态目标、文化弘扬目标、经济利益目标、学术发展目标等四种价值目标[2],如美国政府一直公开宣称与中国的教育关系是服务于政府政策的一部分,而澳大利亚从20世纪80年代开始就把高等教育作为"出口产业"等就体现了取向上的大相径庭。同时,在一个"世界"或同一国家高校内,同样存在发展的不平衡和取向的差异,如总体上以教育输入为主导的中国来说,由于客观存在(或划分)有不同层次和类型的高校,高校国际化也体现出了或形式或内容的不同(理应有目的和侧重的不同)。应该说,高等教育国际化从来就不是目的而是实现目的的手段!鉴于目前国内高校国际化的现状,笔者认为,不同层次类型的高校都应反思自己国际化的目的,走符合自身定位的教育国际化道路,体现特色、构筑多元、做出实效,这对国家、对

---

[*] 作者简介:赵鹏,时任北京联合大学旅游学院院长。汤利华,时任北京联合大学旅游学院外事办公室项目主管,现任产学研合作办公室负责人。

高校、对学生来说都是至关重要的,这本应是高校国际化的起点,也是在这个快速发展的进程中仍需不断思考的问题。

应用型高校是指不同于研究型大学,培养应用型人才的普通高等院校。选择这类高校来探讨高校国际化的目的和策略问题,其原因在于:一是,国内高校在对国际化的探讨和研究中,大多都是针对"与之相对应的"大型的、高水平的研究型大学,对应用型高校,特别是规模较小的应用型高校关注较少(一些观点认为国际化主要是高水平大学的事,对一般型大学的整体工作作用不大等);二是,这一类型高校在国际化过程中,面临的国内外环境更为复杂,机遇和挑战更多,成则能利用有效的国际资源,提升自己,甚至实现跨越式发展;反之,则可能在国际化大潮中继续拉大距离或失去方向甚至被吞噬,因此探讨这类高校国际化问题很有现实意义。

本文以北京联合大学旅游学院在国际化的进程中,思考和构建适合自身发展的以产学研合作为支撑和重要特色的国际化办学模式为例,希望为应用型高校如何根据自身特点构建多元化国际合作环境、有竞争力的国际化模式提供一种思考方式。

二、在国际化大潮中,旅游学院如何确定自己国际化的目的和定位?

前文已提到,教育国际化的历史和现状都表明不同国家推动国际化的目的取向是不一样的。具体到国内高校,不同层次和类型的高校也表现出不同的情况。从形式上看,从学生、教师的交换项目、科研合作、众多 $N+N$ 的学位教育到多种形式的合作办学等等,表现得多姿多彩。分析取向,客观地说,目前兼具前述提到的四种取向。国际化的实际效果不一,有实质性上提高本校学科专业水平的;有装点了门面的——"有几个外国人,有国际化的气氛",有与输入国共享经济利益,实质成了国外高校的招生办或办学点、国内高校的"钱袋子"的。

那么,旅游学院的情况是怎样的,如何参与其中,应该有什么样的目的和定位,要走什么样道路和模式呢？我们通过 4 个步骤来思考这个问题：

(一)在大学国际化的背景下对学院办学环境作 SWOT 分析,以便确定目的和策略

1. 分析我们已形成的"优势"和面对的"机遇"

(1) 学院自身的"优势"

优势： 学科专业属性：学科专业有特色、有前景(旅游业是朝阳产业,是最早与国际接轨的产业；旅游教育也是较早与国际接轨的教育)； 办学属性：顺应高等教育大众化趋势,发展应用性教育培养应用型人才,产学研一体化办学是特色和优势。	劣势： 内在：年轻学校、规模小、教育教学质量有待提高、国内知名度不高； 外在：在国际化中很难得到政策、资金的直接支持甚至受制约；在教育评价一元化下,发展受限制；国内高等院校也不可避免的等级观念对发展的影响。
机遇： 产业迅猛发展,对旅游教育有巨大需求； 高等教育大众化,大力发展应用型教育正在从观念落实为政策、行动； 大学国际化趋势是最大的机遇、WTO 与教育服务贸易的发展；	挑战： 高校之间竞争更趋激烈(包括对优秀国际资源的竞争)；由于国际化办学中的问题存在,国家政策可能会一刀切,在国家政策和支持上继续受限；如何面对劣质产品的倾销？

图 1　大学国际化背景下对旅游学院办学环境的 SWOT 分析

从学科、专业属性上看,学院的旅游学科、专业是"既定的",也是"朝阳的"(社会经济文化不断发展,我们的社会逐步走向旅游休闲社会),这是我们在竞争激烈的高等教育中能够办学的前提和基础。

从办学属性看,学院能够主动顺应高等教育大众化发展趋势,把握了产学研一体化办学是应用性高校发展的必由之路,在教育部门的宏观政策指导下,面向产业、依托产业、服务产业,以市场需求为导向办学,在办学中一直强调学院、学生、行业企业、旅游主管部门的四方合作,在实践中逐步形成了以校企合作教育为中心,以面向全行业的科研、培训、咨询服务等方面合作为基础、纽带和保证、各种资源互促互进的产学研一体化办学模式(图2、图3)[3],实践证明,这就是我们在高等教育大众化趋势中办学的最大特色和优势。

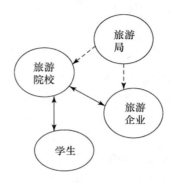

图2　旅游学院四方合作的办学结构

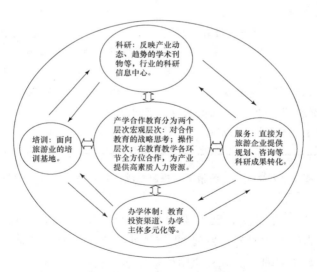

图3　旅游学院以校企合作育人为中心的
"产学研一体化"办学模式

(2) 外在环境给我们带来的"机遇"

从产业的发展趋势看,在全球旅游产业将继续向前发展的大背景下,区域发展速度有所不同,发达国家的旅游目的地的开发和发展相对成熟,而中国在 2006 年已成为世界第三大旅游目的地国。据世界旅游组织预计,到 2020 年(或 2015 年),中国将成为世界上的首位旅游目的地。北京旅游业在国内领先,《北京市国民经济和社会发展第十一个五年规划纲要》提出"抓住奥运契机,提升旅游会展业发展水平,打造世界一流旅游城市和国际会展之都"的目标。

从旅游教育的供给和需求上来看,国际方面,发达国家旅游业发展早国内几十年,相应的旅游高等教育发展也领先十几年,教育理念先进,专业比较齐全,教育教学模式也较为成熟,如在酒店管理方面,形成了以瑞士洛桑酒店管理学院和美国康奈尔大学酒店管理学院为代表的两种优秀的教育模式;同时,目前发达国家的旅游教育资源也同其他教育资源一样相对饱和,正积极开拓国外市场(进行教育输出)。国内方面,旅游教育在改革开放后伴随着旅游产业发展逐渐起步,始终在学习和引进中发展,总的来说,中外旅游教育是有差距的,我们对先进的教育资源是有很大需求的,而在教育国际化的背景下,有差距,有需求,也就意味着有机遇。

在 WTO 的背景下发展应用型教育,国际教育服务贸易的四种方式都能为我所用:

我们知道,《服务贸易总协定》将服务贸易定义为:一成员国向任何其他成员国领土提供服务;在一成员国领土向任何其他成员的服务消费者提供服务;一成员国的服务提供者通过在其他成员领土内的商业存在提供服务;一成员国的服务提供者通过在任何其他成员领土内的自然人存在提供服务;教育服务贸易是指发生在国家(地区)与国家(地区)之间的教育服务的交易活动和交易过程,在 WTO 的法律文件中,服务供给的这四种模式都涉及高等教育[4]:

① 跨境交付。指从一国境内通过电信和邮政等方式向另一国境内提供服务,这一点会对远程学习革新产生重要影响。

② 境外消费。消费者转向境外,从其他国家获得服务,意味着学生的国际化流动。

③ 商业存在。指一个国家以产权或租赁等方式在另一个国家境内建立某种形式的商业机构提供服务,这一点对海外设施、大学异地设立分校和合作产生影响。

④ 自然人流动。指一个世界贸易组织成员国的个人在另一个国家境内以自然人存在的形式提供服务,如外籍教师等以自然人的身份在其他境内提供服务,这一点对学术的流动产生影响。

因此可以说,在经济全球化的背景下,高校引进外国教育资源的机制从属于国际教育服务贸易的范围和规则,其运行方式具有服务贸易的性质。虽然,国际合作和智力引进不能等同于一般商品,但我们应及早树立以国际人才和智力输出市场的商业规则和管理为立足点的标准,确定合作的指导思想,制定实施计划,充分利用规则为我服务。

综上,我们对优秀的旅游教育资源有需求(差距),发达国家的旅游教育需要输出,WTO的背景下大力发展旅游应用型教育,这种需求和供给能够畅通衔接,这是面临的最大机遇。

2. 清楚知道自身的"劣势"和要面对的"挑战"

(1) 自身"劣势"

内在:学院是改革开放后成立的年轻学校,办学时间短,仅面向北京地区招生,规模小、教育教学质量有待提高、在国内高校中的知名度不高。

外在:我院不是"211",不是"985"高校,在开展国际化办学方面很难得到教育主管部门直接的政策支持和资金支持,在开展国际合作办学方面受到明显制约;目前一元的教育评价标准中,我们和众多中小规模应用型高校一样,发展受局限;高等院校内也存在等级观念,学院办学不可避免要受其影响。

(2) 要面对的"挑战"

高校之间竞争(包括对国际资源的竞争)日趋激烈;由于国际化办学中的多种问题的存在,国家教育政策可能会一刀切,而中小规模应用型高校会首当其冲,在国家政策和支持上继续受限;如何面对劣质教育产品的倾销?

（二）根据办学环境分析，明确国际化的目的、方向，制定应对策略，确定出学院发展国际化教育应把握好的四个战略取向

（1）利用优势，把握机遇的战略取向

利用产学研一体化办学优势，把握国际化趋势，充分考虑和利用WTO规则，大力发展以产学研一体为支撑的国际化办学。

（2）利用优势，克服挑战的战略取向

凭借产业背景和优势，利用旅游教育的专业属性和应用型特点，争取教育部门在国际化上政策的支持。

（3）捕捉"机遇"，克服"劣势"的战略取向

积极利用国际资源，提升教育教学质量，利用WTO规则，集中利用有限的资金，务必做出实效。

（4）紧急处理将会加剧"劣势"的挑战的战略取向

打破传统模式和现有格局，创造性的构建国际合作空间。

通过分析我们认为，虽然我们有自身的弱势和挑战，但是，面对国际化大潮，机遇远大于挑战，只是学院能否优化合作空间，能否与具有较好旅游教育资源的高校合作，还是与二流、三流院校合作的问题而已，是跟从传统高校模式蹒跚前行，还是另开新路，构建和拓展新的国际合作空间？我们依据学院发展目标、分析办学环境，根据学院的特色和优势，进一步明晰了国际化的目的、方向和道路。

① 国际化目的。产学研结合是发展应用型高校的必由之路，是我院已形成优势和特色，我院要把握国际化机遇，充分遵守和利用WTO规则，加快国际化的进程，集中条件作出实效，这是战略选择而不是应景之作或装点门面，国际化的最终目的是吸收先进的教育理念，充分利用国外教育资源，增强学院的核心竞争力，提高培养应用型人才的质量、提高学生就业的国际竞争力，争取实现跨越式发展，在国内激烈的竞争中获得一席之地。

② 方向和道路。因为有限的资金和政策的限制，我院的国际化办学不是来者不拒，不能四处出击，而应是"有所为，有所不为"，应是产学研结合必由之路的国际延伸，即深化产学研办学优势是发展国际化重要目的和方式，产学研一体化优势要为开展国际化提供重要支撑；我们以旅游教育输入为主，同时，要依托国内产业的强大实力，整合产业多种力量，通过互利互惠构建国际合作空间，努力实现双向流动而不只是单向输入。

（三）如何构建多元空间和有竞争力的国际化模式

目前国内外高校国际化的模式多种多样，如在英联邦国家，就有12种不同类型的合作，国内高校的国际合作模式也多种多样，如何选择，如何取舍？我们明确了走以产学研一体化办学结构为重要支撑和重要特色的国际化办学道路，国际化的模式就很清晰了：依托学院已有的一体化办学模式，全面向国际延伸，体现出多元及广阔的空间，做出实效。图4、图5就是我院四方合作的办学结构和产学研一体办学模式的国际延伸图：

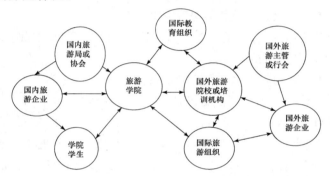

图 4　学院办学四方合作的国际延伸图

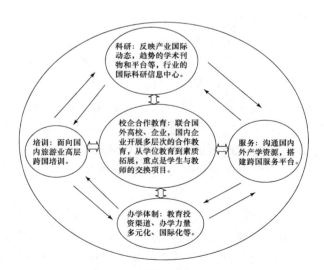

图 5　学院国际化背景下的一体化办学模式

这种模式如何运作？举例说明：在模式核心部分——学生教育教学的国际化方面，目前国内实践也有多种层次和形式。如清华大学学生国际化的境外部分就有如下方式：① 学位教育：联合培养、联合学历、学位项目、博士后；② 专业学习交流：暑期课程、国际会议、交换生项目；③ 素质拓展：海外实习、夏令营、文化艺术交流等[5]。根据我们的国际化定位和模式，我们的重点是依托行业开展互利互惠的专业学习交流和素质拓展项目，在此基础上，再有重点地选择国外合作伙伴，开展学位教育，满足学生海外求学提升学位的需求。下面通过我院与法国巴黎某餐饮学院连续十多年开展的一个交换项目来做说明。

每年3月份，我院组团赴法国巴黎合作学院交流一个月，团组成员不只是高校通常单一派出的学生，而是三部分组成：学生为主体，辅以教师、教管人员以及学院合作企业的中高层管理者。赴外的多重任务包括：学生接受专门设计的模块教育并参观特色酒店；教师指导学生的同时，学习对方的教育教学模式，并从事跨国科研合作；企业人员除了参加模块学习外，还参访法国酒店业同行，进行业务技能交流展示等。对应的，每年4月，法方由教师和学生组成的交流团到达我院进行为期4个月的交流活动。交流形式为：我院根据学生情况，分组分配学生进入我院合作的多家高星级酒店不同岗位进行实习，教师则安排考察旅游资源或从事科研交流。在物质保障方面，整个项目食宿均由对方承担，参加人员仅有很少花费。详见表1。

表1 学院一个校企合作的中外交换项目

"去"	"来"
时间 每年3月，为期1个月	时间 每年4月，为期4个月
成员组成 学生、教师、企业管理者	成员组成 学生、教师
交流内容 学生：接受有关法国餐饮文化模块教育；考察特色酒店等； 教师：指导学生、学习教育教学模式，从事跨国科研合作； 经理：参加模块学习，参访法国酒店，业务技能交流展示等。	交流内容 学生：分组进入高星级饭店，开展实习、实践； 教师：指导学生，从事跨国科研合作； 教师、学生：考察北京旅游资源。
条件保障 用餐、住宿均由法方学院承担（成员入住对方实习酒店，在对方餐厅用餐）。	条件保障 用餐、住宿均由中方酒店承担（学生分组入住星级酒店，在酒店用餐）。

可以看出,这个项目在"一去一往"中体现了校企合作支撑的国际合作的特色和优势,该项目实现了国内外高校、国内外企业、高校与企业间的互动:我院的学生能够接受与法国学生完全相同的教育,法国学生实现了在异国真实的环境中实践,我院教师、教管人员学习先进的教育理念、模式,合作企业管理人员则能够实现跨国学习并与国外同行建立交流与合作关系,而在中方酒店实习的法国学生又给企业带来新的思维和国际化氛围。总之,在保证学生、学院、企业、员工利益的基础上各学所长,各取所需,为国家、学院、学生节省了大量的资金,真正实现了保证学生教育质量前提下的多方互惠互利。在参加了交换项目,了解、体验了国外院校学习的基础上,学生会更为理智地选择在国内继续学习工作或申请到合作院校留学深造。

又如,在这种模式下,在合作办学开展学生学位教育方面阻力较大的情况下,学院则引入国外旅游教育资源,面向产业内庞大的管理人员,重点开展非学历教育和在职培训,培养真正的具有国际水准的职业经理人;科研合作方面,如召开国际研讨会,既开展国内外学术交流,又为企业国际合作、校企合作搭建平台;在社会服务方面,充分考虑国外教育重视与产业力量,产学关系紧密的特点,利用学院学术中立的平台和丰富的业界资源,搭建国内外教育资源、产业资源、教育和产业资源交流的平台,如美国中佛里达大学罗森酒店管理学院院长陪同校董罗森先生访问我院,并考察我院合作的旅游企业就是一个很好的例子。而所有国际资源的积累与利用,都服务于提升学院教育教学质量,培养国际化人才的中心目的。

(四)国际化的效果体现

国际化效果评价是个综合性的复杂问题。我们不得不承认,国外教育资源大举进军中国市场,经济目的是明显的,也是无可厚非的,然而,需要高度关注的问题是:商业化环境下最大的危险是对国外学生进行教育的质量不升反降;一个国家的公立高等教育机构一旦跨越了边界到另一国办学,往往都被纳入私立营利高等教育的范畴[6]。有研究人员指出,国内大多数的合作办学项目(包括一些重点大学项目),中方大学所扮演的角色只是外方在中国的招生代理或分支办学点,没有真正意义的合作[7]。这种合作表面上也是以互利互惠的方式进行的,但教育的提供方有明显的利益要求而国内的合作方也要保证自己的经济利益时,最难保证的就成了最应该受益的学生的利益。教育部有关负责人也曾说过,教育主管部门大力提倡高校开展互利互惠的交换项目,可要知道,"只有优势才能实现真正的合作与交换",应用型高校有先天的弱势,只有充分利用自己的核心优势来构建国际化模式,以强大的、有竞争力的产业依托进行国际合作与交换,这样,这类高校与相对优秀的国外教育资源互利合作就不是可望而不可及了,甚至更可能实现与国外同类高校的优秀学科和专业进行双向交流合作而非单向流动,即能够与相对优秀的教育资源实现平等互利的合作,保证学生的利益,这就是这种国际化模式最重要的效果。

同时,国际化是看比例、看"浓度"而不是看绝对数量的,依托这种合作方式大力发展国际合作教育,更有可能超过"大"大学,实现更高的国际化的程度,还能够一定程度上避开"国内甲A甲B纷战,直接进入国际赛事",实现跨越发展。

虽然国内高等教育的总体发展阶段和发展水平决定了我们以"输入"(购买)为主,要付出大量资金,但要关注付出的有效性,通过结合产业资源为自身资源再进行交换,实现互利互惠,这比学校或学生花大量资金单向购买二三流高校所谓的优质教育资源要有效得多。

总之,我们认为这种模式最大的优势和效果就是能够实现中小规模应用型大学与国外高校之间在教育质量保证(学生利益)的基础上真正的互利合作,有效提高教育教学水平和学科专业建设,不是单向的购买,不是简单的生源输出,能节省资金,国际化程度更高,能避免国内等级划分的影响,实现跨越式发展等。

三、结　　论

大学国际化是大势所趋,但不同国家推动教育国际化的取向大相径庭,国内不同类型、层次高校国际化的目的和侧重应有所不同,高校需要不断反思自己国际化的目的,走自己的教育国际化道路,制定策略、体现特色、构筑多元、做出实效,这对国家、高校和学生都是至关重要的。

面临的高等教育国际化大潮,是每一所高校的机遇和挑战,应用型高校不应故步自封,畏惧不前,而应主动打破现有的等级,奋力前进;要认真思考和明确自己国际化的目的、目标和模式,明确"只有优势才能实现真正的交换与合作",根据自身的特色和优势(核心竞争力)来创造性地构建国际合作空间。

应用型高校可以通过产学合作优势来吸引国外相对优秀的教育资源,并利用国际化的成效来加深和拓展这种优势,这样能够较好地利用国际资源,与国外相对优秀的学科专业建立真正的互利合作关系,有效提升自己,甚至实现自身跨越式发展。

参 考 文 献

1. 顾建新.跨国教育的发展现状与政策建议[J].教育发展研究,2007(7).
2. 高立平.哲学视野中的高等教育国际化[J].2007中国高等教育学会引智分会年会交流材料,2007.
3. 赵鹏,汤利华.旅游院校产学研一体化办学中的几个问题探析[J].北京联合大学学报,2007(3).
4. 尼尔逊.新国际化:竞争与合作[J].教育发展研究,2007(7—8).
5. 杨庆梅等.高水平大学学生国际化培养模式研究与实践.2007中国高等教育学会引智分会年会交流材料,2007.
6. 顾建新.跨国教育的发展现状与政策建议[J].教育发展研究,2007(7).
7. 高立平.哲学视野中的高等教育国际化.2007中国高等教育学会引智分会年会交流材料,2007.

北京大学科研国际合作的成效与发展对策

郑如青　张　琰[*]

在经济全球化与教育国际化的大趋势下,各国间的竞争是全方位的,其中作为第一生产力的科学技术的竞争尤为引人关注。但是竞争的时代也是合作的时代。对大学而言,这种竞争与合作共存的形势对科研国际合作提出了迫切要求,同时也提供了良好的机遇。应该看到,科研合作的重要性和必要性是由现代科学研究本身的特点决定的。科学研究的根本目标是将人类对世界的认识扩展到未知的领域。随着认识的不断发展,科学研究不断地进行学科分工与整合。今天,即使是在一个传统的二级学科领域,研究者要全面通晓其领域已变得极其困难。因此,不同专长的同行合作已成为科研工作的常规形式;不同学科间的交叉渗透与融合更成为促进科学事业发展的最为重要的途径之一。同时,为应对各种重大挑战,解决可持续发展的许多突出问题,全球性的科研合作就显得更为重要。这就对相应的科研政策制定及资源配置提出了更高的要求。只有在有效的合作研究模式下,大型科学研究项目才能得以有效实施,并有可能最终形成意义重大的成果。

对于信息高度互联化的当今世界,各种资源的共享已成为不可逆转的发展趋势。这为我们创建世界一流大学的事业提供了诸多可资利用的良好契机,如果认真把握,我们就可通过国际科研交流与合作进一步迅速提高自身的水平。近年来,北京大学有意识地开展了这方面的工作,注意扩大和深化国际交流中科研合作,使国际交流工作更为务实地服务于科研与教学,并取得了一些积极成果。本文将简要介绍

---

* 作者简介：郑如青,北京大学国际合作部副部长。张琰,北京大学科学研究部海外项目办公室主任。

北京大学的国际科技合作的现状,并进一步以北京大学化学与分子工程学院为例,从提高北京大学科研论文水平的角度来分析科研国际合作的成效。同时,为进一步提高北京大学科研国际合作的水平,本文对今后的工作思路、合作类型、运行模式等诸多方面的发展作了一些探讨。

一、北京大学科研国际合作的成效

作为中国最为重要的综合性大学之一,长期以来,北京大学的科研工作形成了重视基础、加强应用的优良传统。在北京大学,从事基础研究人员所提倡的核心价值是自由探索。这是北京大学"思想自由,兼容并包"精神传统的充分体现。科学研究中科学家个人或群体对客观世界规律的洞察对于形成科学假设和科学理论是至关重要的,而这也正是科学进步的推动力。同时我们也看到,自由的交流合作事实上是自由探索中的一个有机组成部分,是自由探索的一种重要形式。

多年来,北京大学在国际学术交流上非常活跃。高水准的国际间人员往来是北京大学科研国际合作最为宝贵的资源之一,进一步挖掘其潜力来提升北京大学科研国际合作的水平应是我们工作的重点。北京大学活跃的国际科研合作与交流直接促进了北京大学科研水平的提高。对 ISI 科学网(ISI web of science)北京大学 2005—2009 年 5 年的科研论文的发表数据(北京大学科学研究部近年来的统计数据)做分析,我们发现国际合作论文的比例正在逐年提高(见表 1)。这在一个方面反映出随着这几年科研国际合作的不断深入,北京大学科研成果的国际化趋势也在不断增强。

表 1　北京大学 2005—2009 年 SCI 论文发表情况(ISI 数据)

年度	文章总篇数	国际合作文章篇数	国际合作比例(%)
2005	2886	774	26.8
2006	3179	898	28.2
2007	3340	959	28.7
2008	3711	1162	31.3
2009	4454	1514	34.0

对论文引用情况的分析进一步表明,国际交流与合作对取得原创性科研成果、增加成果的学术影响力有重要作用[1]。我们注意到对同一作者而言,与国外合作者共同发表的论文被引频次明显高于仅含国内作者的论文。这在一定程度上说明通过国际合作而产生的论文应有更为显著的创新性,可以更快地引起国际同行的重视,从而有利于科研成果的传播和交流[2]。这一点也可从北京大学所属科研教学机构所发表的科技论文的质量中反映出来。

以北京大学化学与分子工程学院(见表2,北京大学科学研究部近年来的统计数据)为例,2005—2009年,该院各类属于国际科技合作发表的论文比例在逐年增加,与此同时合作论文的质量也在进一步提高,平均影响因子IF已由2005年的3.50达到2009年的4.83。该院近几年在年度论文发表数上已与国际上最重要的化学研究机构(如美国伯克利加州大学化学系)相当。提高论文的质量,即提高科研工作的质量,是目前该学院主要的追求目标。在化学领域,一般认为影响因子大于3.0的学术刊物是其相应二级学科的重要主流刊物;而按目前的情况看,影响因子大于4的则通常为二级学科最重要的刊物。2005年以来,化学与分子工程学院发表的国际合作论文的平均影响因子均超过3.0;而2009年的数据表明,该学院的国际合作论文的平均影响因子较其发表论文的总平均值高出1.13。这意味着在化学与分子工程学院整体研究水平提升的过程中,国际科研合作更有利于使其研究成果在更为重要更为高端的学术刊物上得以传播。因此,国际科研合作的确有助于促进化学与分子工程学院科研事业的发展。

表2　北京大学化学与分子工程学院2005—2009年SCI论文发表情况

年度	文章总篇数	总平均IF	国际合作论文篇数	国际合作比例(%)	国际合作论文平均IF
2005	429	2.39	46	10.7	3.50
2006	362	2.60	59	16.3	3.22
2007	316	2.88	51	16.1	3.50
2008	386	3.34	80	20.7	3.78
2009	332	3.70	77	23.2	4.83

说明:以上各统计数字仅限于北京大学为第一作者单位;IF:影响因子。

我们对北京大学医学部近几年的论文发表情况(见表3,北京大学科学研究部近年来的统计数据)的统计分析也得到了相似的结论。

表 3 北京大学医学部 2005—2009 年 SCI 论文发表情况（包括附属医院）

年度	文章总篇数	总平均 IF	国际合作论文篇数	国际合作比例(%)	国际合作论文平均 IF
2005	434	2.19	68	15.7	2.77
2006	541	2.42	94	17.4	3.05
2007	722	2.38	109	15.1	3.19
2008	789	2.58	147	18.6	3.42
2009	943	2.86	129	13.7	3.23

说明：以上各统计数字仅限于北京大学为第一作者单位；IF：影响因子。

国际科研合作与学术交流对促进北京大学的社会科学研究水平的提高亦有十分明显的作用。例如，在 2007 年度北京大学所发表的 SSCI 和 AHCI 论文中，通过国际合作（含港澳台地区）发表的论文数占 43.3%[1]。这从一个侧面说明了北京大学社会科学研究方面对外合作交流的活跃程度，也充分表现了北京大学研究队伍的活跃与开放，具有广泛的影响。

当然，如果对合作论文发表情况作进一步分析，就可以看到，我们的国际科研合作还有进一步扩展的必要。以北京大学 2007 年发表文章数据为例，在发表的 SCI 论文总数中，国际合作论文约占 28%（包括非北京大学为第一作者单位的论文）。而同样在 2007 年，哈佛大学国际合作的论文比例为 38%，国际合作与国内合作的论文总和达到 89.1%[3]。哈佛大学的研究，其广度与研究合作的广度有更为鲜明的多学科性、多样性与更大的影响力。可以预计，当我们的科研工作越来越多地面对多学科性的复杂问题，需要更多手段予以解决时，以合作研究方式得到的科研成果的总数将会大幅度上升。

二、关于推进北京大学科研国际合作的一些思考

我们从北京大学科研论文发表的情况可以清楚看到科研国际合作所发挥的积极作用。通过学者之间自由的交流和合作探索，所取得的成效不仅反映在论文发表、成果共享、学术水平提升等方面，事实上也促进了教学和高素质学生培养。目前我们必须意识到，在科研国际合作的维

---

[1] 北京大学社会科学部 2008 年统计数据. 北京大学公报，2008。

数不断增加的情况下,若把科研国际合作项目的多寡也作为衡量一个大学或科研机构科研国际合作水平的指标,那么北京大学的状况就不容乐观。虽然北京大学与科研国际合作相关的人员往来相当频繁,但其形式主要是以承担科学研究使命和责任的个体之间的自由交流合作为主。现阶段北京大学科研国际合作项目在整体上存在"规模偏小、强度不高"的问题。进一步推进北京大学科研国际合作,需要紧密结合北京大学在教育国际化背景下创建世界一流大学的发展战略,充分利用北京大学长期积累起来的优质国际合作资源,拓宽思路,调动协调学校各方面的积极性和创造性。

北京大学是我国外事任务最为繁重、国际交流活动最为活跃的大学。但其教师的国际学术交流活动大多数具有"民间"交流的特点,这是与北京大学的教师结构密切相关的。目前北京大学的教师队伍中有三分之一是直接从国外学成归来的。而且,随着国际学术交流的不断展开,会有越来越多的北京大学教师通过进修、高访或其他方式与国际同行建立紧密的合作关系。教员主导(faculty driven)的国际合作"自下而上"(bottom-up),建立在学者对于科研问题的共同兴趣之上,形式灵活,讲究实效,但通常规模较小,难以得到强有力的资金和项目支持。而另一方面,学校所主导的国际合作与交流则具有"自上而下"(top-down)的特点。它更关注国际交流中的大政策和利益,更关注国际交流平台的构建。我们认为,为促进北京大学科研国际合作的进一步发展,应该力求实现"自上而下"与"自下而上"两种国际交流模式之间的有机结合,并将其分解为具有可操作性的具体科研国际合作内容,从而切实服务于北京大学的科研与教学事业。

就学校层面的工作而言,其中一个重要的问题是如何调动学者的积极性,让他们更加积极深入地参与到一些首先由学校层面运作的国际交流事务中。科研国际合作的最终主体是从事具体科研工作的学者。没有学者的有效参与,科研国际合作将无法取得实质性成果。迄今北京大学已与世界上50多个国家和地区的逾260所大学和机构建立了校际合作关系。随着教育国际化的不断推进,上述数字还会逐步增加。应该说,在这些校际合作关系中蕴涵了丰富的优质科研国际合作资源。当校际合作关系的建立和发展中有更多的北京大学学者参与,那么在校际合作的内容中,将无疑能够容纳更多具有实际针对性的科研合作项目。近年来,越来越多的国外一流大学开始实施"中国战略",它们在中国开展的工作已不仅仅停留于建立一般的校际关系,而是致力于寻找各类具体项目的合作伙伴。与此相应,我们也应该有明确的"校际合作战略",强化并拓展校际合作中的科研合作内涵。

在"全球知识经济"时代,用于科技发展的公共投入迅猛增加,其中包含了大量用于资助国际合作研究的经费。例如,我国科学技术部、教育部、国家自然科学基金委员会、北京市政府等许多不同类型的政府机构均设有资助科研国际合作项目的专项经费。我们应该意识到,开展大规模或较大规模的科研国际合作的外部条件日益改善,合作渠道和经费日益增多。此处仅以欧盟第七框架计划(EU FP7,2007—2013年)[4]为例做一说明。欧盟第七框架计划的总预算为502亿欧元,较2002—2006年间实施的欧盟第六框架计划的175亿欧元多出327亿欧元,并且其资助的研究领域有较大扩展。该计划涉及合作研究(cooperation)、前沿探索(ideas)、人力资源(people)、研究能力建设(capacities)4个部分。其中在"合作研究"中列出了九大优先主题领域(thematic priorities),包括健康、食品农业及信息技术、信息通信技术、纳米科学与材料、能源、环境、交通、社会经济科学和人文科学、安全和空间科学等。这种由政府主导的研究计划为开展高水平高层次的科研国际合作提供了重大机遇。目前,北京大学已向欧洲的一些重要大学表达了共同参与欧盟第七框架计划的意向,我们的一些科研人员也已与其欧洲同行在做相关的准备。譬如,北京大学地球与空间科学学院的空间信息集成与3S工程应用实验室与国立爱尔兰大学(梅努斯)近来成立了空间科学领域的"北京大学-梅努斯科学研究中心",并与法国、德国、奥地利以及瑞典的大学等一起着手就共同申请欧盟第七框架计划的资助进行了前期准备。

北京大学国际合作工作经过多年的努力和尝试,在寻求合作伙伴(包括大学、科研机构、大学组织、政府机构、学术管理和资助机构、企业工业界等)、教员和学生交换、创建新的合理有效的合作模式等方面做了很多颇有实效的工作。我们认为,科研国际合作的含义是广泛的,绝非仅仅局限于国际合作项目和经费的多少。其中一个有意义的方面是如何通过国际合作来进一步全面提高师资队伍素养,进一步改革完善科研管理与运行。例如,目前北京大学具有相当一批35岁左右的年轻博士生导师,如何使他们尽快地适应并胜任其工作的要求、在教学与科研上取得更为突出的成绩是学校师资队伍建设中的一个现实而重要的课题。若能有计划地邀请国际著名学者以及国际重要的学术团体和科学出版机构举行具有针对性的讲习和培训,会对提高研究队伍的水平发挥积极的作用。我们认为,虽然这些工作并未涉及科研项目和经费,但对北京大学创建世界一流大学的事业也许会起到更为基础性建设的作用。

北京大学的科研国际合作无疑是一个系统工程。只有通过学校各职能部门和师生协同努力,才能实施有意义的科研国际合作项目。因此,我们需要建立合适的机制,以便协调与实施科研国际合作工作,更好地为北京大学的教学与科研服务。另一方面,北京大学的科研国际合作也需要有一支高水平的专业队伍。这支队伍的成员承担着与科研国际合作相关的日常工作,应该尽可能多地了解北京大学的科研状态与学科建设的重点,了解相关的科研政策,有判断地筛选、组织和传递信息,并沟通协调于不同职能单位与教授学者之间,能够为学校各个层面、各种类型的科研国际合作提供及时有效的服务。我们相信,经过大家的共同努力,北京大学的科研国际合作将会越来越富有成效。

参 考 文 献

1. 朱星,吴锜,郑英姿,等. 高水平科研论文与研究型大学评估:兼论北京大学历年高被引频次科研论文[J]. 高等理科教育,2004(3):1—6.
2. 蔡晖,周辉. 国家自然科学基金对原创性基础研究资助模式及成效探讨:以北京大学涂传诒院士研究工作为例[J]. 中国科学基金,2004(1):17—20.
3. 范少锋,周辉,韦宇,等. 哈佛大学学术影响力透视:1973—2007年发表论文的统计分析[J]. 中国基础科学,2008(6):29—34.
4. Proposal for a decision of the European Parliament and of the Council concerning the seventh framework programme of the European Community for research, technological development and demonstration activities (2007 to 2013) [EB/OL]. [2005]. http://www.europarl.europa.eu/meetdocs/2004_2009/documents/com/com_com(2005)0119_/com_com(2005)0119_en.pdf.

(原载《北京大学学报(自然科学版)》第46卷第5期)

我国研究型大学国际合作论文的现状与趋势分析[*]
——以上海交通大学为例

余新丽　赵文华　杨颉[**]

在科技全球化背景下,由于科研的复杂性、技术的迅速变化和知识的动态增长,国际合作成为高校科研质量提升的重要战略。学界普遍认为,国际科研合作是科研生产力的重要源泉[1]。国际科研合作对高校取得原创性科研成果、增加成果的学术影响力有重要作用[2]。通过国际科研合作可以充分吸纳他人的智慧和技术优势,开拓研究者的思路,增加资源及分摊成本和节省时间[3],进而提高科研效率和影响力。

国际合作论文是国际科研合作的证明和合作研究的结果,2000年以来国际合作论文(international co-authorship)成为国际科研合作的研究热点。学界的研究表明国际合作论文是促进知识溢出的最有效方式[4],通过开展国际科研合作可以形成更加有效的原创性研究,促进合作论文的发表,提高论文产出。国际合作论文的数量和质量是衡量高校基础研究、国际科研合作绩效和国际影响力的重要指标。国际合作论文的被引次数较非国际合作论文一般都更高一些[5],因此发表国际合作论文可以有效地提升国际学术影响力。此外,国际合作论文的数量、质量与团队的生产力有很大相关性,能有效增强团队的科研生产力。国际合作论文是经济全球化形势下高校国际科研合作发展的一种主要形式和重要指

---

[*] 本文系2011年度教育部人文社会科学研究青年基金项目"研究型大学战略规划的实施及其与办学绩效关系的研究"(项目编号:11YJC880150)的成果。

[**] 作者简介:余新丽,上海交通大学高等教育研究院博士研究生,规划发展处副教授。赵文华,上海交通大学高等教育研究院教授,改革与发展研究室主任。杨颉,上海交通大学高等教育研究院研究员。

标,国际合作论文的被引用次数更高,发表国际合作论文有利于提高我国高校论文的质量和国际学术影响力,因此,研究高校,尤其是研究型大学的国际合作论文对高校的国际科研合作和高水平大学建设具有重要的意义。本研究选取上海交通大学作为案例,通过系统收集该校国际合作论文的相关数据,透过数据深入分析该校国际合作论文的现状和发展趋势,为深入研究我国研究型大学国际合作论文的发展态势奠定良好的基础。并以此管中窥豹,探求研究型大学国际科研合作及国际合作论文的共性和规律性,以期为我国研究型大学国际科研合作的发展和规划提供参考,为国际科研管理的宏观决策提供科学依据。

一、研究对象与研究方法

(一) 研究对象

本研究以上海交通大学 2006—2010 年的国际合作论文为研究对象,以美国科学信息研究所(ISI)Web of Science 的科学引文索引网络版(SCIE)、社会科学引文索引(SSCI)与艺术和人文学科引文索引(A&HCI)三大数据库为数据源,对其收录的所属机构为上海交通大学、入库时间是 2006—2010 年的 Article、Review 和 Letter[①] 三种形式的论文进行下载。数据下载于 2011 年 5 月。获取上海交通大学的论文数据后,从中抽取作者所属国家除中国以外至少还包含一个或一个以上其他国家的论文作为国际合作论文。本研究选取的时间段是 2006—2010 年,原因在于 2006—2010 年是上海交通大学国际合作论文快速增长的 5 年,这 5 年的国际合作论文占 2001—2010 年 10 年的 78.64%。

(二) 概念界定和研究方法

本研究的国际论文指上海交通大学在 SCIE、SSCI 和 A & HCI 三大索引中的论文,国际合作论文指这三大索引中上海交通大学教师或学生与外国研究者合作发表的论文,即论文作者地址同时包含上海交通大学及其他国家的论文。

---

① Article、Review 和 Letter 三种类型论文的信息较为完整,因此本研究将这三种类型的国际合作论文作为研究对象。

(1) 文献计量法和知识图谱法是本研究的主要研究方法

文献计量法采用数理统计学方法定量描述、评价和预测学术现状与发展趋势[6]，可以有效地反映机构之间、学科之间、科研人员之间的相互联系，进而可以对组织机构或个人科研能力和水平等方面进行评价。它是研究国际科研合作常用的方法。知识图谱法（Mapping Knowledge Domains）是当今世界研究科学知识的发展进程与结构关系的一种新兴的科学研究方法。它是一种以可视化形式显示科学知识的发展进程与结构关系的图形，能够探明某一个研究领域的总体图景，为展示科学前沿的结构与进展提供了独特的视角。本研究运用 CiteSpace 软件①，力图客观、科学、形象地描绘出国际科研合作研究热点和上海交通大学国际合作论文学科分布的知识图谱。

(2) 本研究采用绝对指标和相对指标两种类型的指标

绝对指标包括：论文数、篇均被引次数、合作国家、合作机构、学科分布、期刊等。这些指标的数据直接来源于 Web of Science 数据库。相对指标包括：国际合作率、篇均被引次数比、国际合作论文主导率、国际合作指数（International Collaboration Index，ICI）[7]，这些指标的数据是根据 Web of Science 数据库的相关数据计算得出的。篇均被引次数比表示国际合作论文篇均被引次数与非国际合作论文篇均被引次数的比。国际合作率即国际合作论文占三大索引论文总数的比例。从目前国际合作论文发表的普遍规则来看，通讯作者一般是在研究中起主导作用的学者，因此，本研究将通讯作者是上海交通大学学者的国际合作论文数与上海交通大学三大索引论文数的比值作为国际合作论文主导率。为避免由于学科规模导致合作论文绝对数值较大的影响，本研究采用国际合作指数这个相对指标来分析比较不同学科的国际合作活跃程度，ICI 的计算公式为

$$ICI = \frac{某学科国际合作论文占国际合作论文比例}{某学科国际论文占国际论文总数比例}$$

根据 ICI 的大小来判定国际合作水平：ICI＞1，表明该学科论文的国际合作水平高于该校的国际合作平均水平；ICI＜1，表明该学科论文的国际合作水平低于该校的国际合作平均水平。

---

① CiteSpace 软件是美国费城德雷塞尔大学陈超美开发的基于 Java 的可视化分析软件，适用于多元、分时、动态的复杂网络分析。

二、2006—2010年上海交通大学国际合作论文分析

以下主要对上海交通大学国际合作论文的数量、增长率、主导率、篇均被引次数、国家分布、机构分布、学科分布、国际合作指数、期刊等指标进行深入分析,从国际合作论文的视角揭示该校基础研究领域国际合作的发展态势和活跃程度等,明确该校国际合作的优势和劣势学科。

(一)国际合作论文数量逐年增加,且其影响力明显高于非国际合作论文

论文数量和论文被引次数是经常被用来评价科研产出规模和影响力的指标,本研究也用论文数量和被引次数来表示论文的规模和影响力。如表1所示,2006—2010年上海交通大学国际论文和国际合作论文数量逐年增加,国际论文17376篇,国际合作论文3658篇。2006—2010年上海交通大学国际论文数量逐年增加,从2006年的2528篇增加到2010年的4187篇,增幅为165%,其中2007—2008年的增幅最大,高达29.13%。2006—2010年上海交通大学国际合作率逐年提高,从2006年的19.62%增长为2010年的23.55%。论文被引次数是论文质量与影响力的重要指标,衡量国际合作论文影响力的一个重要途径就是分析国际合作论文的被引情况,被引次数越多,影响力往往越大,论文质量越高。从表1可以看出上海交通大学每年国际合作论文的篇均被引次数都是同期非国际合作论文篇均被引次数的2倍多,这说明国际合作论文的平均影响力显著高于非国际合作论文的平均影响力。2006—2010年上海交通大学国际合作论文的数量和比重呈现持续增长的态势,基础研究领域的国际科研合作的发展速度较快。

表1 上海交通大学国际论文和国际合作论文比较

年份	国际论文数量	国际合作论文数量	国际合作率	篇均被引次数比*
2006	2525	496	19.62%	2.17
2007	2832	568	20.06%	2.05
2008	3657	750	20.51%	2.20
2009	4172	858	20.57%	2.13
2010	4187	986	23.55%	2.09
总计	17376	3658	21.05%	2.04

注:*表示国际合作论文篇均被引次数与非国际合作论文篇均被引次数的比值。

(二)国际合作论文主导率和影响力

主导的国际合作论文的增长率低于国际合作论文的增长率,主导的国际合作论文影响力低于国际合作论文总体水平。2006—2010年上海交通大学主导的国际合作论文数逐年上升,但国际合作论文的主导率逐年下降,这说明主导的国际合作论文的增长率低于国际合作论文的增长率。从表2中可以看出,近5年来上海交通大学国际合作论文的主导率保持在40%以上,但有逐年下降的趋势,这从一个侧面反映上海交通大学学者在国际科研合作中的主导能力没有提高。同时可以看出,上海交通大学主导的国际合作论文的影响力低于国际合作论文的总体水平,并有影响力下降的趋势。

表2 上海交通大学国际合作论文主导率和影响力

年	主导率	主导的国际合作论文篇均被引次数/国际合作论文篇均被引次数比
2006	50.00%	0.87
2007	51.61%	0.80
2008	44.25%	0.81
2009	44.77%	0.71
2010	43.31%	0.64
总计	45.97%	0.81

(三)国际合作伙伴具有广泛性

合作国家主要以发达国家为主,与密歇根大学、南洋理工大学、新加坡国立大学的合作最为密切。2006—2010年,上海交通大学与80个国家开展了论文合作,其中与美国、日本、德国、英国、法国、加拿大、新加坡、韩国和瑞典10个国家的合作论文数量最多,与他们的合作论文数占国际合作论文总数的80%左右。5年来上海交通大学与美国、日本的合作一直居前两名,与美国合作发表的论文占国际合作论文总数的一半左右,数量和比例逐年上升。与日本合作的论文数量不断增加,但占合作论文的比例有所下降,表明与日本合作的增长率低于学校国际合作论文的增长率。

从表3可以看出5年来上海交通大学与密歇根大学、南洋理工大学、新加坡国立大学、悉尼大学和戈登生命科学研究所的国际合作论文是354篇,接近上海交通大学2006—2010年国际合作论文的1/10。与上海交通大学合作发表论文前10名的机构中世界前20名的世界一流大学[①]有哈佛大学、宾夕法尼亚大学、洛杉矶加州大学分校、旧金山加州大学、东京大学。哈佛大学是其中与上海交通大学合作最多的世界一流大学。5年来上海交通大学与哈佛大学的合作论文有54篇。

表3 上海交通大学国际合作论文主要国外合作

排名	2006年	2007年	2008年	2009年	2010年
1	戈登生命科学研究所 12	戈登生命科学研究所 20	密歇根大学 22	密歇根大学 15	密歇根大学 28
2	德克萨斯大学 12	德克萨斯大学 16	南洋理工大学 19	贝勒医学院 13	悉尼大学 28
3	硅存储技术公司 10	新加坡国立大学 14	贝勒医学院 13	哈佛大学 11	哈佛大学 21
4	贝勒医学院 9	密歇根大学 14	新加坡国立大学 13	新加坡国立大学 11	南洋理工大学 20
5	南洋理工大学 9	南洋理工大学 13	大阪大学 11	南洋理工大学 8	德克萨斯大学安德森癌症中心 17
6	德州农工大学 9	贝勒医学院 9	日本东北大学 11	纽约大学 8	东京大学 17
7	密歇根大学 9	达尔豪斯大学 8	德克萨斯大学安德森癌症中心 11	洛杉矶加州大学 8	卧龙岗大学 17
8	宾夕法尼亚大学 9	佐贺大学 8	哈佛大学 10	悉尼大学 8	旧金山加州大学 15
9	阿肯色州州立大学 8	德州农工大学 8	德州农工大学 10	美国化学文摘社 7	戈登生命科学研究所 12
10	新加坡国立大学 8	洛杉矶加州大学 8	佐贺大学 9	约翰霍普金斯大学 6	新加坡国立大学 12

① 根据2010年世界大学学术排名(ARWU)的世界前20所大学,详见:http://www.arwu.org/ARWU2010.jsp。

(四)不同学科之间国际合作活跃度有明显差异

其中,遗传学、电子通信、免疫学等学科国际合作最活跃。上海交通大学合作论文最多的学科是电子与电气工程、材料科学交叉学科、生物化学与分子生物学、应用物理、肿瘤学5个学科,其国际合作论文数量超过该校国际合作论文总数的1/3。近年来,神经科学、细胞生物学、交叉学科等学科领域的国际合作论文数量迅速增加。图1是2006—2010年上海交通大学国际合作论文前10名学科,图中节点表示学科,节点的大小表示中介中心性(中介中心性是网络中通过某个节点最短路径的总和,中介中心性高的点往往位于连续几个不同聚类的路径上)的大小,节点越大,节点在网络中的地位就越重要。从图中可以看出2006—2010年国际合作论文最主要的学科是电子与电气工程、材料科学交叉学科、生物化学与分子生物学、应用物理学、化学交叉学科、化学物理、药学与药理学等。

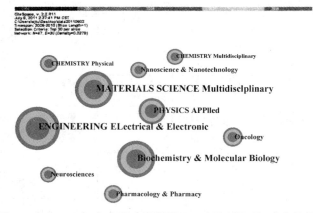

图1　2006—2010年上海交通大学国际合作论文前10名的学科

为具有统计意义,本研究选取上海交通大学2006—2010年发表国际论文前20名的学科和国际合作论文前20名的学科,这些学科占该校国际合作论文总数一半以上。由于较多学科不仅国际论文总量较高而且国际合作论文的数量也较多,符合此条件的25个学科涵盖了该校的主要学科。计算这些学科的国际合作指数,并将结果绘制成雷达图(图2)。从图中可以看出,国际合作指数高于上海交通大学平均水平的学科有遗传学、电子通信、免疫学、神经科学、肿瘤学等11个学科,主要是生命医学领域和工程技术领域的学科;能源和燃料、化学工程、冶金和冶金工程等 14 个学科的国际合作指数低于该校平均水平,主要是基础研究等领域的学科。

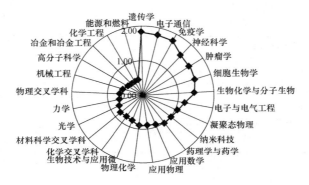

图 2　2006—2010 年上海交通大学国际合作论文前 20 名学科的国际合作指数

(五) 国际合作论文主要发表期刊

5 年来发表在 Physical Review C 的论文最多,其次是 Biochemical and Biophysical Research Communications 和 Physical Review B。本研究分析了 2006—2010 年上海交通大学国际合作论文发表的期刊。5 年来上海交通大学国际合作论文发表在 1549 种期刊上,其中最多的 10 种期刊如表 5 所示。发表在 Physical Review C 的论文最多,56 篇,占 1.53%,该期刊影响因子为 3.5;其次是 Biochemical and Biophysical Research Communications,影响因子分别 2.5 和 3.5。论文的影响力与期刊的影响因子有关,影响因子越大,其学术影响力越高;涉及的期刊越多,论文的影响力与影响面就越大。不言而喻,论文发表在高影响因子期刊和扩大论文发表范围是提高其学术影响力的有效途径。

表 5　上海交通大学国际合作论文主要发表期刊

排名	期　刊	论文数	比例
1	Physical Review C	56	1.53%
2	Biochemical and Biophysical Research Communications	31	0.85%
3	Physical Review B	28	0.77%

续表

排名	期刊	论文数	比例
4	Applied Physics Letters	25	0.68%
5	Journal of Applied Physics	24	0.66%
6	Journal of Biological Chemistry	23	0.63%
7	Physical Review Letters	23	0.63%
8	Materials Science and Engineering a-structural Materials Properties Microstructure and Processing	22	0.60%
9	Proceedings of the National Academy of Sciences of the United States of America	21	0.57%
10	Optics Express	19	0.52%

三、结论与建议

通过上述对2006—2010年上海交通大学国际合作论文的分析，发现5年来上海交通大学国际合作论文的数量和比重呈现持续增长的态势：国际合作广泛，主要合作国家是美国、日本、德国、英国和法国，与密歇根大学、南洋理工大学和新加坡国立大学合作发表的论文最多；国际合作层次不断提高，与世界一流大学的合作论文数量逐年增加；不同学科之间国际合作活跃度有明显差异，遗传学、电子通信、免疫学等学科国际合作最活跃。

为提高研究型大学的国际科研水平，提升国际学术声誉和国际影响力，推进世界一流大学建设，基于上述上海交通大学国际合作论文的分析，对研究型大学的国际科研合作提出如下建议。

（一）加强国际科研合作的顶层设计，开展与世界一流大学、研究机构和国际知名企业的深度合作

鉴于目前国际合作发表论文主要是个体行为的现状，因此要改变国际科研合作的模式，将此行为变为组织行为，在重大前瞻性科学问题、国际科研前沿问题等方面，有选择地开展与若干所世界一流大学、一流研究机构和国际知名企业的深度合作，建立一批协同创新平台，促进资源共享，积极推动协同创新，提高教师基础研究能力与学术创造力，进一步

提高研究型大学科研原创能力和社会服务能力,使之逐步成为具有国际重大影响的学术高地、行业产业共性技术的研发基地,在国家创新体系建设中发挥重要作用。

(二)制定鼓励国际科研合作的政策,建立以质量为导向的科研评价体系,提高国际合作论文的质量

将国际科研合作情况纳入考核体系,为重大国际科研合作项目提供配套经费支持或优惠的经费政策,鼓励教师与国外大学和研究机构尤其是加强与世界一流大学、一流研究机构和著名企业的研究者合作,提高国际合作论文的比例。制定鼓励国际科研合作政策,激励教师做出高水平的研究成果,提高国际合作论文的影响力。国际学术期刊是交流科学思想的主渠道,激励教师选投影响因子较高的国际学术期刊,多发表高质量论文。实现 Nature & Science 论文发表常态化,早日实现国际合作论文从量变到质变的飞跃。

(三)在全面加大国际科研合作力度的目标下,对不同学科采取分层次的差异化国际科研合作方式和策略

根据"统筹兼顾、全面推进"的原则,分层开展国际科研合作。第一层次是国际合作活跃程度低的非优势学科,其目标是增强学科实力和水平。提高国际合作活跃程度,培育学科生长点。第二层次是国际合作活跃程度低的优势学科,其国际科研合作有较大的拓展空间和提升潜力,应采取加大国际合作力度的策略,积极推进国际合作的广度和深度,以进一步催生传统优势学科新的增长点。第三层次是国际合作活跃程度高的学科,应继续保持较高的国际合作活跃程度,同步推进国际合作论文数量稳步增长和质量提升,进一步增强国际学术影响力。

(四)加强国际科研合作的宣传,营造有利于教师和学生积极参与国际交流与合作的环境和氛围

鼓励更多的教师积极参与国际科研合作,搭建国际科研合作校内交流平台,定期发布合作信息,通过开展形式多样的研讨和交流,激发科研创造力。加大对国际科研合作的宣传力度,通过网站、工作简报等形式及时发布有关信息,营造国际科研合作的氛围,使更多的教师积极参与国际科研合作与交流,推进科研国际化进程。进而提升学校的国际学术声誉和国际影响力,推进世界一流大学建设。

积极开展国际科研合作,不仅符合科学技术自身发展的内在需求,而且是增强研究型大学科研竞争力的关键机制和快速提高科研质量的重要手段。我国高校应通过国际科研合作增强研究型大学的自主创新能力,使研究型大学在创新型国家建设中发挥更大的作用。

参 考 文 献

1. Ordóez-Matamoros H G, Cozzens S E & Garcia M. International Co-Authorship and Research Team Performance in Colombia[J]. Review of Policy Research, 2010,27(04):415—431.
2. 郑如青,张琰. 北京大学科研国际合作的成效与发展对策[J]. 北京大学学报:自然科学版,2010(05).
3. Hayati Z & Didegah F. International Scientific Collaboration among Iranian Researchers during 1998—2007[J]. Library Hi Tech,2010,28(03):433—446.
4. Cho C C, Hu M W & Liu M C Improvements in Productivity Based on Co-authorship:A Case Study of Published Articles in China[J]. Scientometrics,2010,85(02):463—470.
5. Schmoch U & Schubert T. Are International Co-publications an Indicator for Quality of Scientific Research? [J]. Scientometrics,2008,74(03):361—377.
6. 叶鹰. 文献计量法和内容分析法的理论基础及软件工具比较[J]. 评价与管理,2005(03).
7. Gupta B M & Dhawan S M. Measures of Progress of Science in India:An Analysis of the Publication output in Science and Technology[R/OL]. http://psa.gov.in/writereaddata/ 11913286541_MPSI. pdf.

(原载《中国高教研究》2012 年第 8 期)

编　后　记

今年是中国高等教育学会引进国外智力工作分会（以下简称"分会"）成立十周年。十年来，分会为全国高校国际合作与交流工作搭建起相互交流的平台，形成了团结、和谐、合作、共赢的良好氛围，同时，分会还积极鼓励、引导各高校同仁总结经验、开展研究，取得了不少理论成果，也得到了教育部、高教学会领导同志的充分肯定。作为建会十周年的献礼，《大学国际化理论与实践（第二辑）》现在由北京大学出版社出版了。本书是2007年11月出版的《大学国际化理论与实践》一书的续篇，主要汇集了2008年至2012年间有关大学国际化理论与实践研究的文章，绝大部分作者来自分会理事单位，也有一些是兄弟单位的领导或高等教育研究领域的专家。

五年来，国内外形势不断变化，大学国际化的广度和深度也不断发展，中国高校在新形势下，抓住机遇、迎接挑战，在高等教育国际合作交流方面开展了大量卓有成效的工作，显现出蓬勃发展的新气象，一个全方位、多层次、宽领域的国际交流合作新格局正在形成。各校同仁站在新的起点上，对新时期大学国际化开展了前瞻性、战略性的研究，产生了不少科研成果。本书从分会各类研讨会及会刊《大学国际》和部分报刊上精选若干篇优秀文章汇集成册，以期相互启迪、凝聚共识，推动群众性学术研究向纵深发展。

在本书编辑过程中，各会员单位通过会议和书面的形式对本书送审稿提出了不少宝贵意见和建议，给予了大力支持。我们的名誉会长、教育部郝平副部长十分关心分会工作，在百忙中亲自为本书作序；南开大学国际学术交流处高海燕处长对本书送审稿进行了逐字逐句的修改；中国人民大学国际交流处处长唐忠教授，中国高教学会叶之红副秘书长、学术部高晓杰副部长和原分会副会长、现任北京师范大学高教所常务副所长、博士生导师洪成文教授对本书的内容和结构进行了悉心指导。在此，谨表示衷心的感谢并致以崇高的敬意！北京大学国际合作部仪达唯先生、北京大学出版社泮颖雯女士也为本书付梓付出了辛勤劳动，在此表示感谢。

由于水平有限，时间仓促，疏漏和不当之处在所难免，敬请读者指正。

编者